第4版

国際課税の実務と理論

~グローバル・エコノミーと租税法~

赤松 晃 著

税務研究会出版局

第4版　はしがき

　本書は、国際課税に関する実務と理論を統合する体系書を目標としている。第4版の改訂にあたり、次の3点を編集方針とした。

　第1に、序章として「BEPS（税源浸食と利益移転）をめぐる国際的な動き」を新設した。

　各国の租税法は企業のグローバル化やデジタルエコノミーに追いついておらず、多国籍企業の人為的節税に利用できる税制の隙間が放置されているという「税源浸食と利益移転（BEPS：Base Erosion and Profit Shifting）」に対して、G20サミット（2013年9月5～6日、サンクトペテルブルク）において全面的に支持を得た「OECD／G20　BEPSプロジェクト」が展開されている。2014年9月16日に「BEPS行動計画に関する第一弾報告書」が公開され、項目の内容によっては2015年9月又は12月を達成期限とする15の行動計画が着実に進んでいる。今後、各国政府は、OECDの勧告に基づき、国内法の整備、二国間租税条約の改正、多国間租税条約の締結などの具体策を講じていくことになり、その動向は、国際課税に関する実務と理論に大変大きなインパクトを与える。本書は、引き続き、日本におけるBEPS行動計画の具体的な展開を検討していくであろう。

　第2に、国際的租税回避を防止して日本の適切な課税権を確保すると同時に、投資交流の促進等により日本経済を活性化する、という基本的考え方にもとづく平成24年（2012年）度、平成25年（2013年）度及び平成26年（2014年）度税制改正を織り込んだ改訂である。

　平成24年（2012年）度税制改正では、日本にとって初めての多国間租税条約である税務行政執行共助条約の署名・発効に伴う徴収共助に関する国内法の整備、個人の所得や相続財産に対する適正な課税及び徴収に資するための国外財産調書制度の創設、法人が所得金額に比して過大な利子を関連者に支払うことによる租税回避を防止するための過大支払利子税制の導

入などがある。平成25年（2013年）度改正では、外国の投資家が受ける振替国債等の利子等の源泉所得税を原則として非課税、外国子会社合算税制に係る外国税額控除制度の拡充、移転価格税制の独立企業間価格の算定方法のうちの取引単位営業利益法（TNMM）の利益水準指標にベリー比を追加、過少資本税制と過大支払利子税制との調整などがある。平成26年（2014年）度改正では、昭和37年（1962年）度税制改正により導入された「総合主義」を2010年改訂OECDモデル租税条約の新7条に定めるAOA（Authorized OECD Approach）にそった「帰属主義」へ見直している。外国法人・非居住者の課税制度のみならず、内国法人・居住者の外国税額控除制度などに及ぶ日本の国際課税制度の抜本改正である。本書では、平成26年（2014年）度改正のうち平成28年（2016年）4月1日以後に開始する事業年度の法人税（所得税は平成29年（2017年）分以後）について適用される改正法について、関係する各章に新たに説明項目（第1章③1-1、第2章①1-1、第4章②1-1及び第7章④）をたてるとともに、個別の改正箇所に★印を付し、改正内容を示した。これにより、半世紀を超えて適用されてきた現行法の改正箇所を明示し、かつ、現行法と改正法を対照する形での改正内容の適示という効果を企図している。記述にあたっては、改正法令の各条文を引用するとともに、改正の考え方の理解が必要と思われる事項については、平成25年（2013年）10月24日に税制調査会国際課税ディスカッショングループに提出された財務省主税局参事官「国際課税原則の総合主義（全所得主義）から帰属主義への見直し」（2013年10月）の関連する箇所の頁を明示した。

　第3に、旧版刊行後の3年間に公表された国際課税に関する裁判例のうち、読者の研究及び実務に資する重要判決の収録に努めるとともに、本書の特徴の一つである最新の国際課税の諸問題の把握に有益なトピックス（囲み記事）の項目・内容を見直すなどして一層の充実を図っている。

　以上の改訂により、本書が、ボーダレス・エコノミーのもとダイナミッ

クに展開する日本の国際課税に係る実務と理論の最新の状況を読者に伝えるものとなっていることを希望する。本書には不十分な点が多くあろうが、読者からのご叱正・ご指摘を受け、より良いものとしていきたい。

本書は、あくまでも著者の国際課税に関する実務と理論を統合する体系書としての叙述であって、著者が所属する組織の見解や意見を示すものでない。読者の個別の税務問題の検討にあたっては、本書の解説のみによることなく、必ず自らの税務アドバイザーに助言を求めたうえで判断されるよう、特にお断りしておく。

最後に、この版の改訂にあたり、税務研究会出版事業部制作部の加藤ルミ子次長から全面的なサポートをいただいた。また、同制作部の桑原妙枝子さんには旧版に引き続き入念な校正をしていただいた。両氏に深甚より感謝申し上げる。

2014年10月

赤 松　 晃

初版　はしがき

　本書は、標題である『国際課税の実務と理論―グローバル・エコノミーと租税法―』が示すように、国際的な事業活動や投資に対する国内租税法及び租税条約の適用の実際と、その理論を明らかにする体系書を意図している。

　私法上の行為による経済活動に租税法が適用されて租税の賦課がなされるのであるから、現実のビジネスでは、租税法の適用を踏まえて私法上の行為が選択される（水野忠恒『アメリカ法人税の法的構造』（有斐閣、1988年）6頁）。今日では、グローバルな事業展開に関する経営判断あるいは個別の投資スキームの構築にあたって、関係する租税法及び租税条約の理解は、取引コストとしての租税負担の不確定性の防止あるいは極小化の観点から、必要欠くべからざるものと認識されている。

　例えば、居住者・内国法人によるアウトバウンド取引には、進出先国における法人税や源泉所得税に対応する日本での外国税額控除、軽課税国の子会社等に留保された所得に対する外国子会社合算税制、外国関係会社との取引に係る日本及び相手国の移転価格税制、外国の組合（パートナーシップ）や信託を通じての対外投資に係る損失配分に対する課税上の取扱いなどの理解が必須であり、また、非居住者・外国法人によるインバウンド取引には、日本における恒久的施設の認定課税、外国関係会社との取引に係る日本及び相手国の移転価格税制、日本の子会社等の過少資本に起因する外国関係会社からの借入金等に係る支払利子に対する過少資本税制、対内投資等から生じる所得に係る日本の源泉所得税、treaty shopping に対する租税条約の防止条項などに対する理解が欠かせない。更に、日本の税務当局から課税処分を受けた場合における加算税や延滞税の負担、課税

処分に係る納税に関する徴収法の適用、国内法に定める救済手続き（異議申立て、審査請求、税務訴訟）、条約に適合しない課税による二重課税排除を目的とする租税条約に定める相互協議、租税リスクの防止のための事前確認（APA）、税務当局による租税条約に定める情報交換規定に基づく調査への対応などの理解も実務上の重要事項である。

著者は、国際租税の実務に、官と民との双方の立場から、長年にわたって専門的に従事してきただけでなく、初学者である学生（慶應義塾大学法学部）及び国際取引の実務経験を有するビジネスマン（一橋大学大学院国際企業戦略研究科）に対して国際租税法の講義を行ってきている。本書は講義テキストをベースとしており、現在の国際課税の実態を踏まえて、
① 実践的な知識として習得しておくべき項目をすべてカバーし、
② 主要な個別規定の適用関係についてできるだけ明確に説明するように努め、さらに、
③ 新たな進出形態や取引に関する税務上の検討に対処できるよう、個別規定の背景にある理論的基礎（考え方）の記述に意を用いている
ところに特徴がある。

国際課税の実務の面白さは、国際租税原則を共通言語として、仕事を通じて真にグローバルかつプロフェッショナルな関係が、クライアントやそのアドバイザーあるいは関係する税務当局者との間に得られることにある。本書は、国際税務のプロフェッショナルが、その教養として承知しておくべき案件等をトピックスとしてまとめている。実務に関心の高い読者は、トピックスを通読することで現在の国際課税の諸問題を概観することができるであろう。

実務家として執筆に充てることができる時間は平日の深夜と週末であり、読み返して意に満たない点が多い。しかしながら、筆者の能力と与えられている時間に照らして、現時点ではベストエフォートを尽くしたもの

としてご寛容いただくとともに、読者のご批判・ご叱正を得てさらに良いものにできる機会が得られれば筆者にとってこれに優る喜びはない。なお、本書は、あくまでも著者の個人的見解に基づく体系書としての叙述の域を超えるものでないので、読者の個別の税務問題にあたっては、本書の解説のみによることなく、必ず自らの税務アドバイザーに助言を求めた上で判断されるよう特にお断りをしておく。

　本書は、恩師である水野忠恒教授の励ましがなければ、書籍として刊行することは到底なしえなかったものである。実務家による国際課税に関する体系書を試みた本書が、日本の国際租税法の発展に寄与することができるかどうか疑わしいが、こうして一冊の書物として公表できることについて先生に改めて心から感謝申し上げる。

　本書は、金子宏先生かつ水野忠恒教授に参加のご推薦をいただいた租税法研究会における諸先生のご報告と討議に多くの教示と啓発を受けている。直接のご指導を賜る機会を得ている金子先生はもとより、木村弘之亮教授、玉国文敏教授、中里実教授、岩崎政明教授、佐藤英明教授、駒宮博史教授、増井良啓教授、渋谷雅弘教授、渡辺裕泰教授、渡辺智之教授、吉村典久教授、西山由美准教授、淵圭吾准教授、藤谷武史准教授、吉村政穂准教授、西本靖宏准教授、浅妻章如専任講師、柴由花専任講師の諸先生には、本書をもって常日頃のご教示・ご指導に対する御礼としたい。

　最後に、出版事情の厳しいなか、本書の刊行に踏み切っていただいた税務研究会出版局小島祥一出版部長に厚く御礼申し上げる。編集の過程で、読者の視点に立った貴重な助言と入念な校正を塙泰子課長から得て、本書は短期間の内に出版することができたことを記して謝意としたい。

2007年4月

赤　松　　晃

目　次

序章　BEPS（税源浸食と利益移転）をめぐる国際的な動き

1. はじめに ……………………………………………………………… 2
2. 国際水平分業ビジネスモデルの発展とBEPS問題 …………… 3
3. 「OECD／G20　BEPSプロジェクト」の展開 ………………… 7
4. BEPS行動計画に関する第一弾報告書の公表と日本の税制改正の展望 ……………………………………………………………… 14

第1章　非居住者・外国法人に対する所得課税

1. **居住者・非居住者に対する所得課税の概要** …………………… 26
   1. 居住者・非居住者の意義 ………………………………………… 26
   2. 居住者・非居住者の納税義務 …………………………………… 31
   3. 国外送金等調書／国外財産調書／ストック・オプション調書制度 ……………………………………………………………… 38
2. **内国法人・外国法人に対する所得課税の概要** ………………… 41
   1. 内国法人・外国法人の意義 ……………………………………… 41
   2. 多様な事業体の外国法人該当性 ………………………………… 43
3. **非居住者・外国法人の納税義務の概要** ………………………… 51
   1. 非居住者・外国法人の納税義務 ………………………………… 51
      - 1-1　平成26年（2014年）度税制改正における帰属主義による外国法人課税の新制度の概要 ……………………… 52

2. 租税条約に異なる定めがある場合の国内源泉所得 ………… 60
　　　3. 恒久的施設の意義 ………………………………………… 62
　4　国内源泉所得と恒久的施設との関係 ……………………… 70
　　　1. 国内源泉所得の範囲 ……………………………………… 70
　　　2. 非居住者又は外国法人の日本における活動の態様と課税の方法 ……………………………………………………………… 74
　5　外国法人に係る組織再編成税制の適用 …………………… 77
　　　1. 外国法人に係る組織再編成税制の適用の制限 ………… 77
　　　2. 外国法人の現物出資 ……………………………………… 78
　　　3. 国際的三角合併等に係る非居住者等株主に対する課税規定 ………………………………………………………………… 79
　6　非居住者又は外国法人の所得金額の計算・申告 ………… 82
　　　1. 概　　要 ……………………………………………………… 82
　　　2. 租税条約による申告対象の国内源泉所得の免除 ……… 83
　　　3. 非居住者の所得金額の計算・申告 ……………………… 84
　　　4. 外国法人の所得金額の計算・申告 ……………………… 86
　　　5. 外国為替の換算 …………………………………………… 87

第 2 章　国内源泉所得

　1　源泉管轄（ソース・ルール）の意義 ……………………… 98
　　　1. 非居住者又は外国法人の納税義務の有無の決定 ……… 98
　　　　1-1　平成26年（2014年）度税制改正における帰属主義による国内源泉所得の意義 ……………………………………… 99
　　　2. 居住者・内国法人の外国税額控除限度額の算定の基礎 ……… 102
　　　3. 租税条約における源泉管轄権の配分 ………………… 103

        4. 条約濫用への対処 ………………………………………… 104
2 非居住者又は外国法人の納税義務とソース・ルール ………… 105
    1. 国内源泉所得の規定の概要と非居住者又は外国法人の
       納税義務 …………………………………………………… 105
    2. 非居住者又は外国法人の具体的な納税義務の判定 ……… 108
3 国内源泉所得の検討 …………………………………………… 111
    1. 1号所得の意義と納税義務 ………………………………… 111
        1-1 国内において行う事業から生ずる所得 ………… 112
        1-2 国内にある資産の運用、保有又は譲渡により生ず
             る所得その他その源泉が国内にある所得として政
             令で定める所得 …………………………………… 125
        1-3 任意組合等の外国組合員に対する利益の配分
             （1号の2所得）…………………………………… 133
        1-4 土地等の譲渡対価（1号の3所得）……………… 140
    2. 2号所得（人的役務の提供事業の対価）………………… 141
    3. 3号所得（不動産の賃貸料等）…………………………… 144
    4. 4号所得（利子等）………………………………………… 146
    5. 5号所得（配当等）………………………………………… 149
    6. 6号所得（貸付金の利子）………………………………… 150
    7. 7号所得（使用料等）……………………………………… 153
    8. 8号所得（勤務等に対する報酬等）……………………… 155
    9. 9号所得（事業の広告宣伝のための賞金）……………… 163
   10. 10号所得（生命保険契約に基づく年金等）……………… 164
   11. 11号所得（定期積金の給付補てん金等）………………… 165
   12. 12号所得（匿名組合契約等に基づく利益の分配）……… 166

第3章　租税条約

- 1　租税条約の沿革と意義 …………………………………… 174
  - 1．沿　　革 ………………………………………………… 174
  - 2．意　　義 ………………………………………………… 175
- 2　日本の租税条約 …………………………………………… 176
  - 1．現　　状 ………………………………………………… 176
  - 2．法源としての租税条約 ………………………………… 178
- 3　租税条約の基本的仕組み ………………………………… 181
  - 1．日本の租税条約の締結ポリシーとOECDモデル租税条約 … 181
  - 2．OECDモデル租税条約と日米租税条約の相違点 ……… 183
- 4　OECDモデル租税条約と日米租税条約の各条項の比較検討 …… 183
  - 1．1条　人的範囲 ………………………………………… 183
  - 2．2条　対象税目 ………………………………………… 184
  - 3．3条　一般的定義 ……………………………………… 186
  - 4．4条　居住者 …………………………………………… 187
  - 5．5条　恒久的施設（PE：Permanent Establishment）…… 192
  - 6．6条　不動産所得 ……………………………………… 204
  - 7．7条　事業利得 ………………………………………… 205
  - 8．8条　国際運輸業所得 ………………………………… 216
  - 9．9条　特殊関連企業 …………………………………… 218
  - 10．10条　配　　当 ………………………………………… 221
  - 11．11条　利　　子 ………………………………………… 224
  - 12．12条　使 用 料 ………………………………………… 227
  - 13．13条　譲渡収益（Capital Gain）……………………… 229
  - 14．14条　自由職業所得（2000年に削除）………………… 233

15. 15条　給与所得 ………………………………………………… 233
16. 16条　役員報酬 ………………………………………………… 235
17. 17条　芸能人 …………………………………………………… 236
18. 18条　退職年金 ………………………………………………… 238
19. 19条　政府職員 ………………………………………………… 238
20. 20条　学生又は事業修習者 …………………………………… 239
21. 21条　その他所得 ……………………………………………… 240
22. 22条　財産に対する課税／特典の制限（日米租税条約）…… 242
23. 23条A（国外所得免除方式）・
    23条B（外国税額控除方式）………………………………… 248
24. 24条　無差別取扱い …………………………………………… 252
25. 25条　相互協議 ………………………………………………… 254
26. 26条　情報交換 ………………………………………………… 261
27. 27条　徴収共助 ………………………………………………… 270
28. 28条　外交官 …………………………………………………… 275
29. 29条　適用地域の拡張／協議（日米租税条約）……………… 276
30. 30条　発効 ……………………………………………………… 277
31. 31条　終了 ……………………………………………………… 277

第4章　国際二重課税の排除制度（外国税額控除／外国子会社受取配当益金不算入）

1　外国税額控除制度の意義 ……………………………………… 280
  1. 国際二重課税 ………………………………………………… 280
  2. 国際二重課税の排除方法 …………………………………… 280

②	**日本の外国税額控除制度の概要** ································· 284
	1. 全世界所得課税と片務的な国際二重課税の排除方法 ········ 284
	1-1 平成26年（2014年）度税制改正における帰属主義
	による外国税額控除制度の改正の概要 ············· 284
	2. 納税義務者 ·· 288
	3. 外国税額控除の種類と計算の構造 ································· 289
	4. 外国法人税 ·· 291
	5. 日本の外国税額控除の特徴 ·· 294
	6. 国際租税原則としての外国税額控除制度と日本の制度上
	の沿革 ··· 296
③	**直接外国税額控除** ··· 303
	1. 直接外国税額控除制度 ··· 303
	2. 直接外国税額控除における外国法人税の意義 ··············· 304
	3. 外国税額控除の適用時期 ··· 304
	4. 外国税額控除限度額と控除対象外国法人税 ·················· 305
	5. 国外所得金額の計算 ··· 309
	6. 外国税額控除額と控除対象外国法人税額の控除順序 ······ 314
	7. 控除限度超過額の繰越控除と控除余裕額の繰越使用 ······ 315
	8. 外国法人税が増額・減額された場合の調整 ·················· 316
	9. 法人税における外国税額の還付と地方税における外国税
	額の繰越控除 ·· 317
	10. 申告とその手続 ·· 318
	11. 外国法人税の円換算 ·· 319
④	**外国子会社配当益金不算入制度** ·· 320
	1. 外国子会社配当益金不算入制度の概要 ·························· 320
	2. 外国子会社配当益金不算入制度における配当等 ············ 323

3. 外国子会社配当益金不算入制度の適用対象となる外国子
　　　 会社 ………………………………………………………… 324
　　4. 外国子会社配当益金不算入制度に係る二重課税・非課税
　　　 の排除 ……………………………………………………… 325
　　5. 外国子会社配当益金不算入制度と外国子会社合算税制
　　　 及び外国税額控除の適用関係 …………………………… 326
　　6. 外国子会社配当益金不算入制度の適用手続 …………… 328
　　7. 地方税の取扱い …………………………………………… 329
⑤ **みなし外国税額控除** ………………………………………… 335
　　1. みなし外国税額控除の意義と今日的評価 ……………… 335
　　2. みなし外国税額控除の概要 ……………………………… 337
　　3. 直接外国税額控除に係る控除対象みなし納付外国法人税 … 337
　　4. みなし納付外国税額控除の時期 ………………………… 337
　　5. みなし外国税額控除に係る国外所得の計算 …………… 338
　　6. 法人税における外国税額の還付と地方税における外国
　　　 税額の繰越控除 …………………………………………… 338
　　7. みなし納付外国税額の円換算 …………………………… 338
　　8. みなし外国税額控除の申告とその手続及び地方税に
　　　 おける申告書の記載等 …………………………………… 339
⑥ **居住者／非居住者の外国税額控除制度** …………………… 339
　　1. 制度の概要 ………………………………………………… 339
　　2. 外国所得税の範囲 ………………………………………… 340
　　3. 控除限度額の計算 ………………………………………… 341
　　4. 外国所得税が減額された場合の調整 …………………… 342
　　5. 申告とその手続 …………………………………………… 343
　　6. 源泉分離課税と外国税額控除 …………………………… 343

第5章　外国子会社合算税制
　　　　（タックス・ヘイブン対策税制）

- **① 外国子会社合算税制の意義と適用除外** ················· 350
  1. 外国子会社合算税制の意義 ································ 350
  2. 外国子会社合算税制の適用除外の趣旨 ··············· 353
- **② 外国子会社合算税制の沿革と今日的意義** ············· 354
  1. 沿　　革 ·· 354
  2. 外国子会社合算税制の今日的意義 ····················· 354
  3. 外国子会社合算税制の制度設計上の課題と資産性所得合算課税制度の導入 ······························· 357
- **③ 外国子会社合算税制の基本的な仕組み** ················ 358
  1. 概　　要 ·· 358
  2. 納税義務者 ·· 361
  3. 特定外国子会社等の範囲 ···································· 362
  4. 適用除外要件 ··· 368
  5. 合算対象所得の計算の仕組み ······························ 380
  6. 特定外国子会社等の資産性所得合算課税制度（部分課税対象金額の益金算入制度） ································ 384
  7. 内国法人が特定外国子会社等から受ける剰余金の配当等に係る二重課税の排除 ····································· 388
- **④ 外国子会社合算税制に係る外国税額控除** ············· 390
  1. 概　　要 ·· 390
  2. 外国子会社合算税制に伴う外国税額控除 ············ 391
- **⑤ 外国子会社合算税制と移転価格税制の適用関係** ··· 396
  1. 外国子会社合算税制と移転価格税制 ··················· 396

2. 移転価格税制の優先適用 ………………………………… 396
6　コーポレート・インバージョンを通じた国際的租税回避に係る対抗立法 ……………………………………………………… 397
　　1. 意義と概要 ………………………………………………… 397
　　2. 特定グループ内のコーポレート・インバージョンに係る法人課税（適格合併等の適格性の否認）……………………… 400
　　3. 特定グループ内のコーポレート・インバージョンに係る株主課税（特定グループ内合併等が行われた場合の株主等の課税の特例）…………………………………………… 402
　　4. コーポレート・インバージョン対策合算税制（外国子会社合算税制の特例）……………………………………… 403

第6章　移転価格税制

1　**移転価格税制の意義** …………………………………………… 414
　　1. 国際グループ企業の移転価格と独立企業原則 …………… 414
　　2. 移転価格と国際二重課税問題 ……………………………… 418
2　**移転価格税制の基本的な仕組み** ……………………………… 421
　　1. 納税義務者 ………………………………………………… 421
　　2. 国外関連取引 ……………………………………………… 421
　　3. 国外関連者 ………………………………………………… 422
　　4. 独立企業間価格の意義 …………………………………… 426
　　5. 取引単位の決定 …………………………………………… 431
　　6. 比較対象取引の選定 ……………………………………… 435
　　7. 差異調整 …………………………………………………… 438
　　8. 独立企業間価格の決定 …………………………………… 439

9. 外貨建取引と移転価格税制 ………………………………… 442
　　10. 独立企業間価格による所得計算 …………………………… 443
　　11. 国外関連者に対する寄附金課税 …………………………… 444
③ **独立企業間価格の算定方法** ……………………………………… 450
　　1. 独立価格比準法(CUP：Comparable Uncontrolled Price) … 450
　　2. 再販売価格基準法（RPM：Resale Price Method）………… 452
　　3. 原価基準法（CP：Cost Plus Method）……………………… 453
　　4. 基本三法に準ずる方法その他政令で定める方法 ………… 454
④ **棚卸資産の売買取引以外の取引に係る独立企業間価格の算定方法** …………………………………………………………………… 464
　　1. 棚卸資産の売買取引以外の取引の類型と移転価格税制の規定 ……………………………………………………………… 464
　　2. 無形資産取引 ………………………………………………… 465
　　3. グループ内役務提供取引（IGS）…………………………… 474
　　4. 費用分担契約 ………………………………………………… 478
　　5. グループ内金融取引 ………………………………………… 479
　　6. グローバル・トレーディング ……………………………… 481
⑤ **移転価格税制の執行規定** ………………………………………… 483
　　1. 移転価格税制の執行規定 …………………………………… 483
　　2. 移転価格文書の作成 ………………………………………… 494
⑥ **移転価格課税に基因する国際二重課税の排除** ………………… 497
　　1. 国内救済手続と租税条約に基づく相互協議 ……………… 497
　　2. 租税条約に基づく相互協議の成立に基づく還付 ………… 503
⑦ **事前確認（APA）** ………………………………………………… 505
　　1. 事前確認（APA）の意義 …………………………………… 505
　　2. 事前確認（APA）の種類 …………………………………… 505
　　3. 日本企業の国際水平分業ビジネスモデルとAPA ………… 506

4. 外国法人の日本支店と APA ································ 509
　　5. APA の特性と実務上の問題点 ··························· 510
　　6. 事前確認の手続 ··· 512

第7章　支払利子損金算入規制税制（過少資本税制／過大支払利子税制／恒久的施設帰属資本に対応する負債の利子の損金不算入）

1　**支払利子損金算入規制税制** ······································ 520
　　1. 意　　義 ·· 520
　　2. 支払利子損金算入規制税制の概要 ······················· 521
　　3. BEPS 行動計画項目と今後の動向 ······················· 522
2　**過少資本税制** ·· 522
　　1. 意　　義 ·· 522
　　2. 基本的な仕組み ··· 524
3　**過大支払利子税制** ·· 532
　　1. 意　　義 ·· 532
　　2. 基本的な仕組み ··· 534
　　3. 外国子会社合算税制との調整 ····························· 539
　　4. 恒久的施設帰属資本に対応する負債の利子の損金不算入
　　　 との調整 ·· 540
4　**恒久的施設帰属資本に対応する負債の利子の損金不算入** ········ 540
　　1. 制度の導入の背景と意義 ·································· 540
　　2. 基本的な仕組み ··· 542
　　3. 過少資本税制及び過大支払利子税制との適用関係 ········ 550

- 基本参考文献 …………………………………………………… 553
- 判決例（裁決例）索引 ………………………………………… 557
- 用語索引 ………………………………………………………… 563

〈トピックス〉

- 税源浸食と利益移転（BEPS）……………………………………… 6
- 永遠の旅人（Perpetual Traveler, Permanent Traveler）………… 28
- 納税義務者に係る国籍条項の追加………………………………… 33
- 明治32年（1899年）の法人に対する所得課税の導入と外国人及び外国法人に対する課税規定の整備………………………………… 51
- 国内租税法と租税条約……………………………………………… 61
- 国外投資ファンドに対する法的安定性と予測可能性の確保のための一連の税制改正…………………………………………………… 66
- 外国法人の国内源泉所得に係る所得の計算の留意点…………… 88
- 租税条約の適用に関する届出書の法的意義……………………… 109
- 独立企業原則………………………………………………………… 112
- 総合主義と帰属主義………………………………………………… 117
- 事業再生ファンド・不良債権投資ファンドと投資組合の恒久的施設に関する特例…………………………………………………… 139
- 匿名組合契約（TK）を用いた条約漁り（treaty shopping）と対抗立法………………………………………………………………… 167
- 租税条約の解釈とOECDモデル租税条約コメンタリー………… 179
- フィリップモリス事件とOECDモデル租税条約5条コメンタリーの改正………………………………………………………………… 195
- 2010年改訂OECDモデル租税条約の新7条（事業利得）の意義
 ……………………………………………………………………… 208
- 独立企業原則と日米租税条約の関係条項………………………… 214
- OECDモデル租税条約25条に定める相互協議手続における仲裁規定と日本の条約例…………………………………………………… 255
- OECDモデル租税条約26条（情報交換）と日本の取組み……… 263

- 租税条約に定める徴収共助の意義 …………………………………… 272
- 外国法人税の範囲—ガーンジー島事件 ……………………………… 293
- 外国税額控除制度の濫用と対抗立法 ………………………………… 300
- 外国子会社配当益金不算入制度の評価 ……………………………… 321
- 外国子会社配当益金不算入制度の導入とタックス・プランニング … 330
- 特定外国子会社等の判定に係る租税負担割合20％（トリガー税率）以下の算定にあたっての留意事項 ………………………………… 365
- 特定外国子会社等の統括会社該当性の判定 ………………………… 372
- 来料加工取引と所在地国基準 ………………………………………… 377
- OECD 移転価格ガイドラインの意義 ………………………………… 419
- 外国子会社配当益金不算入制度の導入と移転価格税制 …………… 424
- 独立企業間価格の算定に係る最も適切な方法の選択 ……………… 428
- 取引単位と比較対象取引 ……………………………………………… 432
- 租税特別措置法66条の4と独立企業間価格幅（レンジ） ………… 441
- 移転価格税制と寄附金課税（国際二重課税リスク） ……………… 445
- 移転価格税制における無形資産に関する議論の動向 ……………… 472
- 国税通則法第7章の2（国税の調査）に定める調査手続の移転価格調査の側面 ……………………………………………………… 485
- 裁判例と移転価格課税実務の方向性 ………………………………… 490
- 新興国との相互協議において国際二重課税の救済が機能しない状況の顕在化 ……………………………………………………… 503
- 日本企業の国際水平分業ビジネスモデルと日本の移転価格税制 … 506

【凡　例】

　法令等は、原則として平成26年（2014年）7月1日現在による。引用は下記の略称を用いる。参照条文は次の例による。

法人税法施行令第48条第1項第1号　　→　　法令48①一
OECDモデル租税条約第3条1（a）　　→　　OECD 3①(a)
★　平成26年（2014年）度税制改正（平成26年法律第10号）による非居住者・外国法人課税の新制度及び関連する改正は、平成28年（2016年）4月1日以後に開始する事業年度の法人税（所得税は平成29年（2017年）分以後）について適用されることから、本書での参照条文は次の例による。

　　法人税法138条第1項第1号　　　　　　→　改正法法138①一
　　租税特別措置法66条の4の3第2項第一号イ　→　改正措法66の4の3②一イ

通法………国税通則法
通令………国税通則法施行令
所法………所得税法
所令………所得税法施行令
所規………所得税法施行規則
法法………法人税法
法令………法人税法施行令
法規………法人税法施行規則
相法………相続税法
相令………相続税法施行令
地法………地方税法
地令………地方税法施行令
措法………租税特別措置法
措令………租税特別措置法施行令
実特法……租税条約等の実施に伴う所得税法、法人税法及び地方税法の特例等に
　　　　　　関する法律
実特令……租税条約等の実施に伴う所得税法、法人税法及び地方税法の特例等に
　　　　　　関する法律施行令
実特規……租税条約等の実施に伴う所得税法、法人税法及び地方税法の特例等に
　　　　　　関する法律の施行に関する省令
復興財源確保法……東日本大震災からの復興のための施策を実施するために必要

　　　　　　　　な財源の確保に関する特別措置法
地方法………地方法人税法

所通…………所得税基本通達
法通…………法人税基本通達
相通…………相続税法基本通達
措通…………租税特別措置法関係通達
不服通………不服審査基本通達（異議申立関係）
移転価格指針……移転価格事務運営要領の制定について（事務運営指針）
相互協議指針……相互協議の手続について（事務運営指針）
情報交換指針……租税条約に基づく相手国との情報交換手続について（事務運営指針）
行訴法……………行政事件訴訟法
公益認定法………公益社団法人及び公益財団法人の認定等に関する法律
資産流動化法……資産の流動化に関する法律
投信法……………投資信託及び投資法人に関する法律
投資組合法………投資事業有限責任組合契約に関する法律
有限責任組合法…有限責任事業組合契約に関する法律
金商法……………金融商品取引法
国外送金等調書法……内国税の適正な課税の確保を図るための国外送金等に係る調書の提出等に関する法律
国外送金等調書令……内国税の適正な課税の確保を図るための国外送金等に係る調書の提出等に関する法律施行令
国外送金等調書規……内国税の適正な課税の確保を図るための国外送金等に係る調書の提出等に関する法律施行規則

OECD……………………OECDモデル租税条約（所得と財産に対するモデル租税条約）
OECDコメンタリー……OECDモデル租税条約の規定に関するコメンタリー（2010年版）
移転価格ガイドライン……OECD多国籍企業と税務当局のための移転価格算定に関する指針（2010年版）
日米………………………所得に対する租税に関する二重課税の回避及び脱税の防止のための日本国政府とアメリカ合衆国政府との間の条約（平成16年条約第2号）
条約法条約………………条約法に関するウィーン条約

序章

BEPS(税源浸食と利益移転)をめぐる国際的な動き

<序章　Key Word>

BEPS(Base Erosion and Profit Shifting)、電子経済、国際二重非課税、事業所得、恒久的施設、PE(Permanent Establishment)、投資所得、源泉地国、国際二重課税、国外所得免除方式、外国税額控除方式、コミッショネア、費用分担契約(CCA：Cost Contribution Agreements)、SCM(Supply Chain Management)、ハイブリッド金融商品、独立企業原則、外国子会社配当益金不算入、損金算入配当、移転価格文書、マスターファイル、ローカルファイル、国別報告書

1　はじめに

　各国の租税法は企業のグローバル化や電子経済（インターネットを活用することで顧客の物理的な所在地から離れた場所から商品やサービスを提供でき、無形資産の重要性及び可動性を特徴とする）に追いついておらず、多国籍企業の人為的節税に利用できる税制の隙間が放置されているという「税源浸食と利益移転（BEPS：Base Erosion and Profit Shifting）」に対して、G20サミット（2013年9月5～6日、サンクトペテルブルク）において全面的に支持を得た「OECD／G20　BEPSプロジェクト」が展開されている[1]。

　平成25年10月8日開催の税制調査会における浅川雅嗣OECD租税委員会議長（財務省総括審議官（当時））の提出資料[2]は、源泉地国でも居住地国でも十分に課税されない国際二重非課税の問題や本来課税されるべき経済活動が行われている国で所得計上されない問題が顕在化し、リーマンショック後の財政悪化や所得格差の拡大を背景に政治的に看過できなくなった状況に言及し、BEPSが①居住地国の政府にとっては、税収の減少や税制に対する信頼を揺るがし、他方で、新興市場を統治する発展途上国の政府にとっては、その経済成長を促進する公共投資に必要な財源が不足するという問題をもたらし、②納税者にとっては、国境を容易に越えられない納税者がより大きな割合の税負担を強いられ、③企業にとっては、BEPSを活用しない企業が競争上不利な立場に押しやられ公平な競争が害される、という問題を明らかにしている。

　「OECD／G20　BEPSプロジェクト」は、OECD非加盟国も意思決定に同等の立場で参加し、政治的にコミットメントした工程表に従い、2014

1　OECDは、BEPSに関するWebサイトを設け、下記で引用する資料を含め、各種の資料等を公開している。http://www.oecd.org/ctp/beps.htm
2　OECD租税委員会議長　浅川雅嗣「税制調査会資料［国際課税関係］」（平成25年10月［平25.10.8総3－1］）参照。

年9月～2015年12月までの間に、グローバルな協調下で各国が採用すべき国際課税制度（国内法及び租税条約）に関する勧告を行う。今後の日本の国際課税制度の展開に大きな影響を与えることから、本書の序章としてBEPSをめぐる国際的な動きを概観する[3]。

② 国際水平分業ビジネスモデルの発展とBEPS問題

　1990年代に出現した国際水平分業というビジネスモデルは、世界各地の市場に所在する販売子会社や立地優位性のある国に所在する製造子会社の機能・リスクを限定し役務提供子会社とする構造変化をもたらした（第6章トピックス「日本企業の国際水平分業ビジネスモデルと日本の移転価格税制」参照）。この点について、2001年通商白書は、ITを活用した業務及び組織の改革、取引先の拡大、国際化といった経営革新を果たした欧米企業が、生産スピードと価格競争の優位性があるシンガポール企業等に委託生産を進めるなど国際水平分業を推し進めていると分析していた[4]。今日では、多国籍展開する日本企業も、新製品の研究開発を親会社が担い、立地優位性のある東南アジア・中国の製造子会社は親会社に対して購買調達を含む製品製造活動という役務を提供し、米国・欧州等の市場地国に所在する販売子会社は親会社に対してマーケティング・販売・物流という役務を提供する、という国際水平分業による国境を越えたグローバル・バリューチェーンを採用している[5]。

3　2014年7月1日（本書脱稿時点）におけるまとまった論考として、居波邦泰『国際的な課税権の確保と税源浸食への対応―国際二重非課税に係る国際課税原則の再考』（中央経済社、2014年）及び後掲注7に記載の文献を参照。
4　赤松晃「日本企業の新しいビジネスモデルと国際税務戦略」租税研究634号（2002年8月号）88～89頁参照。

国際的な事業活動から生ずる所得に適用される国際課税ルールは、1920年代の国際連盟租税委員会による検討にはじまり、1946年のロンドン・モデル租税条約として結実し、今日の OECD モデル租税条約に継承され発展[6]してきた。要約すれば、次のとおりである。

(1) 事業所得については源泉地国に恒久的施設（PE：Permanent Establishment）が所在する場合に当該恒久的施設に帰属する所得に対して源泉地国に優先的な課税管轄権を認め、国境をまたぐ所得に関する国家間の課税権の配分は独立企業原則による。

(2) 投資所得については居住地国が専ら課税管轄権を有するが、源泉地国に一定の所得税の源泉徴収を優先的に容認する。

(3) 国際二重課税の排除の方法として、居住地国における国外所得免除方式、または、全世界所得課税を前提とする外国税額控除方式を採用する。

こうした現行の国際租税ルールの隙間を突く BEPS とは、ペーパー上、リスクと法的所有権と資金を区分することから生じている。具体的な現象として、例えば、次が指摘されている[7]。

(1) 電子経済の発展により、販売地国に PE を有することなしに、従って租税負担をせずに、商品やサービスを提供

(2) 販売地国での機能やリスクを極小化するコミッショネア取引形態への変更

(3) 利益の源泉である無形資産を、費用分担契約（CCA：Cost Contribu-

---

5 より先端的な日本企業のビジネスモデルについて、赤松晃「日本企業の国際展開のダイナミズム（2002年～2012年）と国際課税制度」租税研究761号（2013年3月号）261頁「イメージ図5：統括会社／被統括会社／知的財産管理会社」参照。

6 赤松晃『国際租税原則と日本の国際租税法―国際的事業活動と独立企業原則を中心に』（税務研究会出版局、2001年）「第2章 国家課税管轄権の配分に関する国際租税原則の成立」22～52頁参照。

tion Agreements)[8]を通じて、軽課税国に移転
(4) グループ内の物流・商流から親会社を隔離する外—外取引のSCM（Supply Chain Management）を構築
(5) 必要資金をグループ法人から借入金として調達し、グループ全体としての損益に影響させずに、利子の支払法人において損金計上（租税条約による源泉所得税の減免の適用もあり得る）する一方、利子の受取法人がハイブリッド金融商品として課税を免れるか、または、軽課税国に所在

---

[7] Google、Apple、Starbucks、AmazonなどのⅠ部の多国籍企業によるBEPSの実態に関し、ネット検索できる一次資料として次がある。
（英国議会資料）
・HM Revenue & Customs on its Annual Report and Accounts 2011-12 and from Amazon, Google and Starbucks. 1 C&AG's Report, HM Revenue and Customs 2011-12 Accounts: Report by the Comptroller and Auditor General.
（米国議会資料）
・Permanent Subcommittee on InvestigationsOffshore Profit Shifting and the U.S. Tax Code-Part 1 (Microsoft & Hewlett-Packard) September 20, 2012 02:00PM
・Offshore Profit Shifting and the U.S. Tax Code-Part 2 (Apple Inc.) May 21, 2013 09:30AM
　日本語の資料としては、経済産業省委託調査報告書平成25年7月12日『平成24年度アジア拠点化立地推進調査等事業（国際租税問題に関する調査（タックスヘイブン対策税制及び無形資産の取扱いについて））』の第2章第2節Ⅱ02 1（128〜143頁）が最も詳細なものと言えよう。「BESP行動計画」の内容と論点については、経済産業省委託調査報告書平成26年7月24日『平成25年度アジア拠点化立地推進調査等事業（BEPSへの対応と我が国企業への影響に関する調査)』の第2章第2節を参照。本庄資「陳腐化した国際課税原則を見直し新しい国際課税原則を構築する必要性—OECDのBEPS対策の始動を中心として」税大ジャーナル（2013年5月号）1〜43頁、居波邦泰「国際的課税権の確保とBEPS（税源浸食と利益移転）への対応」税務事例 Vol.45 No.9（2013年9月号）56〜68頁、太田洋「BEPSについて—多国籍企業のタックス・プランニングの実情」（平成25年10月24日税制調査会資料［平25.10.24　際Ｄ1-2］）なども併せて参照。
[8] 『OECD移転価格ガイドライン（2010年版）』（日本租税研究協会、2011年）第8章参照。

税源浸食と利益移転（BEPS）

　グローバル化を背景として、多国籍企業が利益を海外に移すことで、納税額を大幅に削減、場合によってはほぼゼロにする機会が生まれている。現行の時代遅れになった課税ルールの隙間やミスマッチにより、利益を税務上「消失」させたり、企業が経済活動をほとんど、あるいはまったく行っていない無税や低税率の国・地域へと移転したりすることが可能となっている。これらの活動は、税源浸食と利益移転（BEPS）と呼ばれる。さらに、経済に占めるサービスの重要性、およびインターネットを通じて提供されるデジタル商品・サービスの重要性が増していることも、BEPSをずっと容易なものとしている。

　大半の場合については、これらの戦略は合法的である。BEPSは、租税債務の総額を削減する機会を合法的に利用しているいくつかの特定企業により生み出されている問題ではない。一部のあからさまな濫用の場合は別として、問題は課税ルールそのものにある。

　国内の課税ルールと国際的な課税ルールの相互作用がもたらすこれらの予期せぬ効果は、深刻な問題を引き起こしている。納税者間の歪みを生み出し、租税制度の整合性に対する信頼に悪影響を及ぼしており、財政健全化と社会的困難の時代に特に重要な問題となっている。その結果、強靭で均衡の取れた成長を下支えするために投入できたはずの政府の収入が失われているのである。収入源の法人税依存度が総じて高い開発途上国の場合、潜在的な影響は特に甚大である。

出典：OECD/G20 Base Erosion and Profit Shifting INFORMATION BRIEF 2014 Deliverables
　　　「税源浸食と利益移転」（BEPS：Base Erosion and Profit Shifting）プロジェクトインフォーメーション・ブリーフ（仮訳）4頁

③ 「OECD／G20　BEPSプロジェクト」の展開

　OECD租税委員会は2012年6月より「BEPSプロジェクト」を立ち上げ、2013年2月に「BEPSへの対応」報告書[9]を公表し、2013年7月19日に「BEPS行動計画」を公表した[10]。「BEPS行動計画」は、G20財務大臣・中央銀行総裁会議（2013年7月19〜20日、モスクワ）に提出され、G20サミット（2013年9月5〜6日、サンクトペテルブルク）においてBEPS行動計画を核とする「G20報告書」[11]が全面的な支持を受け、国際協調の下、戦略的かつ分野横断的に問題解決を図る「OECD／G20　BEPSプロジェクト」として、OECD非加盟国（アルゼンチン、ブラジル、中国、インド、インドネシア、ロシア、サウジアラビア及び南アフリカ）がOECD加盟国と同様に意見を述べ、意思決定に参加しうる枠組みとして開始された[12]。

　「BEPS行動計画」では、大要、次のとおり述べられている。
　現行の租税条約及び移転価格税制は、一般に、利益に対する二重課税を防止するのに有効であるが、利益を生み出す価値創出活動からの課税対象利益の分離を助長する事例が多くみられるようになっている。「BEPS行動計画」は、実質と整合する課税を行う一方で、同時に、二重課税の防止

9　OECD, Addressing Base Erosion and Profit Shifting
　　日本語の全訳として、居波邦泰「税源浸食と利益移転への対応（仮訳）」租税研究763号（2013年5月号）196〜241頁がある。
10　OECD, Action Plan on Base Erosion and Profit Shifting
　　http://www.oecd.org/ctp/BEPSActionPlan.pdf
　　全訳として『税源浸食と利益移転（BEPS）行動計画』（日本租税研究協会、2013年12月）。
11　OECD Secretary-General Report to the G20 Leaders, Part II, Base erosion and profit shifting (BEPS), Automatic Exchange of Information（5-6 September, 2013）
　　http://www.oecd.org/tax/SG-report-G20-Leaders-StPetersburg.pdf
12　Ibid. Part II, paragraph 4, at 37. 浅川・前掲注（2）「税制調査会資料［国際課税関係］」参照。

を継続し、現行制度が意図する効果を回復させる。独立企業原則に関する現在の解釈は、容易に移動可能な資産（無形資産や資本など）を移転することで利益を人為的に移動することができる多国籍企業の能力により挑戦を受けている。そこで、価値が創出された国から人為的に課税利益を持ち出させない保証を、独立企業原則に即しているか否かにかかわらず、開発する。ペーパーカンパニーが不適切に租税条約上の特典を受けることで二重非課税を実現するために用いられないようにする。透明性を高めデータを改善することは、金融資産が創出され投資が行われる場所と多国籍企業が税金を支払うために利益を報告する場所とが懸隔している状況を明らかにし、これを防止するために必要である[13]。

「G20報告書」は、その上で、「『BEPS行動計画』は、国境をまたぐ所得で、そのままであれば、課税されないか、または、非常に低い税率での課税となる多くの事例において、源泉地国及び居住地国による課税がなされるよう修復することにあるのであって、国境をまたぐ所得に関する課税権の配分に関する現行の国際原則を変更することを直接の目的とはしていない」[14]としていることに留意したい。

「OECD／G20　BEPSプロジェクト」は、BEPSを終わらせるための15の「BEPS行動計画」について、最初の成果を2014年9月に公表し、2015年末までには完了するという非常に野心的なタイムライン[15]の下で、新たに国際的な税制の調和を図る方策を勧告するとしている。「BEPS行動計画」は、電子経済を検討されなければならない問題の良き事例であるとし

13　OECD Newsroom, 19/07/2013（同日本語版）, OECD, Supra note (10), at 20.
14　OECD, Supra note (11), Action Plan on Base Erosion and Profit Shifting, paragraph 11, at 44.
15　OECDは、2013年12月3日に、2013年〜2014年におけるRequest for input（意見聴取）、Discussion Draft（たたき台の公表）及びPublic Consultation（パブリックコンサルテーション）の具体的な日程表を公開している。
http://www.oecd.org/ctp/calendar-planned-stakeholders-input-2013-2014.pdf

て冒頭（項目１）に掲げ、次の３つの論点で整理される14項目（項目２～15）を各論とする構造をとる（図表序－１参照）。

(1) 各国間の課税制度の隙間を突くことによる国際二重非課税を防止する根本的に全く新しい国際基準を開発
  ・「ハイブリッド・ミスマッチ・アレンジメント」による課税所得の消失行為の防止（項目２）
  ・軽課税国に所在する子会社に留保された所得に対する課税制度の最低基準（項目３）
  ・課税所得を浸食する、行き過ぎた支払利子のレバレッジ構造の防止（項目４）

(2) 実質に即した課税
  ・価値が創出された国から課税利益を人為的に持ち出させない保証を開発（項目７、８、９、10）
  ・ペーパーカンパニーが不適切に租税条約上の特典を受けることで二重非課税を実現するために用いられないことを保証（項目６）

(3) 透明性の改善
  ・多国籍企業とその関係する各国の税務当局が、利益のグローバルな配分の状況、経済活動や納税額に関する情報を共有する一定の共通の様式を開発（項目12、13）
  ・税務当局相互間の各国の課税制度や税制恩典措置の公開（項目５）
  ・BEPSの状況及び対抗措置の効果が測定できるデータの収集の開発（項目11）
  ・国際経済活動の促進に必要な税負担の確実性の保証と早期の税務紛争解決の手段の確保（項目14、15）

図表 序-1 「BEPS行動計画」

	行動計画の項目	説明	達成期限
1	電子経済の課税上の課題への対処	・ある国の電子経済においてかなりの存在を有するにもかかわらず、現行の国際課税制度の下では、その国にnexusとしての恒久的施設（PE）がないことを理由として租税債務を負わないことにつき論点を整理し、直接税及び間接税[16]を含む全体的な観点からの対応策の選択肢を開発し報告	2014年9月
2	ハイブリッド・ミスマッチの効果の無効化	・二国間での取扱いが異なるハイブリッド金融商品やハイブリッド事業体を用いた、二重非課税、二重控除、長期課税繰延などを無効化するモデル租税条約の条文及び国内法の制度設計を策定し勧告	2014年9月
3	CFC規制（外国子会社合算税制）の強化	・CFC規制（外国子会社合算税制／タックス・ヘイブン対策税制）に関する国内法の制度設計について、各国が最低限導入すべき基準を策定（他の項目の検討との整合性を要する）し勧告	2015年9月
4	利子等の損金算入を通じた税源浸食の制限	・支払利子等（例えば、過剰支払利子を実現するための関連者及び非関連者に対する債務の利用、あるいは、非課税所得や課税繰延の創成を目的とするファイナンシング）の損金算	2015年9月

---

16 電子経済に関する日本の現行の消費税法の適用関係における問題点について、佐藤英明「電子的配信サービスと消費課税―制度設計上の問題点」ジュリスト1447号（2012年11月号）14～20頁参照。最新の資料として、税制調査会に提出された財務省主税局税制二課『国境を越えた役務の提供等に対する消費税の課税の在り方について』（2013年11月）があり、これによれば、①国外事業者の国内消費者向け取引（B2C）については国外事業者に申告納税義務を課す国外事業者申告納税方式、②国外事業者の国内事業者向け取引（B2B）については国内事業者に申告納税義務を課すリバースチャージ方式、の採用が検討されており、理論的には電子経済だけでなく、国境を越えた役務提供（サービス）のすべてが消費税の課税対象となろう。

		・入を通じた税源浸食を防止するための制度設計について、各国が最低限導入すべき基準を策定し勧告	
		・親子会社間等の金融取引に関する移転価格ガイドラインの改訂	2015年12月
5	有害な税制への対抗	・現行の枠組みに基づく、加盟国の租税優遇制度あるいは実質的な租税優遇措置に関する審査	2014年9月
		・非加盟国の参加拡大のための戦略の策定	2015年9月
		・透明性と実質性を考慮に入れた、より効果的な枠組みの見直し	2015年12月
6	租税条約の濫用防止	・条約締約国でない第三国の個人・法人等が租税条約の特典を享受する濫用を防止するためのモデル租税条約及び国内法の整備を策定し勧告	2014年9月
7	恒久的施設（PE）認定の人為的回避の防止	・BEPSに関連して、恒久的施設（PE）認定の人為的回避を防止するためのモデル租税条約の恒久的施設の定義の変更を策定し改訂	2015年9月
8	無形資産に係る移転価格ルールの策定	・グループ内の無形資産の移転によるBEPSを防止するためのガイドラインの策定（OECD移転価格ガイドラインの改訂及びモデル租税条約の改訂の可能性も含む）	2014年9月
		・広義かつ明確な無形資産の定義、価値創出に即した無形資産の移転又は使用に関する利益確保、価値評価の困難な無形資産の移転に関する移転価格税制又は特別規定の検討、及び、費用分担取極に係る移転価格ガイドラインの改訂の策定	2015年9月
9	移転価格税制（価値創出／リスク・資本に整合的な結果を保証）	・グループ内のリスクの移転や資本の過剰配分を通じたBEPSを防止するための国内法に関するガイドラインの策定（OECD移転価格ガイドラインの改訂及びモデル租税条約の改訂の可能性も含む）。価値創出に即した	2015年9月

		リターンの配分、利子控除と他の金融支払と併せ検討	
10	移転価格税制（他の租税回避の可能性の高い取引に整合的な結果を保証）	・独立第三者間ではあり得ないか又は極めて稀な取引を関与させることによるBEPSを防止するための制度設計の策定（OECD移転価格ガイドラインの改訂及びモデル租税条約の改訂の可能性も含む）。取引の性質変更を認定することができる条件やグローバル・バリューチェーンにおける利益分割法の適用の基準の明確化、マネジメントフィーや本社経費などの税源浸食支払の一般的な類型に対する防止策を含む	2015年9月
11	BEPSに関するデータの収集及び分析方法と対処の確立	・BEPSの規模と経済的影響に関する指標、及び、今後のBEPSへの対処の効率性と経済的影響を測定する評価方法の策定と勧告	2015年9月
12	タックス・プランニングの報告義務	・納税者のタックス・プランニング（悪用的又は濫用的な取引、契約、組成）の強制的な情報開示に関する国内法の制度設計の策定と勧告。策定に当たっては、税務当局及び産業界のコストを考慮し、かつ、類似の制度を有する諸国が増加していることから、それらの経験を徴する	2015年9月
13	移転価格関連の文書化の再検討	・産業界のコンプライアンスコストを考慮した税務当局に対する透明性を高める移転価格に係る文書化制度の再検討により移転価格ガイドラインの改訂及び国内法の制度設計の策定と勧告。多国籍企業が関係する各国に対して、共通の様式により、関係国間での所得のグローバルな配分の状況、経済活動や納税額に関する情報を提供することを含む	2014年9月
14	相互協議の効果	・ほとんどの租税条約が仲裁手続を欠	2015年9月

	的実施	き、特定の事案では相互協議あるいは仲裁の申立てが拒否されている事実に鑑みた相互協議の効果的実施を妨げる障害の除去の策定によるモデル租税条約の改訂	
15	多国間協定の開発	・BEPSの検討作業において開発される対応策を効率的に実施するための多国間協定に関する租税と国際公法に関する問題を分析 ・多国間協定案を開発	2014年9月 2015年12月

(注)「G20報告書」Annex A[17]の抄訳である。行動計画の項目の日本語訳は、図表序−2に整合させている。

---

17 全訳として、『税源浸食と利益移転(BEPS)行動計画』(日本租税研究協会、2013年12月)21〜26頁参照。

4 BEPS行動計画に関する第一弾報告書の公表と日本の税制改正の展望

1．税制調査会に提出された財務省資料

　平成26年（2014年）4月24日税制調査会国際課税ディスカッショングループの財務省資料は、「OECD／G20　BEPSプロジェクト」の展開を踏まえ、次の3項目（外国子会社配当益金不算入制度、移転価格税制、外国子会社合算税制）に関する見直しに言及している（日本政府の「BEPS行動計画」への積極的な参加と日本が必要とする税制改正への速やかな取り組みという姿勢を示すものであるので、煩をいとわず下記に見直しの視点を抜粋して引用する）[18]。

（1）外国子会社配当益金不算入制度

○　我が国の外国子会社配当益金不算入制度において、外国子会社から受ける配当について、現地で損金算入される配当（注）も制度の対象とされており、こうした損金算入配当については二重非課税の問題が生じている。
　(注)　例えば、豪州法人からの優先株式配当やブラジル法人からの配当が現地で損金算入を受けている。
　（参考）平成21年度税制改正前においては、間接外国税額控除の対象となる配当に、損金算入配当は含まれないものとされていた。
○　外国子会社からの損金算入配当について、イギリス、ドイツといった主要国では益金不算入制度の対象から除外している。
○　BEPSプロジェクトにおいて、二重非課税が生じないように、配

18　財務省資料(平26.4.24　際D4-1)「BEPSプロジェクトを踏まえた我が国の国際課税見直し」

④ BEPS 行動計画に関する第一弾報告書の公表と日本の税制改正の展望　15

> 当益金不算入制度を採用している国は、損金算入配当を益金不算入の対象外とするように求められていることを踏まえ、我が国においても、<u>損金算入配当を外国子会社配当益金不算入制度の対象外</u>としてはどうか。

(注)　図表序－1の行動計画の項目2に関連する見直しである。現行法については第4章④2を参照。

(2) 移転価格税制

> ○　OECDのBEPSプロジェクトの議論を踏まえつつ、以下の点を含め、移転価格税制の見直しを検討すべきではないか。
> ①　<u>無形資産の移転等への課税のあり方の検討（BEPS行動8）</u>
> ・BEPSプロジェクトにおいて、親子会社間等で特許等の無形資産を移転することで生じるBEPSを防止するためのルールを策定する（移転価格ガイドラインの改訂）とともに、価格付けが困難な無形資産の移転に関する特別のルールを策定することとしている。
> ・こうした議論を踏まえ、我が国においても、無形資産の移転等に係る課税のあり方について検討していく必要があるのではないか。
> ②　<u>移転価格文書化の再検討</u>（BEPS行動13）
> ・BEPSプロジェクトを踏まえ、多国籍企業に対し、報告書（マスターファイル、ローカルファイル、国別報告書）の作成・報告等、適切な文書化を求めることとしてはどうか[19]。

(注)1　①は図表序－1の行動計画の項目8に関連する見直しである。現行法については第6章④2を参照。

(注) 2 ②は図表序-1の行動計画の項目13に関連する見直しである。現行法については第6章⑤2を参照。

(3) 外国子会社合算税制

> ○ OECDのBEPSプロジェクトの議論を踏まえつつ、以下の点を含め、外国子会社合算税制の見直しを検討すべきではないか。
> ① <u>適用除外要件</u>
> ・会社単位での合算課税が適用除外となる要件について、どのように考えるか。
> ② <u>資産性所得の範囲</u>
> ・外国子会社を通じた租税回避行為をより的確に防止する観点から、部分合算課税の対象となる資産性所得の範囲について、どのように考えるか。
> ③ <u>租税負担割合（いわゆるトリガー税率）</u>
> ・外国子会社合算税制の適用対象となる租税負担割合（いわゆるトリガー税率、日本は20％）について、どのように考えるか。
> ④ <u>二重課税の排除</u>

---

19 財務省資料（平26.4.24 際D4-1）「BEPSプロジェクトを踏まえた我が国の国際課税見直し」10頁は、「マスターファイル」とは多国籍企業グループ全体に共通する基本情報（グループの組織の構造、事業内容、金融活動、財務状態等）、「ローカルファイル」とは各国に所在する企業が行うグループ関連者（親会社や子会社等）との取引に係る情報（取引内容や独立企業間　価格算定方法等）、「国別報告書」とは関連会社等の情報を国別に記載（収入金額、利益額、法人税額、資本金・利益剰余金の額や従業員数等）をいうとし、納税者から提供された上記の情報を税務当局でどのように共有するかについて、次の2つのアプローチがBEPSプロジェクトにおいて検討されているとする。
① 多国籍企業のグループ企業が所在する国の税務当局間で共有（企業グループ内でマスターファイル／国別報告書を共有することが前提）することにより、守秘は各国の国内法により担保される。
② 多国籍企業のグループ企業が所在する国のうち、租税条約や税務執行共助条約を締結する国のみに限定することにより、守秘は各国の国内法及び条約上の守秘義務により担保される。

> ・外国子会社が複数の国の外国子会社合算税制の適用対象となる場合に生じる二重課税の排除について、どのように考えるか。
> ⑤ 条約・国際法との関係
> ・外国子会社合算税制と租税条約・国際法との関係について、どのように考えるか。

(注) 図表序-1の行動計画の項目3に関連する見直しである。現行法については第5章③1、4及び5を参照。

2．財務大臣談話

平成26年（2014年）9月16日「BEPS行動計画に関する第一弾報告書の公表についての財務大臣談話」が次のとおり公表されている（財務省HP）。

> 1．昨年7月にOECD租税委員会がとりまとめた「税源浸食と利益移転（BEPS：Base Erosion and Profit Shifting）行動計画」を受け、本日、最初の報告書が公表され、G20財務大臣・中央銀行総裁会議に提出された。これは、国際課税に関する国際的な協力の歴史において転機となる取組である「BEPS行動計画」が、着実に前進していることを示すものであり、歓迎する。
> 2．市場経済において、公平な競争条件を阻害するような国際的な脱税・租税回避に利用されうる税制の隙間や抜け穴をふさぎ、公正な企業活動を促進することは、各国経済の堅実な成長や、納税者の税制に対する信頼を確保する上で重要である。一方、一国による対応には限界があり、各国がこれに協調して取り組むことが

不可欠である。

3.「BEPS行動計画」については、私もG20などの場で議論に積極的に関与してきており、日本はこれを強く支持している。今後、報告書に示された内容について適切に対応していくとともに、引き続き国際的な場における議論を先導していきたい。

出典：https://www.mof.go.jp/tax_policy/summary/international/20140916.htm

上記の財務大臣談話にある「BEPS行動計画に関する第一弾報告書」とは、OECDが2014年9月16日に公表した次の7つの報告書（項目1及び15については最終報告書、項目5については中間報告書、項目2、6、8及び13については案）をいう[20]。OECDは、同時に、検討に参加した44か国により支持（endorse）されたExplanation Statementも公開している。

図表序-2 BEPS行動計画に関する第一弾報告書（2014年9月16日）

行動計画の項目（報告書のステータス）	BEPS行動計画に関する第一弾報告書の要点
1　電子経済の課税上の課題への対処（最終報告書）	経済のあらゆる部門における情報通信技術の広がりの結果として「電子経済」が成立し、今日では電子経済は経済そのものになっており、それだけを取り出すことは不可能との整理のもと、同時に、電子経済により新たに生まれてきたビジネスモデルや電子経済特有の性質が、税制に関連する問題を生じさせていると認識。 電子経済は、それだけに固有のBEPS問題を生じさせているわけではないが、電子経済のいくつかの特徴がBEPSリスクを悪化させているとしたうえで、電子

20　資料として、OECD東京センターのニュースルームに掲載の2014年9月16日「OECDが多国籍企業の租税回避に対処する国際協調体制に関するG20諸国向けの第1次BEPS提言を発表」に掲げられている各報告書等を参照。

		経済のもたらす幅広い課税上の課題を分析。 　今後の作業として、国境を越えるB2C取引における付加価値税の徴収については、WP9において2015年末までに検討し、恒久的施設（PE）の概念については、行動7（PE認定の回避）において検討し、電子経済の下でのBEPS問題について、BEPSプロジェクトの他の分野において対応がなされるようにするとともに、幅広い課税上の課題や考えうる対応策について精査。
2	ハイブリッド・ミスマッチの効果の無効化（案）	ハイブリッド・ミスマッチとは、金融商品や事業体に対する複数国間における税務上の取り扱いの差異を利用した取引であり、①単一の支出に対する二重損金算入や②受領国での益金算入を伴わない支払国での損金算入が生じるとしたうえで、ハイブリッド・ミスマッチの効果を無効化するための国内法上の措置及びモデル租税条約の規定を勧告するとともに、税制上の効果を相手国の税制上の取り扱いに合わせて調整するためのマッチング・ルール（支払国での損金算入否認、受領国での益金算入など）を提示し、関係国間での措置に齟齬が生じないよう当該ルールの適用順位についても提示。 　今後の作業として、具体的にどのようにルールが適用されるかを納税者及び税務当局に示すコメンタリーの作成や経過措置など、ルールの実施に向けた検討等に入る。
5	有害税制への対抗（中間報告）	1998年の「有害な税の競争報告書」の公表以来、国外から足の速い所得を狙い撃ちして誘致する各国の税制を有害なものとしてその改廃を慫慂。 　BEPS行動計画においては、経済活動の実体の必要性及び制度の透明性に改めて焦点をあて、審査基準を強化・拡張すべく検討するとし、経済活動の実体性の観点から、知的財産優遇税制に関し、知的財産の開発の実体性に関する新たな審査基準を提示するとともに、制度の透明性の観点から、個別の納税者との間で優遇税制適用状況に関する事前確認を行っている税務当局に対して、関連する他国の当局に当該事前確認の内容に関する情報の自発的交換を義務付けるフレームワークを策定。具体的に、OECD非加盟国の税制を含め、30の税制の有害性審査状況を公表。 　今後の作業として、実体性基準について、知的財産優遇税制以外の税制への適用を含め、合意に向けた議

		論を進め、自発的情報交換義務付けのフレームワークを実施するためのガイダンスを提示し、加盟国及び非加盟国の優遇税制の審査を完了。
6	租税条約の濫用防止（案）	条約漁り（第三国の居住者が不当に条約の特典を得ようとする行為）をはじめとした租税条約の濫用は、BEPSの最も重要な原因の一つとなっていとの認識のもと、BEPS行動計画では、条約恩典の不適切な付与を防止するためのモデル租税条約の規定及び国内法の設計の策定、租税条約は二重非課税を生じさせることを意図するものではないことの明確化、各国が租税条約を締結する際に政策的に考慮すべき要素の提示を検討し、租税条約の濫用防止のために最低限必要な措置として、以下の措置を勧告。 ① 租税条約の前文に、租税条約は条約漁りを通じたものを含め、二重非課税の創出や租税回避・脱税による税負担軽減を目的とするものでないことを明記 ② 租税条約に特典制限規定（Limitation on Benefit: LOB）と主要目的テスト（Principal Purpose Test: PPT）の組み合わせ等による濫用防止規定を盛り込む ③ 租税条約の締結・改正等を行う際に政策的に考慮すべき要素について、モデル租税条約コメンタリーに追加する案を提示 　今後の作業として、関連するモデル租税条約及びコメンタリーの規定の精査、租税条約の濫用防止のために最低限必要な措置の実施や投資ビークルへの租税条約適用の格性等についてさらに検討を継続。
8	無形資産に係る移転価格ルールの策定（案）	無形資産を軽課税国・地域の子会社等に移転することで、ロイヤルティに対する課税を回避している多国籍企業があることから、これを防止するルールの策定が求められているとの認識のもと、BEPS行動計画においては、①無形資産の定義、②無形資産形成等への貢献と対価の関係、③独立企業間価格の算定方法、④費用分担契約に関し「移転価格ガイドライン」の規定の明確化を検討。 　無形資産を「有形資産・金融資産でなく、所有・支配することができ、同様の状況の非関連者間取引において、その使用又は移転により報酬が生ずる資産」と新たに定義するとともに、ロケーション・セービングなどの地域市場の特徴（local market features）等につ

④ BEPSの行動計画に関する第一弾報告書の公表と日本の税制改正の展望　21

		いて移転価格ガイドラインの記述を追加。なお、価格付けが困難な無形資産の評価額算出方法等の残りの論点については継続して議論。 　今後の作業として、無形資産に係る移転価格上の論点は、2015年を期限とするその他の移転価格関連の行動計画の項目9及び10とも関連するため、これらの関係も踏まえて、検討を継続。
13	移転価格関連の文書化の再検討（案）	多国籍企業グループに対する適正な移転価格課税の実現のためには、グループ内取引の全体像に関する情報が有用である一方、グループ共通の情報について各国税務当局がそれぞれ異なる形式・内容の報告を大量に求めると、企業側に過度な事務負担が生じるおそれがあるとの問題意識のもと、多国籍企業グループの取引の全体像に関する情報（各国における利益、納税額、経済活動の概要等）に関する報告義務の国際的基準を策定。 　多国籍企業に、以下の共通様式に従って、移転価格リスク評価のための情報の税務当局への提供を義務付けることを勧告。 ・マスターファイル【親会社が作成】 　多国籍企業グループ全体に共通する基本情報（グループの組織構造、事業内容等） ・ローカルファイル【親・子会社が各々作成】 　各国に所在する親会社・子会社が行うグループ内取引の情報（取引価格の算定方法等） ・国別報告書（カントリー・バイ・カントリーレポート）【親会社が作成】 　親会社・子会社所在国ごとの多国籍企業グループの収入・利益・税額等の財務情報等 　今後の作業として、親会社が作成するマスターファイル及び国別報告書の提供方法について、機密性（confidentiality）、時宜性（timeliness）等の観点を踏まえ、引き続き議論。
15	多国間協定の開発（最終報告書）	BEPS行動計画を通じて策定される各種勧告の実施のためには、各国による二国間の租税条約の改正が必要なものがあるが、世界でおよそ3,000本ある二国間の租税条約の改正には膨大な時間を要する。そこで、BEPS行動計画においては、二国間の租税条約を改正するための多国間の協定の開発について分析を行い、国際法及び国際租税に関する専門家との協議の結果、BEPSに

	関連する措置を実施するため二国間の租税条約を改正する多国間の協定を策定することは可能であり望ましいと結論し、様々な先例を検討中。
2014年報告書の解説	Explanation Statement http://www.oecd.org/ctp/beps-2014-deliverables-explanatory-statement.pdf

(注) 報告書の要点の記述は、2014年9月22日日本記者クラブにおけるOECD事務次長玉木林太郎「OECD／G20 BEPSプロジェクトの現状－2014年報告書等」及び平成26年9月29日税制調査会に提出のOECD租税委員会議長浅川雅嗣による財務省説明資料〔BEPSプロジェクトの進捗状況〕〔平成26.9.29総11-1〕及び参考資料〔BEPSプロジェクトの進捗状況〕〔平成26.9.29総11-2〕に全面的に依拠している。上記の記者会見資料は、次のURLから入手できる。

http://www.oecd.org/tokyo/newsroom/documents/20140922DSGTamaki-ppt-beps.pdf

3．展　　望

「G20／OECD　BEPSプロジェクト」による勧告は、日本の外国法人・非居住者に対する課税制度、移転価格税制、外国子会社合算税制、過少資本税制、過大支払利子税制などの改正に大きな影響を及ぼすものと思われる。もとよりボーダレス・エコノミーにおける日本の税制改正には、次の視点を必要とし、ビジネスや雇用機会の海外移転に拍車をかけている日本の国際競争力の危機を克服するためのものであると同時に、実質と整合する課税を行う一方で国際二重課税を防止するという意味において、中長期的には税収中立性をもたらすべきである。

(1) 日本の経済成長を促進する政府による事業環境整備、人材力強化、地域支援、その他の経済政策パッケージの財源を減殺することになる日本企業による軽課税国等への利益の移転をより困難なものとすること
(2) 日本企業のビジネスや雇用機会の海外移転の誘因となっている現行税制を見直すこと

(3) 日本の税制が多国籍企業による投資及び雇用機会の拡大にとって魅力的でかつ競争的であること

　OECDの「BEPS行動計画に関する第一弾報告書」（2014年9月16日）に先立つ同年4月24日税制調査会国際課税ディスカッショングループの財務省資料の論点整理（上記1）は、第一弾報告書における検討内容と整合するものであり、日本政府の「BEPS行動計画」への積極的な参加と日本が必要とする税制改正への速やかな取り組みという姿勢が明確に示されている。

(注)　本章は、赤松晃「BEPSをめぐる国際的な動き」『税研』29巻5号（日本税務研究センター、2014年1月）59～64頁にその後の議論の進展を踏まえた所要の加筆・補充を行っている。

　脱稿後、居波邦泰「2014.9 OECD公表　BEPS行動計画に係る勧告事項等の整理」租税研究780号（2014年10月）384～466頁に接した。

第1章

非居住者・外国法人に対する所得課税

―――― ＜第1章　Key Word＞ ――――

居住者、非居住者、非永住者、住所、居所、生活の本拠、出国、納税管理人、国内、主権免税、国内源泉所得、国外源泉所得、全世界所得、無制限納税義務者、制限納税義務者、国籍条項、内国法人、外国法人、人格のない社団等、ゼネラル・パートナーシップ（GPS）、リミテッド・パートナーシップ（LPS）、リミテッド・ライアビリティ・カンパニー（LLC）、構成員課税、任意組合等、受益者等課税信託、集団投資信託、法人課税信託、課税管轄権（tax jurisdiction）、ソース・ルール（source rule）、恒久的施設（PE：Permanent Establishment）、事業を行う一定の場所（a fixed place of business）、建設作業等、代理人等、代理人PE、常習代理人、在庫保有代理人、注文取得代理人、独立代理人、源泉分離課税、AOA（Authorized OECD Approach）、帰属主義、総合主義、国際二重課税、恒久的施設帰属所得、恒久的施設帰属所得に係る所得、恒久的施設帰属投資資産、恒久的施設帰属資本、規制上の自己資本、恒久的施設帰属外部取引、内部取引、内部債務保証取引、内部再保険、本店配賦経費、文書化、宥恕規定、出国税（Exit Tax）、国外送金等調書、国外財産調書、ストック・オプション調書、源泉徴収免除証明書、組織再編成税制、適格現物出資、国際的三角合併等

1 居住者・非居住者に対する所得課税の概要

1．居住者・非居住者の意義

　所得税法（昭和40年法律第33号）に定める所得税の納税義務者は、居住者、非居住者、内国法人及び外国法人である（所法5）。
① 　居住者は、すべての所得について、所得税の納税義務を負う（所法5①、7①一）。
② 　非居住者は、次の場合に所得税の納税義務を負う（所法5②一、二、7①三）。
　イ．国内源泉所得を有するとき（国内源泉所得については第2章参照）
　ロ．その引受けを行う法人課税信託（所法2①八の三）の信託財産に帰せられる内国法人課税所得の支払いを国内において受けるとき、又は、当該信託財産に帰せられる外国法人課税所得の支払いを受けるとき
③ 　内国法人は、国内において内国法人課税所得の支払いを受けるとき、又は、その引受けを行う法人課税信託の信託財産に帰せられる外国法人課税所得の支払いを受けるときに、所得税の納税義務を負う（所法5③、7①四）。
④ 　外国法人は、外国法人課税所得の支払いを受けるとき、又は、その引受けを行う法人課税信託の信託財産に帰せられる内国法人課税所得の支払いを国内において受けるときに、所得税の納税義務を負う（所法5④、7①五）。
　なお、法人課税信託の受託者である個人は、当該法人課税信託について法人税の納税義務を負う（法法4④、4の6、4の7カッコ書）。当該法人課税信託が信託された営業所等の所在地が国内にある場合は内国法人とされ、国内にない場合は外国法人とされる（法法4の7一～三）。

(1) 居 住 者

　居住者とは、国内に住所を有し、又は現在まで引き続いて1年以上居所を有する個人をいう（所法2①三）。国内において継続して1年以上居住することを通常必要とする職業である場合には、日本に入国した日から国内に住所を有するものと推定され居住者として取り扱われるなど、国内又は国外に居住することとなった個人に関する住所についての推定規定が定められている（所法3②、所令14、15、所通3-3）。なお、国家公務員又は地方公務員については、外国に居住していても、所得税法上は日本に住所があるものとみなされる（所法3①）。「住所」とは民法22条に定める住所の借用概念[21]であり各人の生活の本拠をいう。最高裁第二小法廷昭和63年7月15日判決（昭和61年（行ツ）第176号）は、輸出業を営む内国法人の代表取締役が頻繁に日本と外国との間を行き来している場合に、生活の本拠が日本国内にあると認定して居住者に該当すると判示した。住所の判定の基準としては「租税法が多数人を相手方として課税を行う関係上、客観的な表象に着目して画一的に規律せざるを得ないところからして、一般的には、住居、職業、生計を一にする配偶者その他の親族の居所、資産の所在等の客観的事実に基づき、総合的に判断するのが相当である。これに対し、主観的な居住意思は、通常は、客観的な居住の事実に具体化されているであろうから、住所の判定に無関係であるとはいえないが、このような居住意思は必ずしも常に存在するものではなく、外部から認識し難い場合が多いため、補充的な考慮要素にとどまる」と解される（ユニマット事件東京地裁平成19年9月14日判決（平成18年（行ウ）第205号、東京高裁平成20年2月28日判決（平成19年（行コ）第342号）控訴棄却）。贈与税の課税要件としての「住所」の認定に関する武富士事件に係る東京高裁平成20年1月

21　金子宏『租税法』（弘文堂、19版、2014年）114頁。

23日判決（平成19年（行コ）第215号）は、主観的な贈与税回避目的を事実認定における決定的な考慮要素としたが、最高裁第二小法廷平成23年2月18日判決（平成20年（行ヒ）第139号）は、住所の本来の意義である「生活の本拠」と同義（借用概念）に解した上で、相続税法に定める「住所」の課税要件のあてはめを行い「国内における住所を有していたということはできないというべきである」と判示した[22]。

永遠の旅人（Perpetual Traveler, Permanent Traveler）

　居住者か否かの判定は、滞在日数のみによって判断するものでなく、住居、職業、資産の所在、親族の居住状況、国籍等の客観的事実によって判断されるから、外国に1年の半分（183日）以上滞在している場合であっても、日本の居住者となる場合がある。すなわち、1年の間に居住地を数カ国にわたって転々と移動する、いわゆる「永遠の旅人（Perpetual Traveler, Permanent Traveler）」の場合であっても、その者の生活の本拠＝住所が国内にあると日本の税務当局が判断すれば、日本の居住者とされる。

　外国の居住者となるかどうかは、当該外国の法令によって決まるから、ある国で居住者と判定され、日本でも居住者と判定される場合は、各々の

---

[22] 須藤正彦裁判長裁判官の補足意見は次のとおりである。
「納税は国民に義務を課するものであるところからして、この租税法律主義の下で課税要件は明確なものでなければならず、これを規定する条文は厳格な解釈が要求されるのである。明確な根拠が認められないのに、安易に拡張解釈、類推解釈、権利濫用法理の適用などの特別の法解釈や特別の事実認定を行って、租税回避の否認をして課税することは許されないというべきある。そして、厳格な法条の解釈が求められる以上、解釈論にはおのずから限界があり、法解釈によっては不当な結論が不可避であるならば、立法によって解決を図るのが筋であって（現に、その後、平成12年の租税特別措置法の改正によって立法で決着が付けられた。）、裁判所としては、立法の領域にまで踏み込むことはできない。後年の新たな立法を遡及して適用して不利な義務を課すことも許されない。結局、租税法律主義という憲法上の要請の下、法廷意見の結論は、一般的な法感情の観点からは少なからざる違和感も生じないではないけれども、やむを得ないところである。」

国で居住者としての無制限納税義務を負うことになる。日本が締結している租税条約では、二重課税を防止するため、いずれの国の居住者となるかの判定方法を定めている。必要に応じ、両国当局による相互協議が行われる。双方居住者の振分けに関する租税条約の取扱いについては第3章④4を参照。　　　　　　　　　　(注)　国税庁タックスアンサーNo. 2012号参照

　国内とは、法の施行地をいう（所法2①一、法法2一）。オデコ大陸棚事件（東京高裁昭和59年3月14日判決（昭和57年（行コ）第43号））[23]は、大陸棚は慣習国際法に従って、日本国の主権ないし主権的権利の効力による属地的管轄権の及ぶ範囲であると判示する。竹島領土事件（東京地裁昭和36年11月9日判決（昭和34年（行）第139号））[24]は統治権の及ばない場所と国家課税管轄権との関係について判示する。

(2) 非永住者

　居住者のうち、日本国籍を有しておらず、かつ、過去10年以内において国内に住所又は居所を有していた期間（居住期間）の合計が5年以下の個人を非永住者という（所法2①四）。裁判例として、平成18年（2006年）度税制改正前の旧法に定める非永住者の規定（国内に永住する意思がなく、かつ、現在まで引き続いて5年以下の期間国内に住所又は居所を有する個人）に関するものであるが、内国法人の代表取締役が居住者ではあるものの非永住者に該当すると認定された事例がある（東京地裁平成25年5月30日判決（平成21年（行ウ）301号・316号、平成22年（行ウ）60号）。非永住者は、国

---

[23]　浅妻章如「67. 課税権の及ぶ範囲—オデコ大陸棚事件」『租税判例百選〈4版〉』別冊ジュリスト178号（2005年）132頁、村井正「9. 課税権の及ぶ範囲—オデコ大陸棚事件」『租税判例百選〈3版〉』別冊ジュリスト120号（1992年）20頁、金子宏・佐藤英明・増井良啓・渋谷雅弘編著『ケースブック租税法』（弘文堂、3版、2011年）107頁参照。
[24]　金子宏・佐藤英明・増井良啓・渋谷雅弘編著『ケースブック租税法』（弘文堂、初版、2004年）110頁参照。

籍、過去の居住期間、課税所得の範囲（国内源泉所得の金額、国内源泉所得以外の所得のうちの国内払い及び国内送金分）などの情報（「居住形態に関する確認書」）を確定申告書（所法120⑤、127④）、還付申告書（所法122③）、確定損失申告書（所法123③）、又は、準確定申告書（所法125④）の提出にあたって添付しなければならない（所規47の4）[25]。

（3）非居住者

非居住者とは、居住者以外の個人をいう（所法2①五）。居住者であるか否かについて、国籍は直接的な関係を有しない。したがって、日本人で、外国企業への就職、外国子会社・支店での在外勤務（出向）等により、国外で継続して1年以上居住する予定で離日（出国）[26]した者も非居住者である。

国内に居住する外国政府、外国の地方公共団体又は国際機関に勤務する一定の者（外国政府職員）が日本国内における勤務により受ける給与は、相互主義を条件とする非課税規定を定めている（所法9①八、所令24、所規3、所通9-12(1)(2)(3)）（第2章 ③ 8参照）。

OECDモデル租税条約28条（外交官）は、国際法上の一般原則又は特別の協定において認められている外交使節団及び領事機関の構成員の租税上の特権（ウィーン外交関係条約34条（租税の免除）、ウィーン領事関係条約49条（課税の免除））は租税条約の規定に優先することを確認する（第3章

---

[25] 非永住者制度は、居住者に係る全世界所得課税の原則の例外となるものであるが、その沿革と今日のボーダレス経済下における非永住者制度の意義について増井良啓「非永住者制度の存在意義」ジュリスト1128号（1998年）107頁参照。なお、非永住者の課税実務の問題として、来日外国人社員に対して日本と本国勤務との経済的バランスを目的として日本の勤務先が負担する各種のフリンジ・ベネフィット（借上社宅家賃、tax equalization programに基づく所得税、401kプランの掛金、社会保険料、ホームリーブ費用、インターナショナルスクールに対する寄附及び授業料、家族呼寄費用など）、SOP（ストック・オプション・プラン）あるいは帰国後の賞与支給・退職金支給がある。これらについては、橋本秀法編『Q&A 外国人の税務（三訂版）』（税務研究会、2014年）参照。

4 28参照)。課税免除も含めた外交官等外国使節団職員に対して与えられている種々の特権は、本来的に派遣国に付与されたものであり当該職員に対して個人的に与えられたものではないことに留意する必要がある。

かつては、国家免除原則に由来するいわゆる主権免税(国家は、自国の課税管轄内で他国が取得した所得について課税しない)がいわれていたが、今日では、国際法上、国家活動が商業的な活動の性質を有する「業務管理的行為」である場合は、絶対免除主義によるのではなく制限免除主義の適用を受け、課税が免除される事項と課税される事項とがあると一般的に理解されている。しかしながら、国家が、他国の典型的な統治権の発動である正常な外交活動について、自国の統治権を及ぼすことはできないことは国際法の原則であるから、日本に所在する大使館を経由して他国自身に対して源泉徴収義務を課すことはできない(東京地裁平成16年2月12日判決(平成13年(行ウ)第313号、318号ないし322号))[27]。

2．居住者・非居住者の納税義務

非永住者以外の居住者は、国内源泉所得及び国内源泉所得以外の所得(国外源泉所得)を含むすべての所得(全世界所得)について納税義務を負

---

26 租税法上の出国とは、納税申告書の提出その他納税者が国税に関する法律の規定により処理すべきものとされている事務があるときに納税管理人の選出を届出しないで国内に住所及び居所を有しないこととなることをいう(所法2①四十二、通法117)。
　★ 平成26年(2014年)度税制改正の帰属主義への見直しに関連して、非居住者に係る「出国」とは、①納税管理人の届出をしないで国内に居所を有しないこととなること、②国内に居所を有しない非居住者で恒久的施設を有するものについては恒久的施設を有しないこととなること、③国内に居所を有しない非居住者で恒久的施設を有しないものについては国内において行う人的役務の提供事業を廃止すること、をいうとされた(改正所法2①四十二)。
27 国家主権と課税免除に関する包括的な論考として、小寺彰「大使館に対する課税免除—日本に所在する大使館に対して源泉徴収義務を課すことができるか—」国際社会科学54号(2004年)13頁参照。

う（無制限納税義務者）（所法5①、7①一）。

非永住者は国内源泉所得及び国内源泉所得以外の所得で国内において支払われ、又は国外から送金されたものについて納税義務を負う（所法5①、7①二、所令17一、所通7-3、7-5）。

非居住者は、国内源泉所得（第2章参照）のみについて納税義務を負う（制限納税義務者）（所法5①、7①三）。非居住者に対する課税は、非居住者の日本における態様により、課税所得となる国内源泉所得の範囲と課税方式が異なっている（所法7①三、164①②）（詳細は本章④参照）。

図表1-1　個人納税者の区分と課税所得の範囲

納税者の区分		課税所得の範囲
居住者	・国内に住所を有する個人又は ・現在まで引き続き1年以上居所を有する個人 （所法2①三）	・すべての所得（全世界所得） （所法7①一）
	非永住者	・日本国籍を有しておらず、過去10年以内において国内に住所又は居所を有していた期間（居住期間）の合計が5年以下の個人 （所法2①四）	・国内源泉所得 ・国内源泉所得以外の所得（国内払い又は国内送金分に限る） （所法7①二）
非居住者	・居住者以外の個人 （所法2①五）	・国内源泉所得のみ （所法7①三）

★　平成26年（2014年）度税制改正において、非居住者・外国法人に対する課税原則が、従来の「総合主義」から2010年改訂のOECDモデル租税条約の新7条に定めるAOA（Authorized OECD Approach）にそった「帰属主義」に改められた（本章③1-1参照）。これに関して外国税額控除制度における国外源泉所得の範囲（改正所法95①）が明確化されている（第4章②1-1参照）。これを受けて、非永住者の課税の範囲について明文上の規定を整備し（改正所法7①二）、「国外源泉所得以外の所得」及び「国外源泉所得（国内払い又は国内送金分に限る）」とした。新制度は、平成29年（2017年）分以後について適用される。

納税義務者に係る国籍条項の追加

　経済のグローバル化・ボーダレス化等に伴い、国境を越えた「人」「物」「金」の移動が活発化している今日、国家の課税管轄権の基礎となる国と「人」とのつながりを領域内における住所の有無・程度や財産の所在の有無に求める伝統的な課税制度は、制度の公平確保の観点から見直しが必要となっている。

1．非永住者制度における国籍条項

　平成18年（2006年）度税制改正において、改正前の非永住者制度の適用要件であった永住の意思及び居住期間に関する5年以下のテストに起因する制度の濫用に対処するために、①日本国籍を有しておらず、かつ、②過去10年以内において国内に住所又は居所を有していた期間（居住期間）の合計が5年以下の個人を、非永住者とした。

(注)　改正前の非永住者制度では、次のような問題が生じていた。
　①　外資系企業に就職した者（日本国籍）が、国外で数年間勤務した後、日本企業に転職し、日本の自宅から通勤している場合でも、永住の意思がないとして非永住者としての制度の適用を受ける。
　②　外資系金融機関の日本支店に勤める者が非永住者として申告していたが、在日期間が5年を超える前にいったん本国に帰国し、翌年再度来日して新たに非永住者制度の適用を受ける。

2．相続税・贈与税における国籍条項

　平成12年（2000年）度税制改正前の相続税・贈与税は、相続人又は受贈者が相続等により財産を取得した時点でその相続人又は受贈者が日本国内に住所を有する場合にのみ国外財産を課税対象とし、一方で、財産を取得した時点で日本国内に住所を有していない場合には取得した財産のうち国内財産のみを課税対象としていた（前掲の武富士事件を参照）。平成12年度税制改正により次のとおり国籍条項が追加され無制限納税義務者の範囲が拡充されたが、日本国内に住所を有しない子や孫に外国籍を取得させるこ

とで、国外財産に対する課税を免れるという租税回避事例が生じた。

　そこで、平成25年（2013年）度税制改正において、国外に居住する相続人等に対する相続税・贈与税の課税の適正化のための措置として、日本国内に住所を有しない個人で日本国籍を有しないものが、日本国内に住所を有する者から相続若しくは遺贈又は贈与により取得した国外財産を、相続税又は贈与税の課税対象に加える改正がされた（相法１の３二ロ、１の４二ロ、図表１－２を参照）。

(1)　無制限納税義務者

　　相続、遺贈又は贈与により財産を取得した個人で、次のいずれかに該当する者は無制限納税義務者とされ、相続又は贈与により取得した財産の全部に対して相続税又は贈与税の納税義務を負う（相法２①、２の２①）。

①　財産を取得した個人が、当該財産を取得した時において日本国内に住所を有すること（相法１の３一、１の４一）（居住無制限納税義務者）

②　財産を取得した個人が、当該財産を取得した時において日本国内に住所を有しない場合であっても、次のいずれかに該当するとき（非居住無制限納税義務者）

　イ．日本国籍を有し、かつ、当該個人、被相続人又は贈与者が当該財産取得前５年以内のいずれかの時に国内に住所を有していたこと（相法１の３二イ、１の４二イ）

　ロ．日本国籍を有しないが、日本国内に住所を有する者から相続若しくは遺贈又は贈与により財産を取得したこと（相法１の３二ロ、１の４二ロ）

(2)　制限納税義務者

　　相続、遺贈又は贈与により財産を取得した個人で、当該財産を取得した時に日本国内に住所を有しない者で、非居住無制限納税義務者に該当しない者は、制限納税義務者に該当し（相法１の３三、１の４三）、相

続、遺贈又は贈与により取得した日本国内にある財産についてのみ、相続税又は贈与税の納税義務を負う（相法2②、2の2②）。相続時精算課税制度の適用を受ける者は、当該贈与により取得した財産について相続税の納税義務を負う（相法1の3四、21の9）。

　㊟　東京高裁平成22年12月16日判決（平成22年（行コ）第266号）は、相続税法の制限納税義務者の債務控除の範囲について、相続税の納税義務の対象の国内財産である不動産とは無関係の損害賠償債務は含まれないと判示した。

(3)　国内に所在する財産

　財産が国内に所在するか国外に所在するかは財産の種類に応じて、その財産の所在地等により判定する。財産の所在地に関する14の類型は限定列挙（例えば、保険金、退職手当金・功労金等、集団投資信託、法人課税信託に関する権利の所在地は、それらに係る営業所等の所在地）である（相法10①②）。いずれの類型にも該当しない場合は当該財産の権利者であった被相続人又は贈与をした者の住所の所在地によるというキャッチオールクローズが置かれている（相法10③）。財産の所在地の判定は、当該財産を相続、遺贈又は贈与により取得した時の現況による（相法10④）。

　㊟　東京高裁平成14年9月18日判決（平成14年（行コ）第142号）は、外国に居住する子に対し外国為替により電信送金した場合に、その送金に先立って父と子の間で、送金の原資に当たる邦貨による金額に相当する金銭につき贈与契約が成立し、その履行のために送金手続きが執られたとみることができ、子は贈与契約締結時（遅くとも送金手続きの終了時）に父が日本国内に有していた金銭の贈与を受けたものというべきであると判示する（西山由美「海外電信送金による贈与における取得財産の所在地」ジュリスト1243号（2003年）157～159頁参照）。

(4)　信託に関する相続税・贈与税の特例

　平成19年（2007年）度税制改正において、信託法の改正（平成18年12月15日法律108号）に対応して、適正な対価を負担しない信託の受益者（相法9の2）、受益者連続型信託の受益者（相法9の3）、受益者が受託者の親族である場合の受託者（相法9の4）、及び、信託を利用したGeneration Skip（世代飛ばし）に係る受益者（相法9の5）に関する課税の特例が定められた。

(注) 平成19年（2007年）度税制改正前の相続税法に基づく贈与税の課税処分に係る裁判例であるが、名古屋地裁平成23年3月24日判決（平成20年（行ウ）第114号）は、祖父を委託者、米国籍の孫（原告）を受益者とする外国信託の設定に関し、原告は相続税法上の受益者にあたらないと判示したが、控訴審である名古屋高裁平成25年4月3日判決（平成23（行コ）第36号）は、受託者に裁量のある外国信託の設定時に信託受益権の贈与があったと事実認定したうえで、出生後まもない外国籍の乳児である孫の住所地の判定は両親の生活の本拠（日本）を考慮して総合的に判断するとし、原処分を認容した。

(5) 外国税額控除

　無制限納税義務者が相続又は贈与により国外財産を取得した場合に、当該国外財産につき財産所在地国から日本の相続税又は贈与税に相当する税が課されたときには、当該国外財産に係る日本の相続税又は贈与税を限度として、当該国外財産を取得した者の相続税又は贈与税から国外財産に対する外国相続税又は外国贈与税を控除することができる（相法20の2、21の8）。

(注) 赤松晃「相続税・贈与税の国際的側面—日本の相続税条約締結ポリシーへの新たな視点」『相続税・贈与税の諸問題』日税研論集61巻（2011年）289頁は、日本が法定相続分による遺産取得税方式を採用しているところ、上記のとおり平成12年（2000年）度税制改正における相続税・贈与税への国籍条項の導入により、100万人を超える海外在留邦人及びその家族の相続等に係る国際二重課税の排除の枠組みとして、市民権課税（＝国籍条項）を定める米国のモデル相続税条約が規定する国際二重課税排除の方法としての課税権振分け規定の意義及び日本への示唆を検討する。

1 居住者・非居住者に対する所得課税の概要   37

図表1-2 相続税・贈与税の納税義務の範囲

被相続人贈与者 \ 相続人受贈者	国内に居住	国外に居住		日本国籍なし
		日本国籍あり		
		5年以内に国内に住所あり	左記以外	
国内に居住	国内財産国外財産ともに課税	国内財産国外財産ともに課税	国内財産国外財産ともに課税	国内財産のみに課税（太い破線囲み）
国外に居住 ／ 5年以内に国内に住所あり	国内財産国外財産ともに課税	国内財産国外財産ともに課税	国内財産国外財産ともに課税	国内財産のみに課税
国外に居住 ／ 上記以外	国内財産国外財産ともに課税	国内財産国外財産ともに課税	国内財産のみに課税	国内財産のみに課税

出典：財務省HP　平成25年度税制改正の解説（詳解）577頁に基づき作成

(注)　平成25年（2013年）度税制改正において、国外に居住する相続人等に対する相続税・贈与税の課税の適正化のための措置として、日本国内に住所を有しない個人で日本国籍を有しない者が、日本国内に住所を有する者から相続若しくは遺贈又は贈与により取得した国外財産を、相続税又は贈与税の課税対象に加える改正（上図の太い破線囲み部分）がなされた。

3. 国外送金等調書／国外財産調書／ストック・オプション調書制度

(1) 国外送金等調書／国外財産調書制度の概要

　平成10年（1998年）度税制改正において、外国為替及び外国貿易法の改正により居住者等が国外に預金・証券口座を自由に開設し、その口座を通して自由に海外の債券や株式等に投資を行うことができるようになったことに対応して、居住者等による非居住者に対する利子・配当等に係る非課税措置が濫用されることのないように非居住者又は外国法人であることを確認する手続が「内国税の適正な課税の確保を図るための国外送金等に係る調書の提出等に関する法律」として創設された。現在（平成26年7月1日時点）では、100万円超の国外受・送金等について、銀行等の金融機関は、国外送金等調書を税務署長に提出しなければならない（国外送金等調書法4、国外送金等調書令8）[28]。

　平成24年（2012年）度税制改正により、居住者（非永住者を除く）が、その年の12月31日において、5千万円を超える国外財産を有する場合は、その財産の種類、数量及び価額その他必要な事項を記載した国外財産調書を、その年の翌年の3月15日までに提出しなければならないこととされた[29]（国外送金等調書法5、国外送金等調書規12）。国外財産調書の提出に関して質問検査権が定められているが（国外送金等調書法7②）、執行管轄権が日本の領域内に制限されるという問題については、平成25年（2013年）

---

[28] 平成24（2012）事務年度の国外送金等調書の提出枚数は564万枚であり、制度が導入された平成10（1998）事務年度の提出枚数244万枚に比べて約2.3倍となっている（『国税庁レポート2014』38頁）。http://www.nta.go.jp/kohyo/katsudou/report/2014.pdf

[29] 国税庁「国外財産調書の提出状況について」（平成26年7月）によれば、平成26年3月17日（3月15日は土曜日であった）を期限として初めて提出された国外財産調書は、提出件数5,539件、国外財産の価額の合計額約2兆5千億円（有価証券62.1％、預貯金15.0％、建物7.4％、土地3.3％、貸付金2.8％、その他の財産9.5％）であった。

10月1日に発効している「税務執行共助条約」に定める情報交換・徴収共助等により対応していくことになろう（第3章④26及び27参照）。

　国外財産とは国外にある財産をいい（国外送金等調書法2七）、国外にあるかどうかの判定については、財産の種類ごとに判定する（国外送金等調書令10①②③、相法10）。国外財産の価額は、その年の12月31日における時価又は時価に準ずるものとして見積価額による。また、邦貨換算は、同日における外国為替の売買相場」による（国外送金等調書令10④⑤）。

（2）国外財産調書制度の導入による過少申告加算税又は無申告加算税の特例

　国外財産調書の適正な提出のため、居住者が国外財産に係る所得税又は相続税について修正申告等を行った場合の過少申告加算税又は無申告加算税について、次のとおり優遇措置と加重措置が定められている。

① 国外財産調書の提出がある場合の過少申告加算税等の優遇措置

　国外財産調書を提出期限内に提出した場合には、国外財産調書に記載がある国外財産に関して所得税・相続税の申告漏れが生じたときであっても、過少申告加算税等が5％減額される（国外送金等調書法6①）。

② 国外財産調書の提出がない場合等の過少申告加算税等の加重措置

　国外財産調書の提出が提出期限内にされない場合又は提出期限内に提出された国外財産調書に記載すべき国外財産の記載がない場合（記載が不十分と認められる場合を含む）に、その国外財産に関して所得税の申告漏れ（死亡した者に係るものを除く）があるときは、過少申告加算税等が5％加重される（国外送金等調書法6②）。

③ 故意の国外財産調書の不提出等に対する罰則

　国外財産調書に偽りの記載がある場合又は国外財産調書を正当な理由がなく提出期限内に提出しない場合には、1年以下の懲役又は50万円以下の罰金に処される。なお、期限内に提出しない場合であっても、情状によ

り、その刑を免除することができる（国外送金等調書法10①②）。
④　提出期限後に国外財産調書が提出された場合のみなし規定

　提出期限後に国外財産調書が提出された場合において、その国外財産に係る所得税又は相続税についての調査があったことにより更正又は決定があるべきことを予定してされたものでないときは、その国外財産調書は提出期限内に提出されたものとみなして、上記①又は②の特例が適用される（国外送金等調書法6④）。このみなし規定は、日本版の「タックス・アムネスティ（tax amnesty：租税特赦）」又は「ボランタリー・ディスクロージャー（voluntary disclosure）」[30]と評価され得る。

（3）ストック・オプション調書制度の概要

　平成24年（2012年）度税制改正では「外国親会社等が国内の役員等に供与等をした経済的利益に関する調書の制度」（ストック・オプション調書制度）も導入されている。すなわち、外国親会社等から内国法人である子会社等の役員や従業員に対して株式等が直接付与されたことに起因する所得の申告漏れへの対処として、外国法人がその発行済株式等の50％以上を保有する内国法人の役員若しくは使用人である居住者、又は、外国法人の国内にある営業所等において勤務するその外国法人の役員若しくは使用人である居住者が、当該外国法人（外国親会社等）から付与された株式を無償又は有利な価額で取得することができる権利等（ストック・オプション、ファントム・ストック等）に基づきその外国親会社等から経済的利益の供与等を受けた場合には、その内国法人又は営業所等の長は、外国親会社等の経済的利益の供与等に関する調書を、その供与等を受けた日の属する年の翌年3月31日までに、その内国法人の本店若しくは主たる事務所の所

---

[30]　資産や所得を正しく申告していなかった納税者が自主的に開示・申告を行った場合に、これに本来ならば課される加算税等を減免したり刑事告発を免除したりする制度をいう。諸外国の制度について、居波邦泰「タックス・アムネスティの我が国への導入についての考察」税大論叢68号（平成23年6月）230頁。

在地又はその営業所等の所在地の税務署長に提出しなければならない（所法228の３の２、所令354の３）。国外財産調書制度と異なり、非永住者も報告対象者に含む一方で、行使前の権利等は報告対象としておらず、また、罰則の定めはない。

２　内国法人・外国法人に対する所得課税の概要

１．内国法人・外国法人の意義

　法人税法（昭和40年法律第34号）に定める法人税の納税義務者は、内国法人、外国法人及び法人課税信託の引受けを行う個人である（法法４①～④）。

① 　内国法人は、すべての所得について、法人税の納税義務を負う。ただし、内国法人である公益法人等又は人格のない社団等は、収益事業を営む場合、法人課税信託（法法２二十九の二）の引受けを行う場合、又は、退職年金業務等（法法84①）を行う場合に限る（法法４①、５、21）。

② 　公共法人は、法人税の納税義務を有しない（法法４②）。

③ 　外国法人は、次の場合に法人税の納税義務を負う（法法４③）。

　イ．国内源泉所得を有するとき（国内源泉所得については第２章参照）

　ロ．法人課税信託の引受けを行うとき

　ハ．退職年金業務等（法法145の３）を行うとき

④ 　個人は、法人課税信託の引受けを行うときに、法人税の納税義務を負う（法法４④、４の６、４の７カッコ書）。当該法人課税信託が信託された営業所等の所在地が国内にある場合は内国法人とされ、国内にない場合は外国法人とされる（法法４の７一～三）。

図表1-3 内国法人・外国法人の種類別の課税所得の範囲

法人の種類		各事業年度の所得に対する法人税	各法人課税信託の各計算期間の所得に対する法人税	退職年金等に対する法人税
内国法人（法法2三）	公共法人（法法2五、別表一）	納税義務なし（法法4②）		
	公益法人等（法法2六、別表二）	収益事業から生じた所得にのみ課税（法法4①ただし書、5、7）	法人課税信託の受託者である法人又は個人に対して課税（法法4①④）	退職年金業務等を行う法人（信託会社及び保険会社等）に対して課税（法法4①、8）
	人格のない社団等（法法2八）			
	協同組合等（法法2七、別表三）	課税（法法4、5）		
	普通法人（法法2九）			
外国法人（法法2四）	人格のない社団等（法法2八）	国内源泉所得のうち収益事業から生じた所得についてのみ課税（法法4③、9②）	法人課税信託の受託者である法人又は個人に対して課税（法法4③④）	退職年金業務等を行う法人（信託会社及び保険会社等）に対して課税（法法4③、10の2）
	普通法人（法法2九）	国内源泉所得についてのみ課税（法法4③、9①）		

(注)1 従前の所得税及び法人税における外国公益法人等の指定制度は、平成20年12月1日から施行された新しい公益法人制度に係る平成20年（2008年）度税制改正により廃止され、新しい公益法人制度の下で法人格を取得し、公益認定等委員会による公益認定を受けることとされている。

2 平成22年（2010年）度税制改正により、内国法人については清算所得課税が廃止され、解散後も各事業年度の所得に対する法人税が課されることとなり（法法5、平成22年度改正法附則10②）、解散に係るみなし事業年度が定められた（法法5、14①一、二十一、二十二）。

★ 平成26年（2014年）度税制改正により、法人税の課税範囲の対象が恒久的施設の有無により異なることとされた（改正法法141一、二、144の6①②）。そこで、恒久的施設を有しない外国法人が恒久的施設を有することとなった場合、

又は、恒久的施設を有する外国法人が恒久的施設を有しないこととなった場合に区分して、みなし事業年度が定められている（改正法法14①二十三～二十五）。

2．多様な事業体の外国法人該当性

（1）LLC及び外国パートナーシップ

今日では、通常の法人形態以外の事業活動や投資形態が発展し、実務上、例えば、米国における次の事業体の日本の課税上の外国法人該当性が問題となっている。すなわち、こうした外国の事業体が取得する損益について、事業体（法人）として課税されるのか、事業体の構成員に損益が直接帰属するかという問題である[31]。

ゼネラル・パートナーシップ契約（GPS）：構成員全員が経営を担い組合事業から生じた損失について各々が無限責任を負うゼネラル・パートナー。

リミテッド・パートナーシップ契約（LPS）：1人以上のゼネラル・パートナーと組合事業の経営には参加せず出資の範囲内で有限責任を負う1人以上のリミテッド・パートナーから構成。

リミテッド・ライアビリティ・カンパニー（LLC）：構成員が自己の出資額を限度とした有限責任となっている点で株式会社に類似しているが、当該外国での税務上の取扱いでは、LLCが取得した所得は、LLCの段階では課税されずその構成員の段階での課税（パス・スルー課税）を選択できるという点ではパートナーシップに類似。

法人であるかどうかの判断は「事業体が、どの組織に該当するかという基準については、わが国の国内法によるべきであるが、その基準に当てはまるかどうかという性質決定は、現地の準拠法に基づく、いわゆるdual

---

[31] 多様な事業体に対する租税法の適用について、水野忠恒『租税法』（有斐閣、5版、2011年）326～363頁。

process」[32]によっており、そこでは「外国法令の上で権利義務の主体とされていた場合には、その判断を実態面の審査によって覆すことは原則としてあり得ない」[33]とされる。したがって、外国で私法上の法人格が認められている場合は、当該外国での課税上の取扱いにおいて構成員課税を選択している場合であっても、日本の租税法の適用上は外国法人となる[34]。

これに関して「今日、法人形態に限らず、多様な形態による事業・投資活動が行われるようになっているが、こうした中で、組合事業から生じる損失を利用して節税を図る動きが顕在化している。このような租税回避行為を防止するため、適切な対応措置を講じる必要がある」(税制調査会「平成17年度の税制改正に関する答申」)との認識に基づき、平成17年(2005年)度税制改正において任意組合等[35]の組合事業に係る損失に関する取扱いを、組合員が個人の場合と法人の場合に分けて定めている。任意組合等については、いわゆる構成員課税が適用されるから原則として組合損益は構成員である組合員に直接帰属する(所通36・37共－19、法通14－1－1)。法人組合員で任意組合等の特定組合員に該当する場合は、出資の額を基礎として計算される調整出資等金額を超える部分の組合損失を損金の額に算入

---

32 水野忠恒『租税法』(有斐閣、初版、2003年)312頁。
33 増井良啓「投資ファンド税制の国際的側面—外国パートナーシップの性質決定を中心として」日税研論集55号(日本税務研究センター、2004年)88頁、132頁参照。
34 米国LLCの法人該当性について、東京高裁平成19年10月10日判決(平成19年(行コ)第212号)。なお、赤松晃「21. 米国LLCの『外国法人』該当性」『租税判例百選〈4版〉』別冊ジュリスト178号(2005年)44頁参照。
　　国税庁の課税実務上の取扱いについては、質疑応答事例「米国LLCに係る税務上の取扱い」を参照。http://www.nta.go.jp/shiraberu/zeiho-kaishaku/shitsugi/hojin/31/03.htm
　　外国信託銀行による節税商品(米国での不動産所得の損失をパススルーして損益通算する)として組成された米国デラウェア州のリミッテッド・パートナーシップ(LPS)の「法人該当性」について、次のとおり高裁の判断が分かれ、いずれも最高裁に上告受理の申立てがされている。
　　名古屋高裁平成25年1月24日判決：法人該当性を否認
　　東京高裁平成25年3月13日判決：法人該当性を認容
　　大阪高裁平成25年4月25日判決：法人該当性を認容

することはできない（措法67の12①）。また、当該組合事業が実質的に欠損とならないと見込まれる場合は、法人組合員は当該組合損失の額を損金の額に算入することができない（措法67の12①カッコ書）。有限責任事業組合契約の個人組合員は、不動産所得、事業所得又は山林所得から生ずる組合損失で調整出資金額を超える部分を必要経費とすることはできない（措法27の2①）。有限責任事業組合を除く任意組合等の特定組合員に該当する個人組合員は、不動産所得に係る組合損失の全額を必要経費とすることができない（措法41の4の2①）。

（2）信　　託

社会・経済活動の多様化に対応し、経済主体の選択肢を拡大する観点から、信託制度の抜本見直しを内容とする信託法の改正が行われた（平成18年12月15日法律108号）。これにより、信託に対する様々なニーズに対応して新たな信託が認められるなど、信託の利用形態が大幅に多様化することとなることから、平成19年（2007年）度税制改正において、次のとおり信託に関する課税制度の整備がなされた（信託課税の全般について、水野忠恒『租税法』（有斐閣、5版、2011年）348〜363頁参照）。

① 受益者等課税信託

信託のうち、集団投資信託、法人課税信託、退職年金等信託、特定公益信託等に該当しない信託を受益者等課税信託という。受益者等課税信託は信託収益の発生時に受益者等に課税する。すなわち、受益者等課税信託に該当する信託財産に属する資産及び負債は受益者等（受益者としての権利

35　任意組合等とは、民法667条1項の組合契約、投資事業有限責任組合契約に関する法律3条1項に規定する投資事業有限責任組合契約及び有限責任事業組合契約に関する法律3条1項に規定する有限責任事業組合契約により成立する組合、並びに、外国におけるこれらに類するものをいう（所通36・37共-19(注)1、164-7、法通14-1-1(注)）。

を現に有するものに限られ、信託の変更をする権限を現に有し、かつ、当該信託の信託財産の給付を受けることとされている者を含む）が有するものとみなし、かつ、信託財産に帰せられる収益及び費用は受益者等の収益及び費用とみなすパス・スルー課税の適用を受ける（所法13①②、法法12①②）。受益者等が存在しない場合は、下記の③法人課税信託に該当することになる。パス・スルー課税の適用を受ける受益者等課税信託を利用した租税回避行為対策として、受益者等は、租税特別措置法に定める組合事業に係る損失がある場合の課税の特例の適用対象とされている（措法41の4の2、67の12）。

② 集団投資信託

集団投資信託とは、(i)合同運用信託、(ii)投信法2条3項に規定する投資信託のうち一定の国内公募の委託者指図型投資信託又は委託者非指図型投資信託及び外国投資信託、(iii)特定受益証券発行信託をいう（法法2二十九）。なお、外国投資信託とは、投信法2条22項に規定する外国投資信託をいい（法法2二十六カッコ書）、外国において外国の法令に基づいて設定された信託で、投信法上の投資信託に類するものをいう。集団投資信託は、信託（受託者）段階での課税関係は発生せず、信託収益を現実に受領したときに受領者に課税する。すなわち、集団投資信託の収益については分配されるまで課税が繰延べされる（所法13①ただし書、法法12①ただし書、③）。

③ 法人課税信託

法人課税信託とは、次のイからホに掲げる信託（上記②集団投資信託、下記④退職年金等信託又は⑤特定公益信託等に該当するものを除く）をいう（法法2二十九の二）。法人課税信託は、信託段階において受託者を納税義務者とし、受託者の固有財産に帰せられる所得と区分して、法人税を課す

る（所法6の2、6の3、法法4①③④、4の6、4の7）。すなわち、法人課税信託の受託者である内国法人、外国法人及び個人は、法人税及び所得税が課税される（所法5、法法4）。

　イ．受益権を表示する証券を発行する旨の定めのある信託（特定受益証券発行信託を除き、外国法を準拠法とする信託を含む）
　ロ．受益者等が存しない信託
　ハ．法人が委託者となる信託で一定のもの[36]
　　(イ)　事業の全部又は重要な一部の信託で委託者の株主等を受益者とするもの
　　(ロ)　自己信託等で存続期間が20年を超えるもの
　　(ハ)　自己信託等で損益分配割合が変更可能であるもの
　ニ．投資信託（集団投資信託に該当するものを除く）
　ホ．特定目的信託

　法人課税信託は、別段の定めのない限り、法人税の規定の適用を受け、所得税の源泉徴収に関する各種の規定の適用を受ける（所法5②～④、6の2、法法4の6、措法2の2）。なお、居住者、内国法人又は連結法人が、特定外国投資信託（投信法2条22項に規定する外国投資信託で法人課税信託に該当する特定投資信託（措法68の3の3①）に類するもの）の受益権を直接又は間接に保有する場合は、外国子会社合算税制の適用がある（措法66の6⑧、40の4⑧、68の90⑧）。税率は法人税と同じであるが軽減税率の適用はない（法法66⑥、81の12⑥、143⑤）。特定目的信託（措法68の3の2①）及び特定投資信託（措法68の3の3①）は、特定目的会社（措法67の14）及び投資法人（措法67の15）と同様に、各事業年度の利益の額の90％を超えて配当する場合には、その他の一定の要件を満たすことを条件に、当該支払配当の損金算入（損金算入配当）を認めるペイ・スルー型の納税

36　信託を利用した租税回避防止規定としての具体的意義と要件について、水野忠恒『租税法』（有斐閣、5版、2011年）352～353頁参照。

義務者として制度設計されている。なお、平成20年（2008年）度税制改正により、特定目的会社、投資法人、特定目的信託の受託法人及び特定投資信託の受託法人である内国法人に対しては外国税額控除を適用しないこととしたうえで、特定目的信託等が納付する外国法人税の額は当該特定目的信託等の利益の配当に係る源泉所得税の額を限度として当該源泉所得税の額から控除することとしている（措法67の14④、67の15⑤、68の3の2④、68の3の3④）。

　法人課税信託の受託者である個人は、当該法人課税信託について法人税の納税義務を負い（法法4④）、会社でない受託法人は会社とみなされる（法法4の7三）。受託者の営業所が国内にある場合は内国法人とされ、受託者の営業所が国内にない場合には外国法人とされる（法法4の7一、二）。受託法人は、当該受託法人に係る法人課税信託の効力が生ずる日に設立されたものとされる（法法4の7七）。法人課税信託の受益権は株式又は出資とみなされ、法人課税信託の受益者は株主等に含まれる。この場合に、その法人課税信託の受託者の株式又は出資は当該法人課税信託に係る受託法人の株式又は出資でないものとみなされ、当該受託者である法人の株主等は当該受託法人の株主等でないものとされる（所法6の3四、六、法法4の7六、九）。

　なお、個人である委託者から受益者の存しない信託に対する信託財産の移転は、当該委託者において譲渡所得税が課税され（所法6の3七、59①一）、法人課税信託において信託財産の価額につき受贈益相当額が法人課税される（法法22②）。また、受益者の存しない信託に係る委託者の親族が当該信託の信託期間中のいずれかの時点で受益者となるときは当該受託者は個人とみなされて当該信託財産について贈与税又は相続税が課せられるが、その時における法人課税信託の受贈益に係る法人税相当額等は当該贈与税又は相続税から控除される（相法9の4、相令1の9、1の10）。

④ 退職年金等信託

　退職年金等信託とは、退職年金に関する契約に係る一定の信託をいう（法法12④一、法令15⑤）。拠出段階で拠出額が拠出者の損金の額に算入され（法令135）、受託者段階で退職年金等積立金に対する法人税の課税対象とされ（法法8、10の2、83、84、145の2。措法68の4により、平成29年3月31日までの間に開始する事業年度について課税が停止されている）、給付段階で公的年金等に係る雑所得として課税される（所法35）。

⑤ 特定公益信託等

　特定公益信託等とは、特定公益信託、及び、社債、株式等の振替に関する法律2条11項に規定する加入者保護信託をいう（法法12④二）。拠出段階で拠出額が寄附金（法法37⑥）又は負担金（措法66の11①五）とされ、受託者段階で課税されない。なお、一般の公益信託に係る課税については法人税法附則19の2が定める。

50　第1章　非居住者・外国法人に対する所得課税

図表1-4　事業体からの損益の配分を受ける投資家の課税関係

事業体	根拠法	類型	個人投資家	法人投資家
任意組合 (全員が無限責任組合員)	民法667①	パススルー	・特定組合員の不動産所得について組合損失はなかったものとみなす (措法41の4の2、措法26の6の2)	・組合事業について債務を弁済する限度が実質的に組合財産の価額を限度とされているなどの場合は、特定組合員に係る組合損失は、当該組合員の調整出資金額を限度として損金算入 ・損失補填契約等を行っている場合は、損金の額に算入される損失はない (措法67の12②③、措令39の31③⑤⑦)
任意組合等	有限責任事業組合法①	パススルー	・不動産所得、事業所得、山林所得に係る組合事業に係る損失について、組合員は調整出資金額を限度として損金算入(措法27の2、措法18の3)	・組合事業による損失は、組合員の調整出資金額を限度として損金算入 (措法67の13、措令39の32)
	投資事業有限責任組合法③ (無限責任組合員と有限責任組合員)	パススルー	・特定組合員の不動産所得について組合損失はなかったものとみなす(措法41の4の2、措令26の6の2) ・特定の有限責任外国組合員については日本での納税義務を負わない(措法41の21)	・組合事業について債務を弁済する限度が実質的に組合財産の価額を限度とされているなどの場合は、特定組合員に係る組合損失は、当該組合員の調整出資金額を限度として損金算入 (措法67の12②③、措令39の31③⑤⑦)
上記に類似する外国の組合			・投資組合に類似する外国の組合の有限責任の組合員としてのものとみなす(措法41の4の2、措令26の6の2、措法26の6の2) ・投資組合に類する外国の組合の特定の有限責任組合員については日本での納税義務を負わない	・投資組合に類する外国の組合の有限責任の組合員とみなされる者について、損金の額に算入される組合利益について日本で納税義務を負わない (措法67の16①、措令39の33)
匿名組合契約等 (外国の類似の契約を含む)	商法535		・原則として雑所得とされる。損益通算の適用はない (所法35①、69、所通36・37共-21)	
特定目的会社	資産流動化法23③	ペイスルー	・配当所得として課税される。配当控除の適用はない (所法24、措法9①ニ)	・受取配当金不算入の対象とならない (措法67の14⑥、67の15⑦)
投資法人	投信法②	ペイスルー	・配当所得として課税される。配当控除の適用はない (所法24、措法9①ニ)	
信託	受益者等課税信託	信託法	パススルー	・特定受益者の不動産所得について損失はなかったものとみなす(措法41の4の2、措法26の6の2)	・債務を弁済する限度が実質的に信託財産とされているなどの場合は、特定受益者の調整出資金額等を限度として損金算入 ・損失補填契約等により信託が実質的に欠損の額に算入されないことが明白な場合は、損金の額に算入される損失はない (法法13①②、措法67の12②③、措令39の31③⑤⑦)
	法人課税信託	特定投資信託	投信法2③	ペイスルー	・配当所得として課税される。配当控除の適用はない (所法24、措法9①五イ)	・受取配当金不算入の対象とならない (措法68の3の2⑥、68の3の6)
		特定目的信託	資産流動化法2③	ペイスルー	・配当所得として課税される。配当控除の適用はない (所法24、措法9①五ロ)	

(注)任意組合等に係るパス・スルー課税の取扱いは、個人は所法36・37共-19、法人は法通14-1-1に定める。

③ 非居住者・外国法人の納税義務の概要

1．非居住者・外国法人の納税義務

　日本の課税管轄権（tax jurisdiction）は、上述のとおり納税者の類型により異なる。すなわち、居住者又は内国法人は全世界所得について納税義務を負う。これらの者を無制限納税義務者という。他方、非居住者又は外国法人は国内に源泉がある所得（国内源泉所得）についてのみ納税義務を負う。これらの者を制限納税義務者という。このように非居住者又は外国法人の、国内法に定める日本での納税義務は、日本における活動の態様（例えば、支店等の設置や代理人を通じての事業）によるのではなく、国内源泉所得を有するかどうかによることに留意する必要がある。

　非居住者又は外国法人の日本における納税義務を画定する国内源泉所得に関する所得税法及び法人税法の規定がソース・ルール（source rule）である（第2章参照）。

**明治32年（1899年）の法人に対する所得課税の導入と
外国人及び外国法人に対する課税規定の整備**

　日本では個人に対する所得課税は明治20年（1887年）に制定された所得税法を嚆矢とするが、外国人（非居住者）に対する定めがなく、明治32年（1899年）の現行の商法制定に伴い法人に対する所得課税制度が導入されたときに外国人及び外国法人に対する課税規定が定められた。所得課税に関する最古の文献とされる上林敬次郎『所得税法講義』（松江税務調査会、明治34年（1901年）［武田隆二・白井義男　復刻版出版記念事業会版（1999年）］27頁～36頁参照）は、非居住者又は外国法人の日本における納税義務は「客

体ノ関係即チ所得カ税法施行地ニ於テ生スルモノナルニ因リテ納税義務ヲ発生スルモノトス」と解説する。このように日本における非居住者又は外国法人の納税義務は、所得課税に関する制定当初から、当該非居住者又は外国法人が日本に恒久的施設（PE：Permanent Establishment）を有するかどうかではなく、国内源泉所得を有することによるのである。日本が恒久的施設概念を導入したのは昭和37年（1962年）度の税制改正においてである[37]。平成26年（2014年）度税制改正において、恒久的施設の定義が初めて定められた（改正所法2①八の四、改正法法2十二の十八）。

図表1-5　法人税納税者の区分と課税所得の範囲

納税者の区分		課税所得の範囲
内国法人	・国内に本店又は主たる事務所を有する法人（法法2三）	・すべての所得（全世界所得）（法法4①） ・ただし、外国子会社配当益金不算入制度の適用を受ける配当については、その95％相当額は益金不算入（法法23の2）
外国法人	・内国法人以外の法人（法法2四）	・国内源泉所得のみ（法法4③、142）

1-1　平成26年（2014年）度税制改正における帰属主義による外国法人課税の新制度の概要

（1）外国法人課税の改正の背景と意義

　平成26年（2014年）度税制改正において、非居住者・外国法人に対する課税原則が、従来の「総合主義」から2010年に改訂されたOECDモデル租税条約の新7条に定めるAOA（Authorized OECD Approach）にそった

37　赤松晃『国際租税原則と日本の国際租税法—国際的事業活動と独立企業原則を中心に—』（税務研究会出版局、2001年）193頁、221頁参照。

「帰属主義」に改められた[38]。

　現行法である昭和37年（1962年）改正法は、昭和36年（1961年）度税制調査会答申が「日本に事業所等を有して事業を行う場合には、その外国人（非居住者及び外国法人）の日本に対する属地的応益関係が深く、日本源泉の所得については、居住者及び内国法人と同様その全所得を総合合算」[39]するとの整理に基づき、外国法人が日本に事業を有している場合における課税方式として「いやしくも日本に事業を持っておれば、それらの所得が日本の源泉のものはすべて総合課税する」総合主義を維持し、「支店自体を独立の企業とみなしてその分だけ総合してあとのものは分離課税すべしという」帰属主義は原則として採用しないこととしつつ、特定の状態の事業については総合主義を緩和して帰属主義を採用した[40]（図表１－６－１は恒久的施設の形態の違いによる課税標準が異なる現行法を示す）。他方、日本が締結している租税条約は、現在ではすべての条約締結国との間で帰属主義であり、国内法に定める総合主義は帰属主義に修正され、条約非締結国との間では国内法に定める総合主義が適用されるという課税原則の二元化という現象が生じていた[41]。

38　本書の平成26年（2014年）度税制改正の制度に関する記述は、平成25年（2013年）10月24日に税制調査会国際課税ディスカッショングループに提出された財務省主税局参事官「国際課税原則の総合主義（全所得主義）から帰属主義への見直し」（2013年10月）を参照し、財務省「平成26年度税制改正の解説」に依拠している。改正法の実務的な側面についての検討は、財務省主税局参事官補佐　安河内誠・山田博志「平成26年度の国際課税（含む政省令事項）に関する改正について」（租税研究、778号）2014年８月号71～134頁に基づいている。

39　昭和36年（1961年）12月７日『税制調査会答申　別冊報告書』520頁。現行法の経緯と平成26年（2014年）度税制改正の背景と意義については、財務省主税局参事官「国際課税原則の総合主義（全所得主義）から帰属主義への見直し」（2013年10月）１～４頁、及び財務省「平成26年度税制改正の解説」672～673頁。

40　大蔵省主税局臨時税法整備室長植松守男『非居住者、外国法人及び外国税額控除に関する改正税法の解説』（国税庁、1962年）８～９頁。税制調査会「昭和36年12月７日税制調査会答申別冊報告書」（1961年）520頁～521頁。昭和37年（1962年）改正の法の意義と法構造については、赤松晃『国際租税原則と日本の国際租税法―国際的事業活動と独立企業原則を中心に―』（税務研究会出版局、2001年）第６章第６節の記述及び引用文献参照。

OECD においては、従来のモデル租税条約7条（旧7条）においても帰属主義を原則としていたものの、その解釈や運用が各国で統一されていなかったため、結果として二重課税・二重非課税を効果的に排除することができないという問題認識から[42]、2010年に恒久的施設に帰属すべき利得（恒久的施設帰属所得）を算定する AOA（Authorized OECD Approach）がモデル租税条約新7条として採用された（第3章トピックス「2010年改訂 OECD モデル租税条約の新7条（事業利得）の意義」を参照）。

日本の国内法を AOA にそった帰属主義へ見直すことにより、①外国法人の対日進出における支店形態と子会社形態の選択に関する税制中立性、②帰属主義への見直しによる国内法と租税条約の整合性、③国内法と租税条約の課税原則の違いによる二重課税・二重非課税のリスクの防止、④予見可能性と法的安定性を高めることによる対内投資の促進が期待され、平成26年（2014年）度税制改正において帰属主義に改められた[43]。所得税法においても同様の改正が行われている。本章では、特に断りのない限り、外国法人課税の改正について検討する。新制度は、平成28年（2016年）4月1日以後に開始する事業年度の法人税（所得税は平成29年（2017年）分以後）について適用される（以下、本章において、新制度の適用年度の記載は省略する）。

（2）外国法人課税の新制度の基本的な仕組み

① 帰属主義への見直しによる新しい外国法人課税制度の仕組み

平成26年（2014年）度税制改正においても、外国法人についてはその国内源泉所得に対して課税するという現行の基本的な考え方が維持されてい

---

41 財務省「平成26年度税制改正の解説」671頁。
42 財務省主税局参事官「国際課税原則の総合主義（全所得主義）から帰属主義への見直し」（2013年10月）1頁。
43 財務省主税局参事官「国際課税原則の総合主義（全所得主義）から帰属主義への見直し」（2013年10月）2～4頁。財務省「平成26年度税制改正の解説」672～673頁。

る。したがって、国際的な事業活動から生ずる所得に関する日本の課税管轄権は、事業所得に関する「国内源泉所得」をどのように規定するかによって決せられることになる。帰属主義への見直しによる改正法では、外国法人が日本に有する恒久的施設に帰属する所得（恒久的施設帰属所得）を、国内源泉所得の一つとして位置付けている（改正法法4③、138①）。すなわち、改正前（現行法）では、課税標準を定める区分とし4つの恒久的施設に関する規定が置かれているが（法法141一～四）、帰属主義を導入した改正法では、法人税法の用語に関する定義規定に恒久的施設[44]を定め（改正法法2十二の十八、改正法令4の4）、恒久的施設を有する外国法人は恒久的施設帰属所得に限って内国法人と同様に法人税の課税対象とし、恒久的施設を有する外国法人の恒久的施設に帰属しない国内源泉所得や恒久的施設を有しない外国法人の国内源泉所得については、国内にある資産の運用又は保有による所得、国内にある資産の譲渡による所得、人的役務の提供事業の対価、国内不動産の賃貸料等、及び、その他その源泉が国内にある所得を除いて、所得税の源泉徴収のみで課税関係が終了する制度に改められた（改正法法138①一～六、142）。改正前後の規定の異同を整理したものとして、改正前（現行法）については図表1-6-1、改正後については図表1-6-2を参照。

　新制度では、恒久的施設を有する外国法人の恒久的施設に帰属しない国内源泉所得と恒久的施設を有しない外国法人の国内源泉所得とは同一である（改正法法141一ロ、二）。国内源泉所得の規定の詳細については、第2章国内源泉所得を参照。

---

[44] 帰属主義への見直しを対象とする平成26年（2014年）度税制改正において恒久的施設の範囲についての改正はない。OECD／G20のBEPS行動計画の行動1及び行動7（序章図表序-1、序-2参照）の勧告の内容及び勧告に基づく国内法の見直しの動向に注目したい（序章4参照）。

② 「帰属主義」に基づく恒久的施設帰属所得に係る所得の金額の算定

恒久的施設帰属所得に係る所得の金額の算定は、別段の定めがあるものを除き、恒久的施設を通じて行う事業につき、内国法人の各事業年度の所得の金額の計算に係る規定に準じて計算する（改正法法142①～③）。

帰属主義に基づく恒久的施設帰属所得に係る所得の金額の算定にあたっては、(i)恒久的施設の果たす機能及び事実関係に基づいて、外部取引、資産、リスク、資本を恒久的施設に帰属させ、(ii)恒久的施設と本店等との内部取引（内部債務保証取引及び内部再保険を除く）を認識し[45]、(iii)当該内部取引が独立企業間価格で行われたものとして算定する（改正法法138①一、②）。(iv)外国保険会社等の恒久的施設に帰せられるべき投資資産に係る収益の益金算入（改正法法142の3）[46]、(v)恒久的施設に帰せられるべき資本に対応する負債の利子の損金不算入（改正法法142の4）[47]、及び、(vi)外国銀行等の規制上の自己資本に係る負債の利子の損金算入（改正法法142の5）が新設されている（本章では、帰属主義に基づく恒久的施設帰属所得の

---

[45] 内部取引は法人税法及び所得税法に定める恒久的施設帰属所得の算定の目的上認識するものであり、消費税の課税対象とならない。

[46] 保険会社は、保険契約により得た保険料を保険契約に基づく将来の債務の履行に備えて運用を行っている。帰属主義では、運用の対象となる資産（投資資産）から生ずる収益（投資収益）は、恒久的施設が引き受けた保険リスクに応じて帰属する。したがって、外国保険会社である外国法人の恒久的施設に係る投資資産の額が恒久的施設の引き受けた保険リスクに応じて恒久的施設に帰せられるべき投資資産（恒久的施設帰属投資資産）の額に満たない場合には、恒久的施設帰属所得に係る所得の金額の計算上、その満たない金額（投資資産不足額）に対応する投資収益の額を益金の額に算入する。投資資産不足額が恒久的施設帰属投資資産の額の10％以下である場合など一定の場合は適用除外を受ける（改正法法142の3②）。制度の仕組みについては、財務省主税局参事官補佐　安河内誠・山田博志「平成26年度の国際課税（含む政省令事項）に関する改正について」（租税研究、778号）2014年8月号91頁参照。

[47] 恒久的施設の税務上のあるべき資本を算定（資本配賦法又は同業法人比準法）し、当該恒久的施設が実際に帳簿に計上している資本が税務上のあるべき資本（恒久的施設帰属資本）に満たない場合には、当該恒久的施設が有する負債のうち、その満たない金額に対応する利子を損金不算入とする。所得税法においても同様の改正が行われている（改正所法165の3）。恒久的施設帰属資本は恒久的施設における支払利子の損金算入限度額の計算上の概念であり、恒久的施設の税務上の資本金等の額の計算には関係しない。

計算における内部利子の取扱いに関する規定（改正法法142の4、142の5）を、「第7章　支払利子損金算入規制税制」において過少資本税制、過大利子支払税制とともに検討する）。

　上述のとおり、2010年改訂OECDモデル租税条約の新7条にそった平成26年（2014年）度税制改正における帰属主義への見直しにより、租税条約の締結国及び租税条約非締結国の非居住者・外国法人の恒久的施設帰属所得の計算において本店等との内部取引を認識することとなったのであるが、内部取引を認識しないとする定めを有する旧7条型の租税条約締結国との関係では、新制度の適用年度以後においても、現行法の内部取引に係る課税実務上の取扱いと同じく、一定の金融機関以外の一般事業会社の内部利子及び内部使用料（工業所有権その技術に関する権利・ノーハウ、著作権（出版権及び著作隣接権等を含む）及び減価償却資産である無形固定資産等の内部使用料及び譲渡・取得）を認識しない（改正法法139②、改正法令183①〜③）とする明文の規定を置くことで、改正された国内法と租税条約（旧7条型又は新7条型）との関係が整理されている。また、恒久的施設が本店等のために行う単なる購入活動からは所得が生じないものとする単純購入非課税の取扱いに関する規定（法令176②）は、独立企業原則との整合性の観点から、削除された。なお、単純購入非課税の取扱いを規定する旧7条型の租税条約の適用がある場合には、租税条約に定めるところにより、単純購入非課税の取扱いとなる。

③　恒久的施設帰属所得に係る行為又は計算の否認
　外国法人の恒久的施設帰属所得に係る所得及び税額の計算に関しては、同一法人内部での機能、資産、リスクの帰属を人為的に操作することでの調整が容易であることから、同族会社の行為計算否認に類似した租税回避防止規定が定められた[48]（改正法法147の2）。

④ 外国法人に対する外国税額控除制度の導入

　帰属主義への見直しに伴い、恒久的施設が本店所在地国以外の第三国で稼得した所得が恒久的施設帰属所得として日本の法人税の課税対象とされたことから、源泉地国と恒久的施設の所在地国である日本との二重課税を調整するため、外国法人の恒久的施設のための外国税額控除制度が導入された（改正法法144の2）（第4章③5(3)②を参照）。

⑤ 外国法人の国内源泉所得に係る法人税と所得税の源泉徴収の関係

　所得税の源泉徴収の対象とする国内源泉所得の範囲等については、帰属主義への見直しに伴う所得税法の関係条文の整備以外に変更はなく（改正所法161①、212、213、214）、恒久的施設に帰属する利子等のように恒久的施設帰属所得という国内源泉所得としての属性（改正法法138①一）と源泉徴収の対象となる国内源泉所得としての属性（改正所法212①、161①八）との双方に該当するものについては、内国法人が得る利子等に対する課税関係と同様、利子等という国内源泉所得の属性に基づいて源泉徴収の上、恒久的施設帰属所得という国内源泉所得の属性に基づいて申告納税で税額を精算する仕組み（恒久的施設帰属所得の優先該当性）の適用を受ける（改正法法138①一、144）[49]。

⑥ 恒久的施設帰属所得に係る所得の算定の前提としての文書化規定

　恒久的施設帰属所得に係る所得の算定の前提として、外部取引（改正法法146の2、改正法規62の2）、内部取引（改正法法146の2②、改正法規62の3）及び本店配賦経費（改正法法142の7①、改正法規60の10）に関する文書化が規定された。内部取引に係る販売費、一般管理費その他の費用には

---

[48] 財務省主税局参事官「国際課税原則の総合主義（全所得主義）から帰属主義への見直し」（2013年10月）27頁。
[49] 財務省主税局参事官「国際課税原則の総合主義（全所得主義）から帰属主義への見直し」（2013年10月）7頁。

本店配賦経費も含まれ、本店配賦経費は費用配賦に関する文書化がされていない場合は損金算入を認めないとするが、宥恕規定が定められている（改正法法142の7②、改正法規28の5）。内部取引については移転価格税制と同様の考え方に基づき恒久的施設帰属所得に係る所得を算定するが、適正な課税を担保するために、移転価格税制と同様に文書化規定と推定課税規定が定められている（改正措法66の4の3）。また、外部取引では通常作成される契約書、領収書等の証憑類に相当するものを、本支店間取引のため当然には作成されない内部取引にあっても帳簿保存義務の対象と定めた（改正法法146の2①②、150の2、改正法規62、62の3、67）。

⑦　外国法人の法人税確定申告書

　恒久的施設を有する外国法人は、事業年度毎に恒久的施設帰属所得に係る法人税（及び恒久的施設帰属所得以外の国内源泉所得に係る法人税）の確定申告書を提出する。ただし、租税条約又は国際運輸業所得の非課税に関する法律（第3章④8参照）により法人税が非課税とされる国内源泉所得のみを有する場合は、確定申告書の提出を要しない（改正法法144の6①、改正法令203）。

　恒久的施設を有しない外国法人は、法人税の課税対象となる恒久的施設帰属所得以外の国内源泉所得を有する場合に限り、当該国内源泉所得に係る法人税の確定申告書を提出する。ただし、当該国内源泉所得の全部につき、租税条約の規定により法人税が課税されない場合は、確定申告書の提出を要しない（改正法法144の6②）。

　中間申告についても、恒久的施設を有する外国法人と恒久的施設を有しない外国法人とに区分して、規定が整備された（改正法法144の3①②）。

2．租税条約に異なる定めがある場合の国内源泉所得

　日本は2014年10月１日現在、62の租税条約を締結（85か国・地域に適用）しているが（第３章②参照）、日本が締結している租税条約の中には、国内法に定めるソース・ルールと異なる所得源泉地を規定しているものがある。この場合には、国内法の定めにかかわらず、当該租税条約の定めるところにより所得源泉地を判定する（所法162、法法139）。国内法と租税条約の関係については第３章②２参照。

　国内法上は日本に所得源泉がないにもかかわらず、租税条約において、日本に源泉があるとされた所得、又は国内法に定める国内源泉所得の区分と異なる区分であるとされた所得が所得税の源泉徴収をなすべき所得に当たる場合は、所得税法161条に定める所得に対応する所得とみなして、所得税の源泉徴収又は特別税率による分離課税の規定を適用する（所法162後段、212）。

> ★　平成26年（2014年）度税制改正において、非居住者・外国法人に対する課税原則が、従来の「総合主義」から2010年改訂のOECDモデル租税条約の新７条に定めるAOA（Authorized OECD Approach）にそった「帰属主義」へ見直された。「帰属主義」にそった改正法では、外国法人が恒久的施設（改正法法２十二の十八）を有する場合には恒久的施設に帰せられる所得（恒久的施設帰属所得）に限って内国法人と同様に法人税の課税対象とすることとされている。2010年改訂前のOECDモデル租税条約７条（旧７条）においては、無形資産の内部使用料及び金融機関以外の一般事業会社の内部利子を認識しないこととされている。日本の現行の租税条約では改正イギリス条約（2013年署名・未発効）のみが新７条型である（第３章④７参照）。そこで、改正法は、恒久的施設を有する非居住者・外国法人の恒久的施設帰属所得を算定する場合において、その非居住者・外国法人の恒久的施設と事業場等との間の内部取引から所得が生ずる旨を定める租税条約（新７条型）以外の租税条約（旧７条型）の適用があるときには、内部取引には、利子の支払に相当する事実その他一定の事実は含まれないと定め、国内法と条約の規定の整合性を担保する規定を定めている（改正所法162②、改正法法139②）。恒久的施設が外国の本店等のために行う補助的機能の提供に関し所得を認識しないとするいわゆる単純購入非課税の取扱いは（所令279③、法令176

③)、帰属主義の導入にあたり削除されているが、旧7条型の租税条約の適用がある場合には、租税条約の定めるところにより単純購入非課税の取扱いとなる。

国内租税法と租税条約

　国際的な事業活動や投資から生ずる所得に対する日本の課税管轄権は、国内租税法である所得税法、法人税法及び租税特別措置法が関係規定を定め、租税条約の制限を受ける。租税条約は、自国（居住地国）の居住者及び内国法人に対する新たな課税を定めるものでなく、条約締約国の非居住者及び外国法人に対する自国（源泉地国）の国内租税法の適用を制限（条約上の特典）することで国家間の税源の配分を調整し、二重課税の排除を義務づけている（具体的な二重課税の排除は国内法の規定に基づき実施される（第4章参照））。自国企業は、相互主義により、相手国における租税の減免を受け、また、相手国による条約に抵触する課税や差別的課税からの保護が、権限のある当局による相互協議を通じて達成可能な仕組みとなっている（第3章参照）。

　したがって、グローバル・エコノミーに対する租税法の適用は、先ず国内租税法の解釈・適用の問題であり、次に当該取引の相手先が日本との租税条約の締結国の居住者である場合は、租税条約により国内租税法の定めによる課税関係が修正される。

　OECD／G20　BEPSプロジェクトでは、国内の課税ルールと国際的な課税ルールの相互作用が、利益を税務上「消失」させたり、企業が経済活動をほとんど、あるいはまったく行っていない無税や低税率の国・地域へと移転したりすることが可能となっており、「一部のあからさまな濫用の場合は別として、問題は課税ルールそのものにある」との認識のもと、15の行動計画に基づき2014年9月～2015年12月までの間に、グローバルな協

調下で各国が採用すべき国際課税制度（国内法及び租税条約）に関する勧告が行われる（序章③を参照）。

3．恒久的施設の意義

上述のように、非居住者又は外国法人は、国内に源泉がある所得（国内源泉所得）についてのみ納税義務を負うのであるが（所法7①三、法法4③）、課税の方法については、当該非居住者又は外国法人の日本における活動の態様（いわゆる恒久的施設）により異なるので（本章④参照）、以下において恒久的施設の意義を概観する。

- ★ 平成26年（2014年）度税制改正において、非居住者・外国法人に対する課税原則が、従来の「総合主義」から2010年改訂のOECDモデル租税条約7条に定めるAOA（Authorized OECD Approach）にそった「帰属主義」へ見直された際に、所得税法及び法人税法の用語に関する定義規定に恒久的施設が定められた（改正所法2①八の四、改正法法2十二の十八）が、現行法では課税標準を定める区分として規定されていた従前の恒久的施設の範囲（図表1-6-1参照）と変わりはない。したがって、単純購入のみを行う場所を恒久的施設の範囲から除外する現行法の取扱いは維持され、また、サービスPE[50]（外国企業の人的派遣による役務提供が行われている場所が恒久的施設を構成するものとみなす）の国内法への導入については、帰属主義への移行の議論において必然でないと整理され、今後の検討課題とされている[51]。

国内法上、非居住者又は外国法人の日本における活動の態様は、①支店等の事業を行う一定の場所、②建設作業等、③代理人等、④①～③以外（恒久的施設を有しない非居住者又は外国法人）という4つに区分される（所

---

50 日本の条約例としては、中国（5⑤）、インドネシア（5⑥）、フィリピン（5⑥）、ベトナム（5④）、タイ（5④）、トルコ（5⑤）、サウジアラビア（5③b）がある。
　サービスPEについては、伴忠彦『恒久的施設の範囲に関する考察－AOAの導入と人的役務に係るPE認定－』税務大学校論叢67号（2010年）181頁。
51 財務省主税局参事官「国際課税原則の総合主義（全所得主義）から帰属主義への見直し」（2013年10月）8頁。

法164①一〜四、法法141一〜四)。
(1) 国内に支店、工場その他事業を行う一定の場所で政令で定めるものを有する非居住者又は外国法人(1号PE)

事業を行う一定の場所(a fixed place of business)とは、非居住者又は外国法人の支店、工場、出張所、倉庫(倉庫業者がその事業の用に供するものに限る)、鉱山、採石場その他の天然資源を採取する場所、その他事業を行う場所でこれらに準ずる場所[52]をいう(所法164①一、所令289①、法法141一、法令185①)。しかし、非居住者又は外国法人が、資産の購入や保管のためにのみ使用する一定の場所や、広告・宣伝・情報提供・市場調査・基礎的研究その他、事業の遂行上補助的な機能を有する活動を行うためにのみ使用する一定の場所は含まない(所令289②、法令185②)。

(2) 国内において建設、据付け、組立てその他の作業又はその作業の指揮監督の役務の提供(建設作業等)を行う非居住者又は外国法人(2号PE)

建設作業等とは、国内において建設、据付け、組立てその他の作業又はその作業の指揮監督の役務の提供を1年を超えて行う非居住者又は外国法人であって、支店等を有する場合に該当しないものをいう(所法164①二、法法141二)。

(3) 国内に自己のために契約を締結する権限のある者その他これに準ずる者で政令で定めるもの(代理人等)を置く非居住者又は外国法人(3号PE)

代理人等(代理人PE)は、次の3類型[53]が規定されている(所法164①

---

[52] コロケーションサービスに基づき東京証券取引所のプライマリサイト内又はアクセスポイントに設置された取引参加者のサーバは外国投資家の恒久的施設にあたらないとの取扱いが示されている。http://www.tse.or.jp/rules/co-location/index.html

[53] OECDモデル租税条約は、在庫保有代理人(Fills Order-PE)及び注文取得代理人(Secure Order-PE)を恒久的施設としないことで事業所得に関する源泉地国の課税管轄権を制限している。日本の締結している租税条約例は、OECDモデル租税条約の類型のものもあれば、国内法の類型のものもある(OECDモデル租税条約における恒久的施設概念については第3章[4][5]参照)。

三、所令290一～三、法法141三、法令186一～三）。

① 常習代理人：非居住者又は外国法人のために、その事業に関し契約（その非居住者又は外国法人が資産を購入するための契約を除く。以下③までにおいて同じ）を締結する権限を有し、かつ、これを常習的に行使する者（ただし、その非居住者又は外国法人の事業と同一又は類似の事業を営み、かつ、その事業の性質上欠くことができない必要に基づきその非居住者又は外国法人のために当該契約の締結に係る業務を行う者を除く）

② 在庫保有代理人：非居住者又は外国法人のために、顧客の通常の要求に応ずる程度の数量の資産を保管し、かつ、その資産を顧客の要求に応じて引き渡す者

③ 注文取得代理人：専ら又は主として一の非居住者又は外国法人（その非居住者の親族又はその外国法人の主要な株主等と特殊の関係のある者を含む）のために、常習的に、その事業に関し契約を締結するための注文の取得、協議その他の行為のうち重要な部分を担当する者

なお、平成20年（2008年）度税制改正は、上記①～③の代理人等の範囲から、非居住者又は外国法人のために、その非居住者又は外国法人の事業に係る業務を、その非居住者又は外国法人とは独立して行い、かつ、その業務を通常の方法により行う代理人（独立代理人）を除外する規定を定めている（所令290カッコ書、法令186カッコ書、法通20－2－5）。税制の国際的整合性の観点から、租税条約上では一般的となっているいわゆる「独立代理人」に相当する規定の導入である（租税条約における恒久的施設の範囲については第3章④5参照）。

(4) 上記(1)～(3)に該当する非居住者又は外国法人以外の非居住者又は外国法人

　　国内に恒久的施設を有しない非居住者又は外国法人をいう（所法164①四、法法141四）。

★　平成26年（2014年）度税制改正において、所得税法及び法人税法の用語に関する定義規定に恒久的施設が定められた（改正所法2①八の四、改正法法2十二の十八）ことに伴い、「国内に恒久的施設を有する非居住者（外国法人）」または「国内に恒久的施設を有しない非居住者（外国法人）」と区分された。国内源泉所得の範囲は、現行法では、恒久的施設の有無及び恒久的施設の態様に応じて区分されていたが、改正により、次のとおり、恒久的施設の有無及びその国内源泉所得が恒久的施設に帰せられるかどうかの区分によることとされた（改正所法164①一、二、改正法法141一、二）。以下では、外国法人を例にして整理する。
(1)　恒久的施設を有する外国法人
　各事業年度の次の国内源泉所得
　① 　恒久的施設帰属所得
　② 　恒久的施設帰属所得以外の国内源泉所得
(2)　恒久的施設を有しない外国法人
　各事業年度の恒久的施設帰属所得以外の国内源泉所得

　帰属主義のもとでは、国内に恒久的施設を有する外国法人の恒久的施設帰属所得以外の国内源泉所得については、恒久的施設帰属所得とは分離して課税することとし、国内に恒久的施設を有しない外国法人が稼得する国内源泉所得と同様の課税関係としている（改正法法141一ロ、二）。国内に恒久的施設を有する外国法人が稼得した恒久的施設帰属所得以外の国内源泉所得である国内にある資産の譲渡による所得のうち法人税の課税対象となるのは、国内に恒久的施設を有しない外国法人が稼得した国内にある資産の譲渡等による所得と同様に、国内不動産関連法人の株式等や事業譲渡類似の株式等の譲渡等による所得に限定される[54]（改正法法138①三、改正法令178①一～七）。詳細は第2章3　1-2参照。

54　財務省主税局参事官「国際課税原則の総合主義（全所得主義）から帰属主義への見直し」（2013年10月）6頁。

> ### 国外投資ファンドに対する法的安定性と予測可能性
> ### の確保のための一連の税制改正
>
> 1．平成20年（2008年）度税制改正において独立代理人を代理人PEの範囲から除外
> (1) 国外投資ファンドに対する改正の意義
>
> 　日本は、1962年に恒久的施設概念を国内法に導入して以来、独立代理人を代理人PEから除外する規定を定めていなかったが、平成20年（2008年）度税制改正において、代理人PEの範囲から独立代理人を除外し、独立代理人は恒久的施設とならないことを明示的に規定した（所令290、法令186）。これにより租税条約と国内法との整合性が図られただけでなく、ケイマンやバミューダなどの非条約締結国に設置されることが多い国外投資ファンドについて、国内法上、独立代理人が代理人PEと認定される課税リスクが防止[55]されることとなった。
>
> (2) 金融庁のガイドラインの公表
>
> 　金融庁は、2008年6月27日に、日本の投資運用業者が国外投資ファンドと日本の金融商品取引法に定める投資一任契約を締結し国外投資ファンドのために特定の投資活動を行う場合に、独立代理人に該当するためには、次の4つのテストのいずれにも該当しないことが必要であるとするネガティブ・テストを国税庁と確認し、「参考事例集」及び「Q&A」（ガイドライン）を公表した[56]。

55　平成20年（2008年）度税制改正前は、独立した立場で複数の国外投資ファンドのために投資一任業務を行うファンドマネージャーを日本に置くことはできないとするのが海外投資家を有するファンドの確立した実務常識であり、アジアのマネーセンターを目指して積極的な誘致策を講じてきたシンガポールが、その流出先であったという（大橋宏一郎・水谷猛雄「ファンドマネジャー税制改革でPEリスクが解消」週刊金融財政事情2801号（2008年）42頁参照）。

56　金融庁のHP（http://www.fsa.go.jp/news/19/sonota/20080627-3.html）を参照。

次の４つのネガティブ・テストは、OECDモデル租税条約コメンタリーに定める独立代理人の要件である法的独立性、経済的独立性、及び、通常業務性を、国外ファンドとの投資一任契約に関して具体化したものと説明されている。
① 投資裁量権限テスト：
　　国内の投資運用業者が投資一任契約において投資判断を一任されている部分が少なく、実質的に国外ファンドの組合員又は国外投資運用業者が直接投資活動を行っていると認められること
② 役員兼務テスト：
　　国内の投資運用業者の役員の２分の１以上が、国外業務執行組合員又は国外投資運用業者の役員又は使用人を兼任していること
③ 業種連動報酬テスト：
　　国内の投資運用業者が、国外ファンド又は国外投資運用業者から投資一任を受けた運用資産の総額又は運用利益に連動した（当事者の貢献を反映した適切な）報酬を収受していないこと
④ 事業の多角化テスト：
　　国内の投資運用業者がその事業活動の全部又は相当部分を国外ファンド又は国外投資運用業者との取引に依存している場合において、当該国内の投資運用業者が事業活動の態様を根本的に変更することなく、また、事業の経済的合理性を損なうことなしに、事業を多角化する能力若しくは他の顧客を獲得する能力を有していない（ただし、当該国内の投資運用業者が業務を開始した当初の期間を除く）こと

「参考事例集」は、国境を越えたグループ内のファンドストラクチャーに関して、親会社が株主としてその子会社に対して行使する支配は、親会社の代理人としての子会社の独立性の検討にあたっては無関係であり、子会社であることのみをもって、子会社がその親会社から独立していないとはされないこと、また、子会社によって行われる営業又は事業が親会社に

よって管理されるという事実によっても子会社は親会社から独立していないとはされないこと、というOECDモデル租税条約5条（恒久的施設）7の取扱いを確認している。

　独立代理人の4つのネガティブ・テストのうちの一つとして上記の役員兼務テストが定められていることは注目される。日本の投資運用業者が、その役員の過半数を国外ファンドから受け入れるような国外ファンドの子会社等の場合であっても、4つのネガティブ・テストの全部を充足すれば、「従属代理人」だけでなく「事業を行う一定の場所」にも該当しないことになる。「事業を行う一定の場所」としての恒久的施設の要件が、①自由になる場所（at disposal）、②一定の恒久性、及び、③その外国法人の従業員及び個人の従属代理人による事業活動（OECD 5コメンタリーパラ2、4.3、10）であることと比較すると、国外投資ファンドについて日本が政策的に緩やかな恒久的施設の要件を定めたものと評価される[57]。

(3)　平成20年（2008年）度税制改正の射程

　独立した立場で複数の国外投資ファンドのために投資一任業務を行うファンドマネージャーは代理人PEにならないとする上述の立法及び取扱いの整備の射程は、いわゆるポートフォリオ投資（流動性の高い有価証券に純投資目的で投資）を行うファンドに限定され、プライベート・エクイティファンド（未公開株に投資して経営権を掌握し、株式上場によるキャピタル・ゲインを目的とする投資）や不良債権投資ファンド（銀行の不良債権をバルクセールと呼ばれるバスケット買いで廉価で取得し、短期で転売することによる利益を目的とする投資）には適用されないため、更なる法整備が要請されていた[58]。

---

[57] 国外投資ファンドに対して日本と異なる税制優遇のアプローチを採用している米国（IRC §864）、イギリス（Finance Act 2003 Schedule 26）及びシンガポールの比較分析について、Linda L. Ng, Singapore Lures Onshore Funds, Tax Notes International, April 28, 2008, p.284を参照。

[58] 大橋宏一郎・水谷猛雄「ファンドマネジャー税制改革でPEリスクが解消」週刊金融財政事情2801号（2008年）45頁、同「'09年税制改革とファンドビジネス」週刊金融財政事情2840号（2009年）43頁参照。

2．平成21年（2009年）度税制改正による投資組合の外国組合員に対する恒久的施設の特例

平成21年（2009年）度税制改正により、投資組合の一定の要件を満たす外国組合員は日本に恒久的施設を有しないものとみなす「投資組合の外国組合員に対する恒久的施設の特例」が導入された（措法41の21①②、67の16①）。併せて、国内に恒久的施設を有しない非居住者及び外国法人が、一定の組合契約を通じて内国法人の株式等の譲渡（保有期間が1年未満である株式等の譲渡及び一定の破綻金融機関株式の譲渡を除く）をする場合に、当該株式等の譲渡が事業譲渡類似に該当するかどうかの判定（所有株数要件及び譲渡株数要件）は、その組合単位でなく、その組合員を単位として計算した当該株式等の保有割合によることを定めた（措令26の31①③、39の33の2①③）。

上述の平成20年度及び21年度の一連の改正により、国外投資ファンドに関するPE認定課税リスクに係る法的安定性と予測可能性のための法整備は大きく進んだ（詳細は第2章③1-3参照）。

★ 平成26年（2014）年度税制改正における帰属主義への見直しにより、国内源泉所得のうち、組合契約事業利益の配分（所法161一の二）は、民法組合契約等に基づいて恒久的施設を通じて行う事業から生ずる利益の配分で一定のものをいうと改正された（改正所法161①四）。したがって、投資組合事業につき、上記1及び2の法令等の要件を充足することにより恒久的施設を有しないものとみなされる国外投資ファンドは、日本における所得税及び法人税の課税はない（改正措法41の21①、67の16①）。

4 国内源泉所得と恒久的施設との関係

1．国内源泉所得の範囲

　非居住者又は外国法人は、国内に源泉がある所得（国内源泉所得）についてのみ納税義務を負うのであるが、課税の方法については非居住者又は外国法人の日本における活動の態様により異なる。国内源泉所得の範囲（ソース・ルール）と当該非居住者又は外国法人の日本における活動の態様との関係は、後掲の図表1-6-1のとおり整理される（法通20-2-12）。

　図表1-6-1の横行の14種類の所得項目が、それぞれの国内源泉所得である。さらに、個人の場合は給与その他人的役務の提供対価（所法161八）及び所得税の源泉徴収のための組合契約事業利益の配分（所法161一の二）が追加されるので16種類の所得項目が規定されている。図表1-6-1の縦列は、日本における活動の態様(恒久的施設の区分)により、申告納税の対象となる所得の範囲が異なることを示している。

　図表1-6-1から、1号所得（国内における事業又は国内にある資産の運用・保有・譲渡から生ずる所得）が国内源泉所得の包括的な規定であり、所得税の源泉徴収（所法212）の対象となる各種の所得が2号所得以下に区分される構造となっていることが理解される（第2章②1参照）。組合契約事業利益の配分（所法161一の二）、及び、不動産の譲渡対価（所法161一の三）は、申告納税の対象となる1号所得であるが、適正な申告義務の履行と徴収の確保のため、所得税の源泉徴収を目的として別掲された経緯がある。所得税の源泉徴収については所得税法に規定されており、その詳細は第2章図表2-1（所通164-1）を参照。

　★　平成26年（2014年）度税制改正における帰属主義への見直しに伴い、外国法人が恒久的施設（改正法法2十二の十八）を有する場合には恒久的施設に帰せられ

4 国内源泉所得と恒久的施設との関係

る所得(恒久的施設帰属所得)に限って内国法人と同様に法人税の課税対象とし、恒久的施設を有する外国法人の恒久的施設に帰属しない国内源泉所得や恒久的施設を有しない外国法人の国内源泉所得については、国内にある資産の運用・保有による所得、国内にある資産の譲渡による所得、人的役務の提供事業の対価、国内不動産の貸付料等、及び、その他その源泉が国内にある所得を除いて所得税の源泉徴収のみで課税関係が終了する制度に改められた(改正法法138①一〜六、141一、二)。

　新制度では、現行法の1号所得を、法令上、恒久的施設を通じて行う事業(改正法法138①一)、国内にある資産の運用又は保有による所得(改正法法138①二)、国内にある資産の譲渡による所得(改正法法138①三)、その他政令で定める国内源泉所得(改正法法138①六)に区分し、国内における事業所得を恒久的施設帰属所得として定義し(改正法法142①)、それ以外の各種の国内源泉所得の恒久的施設帰属所得への該当性を「当該恒久的施設に帰せられるべき所得(恒久的施設帰属所得)」として優先する(改正法法138①一)。

図表1-6-1　法人税基本通達20-2-12　外国法人に対する課税関係の概要
（網かけ部分が法人税の課税範囲）

所得の種類（法法138）＼外国法人の区分（法法141）	国内に恒久的施設を有する法人　支店その他事業を行う一定の場所を有する法人（法法141一）	国内に恒久的施設を有する法人　1年を超える建設作業等を行い又は一定の要件を備える代理人等を有する法人（法法141二、三）	国内的に恒久的施設を有しない法人（法法141四）	源泉徴収［所法212①　213①］
事業の所得　（法法138一）			【非課税】	無（注）
資産の運用又は保有による所得　（〃一）				無（注）
資産の譲渡による所得　（〃一）			不動産の譲渡による所得及び法令187①一～五に掲げる所得	無（注）
その他の国内源泉所得（法令178）　（〃一）				無（注）
人的役務の提供事業の対価　（〃二）				有
不動産の賃貸料等　（〃三）				有
利子等　（〃四）		国内事業に帰せられるもの	【源泉分離課税】	有
配当等　（〃五）		国内事業に帰せられるもの	【源泉分離課税】	有
貸付金利子等　（〃六）		国内事業に帰せられるもの	【源泉分離課税】	有
使用料等　（〃七）		国内事業に帰せられるもの	【源泉分離課税】	有
事業の広告宣伝のための賞金　（〃八）		国内事業に帰せられるもの	【源泉分離課税】	有
生命保険契約に基づく年金等　（〃九）		国内事業に帰せられるもの	【源泉分離課税】	有
定期積金の給付補填金等　（〃十）		国内事業に帰せられるもの	【源泉分離課税】	有
匿名組合契約等に基づく利益の分配　（〃十一）		国内事業に帰せられるもの	【源泉分離課税】	有

(注)1　事業の所得のうち、組合契約事業から生ずる利益の配分については、所得税の源泉徴収が行われる。
(注)2　措法41の12の規定により、割引債（特定短期公社債等一定のものを除く）の償還差益については、18％（一部のものは16％）の税率で源泉徴収が行われる。
(注)3　資産の譲渡による所得のうち、国内にある土地若しくは土地の上に存する権利又は建物及びその附属設備若しくは構築物の譲渡による対価（所令281の3に規定するものを除く）については、所得税の源泉徴収が行われる。
(参考)　所得税の源泉徴収については所得税法に規定されており、その詳細は第2章図表2-1（所通164-1）を参照。

4 国内源泉所得と恒久的施設との関係　73

図表1-6-2　外国法人に対する課税関係の概要（改正後）
（網かけ部分が法人の課税範囲）

所得の種類		外国法人				内国法人(参考)
		PEを有する外国法人		PEを有しない外国法人	源泉徴収	源泉徴収
		PEに帰属する所得	PEに帰属しない所得			
国内源泉所得	(事業所得)	①PEに帰せられるべき所得【法人税】	【法人税】		無	無
	②国内にある資産の運用・保有（下記(7)～(14)に該当するものを除く。）				無	無
	③国内にある資産の譲渡（右のものに限る。）　国内にある不動産の譲渡				無(注1)	無
	国内にある不動産の上に存する権利等の譲渡					
	国内にある山林の伐採又は譲渡					【法人税】
	買集めした内国法人株式の譲渡				無	無
	事業譲渡類似株式の譲渡					
	不動産関連法人株式の譲渡					
	国内のゴルフ場の所有・経営に係る法人の株式の譲渡　等					
	④人的役務の提供事業の対価				20%	無
	⑤国内不動産の賃貸料等				20%	無
	⑥その他の国内源泉所得				無	無
	(7)債券利子等		【源泉徴収のみ】		15%	15%
	(8)配当等				20%	20%
	(9)貸付金利子				20%	無
	(10)使用料等				20%	無
	(11)事業の広告宣伝のための賞金				20%	無
	(12)生命保険契約に基づく年金等				20%	無
	(13)定期積金の給付補塡金等				15%	15%
	(14)匿名組合契約等に基づく利益の分配				20%	20%
国内源泉所得以外の所得		課税対象外			無	

(注1)　土地の譲渡対価に対して10%の源泉徴収
(注2)　(7)から(14)の国内源泉所得の区分は所得税法上のものであり、法人税法にはこれらの国内源泉所得の区分は設けられていない。
(出典)　財務省「平成26年度税制改正の解説」686頁

★ 改正前の外国法人の国内源泉所得に関する規定については「源泉地の決定と課税方法の決定とを厳格に区別しておらず、国内源泉所得の分類が同時に所得分類の性格をもちながら、しかも国内法の所得分類とも一致していないという制度上の問題点をかかえている」(水野忠恒『国際課税の制度と理論−国際租税法の基礎的考察』(有斐閣、2004年) 41頁 (初出「国際租税法の基礎的考察」『憲法と行政法』小島和司先生東北大学退職記念 (良書普及会、1985年)) ことが指摘されていた。平成26年 (2014年) 度税制改正により、旧法人税法第138条4号から11号までに掲げる利子、配当等の国内源泉所得については、恒久的施設に帰属しない限り、所得税の源泉徴収により日本での納税が完結することから (改正所法161、212)、法人税法における国内源泉所得から削除され、上記の問題は立法的に解決されている。

2．非居住者又は外国法人の日本における活動の態様と課税の方法

　非居住者又は外国法人は、上述のとおり国内源泉所得についてのみ納税義務を負うのであるが、その課税の方法については、非居住者又は外国法人の日本における次の4つの活動の態様、いわゆる恒久的施設 (PE：Permanent Establishment) の類型により異なる (所法164①一〜四、法法141一〜四)。上記図表1−6−1の縦列は恒久的施設の類型により所得税又は法人税 (所法165、法法142) の対象となる申告対象の国内源泉所得の範囲が異なることを示している。

(1) 1号PE (事業を行う一定の場所) に対する課税の方法

　すべての国内源泉所得 (事業を行う一定の場所に帰属すると否とを問わない) が申告納税の対象となる (所法164①一、法法141一)。所得税の源泉徴収の対象として列挙されている所得は、所得税の源泉徴収の上で申告納税の対象とされる (所法164①②、165、178、179、法法141、142)。

　当該非居住者又は外国法人が、適切に確定申告書を提出し申告納税に服することが確実であることにつき所轄税務署長から源泉徴収免除証明書の発行を受けて源泉徴収義務者に提示する場合には、所得税法161条1号の2、1号の3、2号、3号、6号、7号、9号又は10号に定める国内源泉所得に係る所得税の源泉徴収が免除される (外国法人について所法180、所

令304、非居住者について所法214、所令330)[59]。グロスの収入に対して所得税の源泉徴収がなされる外国の金融機関にとって実務上の意義が大きい規定である[60]。

　租税条約に定める事業所得条項（OECD 7 ）の適用により、国内源泉所得であっても、事業を行う一定の場所に帰属する所得のみが日本の課税に服するように修正される（いわゆる総合主義から帰属主義への制限である。第 2 章③ 1 - 1 参照）。租税条約により国内において行う事業に帰属する所得以外の所得とされた所得は、日本における課税関係は源泉分離課税で終了する（所法162、164②）。

（2） 2号PE（建設作業等）に対する課税の方法

　 1 号所得から 3 号所得は申告納税の対象となり、 4 号所得以下（投資所得）の所得税の源泉徴収の対象として列挙されている所得で国内において行う建設作業等に帰属するものについては、所得税の源泉徴収の上で、申告納税の対象となる。すなわち、 2 号PEについては、国内法において帰属主義が採用されている（所法164①二イ、ロ、165、法法141二、142）。

　帰属所得以外の所得は源泉分離課税で日本における課税関係は終了する（所法164②一）。

　申告納税の対象となる投資所得については源泉徴収免除証明書の提示により、支払者の源泉徴収義務が免除されることは 1 号PEの場合と同じである。

59　源泉徴収免除証明書の発行の適用除外要件に係る所得税法施行令304条 4 号（偽りその他不正の行為により所得税又は法人税を免れたことがないこと）は、所得税法180条及び214条の趣旨からして、国税通則法70条 5 項の適用をいうのではなく、所得税法238条（罰則）又は法人税法159条（罰則）に該当する場合と解すべきであろう。所得税法施行令304条 4 号に該当する場合は、宥恕規定も、将来の源泉徴収免除の再適用規定もないことからもこの解釈が首肯されよう。

60　公社債等の利子の源泉徴収免除に関する外国の金融機関への適用について源泉徴収免除証明書の手続きが採用されている（措法 8 、措令 3 の 3 ②）。

（3） 3号PE（代理人等）に対する課税の方法

　1号所得から3号所得は申告納税の対象となり、4号所得以下（投資所得）の所得税の源泉徴収の対象として列挙されている所得で国内において代理人等を通じて行う事業に帰属するものについては、所得税の源泉徴収の上で、申告納税の対象となる。すなわち、3号PEについては国内法において帰属主義が採用されている（所法164①三イ、ロ、165、法法141三、142）。

　帰属所得以外の所得は源泉分離課税で日本における課税関係は終了する（所法164②一）。

　申告納税の対象となる投資所得については源泉徴収免除証明書の提示により、支払者の源泉徴収義務が免除されることは1号PE及び2号PEの場合と同じである。

（4） 恒久的施設を有しない非居住者又は外国法人に対する課税の方法

　非居住者又は外国法人は、1号所得のうちの国内において行う事業から生ずる所得について、恒久的施設を有しない場合は非課税である（所法164①四、法法141四）。

　恒久的施設を有しない非居住者又は外国法人が、1号所得のうちの、国内にある資産の運用、保有又は国内にある不動産の譲渡により生ずる所得その他政令で定める所得を取得する場合は、申告納税の対象となる（所法164①四イ、165、所令291、法法141四イ、142、法令187）。詳細は第2章③1－2(1)なお書参照。

　恒久的施設を有しない非居住者又は外国法人が、2号所得である人的役務の提供事業の対価及び3号所得である国内不動産の賃貸料等を取得する場合は、所得税の源泉徴収の上で申告納税の対象となる（所法164①四ロ、165、178、179、212、法法141四ロ、142）。

恒久的施設を有しない非居住者又は外国法人が取得する4号所得以下（投資所得）の所得は、源泉分離課税で日本における課税関係は終了する（所法5④、164②二、178、179、212）。

★ 平成26年（2014年）度税制改正前は、恒久的施設に関する規定は課税標準を定める区分として置かれていた（図表1-6-1参照）が、「帰属主義」にそった改正法では、外国法人が恒久的施設（改正法法2十二の十八）を有する場合には恒久的施設に帰せられる所得（恒久的施設帰属所得）に限って内国法人と同様に法人税の課税対象とし、恒久的施設を有する外国法人の恒久的施設に帰属しない国内源泉所得や恒久的施設を有しない外国法人の国内源泉所得については、国内にある資産の運用・保有による所得、国内にある資産の譲渡による所得、人的役務の提供事業の対価、国内不動産の貸付の対価、及び、その他その源泉が国内にある所得を除いて所得税の源泉徴収のみで課税関係が終了する制度に改められている（図表1-6-2参照）。詳細については第2章①1-1を参照。

5 外国法人に係る組織再編成税制の適用

1．外国法人に係る組織再編成税制の適用の制限

組織再編成税制（法法62～62の9）の外国法人に対する適用については、組織再編の定義規定（法法2十一～十二の十七）において内国法人に限定する規定はなく、外国法人を排除していないのであるが、組織再編成の根拠法である会社法が対象を法人税法にいう内国法人に限定（会社法2条1号に定義する会社は株式会社、合名会社、合資会社又は合同会社）していることから、外国法人の株式を使うことになる合併、分割、株式移転及び株式交換は会社法上許されないと解されている[61]。

したがって、外国法人に係る組織再編成税制の適用は、現物出資又は事後設立に限定されることになる。平成22年（2010年）度税制改正によりグループ法人税制（法法61の13）が導入され、適格事後設立（旧法法62の5、

61　水野忠恒『租税法』（有斐閣、5版、2011年）454頁。

旧法令188①十九）は、あまり利用されていないこと、また、この制度により概ね代替されるとして、廃止された[62]。

外国法人についても法人税法132条の2の組織再編成に係る行為又は計算の否認の規定が準用される（法法147）。

平成22年（2010年）度税制改正により導入されたグループ法人税制では、内国法人が固定資産等の譲渡損益調整資産を完全支配関係のある他の内国法人に譲渡した場合の譲渡損益の課税繰延べを定め、当該譲渡損益調整資産のグループ法人外への移転の時などに、その譲渡を行った法人（譲渡法人）において課税する。グループ法人税制の適用上、完全支配関係の判定における「一の者」は、内国法人だけなく、個人（居住者又は非居住者を問わない）、外国法人、公益法人等も含み、資本関係の間に外国法人が入る間接保有も対象となる。課税繰延べの適用を受ける取引の当事者は内国法人である普通法人又は協同組合等に限られ（法法2十二の七の六、61の13①②③）、外国法人に対しては適用されない（法法142）。なお、完全支配関係にある外国法人である子会社の解散による当該子会社株式の消滅損は損金に算入される（法法61の2①⑯）。

2．外国法人の現物出資

外国法人の行う現物出資については、平成23年（2011年）度税制改正により、従前の日本に支店等を有する外国法人に対する固有の適格現物出資に係る課税繰延要件である事業継続要件及び株式管理要件の充足が廃止され（旧法令188①十八、⑧）、外国法人の内国法人に対する現物出資に関する適格現物出資の要件と譲渡損益の繰延要件の一致が達成された。すなわ

---

[62] 『平成22年度 改正税法のすべて』（大蔵財務協会）204頁。グループ法人税制については佐々木浩「平成22年度の法人税関係（含む政省令事項）の改正について」租税研究731号（2010年9月号）21頁参照。

ち、内国法人の行う現物出資の場合と同様に、内国法人に対する資産及び負債の移転で一定の要件[63]を充足する場合に適格現物出資として課税繰延べが認められる（法法 2 十二の十四、62の 4 、法令188）。なお、内国法人が国内の資産及び負債を現物出資して外国法人を設立することは適格現物出資に該当しないが、25％以上保有する外国法人の株式を現物出資して外国法人を設立することは、適格現物出資として課税繰延べが認められている（法法 2 十二の十四、62の 4 、法令 4 の 3 ⑨カッコ書）。また、上記の外国法人の現物出資に係る固有の課税繰延要件の廃止に伴い、平成23年（2011年）度税制改正は、外国法人が内国法人に対して国外にある資産及び負債の移転を行う現物出資について、国内への含み損失の持込みを排除する趣旨で、適格現物出資に該当しないと定める（法法 2 十二の十四カッコ書）。

3. 国際的三角合併等に係る非居住者等株主に対する課税規定

　平成19年（2007年）度税制改正は、会社法の改正による合併等対価の柔軟化（会社法749①）に対応して、吸収合併、吸収分割又は株式交換の対価として、合併法人、分割承継法人又は株式交換完全親法人の株式に代えて、合併法人等の100％親会社である外国法人の株式（外国親法人株式）を交付することによる国際的な三角合併、三角分割及び三角株式交換についても適格合併等として、被合併法人等について移転資産の譲渡損益の課税繰延べを認め（法法 2 十二の八、十二の十一、十二の十六、法令 4 の 3 ①⑤⑬）、被合併法人等の株主について再編時の株式の譲渡損益の課税繰延べを認めた（所法57の 4 、所令167の 7 、措法37の10③、37の12④、法法61の 2 ②④⑧、法令119の 7 の 2 ）。

63　①現物出資法人と被現物出資法人との間に100％の持分関係がある場合、②現物出資法人と被現物出資法人との間に50％超100％未満の持分関係がある場合、又は、③現物出資法人と被現物出資法人とが共同で事業を営む場合、の各々の場合によって適格要件は異なる（法法 2 十二の十四、法令 4 の 3 ⑩⑪⑫）。

しかしながら、外国親法人の株式を対価とする国際的三角合併等により、国内に恒久的施設を有しない非居住者又は外国法人（非居住者等株主）に外国法人の株式が交付される場合には、非居住者等株主における旧株の譲渡損益（国内源泉所得に該当するものに限る）の課税の繰延べは原則として認められず、旧株の時価による譲渡を行ったものとして譲渡損益の計上を行う（措法37の14の2⑦、法令188①十八）。なぜならば、かかる国際的三角合併等の時に当該非居住者等株主の旧株の譲渡損益に対して課税しなければ、組織再編成後においては国内に恒久的施設を有しない非居住者又は外国法人による外国法人の株式の保有という状況となり、日本の課税権は永久に失われるからと説明されており、外国法人に対する出国税（Exit Tax）である（出国税については後掲脚注68参照）。なお、日本に恒久的施設を有する非居住者又は外国法人が交付を受けた外国親法人株式が、当該恒久的施設に係る国内事業管理株式に対応して交付を受けた株式であり、旧株と同様に国内において行う事業に係る資産として当該恒久的施設において管理（国内事業管理親法人株式）される場合には、課税繰延べが認められている（措法37の14の2①～③各カッコ書、措令25の14①、法令188①十八カッコ書）。当該非居住者又は外国法人が、その交付を受けた外国親法人の株式を国内において行う事業に係る資産として管理せず、又は、管理しなくなった場合には、その時における時価により外国親法人の株式を譲渡したものとして課税される（措法37の14の2④、措令25の14②④、法法142、法令176⑦、188②③④⑦）。なお、コーポレート・インバージョンに係る課税関係については第5章6 3参照。

5 外国法人に係る組織再編成税制の適用　81

図表 1-7　国際的三角合併のイメージ

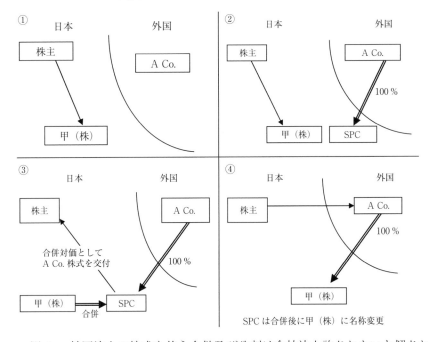

(注) 1　外国法人の株式を使う合併及び分割は会社法上許されないと解されていることから、外国法人は組織再編成のための受皿会社としての100％子会社である内国法人を用いた三角合併等を採用することで、事実上の国境を越えた株式交換が実施される。

(注) 2　すなわち、国際的三角合併等とは、上図のとおり外国の親会社が日本に設立した子会社（受皿会社）を通じてターゲットとする日本法人を合併等する方法をいう。買収される日本法人の株主は、合併等の対価として受皿会社である日本子会社の株式でなく、外国の親会社の株式を取得する。会社法上の株式交換は内国法人に制限されていても、合併等の対価を親会社株式とすることで、三角合併等により実質的に国境を越えた株式交換が実施される（会社法749①）。

租税条約上、株式の譲渡による譲渡収益は、原則として譲渡者の居住地国が排他的に課税権を有する（OECD13⑤）。そうすると国際的三角合併等

による国境を越えた組織再編成が行われる場合には、例えば、居住者として課税の繰延べの取扱いにより取得した外国法人の株式を、非居住者となってから譲渡することで取得する譲渡収益（Capital Gain）は日本では全く課税されないことになるという問題が指摘される。日英租税条約議定書3は、イギリスの居住者が一時的非居住者（当該譲渡のあった日の財政年度を含む6財政年度）となることによる譲渡収益（Capital Gain）条項の濫用防止規定を置いている（第3章④13）。これはイギリスのイギリス居住者に対する濫用防止規定としてのみ効力を有する規定である。日本も自国の居住者の条約濫用防止を目的として、イギリスと同様の国内法の整備と租税条約の改定を実施していくことが必要である。OECD／G20　BEPSプロジェクトに基づく2014年9月16日の第一弾報告書の項目6租税条約の濫用防止（案）に関連して（序章④参照）、個人の富裕層の租税回避防止措置として、出国時における未実現のキャピタルゲインに対する譲渡所得課税の特例（Exit Tax）の導入が検討されている（平成26年10月21日税制調査会に提出の財務省説明資料「BEPS行動計画に関連する検討課題（所得税関連）［平成26.10.21礎5-5］を参照）。

　上述の国際的三角合併等によりタックス・ヘイブンに所在する実態のない法人が内国法人の親会社となるコーポレート・インバージョンを用いた国際的租税回避への対抗立法については第5章⑥を参照。

⑥　非居住者又は外国法人の所得金額の計算・申告

1．概　　要

　制限納税義務者である非居住者又は外国法人は、上述のとおり、国内源泉所得についてのみ納税義務を負う（所法7①三、五、161一、法法4③、

138一)。国内源泉所得のうち、特定の所得は所得税の源泉徴収の対象とされている(所法178、179、212①、213)。源泉徴収税率は原則として20%(利子は15%)であるが、一定の所得について租税特別措置法に特例が定められている(第2章図表2-1(注)参照)。

2．租税条約による申告対象の国内源泉所得の免除

　本章で検討してきたように、非居住者又は外国法人は、日本における活動の態様により、①確定申告書の提出、②所得税の源泉徴収の上で確定申告書の提出(源泉所得税は税額控除される)、又は、③源泉分離課税、というように課税関係が異なる。①又は②の申告納税の対象となる国内源泉所得についても、租税条約の規定により修正されて、日本が課税を免除する場合がある。例えば、

(1)　国内法上は恒久的施設を有するものの租税条約上は恒久的施設に当たらない場合(例えば、注文取得代理人や在庫保有代理人)、国内法上は申告納税の対象所得があっても、租税条約により恒久的施設から除外される結果として、申告対象の国内源泉所得の免除の特典を受けることになる。

(2)　国内法上は恒久的施設を有しなくとも申告納税の対象となる国内にある資産の運用、保有又は国内にある不動産の譲渡により生ずる所得その他政令で定める所得(第2章③1-2(1)なお書参照)のうちの特定の所得は、例えば、OECDモデル租税条約21条(その他所得＝明示なき所得)により日本が課税管轄権を放棄する結果として、申告対象の国内源泉所得の免除の特典を受けることになる。

　租税条約の特典を受ける非居住者又は外国法人は、租税条約に関する届出書(様式15)「申告対象国内源泉所得に対する所得税又は法人税の軽減・免除」を提出する義務を有する(実特規9の2)。これにより日本の

税務当局は、租税条約上の免除の特典の適否についての調査を効率的に実施できる情報を得ることになる。しかしながら条約による免除でなく、そもそも国内法上の恒久的施設に該当しないと当該非居住者又は外国法人が判断した場合には、当該情報申告の提出義務に違反したとはいえない。情報申告の提出義務に関する一層の法整備が必要であろう[64]。平成23年（2011年）度税制改正は、故意の申告書不提出による租税ほ脱犯に対する罰則（5年以下の懲役若しくは500万円以下の罰金）を創設した（所法238③④、法法159③④）。

★ 平成26年（2014年）度税制改正により、恒久的施設を有する外国法人は恒久的施設帰属所得に係る法人税（及び恒久的施設帰属所得以外の申告対象の国内源泉所得に係る法人税）の確定申告書を提出するのであるが、租税条約又は国際運輸業所得の非課税に関する法律（第3章④8参照）により法人税が非課税とされる国内源泉所得のみを有する場合は、確定申告書の提出を要しない（改正法法144の6①、改正法令203）。

3．非居住者の所得金額の計算・申告

所得税法は、外国人の納税義務をその国籍に基づくのでなく、日本における居住形態に基づいて規定しており、居住者と判定された場合は、外国人であることのみを理由にして特別な所得金額の計算方法・申告に服することはなく、日本人の居住者と同一の取扱いを受ける。非居住者の各年の所得に対する所得税の課税標準は、国内源泉所得に係る所得の金額である。国内に恒久的施設を有する非居住者、あるいは、恒久的施設を有しない非居住者であっても取得した所得の種類によっては申告納税の対象となることは上述した。非居住者は、所得控除が雑損控除、寄附金控除及び基礎控除に限定されていること、外国税額控除の適用がないことを除き、基

---

[64] 租税行政における情報申告の意義と機能について、水野忠恒『租税法』（有斐閣、5版、2011年）43〜45頁参照。

本的に居住者の各年の所得金額の計算に準じて計算する。非居住者に対し国内源泉所得のみを課税対象としていることに由来する所得税法の修正規定が定められている（所法165、169、170、所令292①〜③）。

★ 平成26年（2014年）度税制改正において、非居住者・外国法人に対する課税原則が、従来の「総合主義」から2010年改訂のOECDモデル租税条約の新7条に定めるAOA（Authorized OECD Approach）にそった「帰属主義」に見直されたことに関連して、非居住者の申告納税の対象となる国内源泉所得は、恒久的施設帰属所得及び恒久的施設帰属所得以外の国内源泉所得のうち国内にある不動産の譲渡による所得など一定の国内源泉所得とされた。

非居住者の課税標準となる総所得金額等の計算にあたり、恒久的施設帰属所得に係る所得の金額の計算を行うが、（法人税と異なり）恒久的施設帰属所得と恒久的施設帰属所得以外の申告対象所得とを区分せずに課税標準を算出し、税率を乗じて所得税の額を計算する（改正所法164①）[65]。恒久的施設帰属所得に係る所得の計算及び恒久的施設帰属所得以外の申告の対象となる所得の金額の計算は、別段の定めがあるものを除き、居住者の各種所得の金額の計算、損益通算や繰越控除、所得控除の規定に準じて計算するが、非居住者が適用できる所得控除は、雑損控除、寄附金控除及び基礎控除に限られる（改正所法165）。なお、恒久的施設帰属所得に係る各種所得を計算するにあたり、外国法人の場合と同様に、恒久的施設に帰せられるべき純資産に対応する負債の利子の必要経費不算入が定められている（改正所法165の3）。また、非居住者が恒久的施設帰属所得に係る所得の金額を計算するにあたり、恒久的施設を通じて行う事業に係るものとして配分した共通費用（配賦経費）の金額について、その配分に関する計算の基礎となる書類の保存がない場合には、必要経費への算入は否認されるが、有恕規定が定められている（改正所法165の5）。非居住者についても、外国法人の場合と同様に、外国税額控除制度が設けられた（改正所法165の6）。

非居住者の所得税の申告、納付及び還付に関し、帰属主義への見直しにあたって基本的に改正前と変更はなく（予定納税における内部取引の認識、非居住者に係る外国税額控除制度の創設、青色申告者の備付帳簿書類の記載事項に内部取引を追加）、居住者に係る申告納税に関する規定を準用する（改正所法166）。

---

[65] 個人所得課税は、所得控除や累進税率の仕組みを通じて個人の税負担を求めるものであり、これらは所得の種類ごとではなく、個人の総合的な所得の大きさに則して適用されるものであり、非居住者（個人）の所得税額の算定においても維持される（財務省主税局参事官「国際課税原則の総合主義（全所得主義）から帰属主義への見直し」（2013年10月）28頁）。

4．外国法人の所得金額の計算・申告

　外国法人の各事業年度の所得に対する法人税の課税標準は、国内源泉所得に係る所得の金額である。国内に恒久的施設を有する外国法人、あるいは、恒久的施設を有しない外国法人であっても上述した国内にある資産の運用、保有又は国内にある不動産の譲渡により生ずる所得その他政令で定める所得は申告納税の対象である（本章④2(4)参照）。外国法人は内国法人の各事業年度の所得の金額に準じて計算する（法法142）。外国法人が国内源泉所得についてのみ納税義務を負うことに由来する修正として、所得税額控除は申告納税の対象となる国内源泉所得に係る源泉所得税に限定され（法法144、法令190、法通20－4－1）、外国税額控除の適用がない（法通20－4－2）。

> ★　平成26年（2014年）度税制改正において「帰属主義」へ見直された改正法では、改正前の国内において行う事業から生ずる所得（法法138一）に代えて、外国法人が恒久的施設（改正法法2十二の十八）を有する場合には恒久的施設に帰せられる所得（恒久的施設帰属所得）に限って内国法人と同様に法人税の課税対象とし、恒久的施設を有する外国法人の恒久的施設に帰属しない国内源泉所得や恒久的施設を有しない外国法人の国内源泉所得については、国内にある資産の運用又は保有による所得、国内にある資産の譲渡による所得、人的役務の提供事業の対価、国内不動産の貸付の対価、及び、その他その源泉が国内にある所得を除いて所得税の源泉徴収のみで課税関係が終了する制度に改められた（改正法法138①一～六、142）。詳細については第2章①1－1を参照。
> 　外国法人の恒久的施設帰属所得に係る所得の金額の算定にあたっては、①当該恒久的施設の果たす機能及び事実関係に基づいて、外部取引、資産、リスク、資本を当該恒久的施設に帰属させ、②当該恒久的施設とその本店等との内部取引を認識し、③当該内部取引が独立企業間価格で行われたものとして算定する（改正法法138①）。④外国保険会社等の恒久的施設に帰せられるべき投資資産に係る収益の益金算入（改正法法142の3）、⑤恒久的施設に帰せられるべき資本に対応する負債の利子の損金不算入（改正法法142の4）、及び、⑥外国銀行等の規制上の自己資本に係る負債の利子の損金算入（改正法法142の5）が新設されている。帰属主義への見直しに伴い、恒久的施設が本店所在地国以外の第三国で稼得した所得が恒久的施設帰属所得として日本の法人税の課税対象とされたことから、二

重課税を調整するため、外国法人の恒久的施設のための外国税額控除制度が創設されている（改正法法144の2）。本章③1-1を参照。

　日本で事業活動を行う外国法人の課税標準は、恒久的施設帰属所得と恒久的施設帰属所得以外の国内源泉所得の2区分であり、これらの所得（欠損を含む）は通算されない（改正法法143①）。恒久的施設を有する外国法人は、事業年度毎に恒久的施設帰属所得に係る法人税及び恒久的施設帰属所得以外の国内源泉所得に係る法人税の確定申告書を提出する。ただし、租税条約又は国際運輸業所得の非課税に関する法律（第3章④8参照）により法人税が非課税とされる国内源泉所得のみを有する場合は、確定申告書の提出を要しない（改正法法144の6①、改正法令203）。恒久的施設を有しない外国法人は、法人税の課税対象となる恒久的施設帰属所得以外の国内源泉所得を有する場合に限り、当該国内源泉所得に係る法人税の確定申告書を提出する。ただし、当該国内源泉所得の全部につき租税条約の規定により法人税が課税されない場合は、確定申告書の提出を要しない（改正法法144の6②）。なお、外国法人が日本に複数の恒久的施設を有する場合には、複数の恒久的施設のすべてを一体のものとして、無償資本の配賦、欠損金の管理、恒久的施設帰属所得の計算を行う（改正法法17）。

5．外国為替の換算

　法人については平成12年（2000年）度税制改正において外貨建取引の換算に関する規定が定められており（法法61の8）、個人については平成18年（2006年）度税制改正において法人税法と同様の規定が定められた（所法57の3）。すなわち、外貨建取引については、原則として当該外貨建取引を行ったときの外国為替相場により円換算した金額とするが、先物外国為替契約等により外貨建資産・負債の円換算額を確定させ、その先物外国為替契約等の締結の日にその旨を帳簿書類等に記載したときは、その確定させた円換算額をもってその外貨建取引の金額とする[66]。

66　金子宏『租税法』（弘文堂、19版、2014年）316頁。実務の取扱いについて、小谷融「外貨建取引の会計と税務」国際税務 Vol.28、No.11（2008年）37頁参照。

外国法人の国内源泉所得に係る所得の計算の留意点

１．税　率

(1) 外国法人の税率は内国法人と同一である。

★　平成26年（2014年）度税制改正において、外国法人に対して課する法人税の額は、恒久的施設帰属所得又は恒久的施設帰属所得以外の国内源泉所得の区分ごとに、これらの国内源泉所得に係る所得の金額に25.5％（資本金の額等が１億円以下である外国法人については、その区分ごとに、所得金額800万円以下の金額に対して19％）の税率を乗じて計算した金額とされた（改正法法143）。資本金が１億円以下等の中小法人の各事業年度の所得金額のうち年800万円以下の金額に対する19（15）％の法人税の軽減税率の適用の判定については、現行法どおり、外国法人及びその外国法人を含む企業グループ全体で行い、軽減税率の具体的適用にあたっては、恒久的施設帰属所得とそれ以外の国内源泉所得とに分けて行う（改正法法143②⑤）。

外国法人の区分		課税標準	税率	
				所得800万円以下
恒久的施設を有する外国普通法人		恒久的施設帰属所得	25.5％	－
		上記以外の国内源泉所得	25.5％	－
	外国中小法人	恒久的施設帰属所得	25.5％	19％
		上記以外の国内源泉所得	25.5％	19％
恒久的施設を有しない外国普通法人		国内源泉所得	25.5％	－
	外国中小法人	国内源泉所得	25.5％	19％

(注)　本則は19％であるが（法法143②）、中小企業者等の法人税率の特例により平成27年３月31日までに開始する事業年度については15％に軽減されている（措法42の３の２）。

(出典)　財務省『平成26年度税制改正の解説』722頁。

(2) 外国法人である普通法人又は人格のない社団等の各事業年度の所得に係る税率は内国法人と同様に25.5％である（法法143①）。なお、地方税法

(住民税・事業税)は、いわゆる恒久的施設を有する外国法人についてのみ納税義務を定める（地法24③、72の2⑥、294⑤、地令7の3の5、10の2、46の4）。

(3) 普通法人である外国法人のうち各事業年度終了の時の資本金額等が1億円以下のもの又は人格のない社団等の所得の金額のうち、年800万円以下の金額は19％である（法法143②）。中小法人は15％に軽減（措法42の3の2）。平成22年(2010年)度及び平成23年（2011年）度税制改正によるグループ法人税制の導入等に関連して、外国法人である普通法人のうち各事業年度終了の時において大法人（資本金の額又は出資金の額が5億円以上の法人、相互会社又は外国相互会社（保険会社を含む）又は法人課税信託の受託法人）との間に完全支配関係がある法人及び100％グループ内の複数の大法人に発行済株式の全部を保有されている法人については19(15)％の軽減税率は適用されない。いわゆる外資系内国法人について、その親法人である外国法人が大法人であるときは、その外国法人による完全支配関係にある内国法人及び100％グループ内の複数の大法人に発行済株式の全部を保有されている内国法人についても同様に軽減税率は適用されない（法法66⑥一〜四、143⑤一〜四、措法42の3の2①）。資本金額等の判定は、当該外国法人の本店決算上の払込資本金額又は出資金額を各事業年度終了の日の電信売買相場の仲値により円換算した額による（法通20-3-14）。

(4) 法人課税信託の受託者である個人又は法人は、その引き受けた法人課税信託の信託資産等（信託財産に属する資産及び負債並びに当該信託財産に帰せられる収益及び費用をいう）について、当該受託者の固有財産から生ずる所得とは区別して、それぞれ別の者とみなして、法人税の納税義務を負う（法法4①③④、4の6、4の7）。なお、法人課税信託の受託者である個人の当該法人課税信託に係る納税地は、当該個人の所得税法上の納税地とする（法法17の2）。

(5) 法人課税信託の各事業年度の所得に対する法人税は、別段の定めがない限り、各事業年度の所得に対する法人税の規定を適用して行われる（法法4の6①②）。信託の併合は合併、分割は分割型分割、信託の受益権は株式等、受益者は株主等、収益の分配は剰余金の配当とみなして、法人税法及び所得税法が適用される（法法4の7四～六、所法6の3四～八）。税率は法人税と同じであるが、19％の軽減税率の適用はない（法法66⑥、81の12⑥、143⑤）。法人課税信託のうち、分配可能所得の90％超を配分するなど一定の要件を満たす特定目的信託及び特定投資信託は、同様の一定の要件を満たす特定目的会社及び投資法人と同じく支払配当の損金算入（損金算入配当）を認める（措法68の3の2①、68の3の3①）。

(6) 退職年金業務等を行う外国法人は退職年金等積立金に対する法人税の納税義務を負うが、内国法人の場合と同様に、平成29年（2017年）3月31日までに開始する各事業年度について課税が停止されている（法法145の3、措法68の4）。

2．納税地

　外国法人の納税地は、国内に支店等の恒久的施設を有する法人にあっては支店等の所在地（法法17一）であり、恒久的施設を有しない外国法人の場合には、その外国法人が選択した場所又は麹町税務署区域内の場所が納税地となる（通法12、14、法令16）。

3．事業年度

　外国法人が国内に恒久的施設を有することとなった場合又は恒久的施設を有しなくなった場合には、みなし事業年度の適用を受ける（法法14①二十三～二十五）。

　定款等に定めがある場合にはその事業年度となるが、定款等に定めがない場合には納税地の届出と同様2カ月以内に所轄の税務署長に届出が必要とされる（法法13①②）。

　日本支店と本店の事業年度は一致していなければならず、例えば、本店

の事業年度が1月1日から12月31日までの1年間であるとすれば、日本支店の事業年度も同様となる。銀行法、保険業法、金融商品取引法等の業法上に事業年度の定めがあり、当該業法上の事業年度に基づく報告が義務づけられている場合でも、法人税の申告は定款に定める本店の事業年度によって行う（法法13①）。

外国法人が本社の決算確定手続等が事業年度終了後2カ月以内に完了しないなどの理由により、日本における法人税の確定申告書の提出期限である「各事業年度終了の日の翌日から2月以内」（法法74）に確定申告書を提出することができない常況にあるときは、納税地の所轄税務署長に申請して承認を得たときは原則として提出期限を1カ月間延長することができ、特にやむを得ない事情があると認められる場合には、税務署長が指定する月数の期間が延長（確定申告期限の延長）される（法法75の2①、145②）。

国内に恒久的施設を有しない外国法人が恒久的施設を有することとなった場合には、納税地、事業又は国内にある資産の経営又は管理の責任者の氏名、国内において行う事業の目的・種類、国内にある資産の種類及び所在地、国内において行う事業の開始（予定）日、国内にある資産を有することとなった日を記載した外国普通法人となった旨の届出を提出しなければならない（法法149）。

> ★ 平成26年（2014年）度税制改正により、法人税の課税範囲の対象が恒久的施設の有無により異なることとされた（改正法法141一、二、144の6①②）。そこで、恒久的施設を有しない外国法人が恒久的施設を有することとなった場合、又は、恒久的施設を有する外国法人が恒久的施設を有しないこととなった場合に区分して、みなし事業年度を定めた（改正法法14①二十三〜二十五）。

4．課税標準の計算の主な留意事項

(1) 外国法人の国内源泉所得に係る所得の金額の計算上損金に算入できる費用又は損失は、当該外国法人のこれらの費用又は損失で、国内において行う業務から取得される国内源泉所得と合理的な関連を有するものに

限られる（法令188①一）。本支店間の内部取引から生ずる損益は、国内源泉所得に係る所得の金額の計算上、益金の額及び損金の額に算入しない（法令188⑨）。国内源泉所得に係る所得の計算上、国内で発生した費用・損失であっても合理的な基準により国外の業務に配賦する（法通20－3－5）。損金の額に算入される貸倒損失の額や為替差損（換算差額を含む）は、原則として国内にある事業所等に属する貸金等について生じたものに限られる（法通20－3－9）。

★ 2010年改訂OECDモデル租税条約の新7条に定めるAOAによれば、本支店間の資産移管の事実のみで内部取引損益を認識するのではなく、「現実のかつ認識可能な事象が発生し、かつ、資産に関連する機能の移転を伴う場合に限り、内部取引損益を認識し、又は、恒久的施設による資産取得を認識する」[67]。平成26年（2014年）度税制改正において「帰属主義」へ見直された改正法は、改正前の国内において行う事業から生ずる所得（法法138一）に代えて、外国法人が恒久的施設を有する場合には恒久的施設に帰せられる所得（恒久的施設帰属所得）に限って内国法人と同様に法人税の課税対象とすることとし、恒久的施設帰属所得は、恒久的施設が外国法人から独立して事業を行う事業者であるとしたならば、その恒久的施設が果たす機能、その恒久的施設とその外国法人の本店等との間の内部取引その他の状況を勘案して、その恒久的施設に帰せられるべき所得と定めた（改正法法138①一）。恒久的施設帰属所得に係る所得の金額は、恒久的施設を通じて行う事業に係る益金の額から損金の額を控除した金額とされ、恒久的施設を通じて行う事業に係る益金の額及び損金の額の計算については、別段の定めがあるものを除いて、内国法人の各事業年度の所得に対する法人税の課税標準及びその計算に関する規定に準じて計算する（改正法法142）。別段の定めとして、外国保険会社等の恒久的施設に帰せられるべき投資資産に係る収益の益金算入（改正法法142の3）、恒久的施設に帰せられるべき資本に対応する負債の利子の損金不算入（改正法法142の4）、外国銀行等の規制上の自己資本に係る負債の利子の損金算入（改正法法142の5）、及び、外国法人の内部取引に係る課税の特例（改正措法66の4の3）が定められている。本章③1－1を参照。

(2) 外国法人の本店配賦経費を、国内源泉所得に係る所得の金額の計算

---

[67] 財務省主税局参事官「国際課税原則の総合主義（全所得主義）から帰属主義への見直し」（2013年10月）8～9頁。

上、損金の額に算入する場合には、本店の財務諸表等によりその内容を証明しなければならない（法通20－3－11）。

- ★ 平成26年（2014年）度税制改正において、恒久的施設帰属所得の算定に関し、恒久的施設帰属外部取引（改正法法146の2、改正法規62の2）、内部取引（改正法法146の2②、改正法規62の3）及び本店配賦経費（改正法法142の7①、改正法規60の10）に関して文書化が規定された。内部取引に係る販売費、一般管理費その他の費用には本店配賦経費も含まれ、本店配賦経費は費用配賦に関する文書化がされていない場合は損金算入されないが、宥恕規定が定められている（改正法法142の7②）。

(3) 租税条約等により法人税が課されないこととされている所得について欠損金額が生じた場合、国内源泉所得に係る所得の金額の計算上、その欠損金額は損金算入されない（法通20－3－10）。

(4) 減価償却費、引当金又は準備金などの損金経理を要件とする費用は、当該外国法人が国内において行う事業に関して作成する帳簿並びにその帳簿に基づいて作成する貸借対照表及び損益計算書に計上することを要する（法令188①四、五、十三、十四、法通20－3－1）。在外資産の減価償却費のうち国内業務に係る部分の金額を国内業務に配分する場合において、その配分の基礎となる償却費については、外国法人の本店所在地国における法令の規定により計算しているときは、自由償却の方法でない限りその償却計算を認める（法通20－3－6）。

- ★ 平成26年（2014年）度税制改正における帰属主義への見直しに伴い、恒久的施設帰属所得の計算にあたり、貸倒引当金の設定対象となる金銭債権は、外国法人の恒久的施設を通じて行う事業に係る金銭債権に限定（本支店間の内部貸付は貸倒引当金の対象外）され（改正法令184①十四イ）、恒久的施設から本店等に対する寄附に相当する内部取引が行われた場合には、国外関連者に対する寄附金と同様に、全額損金不算入とされる（措法66の4の3③）。

5．国内源泉所得に係る所得の円換算

国内源泉所得に係る所得の金額の円換算については、在日支店等の資産等の円換算（法通20－3－12）、本店勘定の円換算（法通20－3－13）、資本金の額等の円換算（法通20－3－14）として実務上の取扱いが定められている。

6．外国法人の情報申告書の提出義務

外国法人が提出する法人税の確定申告書には、次の書類を添付しなければならない（法法74②③、法規61②において準用する法規35）。

① 貸借対照表及び損益計算書
② 株主資本等変動計算書
③ 勘定科目内訳明細書（国内源泉所得に係る所得の金額の計算に係る部分に限る）
④ 外国法人の国内において行う事業等の概況に関する書類
⑤ 組織再編成（合併・分割・現物出資・事後設立）に係る契約書、その他これらに類するものの写し
⑥ 組織再編成に係る主要な事項の明細書
⑦ 国内事業管理親法人株式の明細（法令188⑤⑥）

法人課税信託の受託者は、就任したときに外国普通法人となった旨の届出を提出し（法法149②）、新たな受託者が就任した場合、あるいは受託者の引継ぎをした場合に受託者の変更の届出の提出をしなければならない（法法149の2）。

★ 平成26年（2014年）度税制改正において、恒久的施設を有する外国法人に関して、次の規定が新たに制定された。

(1) 恒久的施設の閉鎖・再進出に係る取扱い（改正法法142の8①）

恒久的施設を有する外国法人が恒久的施設を有しないこととなった場合には、①当該恒久的施設の譲渡により生ずる損益（改正法法138①）、②恒久的施設を有しないこととなった時点で恒久的施設に帰せられる資産の含み損益（時価評価による評価損益により簿価修正される）、又は、その時点で繰り延べられている損益が、恒久的施設帰属所得として法人税の課税対象となる（改正法法10の3③、142の8①、改正法令14の11⑤）。外国法人に係る出国税（Exit Tax）[68]の導入と解される。なお、非居住者（個人）の恒久的施設の閉鎖にあたっては、外国法人と異なり、未実現利益に対して評価課税しないこととされている[69]。

恒久的施設が閉鎖された場合は解散したものとみなして（改正法法10の3③）、恒久的施設帰属所得に係る欠損金について還付を受けることができる（改正法法144の13⑨、改正法令206①）。恒久的施設の閉鎖後に再び恒久的施

設を有する再進出の場合は新たに設立されたものとみなして（改正法法10の3④）、恒久的施設帰属所得に係る欠損金の適用を受ける（改正法法142②、改正法令184①十七）。したがって、恒久的施設帰属所得に係る欠損金について、恒久的施設の閉鎖前後の欠損金の繰越しはない。
(2) 恒久的施設帰属所得に係る行為又は計算の否認（改正法法147の2）
　　外国法人の恒久的施設帰属所得や恒久的施設帰属所得に対する税額については、同一法人内部で機能、資産、リスクの帰属を人為的に操作する租税回避行為を防止するための措置が創設されている[70]。
(3) 恒久的施設に係る取引に係る文書化（改正法法146の2①）
　　恒久的施設を有する外国法人は、他の者と行った取引（恒久的施設帰属外部取引）のうちその取引から生ずる所得が恒久的施設に帰せられるものに係る明細を記載した書類及び本店等と恒久的施設との間の内部取引に係る明細を記載した書類を作成しなければならない（改正法規62の2）。
(4) 外国法人の帳簿書類の備付義務（改正法法146の2②）
　　内部取引を恒久的施設帰属所得に係る所得の金額の計算上認識することとされたことに伴い、帳簿書類への記録の対象となる取引につき、恒久的施設を有する外国法人については内部取引を含めることとされ（改正法法150の2①、改正法規66①、67）、その内部取引について、証憑類に相当する書類を作成することが義務付けられた（改正法法146の2②、改正法規62の3）。作成が義務付けられた内部取引に係る証憑類は、青色申告の承認を受けた外国法人と同様に、承認を受けていない外国法人も保存することとされた。

68　出国税（Exit Tax）に関して、法人については、松田直樹「法人資産等の国外移転への対応—欧米のコーポレイト・インバージョン対策税制及び出国税等が包含する示唆」税大論叢67巻（2010年6月）1～179頁、個人については、原武彦「出国に伴う所得課税制度と出国税等の我が国への導入—我が国と米国等の制度比較を中心として−」税大ジャーナル14巻（2010年6月）95～118頁。個人の富裕層の租税回避防止措置として、出国時における未実現のキャピタルゲインに対する譲渡所得課税の特例（Exit Tax）の導入が検討されている（平成26年10月21日税制調査会に提出の財務省説明資料「BEPS行動計画に関連する検討課題（所得税関連）［平成26.10.21礎5-5］」を参照）。
69　財務省主税局参事官「国際課税原則の総合主義（全所得主義）から帰属主義への見直し」（2013年10月）29頁。
70　例えば、グローバルに資産運用を行う外国法人が外国税額の負担の生ずる金融資産を集中的に恒久的施設の帰属資産とすることにより恒久的施設における外国税額控除を増加させる方法などが考えられるという（財務省主税局参事官補佐　安河内誠・山田博志「平成26年度の国際課税（含む政省令事項）に関する改正について」（租税研究、778号）2014年8月号113頁）。

第 2 章

国内源泉所得

＜第 2 章　Key Word＞

源泉管轄（source rule）、源泉徴収の上で申告納税、源泉分離課税、国際二重課税、外国税額控除制度、国際二重非課税、条約漁り（treaty shopping）、適格居住者、導管取引、国内において行う事業から生ずる所得、国内にある資産の運用・保有又は譲渡により生ずる所得、その他その源泉が国内にある所得、事業譲渡類似の株式等の譲渡益、不動産関連法人の株式等の譲渡益、独立企業原則、総合主義（Entire income principle）、帰属主義（Attributable income principle）、AOA（Authorized OECD Approach）、恒久的施設帰属所得、恒久的施設帰属所得に係る所得、本店等、恒久的施設帰属外部取引、内部取引、内部債務保証取引、内部再保険、本店配賦経費、対応的調整、限度税率、旧7条型、新7条型、単純購入非課税の取扱い、任意組合等、組合契約事業利益の配分、投資組合の外国組合員に対する恒久的施設に関する特例、人的役務の提供事業、芸能人等、芸能法人等、免税芸能法人等、準確定申告書、裸用船、定期用船、使用地主義、債務者主義、適格居住者、国外投融資所得、外国政府職員、相互主義、人的役務の提供に対する報酬、退職所得の選択課税、事業修習者、短期滞在者免税、退職手当等、退職年金等、保険年金、事業の広告宣伝のための賞金、生命保険契約に基づく年金等、定期積金の給付補てん金等、匿名組合契約等に基づく利益の分配

1 源泉管轄（ソース・ルール）の意義

　非居住者又は外国法人は、国内に源泉のある所得を有する場合に限り、所得税又は法人税の納税義務を負う（所法5②一、5④、法法4③）。国内に源泉のある所得は「国内源泉所得」として規定されている（所法161、法法138）。租税法における所得の源泉に関する課税管轄権を定める国内源泉所得に係る規定（ソース・ルール）は、次の意義を有する[71]。

1．非居住者又は外国法人の納税義務の有無の決定

　非居住者又は外国法人の日本における納税義務の有無はソース・ルールを定める国内源泉所得に関する所得税法及び法人税法の規定により決定され、納税義務を有する国内源泉所得に係る具体的な課税方法は、日本における活動の態様により、次のとおりとなる（第1章4参照）。
　①　確定申告書の提出
　②　所得税の源泉徴収の上で確定申告書（源泉所得税は税額控除される）
　③　源泉分離課税（所得税の源泉徴収をもって日本での課税関係は終了）
　ソース・ルールを定める所得税と法人税の規定は、個人に固有の「給与・報酬」を除き基本的に同一である（所法161、法法138）。非居住者又は外国法人に対する国内源泉所得の支払いに係る源泉徴収義務は所得税法が定める（所法212）。

---

[71] 日本の国際租税法におけるソース・ルールの意義について、水野忠恒「国際租税法の基礎的考察」菅野喜八郎・藤田宙靖『憲法と行政法［小嶋和司博士東北大学退職記念］』（良書普及会、1987年）（水野忠恒『国際課税の制度と理論—国際租税法の基礎的考察—』［有斐閣、2000年］所収20頁）。

1－1. 平成26年（2014年）度税制改正における帰属主義による国内源泉所得の意義

（1）国内源泉所得の改正の意義

　平成26年（2014年）度税制改正における帰属主義への見直しにより、外国法人が恒久的施設（改正法法２十二の十八）を有する場合には恒久的施設に帰せられる所得（恒久的施設帰属所得）に限って内国法人と同様に法人税の課税対象とし、恒久的施設を有する外国法人の恒久的施設に帰属しない国内源泉所得や恒久的施設を有しない外国法人の国内源泉所得については、国内にある資産の運用又は保有による所得、国内にある資産の譲渡による所得、人的役務の提供事業の対価、国内不動産の貸付料等、及び、その他その源泉が国内にある所得を除いて所得税の源泉徴収のみで課税関係が終了する制度に改められた（改正法法138①一～六、141一、二）。改正法は、現行法の１号所得を、法令上、恒久的施設を通じて行う事業（改正法法138①一）、国内にある資産の運用又は保有による所得（改正法法138①二）、国内にある資産の譲渡による所得（改正法法138①三）、その他政令で定める国内源泉所得（改正法法138①六）に区分し、国内における事業所得を恒久的施設帰属所得として定義し（改正法法138①一、142①）、それ以外の各種の国内源泉所得の恒久的施設帰属所得への該当性を「当該恒久的施設に帰せられるべき所得（恒久的施設帰属所得）」として優先する（改正法法138①一、141一）。改正後の外国法人に対する課税の概要は、第１章④図表１-６-２外国法人に対する課税関係の概要（改正後）を参照。

　　（注）　平成26年（2014年）度税制改正における帰属主義への見直しに関する本章での検討は、特に断り書きのない限り、実務上の優先度の高い法人税法について行う。所得税法の改正法の考え方も同様である。

（2）「国内にある資産の運用又は保有により生ずる所得」の改正

　改正法は、「国内にある資産の運用又は保有により生ずる所得」を改正前と同様に国内源泉所得とするが、下記の①から⑧までに該当する国内源泉所得で恒久的施設帰属所得に該当するもの以外のものは、帰属主義への移行により、所得税の源泉徴収のみで日本での課税関係を終了するので、法人税の課税対象とならないよう除かれている（改正法法138①二カッコ書、改正法令177）。第1章④図表1-6-2（注）2参照。

① 債券利子等（改正所法161①八）
② 配当等（改正所法161①九）
③ 貸付金利子等（改正所法161①十）
④ 使用料等（改正所法161①十一）
⑤ 事業の広告宣伝のための賞金（改正所法161①十三）
⑥ 生命保険契約に基づく年金等（改正所法161①十四）
⑦ 給付補てん金等（改正所法161①十五）
⑧ 匿名組合契約等に基づく利益の分配金等（改正所法161①十六）。

　（注）　現行法では、外国法人が支店、工場その他事業を行う一定の場所としての恒久的施設を有する場合、その恒久的施設に帰属しない場合であっても「総合主義」により法人税の課税対象とされている（法法138①一、141一）。

（3）「国内にある資産の譲渡による所得」の改正

　改正法が定める「国内にある資産の譲渡による所得」は、現行法に定める14種類の資産の譲渡（本章③1-2(2)参照）のうち、恒久的施設を有しない場合に法人税の課税対象とされる国内不動産の譲渡、及び、国内不動産関連法人の株式等及び事業譲渡類似の株式等の譲渡、その他の政令で定め

72　財務省主税局参事官補佐　安河内誠・山田博志「平成26年度の国際課税（含む政省令事項）に関する改正について」（租税研究、778号）2014年8月号88頁。

る資産の譲渡による所得に限定されている。改正により、資産の譲渡所得に対する課税権は原則として居住地国にあるとする OECD モデル租税条約13条（キャピタル・ゲイン）の考え方と国内法とが整合する[72]。改正法が定める「国内にある資産の譲渡による所得」は、次の所得である（改正法令178）。第1章④図表1-6-2参照。

① 国内にある不動産の譲渡による所得
② 国内にある不動産の上に存する権利等の譲渡による所得
③ 国内にある山林の伐採又は譲渡による所得
④ 内国法人の発行する株式の譲渡による所得で次のもの
　(i) 買い集めた株式の譲渡による所得
　(ii) いわゆる事業譲渡類似株式の譲渡による所得
⑤ 不動産関連株式の譲渡による所得
⑥ 国内にあるゴルフ場の所有等に係る法人の株式の譲渡による所得
⑦ 国内にあるゴルフ場等の利用権の譲渡による所得

(注) 現行法では、下記の①～⑩の資産の譲渡による所得は、恒久的施設を有する外国法人が得た場合には、「総合主義」により、恒久的施設への帰属の有無にかかわらず課税対象である（法法138一、法令177②一～十四）。平成26年（2014年）度税制改正における帰属主義への見直しにより、これらの所得については、恒久的施設に帰属する場合には恒久的施設帰属所得として課税対象となるが、恒久的施設に帰属しない場合には課税されず「国内にある資産の譲渡による所得」から除かれている。

① 日本国の法令に基づく免許等（法令177②一）
② 有価証券又は権利で次に掲げるもの（法令177②二）
　(i) 取引所金融商品市場において譲渡されるもの
　(ii) 国内営業所を通じて譲渡されるもの
　(iii) 引渡しの直前に証券等が国内にあるもの
③ 振替社債等、合名会社・合資会社・合同会社の社員の持分（法令177②三）
④ 国内にある金融機関が受け入れた預貯金に関する権利等（法令177②七）
⑤ 国内において業務を行う者に対する貸付金に係る債権（法令177②八）
⑥ 国内にある営業所等を通じて契約した保険契約に基づく年金の支払を受ける権利（法令177②九）

⑦　抵当証券に係る利息に係る債権（法令177②十）
　⑧　匿名組合契約に係る利益の分配を受ける権利（法令177②十一）
　⑨　国内において行われる事業に係る営業権（法令177②十二）
　⑩　譲渡に係る契約等に基づく引渡しの直前に国内にある資産（法令177②十四）

　すなわち、改正法では、租税条約の非締結国の外国法人が日本の恒久的施設を経由せずに日本の株式市場に投資して株式譲渡益を稼得するような場合、日本に恒久的施設が存在すると認定されると総合課税の対象となるが、新7条に基づく帰属主義の導入により、恒久的施設の認定の有無にかかわらず、恒久的施設に帰属しない株式譲渡益は課税対象外となるため、投資の予見可能性に資する[73]。

2．居住者・内国法人の外国税額控除限度額の算定の基礎

　居住者・内国法人は、その全世界所得につき日本に対して納税義務を有するから、国外で取得した所得に対して源泉地国で課税を受ける場合には、その国外所得について日本と源泉地国である外国との国際二重課税が生ずる。一の所得に対する国際的課税権の競合から生ずる二重課税を排除するために、居住地国である日本は所得税及び法人税において片務的に外国税額控除制度を定めている（第4章参照）。外国税額控除制度は、納付すべき所得税（居住者）又は法人税（内国法人）のうち国外源泉所得（国内源泉所得以外の所得）に対応する部分を控除限度額と定めており、外国税額の全部が控除されるわけではない（所法95、法法69）。日本の外国税額控除制度は、国外源泉所得を直接的に規定せず、原則として非居住者又は外国法人の日本における納税義務を画定するソース・ルールである国内源泉所得に関する規定の裏返しを国外源泉所得とするところに特徴がある（第

---

[73]　財務省主税局参事官「国際課税原則の総合主義（全所得主義）から帰属主義への見直し」（2013年10月）2～3頁。

★ 平成26年（2014年）度税制改正における帰属主義への見直しに伴い、非居住者・外国法人の恒久的施設が本店所在地国以外の第三国で稼得した所得が恒久的施設帰属所得として日本の所得税・法人税の課税対象とされたことから、二重課税を調整するため、非居住者・外国法人の恒久的施設のための外国税額控除制度が創設されている（改正所法165の6、改正法法144の2）。また、帰属主義の導入に関連して、国外源泉所得の範囲が明確化され、外国税額控除限度額の計算における国外所得金額の算定に関する規定が整備されている（改正所法95④、改正法法69④）。第4章②1-1を参照。

3. 租税条約における源泉管轄権の配分

国家課税管轄権に関する一般原則としての居住地管轄権と源泉管轄権が交錯することにより国際二重課税あるいは国際二重非課税が生ずることから、租税条約の中心的課題はソース・ルールの国家配分である。租税条約に定める源泉管轄権の振分けに関する条項は、①源泉地国が課税管轄権を有する所得、②源泉地国はその国内法の定めに比べてより制限的な税率による課税管轄権を有する所得、③居住地国のみが排他的に課税管轄権を有する所得、に類型化される（第3章④23(1)参照）。

ソース・ルールについて租税条約に異なる定めがある場合には、国内法の定めにかかわらず、当該租税条約の定めるところにより所得源泉地を判定する（所法162、法法139）。所得税の源泉徴収の目的上、国内法上は日本に所得源泉がないにもかかわらず租税条約において日本に源泉があるとされた所得、又は、国内法に定める国内源泉所得の区分と異なる区分であるとされた所得は、所得税法161条に定める所得に対応する所得とみなす（所法162後段、212）。

★ 2010年改訂 OECD モデル租税条約の新7条にそった平成26年（2014年）度税制改正における帰属主義への見直しにより、租税条約の締結国及び租税条約非締結国の非居住者・外国法人の恒久的施設帰属所得の計算において本店等との内部取引に係る益金・損金を認識することとなった（第1章③1-1(2)②参照）。しか

しながら、内部取引を認識しないとする定めを有する旧7条型の租税条約締結国との関係では、新制度の適用年度以後においても、現行法に従い内部取引（現行法において損金算入が認められている外国銀行等の内部利子を除く）を認識しない（改正所法162②、改正法法139②）。すなわち、新7条型の締結国及び条約非締結国との関係では、無形固定資産の使用料等及び一般事業会社の内部利子を含むすべての内部取引（内部債務保証取引及び内部再保険を除く）について益金算入・損金算入とし、旧7条型の締結国との関係では、内部取引（現行法において損金算入が認められている外国銀行等の内部利子を除く）を認識しないとする従前の取扱いが継続される[74]。

4．条約濫用への対処

　源泉地国が租税条約により課税管轄権を放棄した所得は、居住地国の課税管轄権に服するのであるが、その具体的適用は居住地国の国内租税法の定めるところによる。したがって、非居住者又は外国法人の日本の国内源泉所得が、租税条約の規定を通じて、源泉地国の日本でも居住地国のいずれの国でも課税されない（国際二重非課税）状況が生ずることがあり得ることになる（序章②参照）。そこで、条約及び国内法を通じての租税回避[75]を意図して、①特定の租税条約上の特典を受けることを目的とする名目上の居住者となることや、②租税条約の適用による所得の性質の変更が行われることになる。これらの行為を総称して条約漁り（treaty shopping）という。

　こうした租税回避行為に対する租税条約上の対処として、日本は租税条約の改定にあたって、居住者の資格を制限する「適格居住者条項」（例えば、日米4⑥）、「導管取引の条約不適用条項」（例えば、日米10⑪、11⑪、12⑤、21④）、「treaty shoppingの防止条項」（シンガポール租税条約22②、南アフリカ租税条約22）を規定している（第3章④22(2)参照）。

74　財務省主税局参事官「国際課税原則の総合主義（全所得主義）から帰属主義への見直し」（2013年10月）9～10頁

OECD／G20 BEPS プロジェクトの項目 6 租税条約の濫用防止（案）が、2014年 9 月16日に BEPS 行動計画に関する第一弾報告書として公開されている（序章④図表序－ 2 参照）。OECD の勧告に向けての今後の検討が注目される。

② 非居住者又は外国法人の納税義務とソース・ルール

1．国内源泉所得の規定の概要と非居住者又は外国法人の納税義務

　制限納税義務者である非居住者又は外国法人が納税義務を負う国内源泉所得は、①国内において行う事業から生ずる所得、②国内にある資産の運用・保有・譲渡により生ずる所得、③その他その源泉が国内にある所得として政令で定めるものがすべてである（所法161一、法法138一）。国内源泉所得は、非居住者に関しては16種類（所法161一～十二）、外国法人に関しては14種類に分類して規定している（第 1 章④ 1 参照）。国内源泉所得のうち、恒久的施設を日本に有しない場合は源泉分離課税で課税関係が終了することになる投資所得に属する類型を、所得税の源泉徴収の対象となる各種の所得として 4 号所得以下に区分する構造となっている。

75　「租税回避」とは、「…私法上の選択可能性を利用し、私的経済取引プロパーの見地からは合理的理由がないのに、通常用いられない法形式を選択することによって、結果的には意図した経済的目的ないし経済的成果を実現しながら、通常用いられる法形式に対応する課税要件の充足を免れ、もって租税負担を減少させあるいは排除することをいう」金子宏『租税法』（弘文堂、19版、2014年）121～122頁。
　課税目的上、匿名組合契約を民法上の任意組合等と再構成することで日蘭租税条約の「その他所得」条項の適用を否定したガイダント事件の東京高裁平成19年 6 月28日判決（平成17年（行コ）第278号）は、租税回避目的が認められようとも真実の法律関係から離れて法律関係を構成しなおすことは許されないと判示した（トピックス「匿名組合契約（TK）を用いた条約漁り（treaty shopping）と対抗立法」参照）。

申告納税の対象である、国内における事業から生ずる所得、及び、国内にある資産の運用・保有・譲渡により生ずる所得のうち、課税実務上、無申告となる可能性が高い所得に対する適正な申告義務の履行と徴収の確保の観点から、組合契約事業利益の配分（1号の2）、土地等の譲渡対価（1号の3）、人的役務の提供事業の対価（2号）、不動産の賃貸料等（3号）について所得税の源泉徴収義務を課している（所法212①）。

図表2-1は、非居住者（個人）の納税義務、及び、非居住者及び外国法人の所得税の源泉徴収義務に関する規定を取りまとめたものである（外国法人の納税義務については第1章図表1-6-1参照）。平成29年（2017年）分以後の非居住者（個人）の納税義務に関する平成26年（2014年）度税制改正の課税関係の概要（改正後）は、第1章図表1-6-2と基本的に同様であるが、所得税の源泉徴収に係る区分が規定（改正所法161①、212）されている（個人に固有の「給与その他人的役務の提供に対する報酬、公的年金、退職手当等」が別途加わる）。

なお、本章の所得税の源泉徴収の税率の記載は、平成25年（2013年）1月1日から平成49年（2037年）12月31日までの間に生ずる所得に係る復興特別所得税（源泉徴収すべき所得税の額の2.1％相当額）を含めていない。課税実務では、源泉徴収の対象となる支払金額等に対して、所得税と復興特別所得税の合計税率を乗じて計算した金額を徴収する。

（参考）所得税率に応じた合計税率（例）

所得税率（％）	5	7	10	15	20
合計税率（％）（所得税率（％）×102.1％）	5.105	7.147	10.21	15.315	20.42

② 非居住者又は外国法人の納税義務とソース・ルール　107

図表2-1　所得税基本通達164-1　非居住者に対する課税関係の概要
（網かけ部分が所得税の課税範囲）

非居住者の区分 (所法164①) 所得の種類 (所法161)	国内に恒久的施設を有する者		国内に恒久的施設を有しない者 (所法164①四)	源泉徴収 [所法 212① 213①]
	支店その他事業を行う一定の場所を有する者 (所法164①一)	1年を超える建設作業等を行い又は一定の要件を備える代理人等を有する者 (所法164①二、三)		
事業の所得　(所法161一)	【総合課税】		【非課税】	無
資産の所得　(〃　一)			【総合課税】	無
その他の国内源泉所得　(〃　一)	(所法164①一)	(所法164①二、三)	(所法164①四)	無
組合契約事業利益の配分　(〃一の二)	【源泉徴収の上総合課税】		【非課税】	20%
土地等の譲渡対価　(〃一の三)				10%
人的役務の提供事業の対価　(〃二)				20%
不動産の賃貸料等　(〃三)				20%
利子等　(〃四)	【源泉徴収の上総合課税】		【源泉分離課税】	15%
配当等　(〃五)				20%
貸付金利子　(〃六)				20%
使用料等　(〃七)				20%
給与その他人的役務の提供に対する報酬等、公的年金等、退職手当等　(〃八)	[国内事業に帰せられるもの]		[国内事業に帰せられないもの]	20%
事業の広告宣伝のための賞金　(〃九)				20%
生命保険契約に基づく年金等　(〃十)				20%
定期積金の給付補てん金等　(〃十一)				15%
匿名組合契約等に基づく利益の分配　(〃十二)	(所法164①一)	(所法164①二、三)	(所法164②一)	(所法164②二)	20%

(注)　所通164-1の脚注の掲載は省略した。

2．非居住者又は外国法人の具体的な納税義務の判定

非居住者又は外国法人の具体的な納税義務は、次の順により決せられる。

(1) 国内法に定めるソース・ルールに照らして非居住者では所得税法161条1号から12号、外国法人では法人税法138条1号から11号のいずれの国内源泉所得に該当するか。

(2) 国内法上の国内源泉所得が租税条約に基づき、どのように修正されるか。

(3) 租税条約に定めるソース・ルールに照らして所得の性質が決定された国内源泉所得に対して、国内法に定める次の具体的な課税規定を適用する。

① 所得税の源泉徴収の適用の有無

② 租税条約による源泉税率の減免の有無

③ 申告納税の有無

★ 帰属主義への見直しを行った平成26年（2014年）度税制改正は、「国内源泉所得」についてのみ日本で納税義務を負うとする現行法の枠組みを維持しつつ、帰属主義を導入するにあたって、次の改正をしている（本章における改正法の検討は、基本的な仕組みは同じであるので、以下では外国法人について行う）。

　すなわち、現行法の申告納税の対象所得は、1号所得（国内において行う事業から生ずる所得、国内にある資産の運用又は保有による所得、国内にある資産の譲渡による所得、その他政令で定める国内源泉所得）、2号所得（人的役務の提供事業から生ずる所得）、3号所得（国内にある不動産の賃貸料等）であるところ、改正法では、現行法の1号所得を、法令上、恒久的施設を通じて行う事業（改正法法138①一）、国内にある資産の運用又は保有による所得（改正法法138①二）、国内にある資産の譲渡による所得（改正法法138①三）、その他政令で定める国内源泉所得（改正法法138①六）に区分し、国内における事業所得を恒久的施設帰属所得として定義し、それ以外の各種の国内源泉所得の恒久的施設帰属所得への該当性を当該恒久的施設に帰せられるべき所得（恒久的施設帰属所得）（改正法法138①一）として優先する。人的役務の提供事業から生ずる所得（改正法138①四）、国内にある不動産の賃貸料等（改正法法138①五）及び、その他政

令で定める国内源泉所得(改正法法138①六)の位置づけが改められている。

　帰属主義の下では、国内に恒久的施設を有する外国法人の恒久的施設帰属所得以外の国内源泉所得については、恒久的施設帰属所得とは分離して課税することとし、国内に恒久的施設を有しない外国法人が稼得する国内源泉所得と同様の課税関係としている(改正法法141一二)。国内に恒久的施設を有する外国法人の恒久的施設帰属所得以外の国内源泉所得である国内にある資産の譲渡により生じた所得(改正法令178)は、国内に恒久的施設を有しない外国法人の国内にある資産の譲渡等により生じた所得と同様に、国内不動産関連法人の株式等や事業譲渡類似の株式等の譲渡等による所得に限定される(改正法法138①三、141二、改正法令178①一～七)。詳細は本章① 1 - 1 参照。

　なお、恒久的施設に帰属する利子等のように恒久的施設帰属所得という国内源泉所得としての属性(改正法法138①一)と、源泉徴収の対象となる国内源泉所得としての属性(改正所法212①、161①八)の双方に該当するものについては、内国法人が得る利子等に対する課税関係と同様、利子等という国内源泉所得の属性に基づいていったん源泉徴収の上、恒久的施設帰属所得という国内源泉所得の属性に基づいて 申告納税で精算する仕組みが維持されている(改正法法144)。詳細については、第 1 章③ 1 - 1 (2)⑤を参照。

(注)　非居住者の納税義務を画定する国内源泉所得を定める現行の所得税法161条 1 項は、(非居住者及び外国法人の)所得税の源泉徴収の対象となる国内源泉所得の範囲について、 1 号所得をさらに 1 号の 2 (民法組合等の事業利益の配分)及び 1 号の 3 (国内にある土地等の譲渡による対価)に区分して規定している。新制度では、法人税法は、外国法人の法人税の納税義務に係る国内源泉所得を規定し、所得税法は、非居住者の所得税の納税義務及び非居住者及び外国法人の所得税の源泉徴収の対象となる国内源泉所得を規定する。

租税条約の適用に関する届出書の法的意義

1 ．租税条約に関する届出

　非居住者又は外国法人は、租税条約の適用を受けるにあたって、次の届出を、その所得の支払者を経由して支払者の納税地の所轄税務署長に提出する(実特規 1 の 2 、 2 ～ 2 の 4 、 3 の 4 、 4 、 5 、 6 、 7 、 8 、 9 ～ 9 の 8)。

(1)　所得税の源泉徴収につき軽減又は免除を受ける場合：

　「租税条約に関する届出書」を最初の支払日の前日までに、その所得

の支払者を経由して支払者の納税地の所轄税務署長に提出。
(2) 特典条項の適用を受ける場合：

申告納税の場合：「適用届出書等」を確定申告書（法人の場合は中間申告書を含む）に添付して納税地の所轄税務署長に提出。

源泉徴収の場合：「特典条項条約届出書」を最初の支払日の前日までに、その所得の支払者を経由して支払者の納税地の所轄税務署長に提出。

２．法的意義

　源泉徴収税額の軽減税率の適用を受けるための届出は手続要件であり効力要件ではないから、租税条約に関する届出をしなかったことに基因してその所得につき源泉徴収をされた場合には、「租税条約に関する届出書」とともに還付請求書を提出することで、減免の適用を受けた場合の源泉徴収税額と国内法の規定による税率により源泉徴収された税額との差額について還付を受けることができ、最終的に租税条約の適用を受けることができる。届出手続は行政上の便宜のために定められてはいるが、租税条約の趣旨に反して、税率軽減を受ける納税者の利益を損ねるものではないと解されている[76]。源泉所得税の納付につき誤納があった場合には、納付の日から5年間の消滅時効が進行するから、期限内に還付請求をしなければならない（通法56、74）。

３．所得税の源泉徴収と復興特別所得税

　所得税の源泉徴収義務者は、平成25年（2013年）1月1日から平成49年（2037年）12月31日までの間に生ずる所得税について源泉所得税を徴収する際に、復興特別所得税の源泉徴収義務者として、支払にあたり源泉所得税の税率に2.1％分を上乗せするのであるが、支払先が租税条約締約国の居住者である場合は、租税条約に定める限度税率（第3章④10、11、12参照）が

---

[76] 水野忠恒「外国法人（非居住者）に係る源泉徴収所得税とその還付について」国際税務15巻1号（税務研究会、1995年）（水野忠恒『国際課税の制度と理論—国際租税法の基礎的考察—』［有斐閣、2000年］所収86頁）。

所得税法及び租税特別措置法に規定する税率以下の場合は、復興特別所得税は課税されない（復興財源確保法33④）。なお、手続として、関係する租税条約適用届出書の提出を要する。

3 国内源泉所得の検討

1．1号所得の意義と納税義務

1号所得が国内源泉所得の定義であり（所法161一、法法138一）、所得税の源泉徴収の対象となる各種の所得が現在では所得税法161条1号の2以下に区分される構造（所法212、161一カッコ書、法法138一カッコ書）となっていることは上述した。1号所得は、①国内において行う事業から生ずる所得、②国内にある資産の運用、保有又は譲渡により生ずる所得、③その他その源泉が国内にある所得として政令で定めるもの、から構成される（所法161一、所令279、280、281、281の2、法法138一、法令176、177、178）。

★ 帰属主義への見直しを行った平成26年（2014年）度税制改正では、現行法の1号所得を、法令上、恒久的施設を通じて行う事業（改正法法138①一）、国内にある資産の運用又は保有による所得（改正法法138①二）、国内にある資産の譲渡による所得（改正法法138①三）、その他政令で定める国内源泉所得（改正法法138①六）に区分し、国内における事業所得を恒久的施設帰属所得として定義し、それ以外の各種の国内源泉所得の恒久的施設帰属所得への該当性を「当該恒久的施設に帰せられるべき所得」（改正法法138①一）として優先する。人的役務の提供事業から生ずる所得（改正法法138①四）、国内にある不動産の賃貸料等（改正法法138①五）及び、その他政令で定める国内源泉所得（改正法法138①六）の位置づけが改められている。なお、所得税法は、所得税の源泉徴収の対象として、概ね従来の1号の2所得以下の国内源泉所得と同様の規定をしている（改正所法161①四～十六、212①）。第1章4図表1-6-2及び本章2図表2-1を参照。

1-1 国内において行う事業から生ずる所得

(1) 国内において行う事業の意義

　国内において行う事業として、①棚卸資産の購入販売業、②棚卸資産の製造販売業、③建設作業、④国際運輸業、⑤保険業、⑥出版・放送業、⑦その他の事業（①～⑥以外の事業）、が定められている（所令279①一～七、法令176①一～七）。

　非居住者及び外国法人の事業から生ずる所得は、当該非居住者又は外国法人が恒久的施設（1号PE（事業を行う一定の場所）、2号PE（建設作業等）、3号PE（代理人等））を有しない場合には、日本において行う事業にあたらないので課税されない。

(2) 国内において行う事業から生ずる所得の具体的な算定方法

　国内において行う事業から生ずる所得として規定されている上記①から⑦の事業所得に関する具体的な算定方法について、日本の国内法は、次に見るように、いわゆる独立企業原則を全面的には採用していないところに特徴がある。平成26年（2014年）度税制改正において、国際租税原則との整合性の観点から、昭和37年（1962年）以来50年ぶりの外国法人課税制度の抜本改正がなされた（トピックス「総合主義と帰属主義」参照）。

独立企業原則

　「OECD移転価格ガイドライン」[77]用語集は、独立企業原則について、OECD加盟国が合意した、税務上移転価格を決定するために使用すべき国際的な基準と定義する。OECDモデル租税条約9条は次のとおり規定している。

「商業上又は資金上の関係において、双方の企業の間に、独立の企業の間に設けられる条件と異なる条件が設けられ、又は課されているときは、その条件がないとしたならば一方の企業の利得となったとみられる利得であってその条件のために当該一方の企業の利得とならなかったものに対しては、これを当該一方の企業の利得に算入して租税を課することができる」

OECD移転価格ガイドラインは「国際的合意としての独立企業原則の維持」として、次のとおり述べる。

1.14 OECD加盟国は、独立企業原則が関連者間の移転価格の評価に引き続き適用されるべきであるという見解をもっている。独立企業原則は、関連者間で資産（商品その他の種類の有形資産又は無形資産）が移転される又は役務が提供される場合に、競争市場の作用に最も近似した状況をもたらすことから、理論的に健全である。この原則は、実際の適用に際して常にそのままでは適用できないかもしれないが、一般に、多国籍企業グループの構成企業間の適切な水準の所得で税務当局にとって受け入れられるものをもたらす。これは、関連納税者の特定の事実及び状況についての経済的実態を反映するとともに、市場の通常の動きを基準として適用するものである。

1.15 独立企業原則からの逸脱は、上記の健全な理論的基盤を放棄することであり、国際的な合意を脅かす結果、二重課税のリスクを大幅に増加させることとなる。独立企業原則の下での経験は、十分に広範かつ洗練されたものであり、実業界と税務当局の間に共通の理解が確立されている。この共通の理解は、各国における適切な課税ベースの確保及び二重課税の回避という目的を達成する上で、実務上大きな価値を有するものである。この経験は、更に明確な指針を納税者に与え、

---

77 日本語訳として、『OECD新移転価格ガイドライン―多国籍企業と税務当局のための移転価格算定に関する指針（2010年版）』（日本租税研究協会、2011年）。

より適切な時期に調査を行うことにより、独立企業原則を更に精巧なものとし、その運用を洗練されたものとし、その執行を向上するために生かさなければならない。要するに、OECD加盟国は、引き続き独立企業原則を強く支持する。実際、独立企業原則に代わる合法的あるいは現実的なものは現れていない。独立企業原則に代わり得るものとして、時に全世界的定式配分が持ち出されるが、これは理論面でも、執行面でも、また実務面でも受け入れられないものである。

①棚卸資産の購入販売業、及び、③建設作業については、販売地国（作業地国）にすべての所得が帰属する（所令279①一、三、法令176①一、三）。したがって、外国の本店が仕入れて日本支店等が販売する場合に、外国の本店に帰属すべき利益は認めずに、日本支店等の販売価額と外国本店の仕入価額との差額である販売事業から生ずる利益のすべてが日本に帰属する。この規定の裏返しとして、日本支店等が国内で仕入れた棚卸資産を国外の本店が売却した場合にはその所得はすべて国外所得と定め、国内における仕入活動からは国内源泉所得が生じないとする単純購入非課税の取扱いを規定している（所令279②、法令176②）。

②棚卸資産の製造販売業については、国外で製造等（製造、採取、加工、育成その他の価値を増加させる行為）をした棚卸資産等を国内において販売する場合又は国内において製造等をした棚卸資産を国外において販売する場合には、その譲渡により生ずる所得のうち、その製造販売等の業務を国内業務と国外業務とに区分し、その国外業務を独立の事業者との間で通常の取引条件によって取引が行われたと仮定した場合に、その法人の所得として計算されるべき部分が国内源泉所得とされており（所令279①二、法令176①二）、いわゆる独立企業原則の適用を定めている。

④国際運輸業については日本の支店等の貢献度の要素に基づき外国本店と日本支店等の利益分割法によることを定め（所令279①四、法令176①四）、

⑤保険業については国内営業所等を通じた契約に基因する所得（所令279①五、法令176①五）、⑥出版・放送業については国内広告収入に基因する所得（所令279①六、法令176①六）、と定める。現行法の制定当時（1962年）の実務上の取扱いが成文化されたものである[78]。

⑦上記①～⑥以外のその他の事業[79]について、独立の事業者との間で通常の取引条件によって取引が行われたと仮定した場合に、その法人の所得として計算されるべき部分が国内源泉所得とする独立企業原則の適用を定めているが、他方で、利益分割法の適用を選択できるとしている（所令279①七、法令176①七）。

★　現行法は、上述のとおり棚卸資産の仕入販売に係る所得や保険事業に係る所得のように特定の取引や事業から生ずる所得の源泉地を個別に法令で列挙している（法令176①一～七）。しかし、平成26年（2014年）度税制改正の帰属主義による恒久的施設帰属所得は、恒久的施設が本店等から分離・独立した別個のものであるとした場合に、その恒久的施設が果たす機能、使用する資産及び本店等との間の内部取引その他の状況を勘案して、独立企業間であればその恒久的施設に帰属すべき所得と定められている（改正法法138①一、改正措法66の4の3）。したがって、改正法では単純購入非課税の取扱いを定める規定は削除された。なお、国際運輸業所得については、その事業活動の実態に即し[80]、現行法と同様の所得金額の算定方法を維持する規定の整備が行われている。すなわち、恒久的施設を有する外国法人が国内及び国外にわたって船舶又は航空機による運送の事業を行う場合には、その外国法人が国内及び国外にわたって船舶又は航空機による運送の事業を行うことにより生ずる所得のうち、船舶による運送の事業にあっては国内において乗船し又は船積みをした旅客又は貨物に係る収入金額を基準とし、航空機による運送の事業にあってはその国内業務に係る収入金額又は経費、その国内業務の用に供する固定資産の価額その他その国内業務が当該運送の事業に係る所得の発生に寄与した程度を推測するに足りる要因を基準として判定したその外

78　赤松晃『国際租税原則と日本の国際租税法―国際的事業活動と独立企業原則を中心に―』（税務研究会出版局、2001年）311頁参照。
79　日本の事前確認（APA）制度における支店帰属利益については7号（その他の事業）のみを対象としており1号から6号に定める各業種を対象としない取扱いとなっている（移転価格指針5－24）ことは、現実的でないだけでなく、理解が困難である（事前確認（APA）について第6章[7]4参照）。
80　小松芳明『租税条約の研究（新版）』（有斐閣、1982年）57頁

国法人の国内業務につき生ずべき所得をもって、恒久的施設帰属所得とする（改正法法138③、改正法令182）。

　恒久的施設帰属所得の算定において内部取引価格と独立企業間価格が異なる場合、移転価格税制と同様の考え方に基づき、恒久的施設帰属所得が過少となっている場合についてのみ取引価格を独立企業間価格に引き直して恒久的施設帰属所得を増額調整することとされ、更正期限を延長する特例、同業者に対する質問検査権及び推定課税についても、移転価格税制と同様の規定が新設された（改正措法66の4の3）。また、内国法人の本社と国外事業所等との内部取引につき国外事業所等の所在地国において国外事業所等帰属所得に係る所得につき追徴課税が行われた場合に、外国税額控除制度の国外所得金額の計算目的上、移転価格税制と同様に（改正措法67の18）、租税条約に基づく相互協議の合意があった場合の対応的調整に関する規定が整備されている（改正実特法7②）。

（3）国内において行う事業に該当するかどうかの判断

　国内において行う事業に該当するかどうかの判断は、契約締結地や権原の移転（title pass）の場所というような形式的な基準によるのではなく、国内において行う事業との経済的な実質関係による。例えば、棚卸資産の購入販売業については、次のいずれかの事実があれば、その棚卸資産は国内で譲渡されたことになる（所令279④、法令176④）。

① 譲渡人に対する引渡しの時の直前に、その引き渡す棚卸資産が国内にあるか、又は、譲渡人である法人の国内において行う事業を通じて管理されていたこと
② 譲渡に関する契約が国内において締結されたこと
③ 譲渡に関する契約を締結するための注文の取得、協議その他の行為のうちの重要な部分が国内においてなされたこと

　また、国内に恒久的施設を有する非居住者又は外国法人が、国外にある者に対してなす金銭の貸付け、投資その他これらに準ずる行為から取得する所得（国外投融資所得）で当該恒久的施設に帰せられる部分は国内源泉所得とされる。この場合に、日本は外国法人に対して国際二重課税を排除

するための外国税額控除を認めていないので、貸付け、投資その他これらに準ずる行為が行われた外国で、その行為から生ずる所得に対して何らかの所得課税が行われる場合には、外国所得税が課せられることを証する書面の添付を条件として、日本における国内源泉所得に含めない（日本では免税）ことを定めている。なお投資融資先国が当該外国法人等の本店所在地国である場合には、国内源泉所得から除外せず、原則どおり国内源泉所得として課税する（所令279⑤、法令176⑤）。本店（外国）と支店（日本）の二重課税は、本来的に本店所在地国で調整・排除すべきものであるからである。非居住者又は外国法人の国内において行う事業から生ずる所得に関する日本の課税管轄権は属地制限的に規制されるのではなく経済機能的に把握されることが、この規定により確認されている。

★ 帰属主義への見直しを行った平成26年（2014年）度税制改正では、外国法人の恒久的施設が本店所在地国以外の第三国で稼得した所得について、当該第三国と日本とによる国際二重課税が生ずるので、外国法人の恒久的施設のための外国税額控除制度が創設された（改正法法144の2）。日本の恒久的施設が第三国から得る所得について当該第三国で課された外国法人税に関し、恒久的施設において外国税額控除の対象とする金額は、内国法人がその第三国から得た所得に対して供与される外国税額控除とのバランスの観点から（財務省「平成26年度税制改正の解説」726頁）、実際に課された外国法人税のうち日本（恒久的施設所在地国）と当該第三国（源泉地国）との間の租税条約に定める限度税率によって計算される金額を限度とする（改正法令195⑤二）。なお、日本（恒久的施設所在地国）と源泉地国との間の租税条約に定める限度税率を超える部分については、外国税額控除の対象から除外するが、高率負担外国税額を外国税額控除の対象から除外する場合と同様、所得金額の計算においては損金算入する（法法41、改正法法142②）。第4章②参照。

総合主義と帰属主義

1．日本の国内法は、非居住者又は外国法人が1号PE（事業を行う一定の場所）を有する場合は、すべての国内源泉所得を対象として総合課税を行うと定めている。すなわち、当該PEに帰属しない外国の本店が直接

的に日本に対して行う投資所得であっても、当該PEの課税所得に含めて日本における総合課税の対象とする。いわゆる総合主義（Entire income principle／Force of attraction）といわれる概念（全所得主義とも呼ばれる）である。沿革的には、日本の平成26年（2014年）度税制改正前の恒久的施設に帰属する利得に関する各種の規定は、昭和37年（1962年）に当時の米国の税制で採用されていたForce of attraction＝総合主義を母法として制定されたのであるが、米国は1966年に帰属主義に転換している[81]。

2．OECDモデル租税条約は、事業所得に係る源泉地国の課税管轄権を、PEに帰属する（実質的な関連を有する：effectively connected with）所得に限定している。いわゆる帰属主義（Attributable income principle）といわれる概念である。この場合、当該PEに帰属しない外国の本店が直接的に日本に対して行う投資所得は、国内法及び租税条約の定めに従い所得税の源泉徴収（租税条約により減免される場合がある）により、日本における課税関係が終了する（源泉分離課税）。

3．かつて総合主義は「すべての国内源泉所得」を対象とするから国内という属地制限的である一方で、帰属主義は国境を越える概念であり、総合主義を採用している日本の課税管轄権は属地的制限規定であるから日本支店を通じて行う国外投融資所得に関して日本は課税管轄権を有せず、政令（所令279⑤、法令176⑤）が国外投融資所得に係る創設的規定であるとの見解が有力とされ、国内法の帰属主義への転換の積極的理由とされていた[82]。

4．しかし、日本の国際租税法研究の記念碑的論文である水野忠恒教授の「国際租税法の基礎的考察」は、日本の実定法の法構造を歴史・沿革と

---

81 米国の1966年改正による帰属主義への転換の背景と意義について、赤松晃『国際租税原則と日本の国際租税法―国際的事業活動と独立企業原則を中心に―』（税務研究会出版局、2001年）258〜267頁参照。

比較法の観点から分析検討して「国内において行う事業から生ずる所得」が「事業に帰属する所得」を意味することを明らかにし制限的解釈からの解放を行った[83]。今日では投資融資先国が当該外国法人等の本店所在地国である場合には、国内源泉所得から除外せず、原則どおり国内源泉所得として課税するという当該政令の整備（平成9年（1997年）度税制改正）を通じて教授の所説が確認されている。

5．2008年7月17日にOECD租税委員会（Committee on Fiscal Affairs）は「恒久的施設への利得帰属に関する報告書」を承認した[84]。当該最終報告書では「機能的分離企業アプローチ（a functionally separate entity approach）」(OECD承認アプローチ、AOA（Authorized OECD Approach））が最も適当であるとしている。AOAである機能的分離企業アプローチとは、①恒久的施設（支店）を機能分析に基づき分離独立した存在（子会社）と擬制した上で、②恒久的施設と企業の他の部署との間の内部取引に対して移転価格ガイドラインを準用した独立企業原則を適用することで恒久的施設に帰せられる利得を算定する、という二段階アプローチである。AOAを完全実施するためのOECDモデル租税条約7条の改正条文案（Discussion draft on a new Article 7 (Business Profits) of the OECD Model Tax Convention）がパブリックコメントに供された。

6．2010年に改正されたOECDモデル租税条約7条（事業利得）は、1項において、事業から生ずる利得に関する源泉地国の課税権について、いわゆる「恒久的施設なければ課税せず」の原則を確認し（5条（恒久的施設）に定める恒久的施設の認定の基準に対して何らの変更を加えていな

82　小松芳明「法人税法における国際課税の側面について―問題点の究明と若干の提言―」西野嘉一郎・宇田川璋仁編『現代企業課税論―その機能と課題』（東洋経済新報社、1977年）178、201～205頁参照。

83　水野忠恒「国際租税法の基礎的考察」菅野喜八郎・藤田宙靖『憲法と行政法［小嶋和司博士東北大学退職記念］』（良書普及会、1987年）（水野忠恒『国際課税の制度と理論―国際租税法の基礎的考察―』［有斐閣、2000年］所収40頁）。

84　『恒久的施設への利得帰属に関する報告書』（日本租税研究協会、2010年）。

い)、2項において、一の企業の内部取引に対して独立企業原則を適用することを明示的に定めるとともに、恒久的施設に帰属する利得に対して二重課税が発生しないことを担保するため、当該恒久的施設に帰属する利得の算定に適用される独立企業原則は当該恒久的施設の所在地国にも当該恒久的施設を有する企業の居住地国にも同じく適用されると定める。3項は、当該恒久的施設の所在地国による課税に関して、当該恒久的施設を有する企業の居住地国による二重課税の排除に必要な範囲での調整を義務づけるとともに、当該調整にあたり、必要があるときは、両締約国の権限のある当局による相互協議を定める。4項は、一の企業の内部取引（例えば、支店から本店に対する内部利子の支払いなど）について、租税条約に定める他の規定の適用がない（例えば、内部利子の支払いにあたりOECDモデル租税条約11条（利子）を理由とする源泉所得税の賦課はない）ことを確認する（第3章④7参照）。

7．税制調査会専門家委員会による平成22年11月9日「国際課税に関する論点整理」[85]は、「我が国は、外国法人に対する課税に関し、国内法においていわゆる『総合主義』を長年採用している一方、租税条約においては『帰属主義』を採用しており、いわば二元体制が並存している。帰属主義を明記した今回（2010年）のOECDモデル租税条約の改定は、今後の我が国を含めたOECD加盟国の条約締結・改正交渉に直接影響を及ぼすだけでなく、国内法を総合主義から帰属主義に見直す契機を与えている。なお、帰属主義に改める場合には、あわせて、適正な課税を確保するために必要な法整備についても検討する必要がある」（II 国際課税に関する中長期的な課題、2.非居住者及び外国法人の課税ベース—帰属主義への見直し—のあり方）と報告した。平成23年度税制改正大綱は、これを受けて

---

85 内閣府の税制調査会のHPから入手できる。
http://www.cao.go.jp/zei-cho/gijiroku/zeicho/2010/_icsFiles/afieldfile/2010/11/24/22zen8kai11.pdf

「非居住者及び外国法人に対する課税原則について……国内法をいわゆる『総合主義』から『帰属主義』に見直すとともに、これに応じた適切な課税を確保するために必要な法整備を検討する必要性」について具体的な検討を進める必要がある（第2章 各主要課題の平成23年度での取組み、8.国際課税、(2)今後の改革の方向性）としていた。

8．平成25年（2013年）10月24日税制調査会第1回国際課税ディスカッショングループ資料の財務省参事官「国際課税原則の総合主義（全所得主義）から帰属主義への見直し」（2013年10月）[86]は、基本方針として「非居住者及び外国法人（外国法人等）に対する課税原則については、いわゆる総合主義（全所得主義）に基づく規定を国内法上採用していたところであるが、外国法人等のPE帰属所得に関するOECDモデル租税条約の改正を踏まえ、①事業所得の課税範囲として多くの国により受け容れられているPE帰属所得の概念を導入することによる二重課税・二重非課税の緩和、②租税条約との整合性といった観点から、我が国国内法における外国法人等の課税原則を、帰属主義に沿った規定に見直すことが適当と考えられる」としたうえで、次の論点整理を行った。

(1) 外国法人課税に係る論点として、国内源泉所得、PE帰属所得に係る文書化、PEへの帰属資本・支払利子控除制限、PEの閉鎖等、課税標準等、その他

(2) 外国税額控除に係る論点として、外国法人のPEに対する外国税額控除の供与等、内国法人に対する外国税額控除の供与等

(3) 租税回避防止策

(4) 租税特別措置等の特例措置に係る論点として、外国法人のPEに対する過少資本税制の適用、外国法人のPEに対する過大支払利子税制の適用

---

[86] 平成25年10月24日税制調査会第1回国際課税ディスカッショングループ資料
http://www.cao.go.jp/zei-cho/gijiroku/discussion1/2013/25dis11kai.html

> (5) その他の論点として、非居住者（個人）課税に係る論点、消費税に係る論点、地方税に係る論点
> 9．上述の経緯を踏まえ、平成26年（2014年）度税制改正において、従来の総合主義から帰属主義への見直しが行われ、平成28年4月1日（個人については平成29年分）より施行されることとなった。改正の具体的内容については、第1章③1-1、第2章①1-1、第4章②1-1及び第7章④を参照。

（4）補助的機能を有する事業上の活動

　非居住者又は外国法人が、国内又は国外において行う事業のために、それぞれ国外又は国内において行う広告、宣伝、情報の提供、市場調査、基礎的研究その他その事業の遂行にとって補助的な機能を有する事業上の活動は、本店と支店等との間の役務提供である限り所得（収益又は費用）が生じないものとする（所令279③一、法令176③一）。

　★　帰属主義への見直しを行った平成26年（2014年）度税制改正において、現行法の恒久的施設が本店等のために行う補助的機能の提供活動からは所得が生じないものとする取扱いは、独立企業原則との整合性の観点から廃止された。

（5）本支店間内部取引

　非居住者又は外国法人が、国内又は国外において行う事業に属する金銭、工業所有権その他の資産を、それぞれが国外又は国内において行う事業の用に供する行為からは、本店と支店等の間の内部取引である限り所得（収益又は費用）が生じないものとする（所令279③二、法令176③二、法通20-1-5）。

　したがって、日本支店が、外国本店に対する内部利子や内部使用料を支店利益の計算にあたって費用計上しても、これらの利子や使用料を当該日

本支店の国内源泉所得にかかる所得の計算において、損金又は益金の額に算入することは認められない。

しかしながら、銀行業では、その業務の性質上、本店が支店に供給した資金について、あたかも外部企業に対する貸借取引と同様に経理され、本支店間のそれぞれにおいて、その貸借に伴う利子の計算が行われていることは、銀行の国籍を問わず確立した取引形態である（OECD 7 コメンタリーパラ29）。そこで1984年 OECD 租税委員会報告書における銀行業の内部利子に係る日本の課税上の取扱いに関する説明[87]では、本支店間内部取引に係る独立企業原則に関する国内法の解釈・適用の問題として、銀行の本店が第三者から調達し支店に供与した資金に係るいわゆる紐付き利子（本支店間の費用配賦）だけでなく、本店が支店に供給する資金につき独立企業原則に従い支店から本店に支払われる内部利子についても、支店の所得計算にあたって損金算入を認めるとしている。なお、支店の所得計算において損金算入が認められる本店に対する内部利子が紐付き利子の場合は、日本支店から外国本店に対する支払いに際して所得税の源泉徴収を要する（所通161－2 (注)）。

すなわち、外国銀行の日本支店の内部利子に関する現行の課税実務は次のとおりであり、独立企業原則にそった取扱いを行っているといえる。

① 外国銀行の日本支店で、本店経由の紐付きの資金調達に係る支払利子であることが明らかな場合、日本支店の法人税の課税所得の計算にあたり内部利子の支払について損金算入を認める一方で、紐付きの資金調達に係る支払利子であることから所得税の源泉徴収を要する。しかし、紐付きの資金調達であることの立証が難しいので、多くは下記②の適用を受ける。

---

87 Transfer Pricing And Multinational Enterprises: Three Taxation Issues, "The Taxation of Multinational Banking Enterprises", OECD, 1994 pp.58～59、島谷博・小堺克己・古川稔『外国法人課税の実務と理論』（税務研究会出版局、改訂新版、1989年）130～134頁、国税不服審判所昭和50年12月17日裁決事例集11巻43頁参照。

② 外国銀行の日本支店で、本店経由の紐付きの資金調達に係る支払利子であることを立証できないものの、本店の外部調達資金を原資とする日本支店に対する資金供給の蓋然性が合理的に確認できる場合、日本支店の法人税の課税所得の計算にあたり損金算入を認める一方で、本支店間の資金移動に過ぎないことから所得税の源泉徴収をしない。

★ 帰属主義への見直しを行った平成26年（2014年）度税制改正は、恒久的施設と本店等との間で資産の移転、役務の提供その他の行為（内部取引）があった場合において、恒久的施設の果たす機能及び事実関係に基づいて、外部取引、資産、リスク、資本を恒久的施設に帰属させ、恒久的施設と本店等との内部取引を認識し、当該内部取引が独立企業間価格で行われたものとして算定することとされている（改正法法138①、改正措法66の4の3）。内部利子・内部使用料等は内部取引として認識するが、内部債務保証取引や内部再保険は、恒久的施設はその法人の一構成部分であるので内部取引として認識しない（改正法法138②、改正法令181）。なお、本店等とは、その外国法人の本店、支店、工場その他これらに準ずるものであってその恒久的施設以外のものと新たに定義され（改正法法138①一、改正法令176）、法令上、その恒久的施設以外のその外国法人のすべての構成部分を意味する。内部取引の損益の認識のタイミングは、恒久的施設帰属外部取引の損益の実現時ではなく、内部取引が行われたときである（改正法法138②）。内部取引は税務目的で擬制された取引であり、企業に対して実際の対価の収受は求められていないから、本支店間の内部利子等の内部取引に対して源泉徴収はされない（改正所法178）[88]。内部取引の認識及び本店配賦経費についての文書化が規定されている（改正法法146の2②、改正法規62の3）。本店等から恒久的施設への資金の供与や恒久的施設から本店等への剰余金の送金は資本等取引に含まれる（改正法法142③三）。

外国保険会社等の恒久的施設に帰せられるべき投資資産に係る収益の益金算入（改正法法142の3）、恒久的施設に帰せられるべき資本に対応する負債の利子の損金不算入（改正法法142の4）、及び、外国銀行等の規制上の自己資本に係る負債の利子の損金算入（改正法法142の5）が新設されている。

改正法では、租税条約の締結国及び租税条約非締結国の非居住者・外国法人の恒久的施設帰属所得に係る所得の計算において本店等との無形固定資産の使用料等及び一般事業会社の内部利子を含むすべての内部取引（内部債務保証取引及び

---

[88] 財務省主税局参事官「国際課税原則の総合主義（全所得主義）から帰属主義への見直し」（2013年10月）10頁参照。なお、国外事業所等から日本の本店等への支払につき国外事業所等の所在地国において課される外国法人税の額（内部取引に係る現地法令による源泉所得税）は、外国税額控除の対象とならない（改正法令142の2⑦四）。

内部再保険を除く）に係る益金・損金を認識することとなった（第1章③1-1(2)②参照）。しかしながら、内部取引を認識しないとする定めを有する旧7条型の租税条約締結国との関係では、新制度の適用年度以後においても、内部取引（現行法において損金算入が認められている外国銀行等の内部利子を除く）を認識しないとする従前の取扱いが継続される（改正所法162②、改正法法139②）。

1-2 国内にある資産の運用、保有又は譲渡により生ずる所得その他その源泉が国内にある所得として政令で定める所得

(1) 意　義

1号所得のうちの「国内にある資産の運用、保有又は譲渡により生ずる所得その他その源泉が国内にある所得として政令で定めるもの」（所法161一、法法138一）とは次をいい、詳細は以下(2)～(4)のとおりである。
① 国内にある資産の運用又は保有により生ずる所得（所令280①、法令177①）
② 国内にある資産の譲渡により生ずる所得（所令280②、法令177②）
③ その他その源泉が国内にある所得として政令で定める所得（所令281、法令178）

なお、「国内にある資産の運用、保有又は国内にある不動産の譲渡により生ずるものその他政令で定めるもの」（所法164①四イ、法法141四イ）は、当該非居住者又は外国法人が恒久的施設（1号PE（事業を行う一定の場所）、2号PE（建設作業等）、3号PE（代理人等））を有する場合はもとより、恒久的施設を有しない場合であっても、申告納税の対象となる（所法165、法法142）。その他政令で定める国内源泉所得は、次により生ずる所得である（所令291、法令187）。
① 国内にある不動産の上に存する権利の譲渡、鉱業権・採石権の譲渡
② 国内にある山林の伐採・譲渡
③ 内国法人の株式等の買集めにより取得した株式等の譲渡・事業譲渡類

似の株式等の譲渡（以下の(3)④参照）
④　不動産関連法人の株式等の譲渡（以下の(3)⑤参照）
⑤　国内にあるゴルフ場の特定の株式等・会員権の譲渡（以下の(3)⑥⑬参照）
⑥　上記①～⑤のほか、非居住者が国内に滞在する間に行う国内にある資産の譲渡
⑦　その他その源泉が国内にある所得として政令（所令281、法令178）で定める所得（以下の(4)参照）

租税条約の規定の適用により日本が源泉地国としての課税管轄権を放棄する結果として、これらの申告対象の国内源泉所得の免除の特典を受ける場合があることは上述した（第1章⑥2(2)参照）。

★　帰属主義への見直しを行った平成26年（2014年）度税制改正は、「国内にある資産の運用又は保有により生ずる所得」を現行法と同様に国内源泉所得とするが、下記の①から⑧までに該当する国内源泉所得で、恒久的施設帰属所得に該当するもの以外のものは、帰属主義への移行により、所得税の源泉徴収のみで日本での課税関係を終了するので、法人税の課税対象とならないよう除いている（改正法法138①二カッコ書、改正法令177）。第1章④図表1-6-2(注)2を参照。
　①　債券利子等（改正所法161①八）
　②　配当等（改正所法161①九）
　③　貸付金利子等（改正所法161①十）
　④　使用料等（改正所法161①十一）
　⑤　事業の広告宣伝のための賞金（改正所法161①十三）
　⑥　生命保険契約に基づく年金等（改正所法161①十四）
　⑦　定期積金の給付補てん金等（改正所法161①十五）
　⑧　匿名組合契約等に基づく利益の分配（改正所法161①十六）
　(注)　現行法では、外国法人が（恒久的施設のうち）支店、工場その他事業を行う一定の場所としての恒久的施設（1号PE）を有する場合、その恒久的施設に帰属しない場合であっても「総合主義」により法人税の課税対象とされている。

（2）国内にある資産の運用又は保有により生ずる所得

国内にある資産[89]の運用又は保有により生ずる所得として、次の3つが

定められている（所令280①、法令177①）。これらの資産は例示と解されている。

① 公社債のうち、日本国債・地方債、内国法人の発行する債券又は内国法人の発行するコマーシャル・ペーパー（CP）に係る運用・保有から生ずる所得である償還差益又は発行差金。運用・保有により生ずる所得は源泉徴収の対象とされていない。公社債等の利子は、所得税の源泉徴収対象となる利子所得として「4号所得（利子）」に区分されている。

　平成21年（2009年）度税制改正において、いわゆるダブルSPCスキーム[90]により日本の源泉所得税を回避するという濫用防止を目的として、外国法人の発行する割引債（割引債の償還差益に対する分離課税等の特例の対象となる割引債をいう）の償還差益のうち、その外国法人の国内において行う事業に帰せられるものについては、国内にある資産の運用又は保有により生ずる所得とみなして法人税に関する法令の規定が適用されることとされた（措法67の17④、措令39の33の3③）。なお、租税条約では割引債の償還差益を利子条項の定義に含めるものがあるが、その場合は租税条約に定める限度税率に服する。この場合「租税条約に関する割引債の償還差益に係る源泉徴収税額の還付請求書（様式13又は様式14）」を提出して、租税条約上の軽減又は免税の適用を受けた場合との差額の還付を受ける（実特規3の4）。本章34(注)参照。

② 居住者（個人）に対する非事業用貸付金（住宅ローン、自動車ローンや消費者金融などのいわゆる一般消費貸借）に係る利子（1号利子（非事業用貸付金）。1号利子及び6号利子に係る貸付債権のファクタリングにより生ずる所得、国内にある供託金について受ける利子、居住者の国内に

89　国内にある資産とは、動産については所在地（輸送中の動産については目的地）、不動産又は不動産の上に存する権利は不動産の所在地、登録船舶航空機は登録機関の所在地、鉱業権等についてはその権利に係る鉱区等の所在地により判定する（法通20-1-9）。

90　ダブルSPCスキームについては、赤松晃『国際課税の実務と理論—グローバル・エコノミーと租税法（第1版）』（税務研究会出版局、2007年）74～75頁参照。

おける生活の用に供する動産に係る使用料を含む（法通20‐1‐1）。

　国内で業務を行う者に対する貸付金でその業務に係る利子は、所得税の源泉徴収の対象となる「6号所得（貸付金の利子）」として区分されている。1号利子（非事業用貸付金）は所得税の源泉徴収の対象ではないが、国内に恒久的施設を有しない場合であっても法人税の確定申告を要する（所法161一、212①、法法141四イ、法令177①二）。第1章④図表1‐6‐1及び1‐6‐2を参照。

③　国内にある営業所又は契約締結の代理をする者を通じて締結した生命保険契約その他これに類する契約に基づく保険金の支払い又は剰余金の分配等を受ける権利

　養老保険契約が該当する。なお、保険年金（所法161十、法法138九）、及び、一定の一時払いの保険等（所法161十一ヘ、法法138十ヘ）は、所得税の源泉徴収の対象となる所得として区分されている（所法212）。

　平成23年（2011年）度税制改正により相続等保険年金（所法209二、所令326⑥）は、所得税の源泉徴収の対象とされない国内にある資産の運用又は保有により生ずる所得に該当することが明確化された（所令280①三、法令177①三）。非居住者等が支払を受ける相続等保険年金は恒久的施設の有無にかかわらず申告納税の対象となる。

（3）国内にある資産の譲渡により生ずる所得

　国内にある資産の譲渡により生ずる所得として次の14種類の資産の譲渡が定められている（所令280②一〜十四、法令177②一〜十四）。

①　日本国の法令に基づく免許、許可その他これらに類する処分により設定された権利（例えば、鉱業権及び漁業権等）

②　金融商品取引法2条1項に規定する有価証券又は所得税法施行令4条1号若しくは3号（法人税法施行令11条1号、2号、4号）に掲げる権利（次の③に掲げるものを除く）（例えば、コマーシャル・ペーパー（CP）、貸

付債権を信託する信託の受益権、及び、譲渡性預金証書（CD）の譲渡による所得のうち、日本国の取引所金融商品市場において譲渡されるもの、国内にある営業所を通じての譲渡、その他引渡しの義務が生じたときの直前において証券等が国内にあるもの）
③　社債、株式等の振替に関する法律の対象となる社債等、登録国債及び内国法人に係る持分
④　内国法人の買集めにより取得した株式等又は事業譲渡類似の株式等

> 事業譲渡類似の株式等の譲渡とは、次の2つの要件を満たす株式等の譲渡をいう（所令291①三ロ、⑥、法令187①三ロ、⑥）。特殊関係株主等の判定にあたっては、当該内国法人の一の株主等が締結している組合契約に係る他の組合員を含める（所令291④⑤、法令187④⑤）。
> ①　所有株数要件：
> 　　譲渡年又は譲渡事業年度終了の日以前3年以内のいずれかの時において、内国法人の特殊関係株主等が当該内国法人の発行済株式等の総数の25％以上の株式等を所有していたこと
> ②　譲渡株数要件：
> 　譲渡年又は譲渡事業年度において、当該譲渡を行った非居住者又は外国法人を含む内国法人の特殊関係株主等が当該内国法人の発行済株式総数の5％以上に相当する株式等を譲渡したこと
> ㊟　5％以上に相当する株式等の譲渡には、当該内国法人の分割型分割による株式その他の資産の交付（所令291⑦一、法令187⑦一）、資本の払戻し・解散による残余財産の分配（所令291⑦二、法令187⑦二）を含む。
>
> 　平成21年（2009年）度税制改正において経済対策としての政策税制として、投資組合の事業譲渡類似の株式等の譲渡益が日本で課税対象となる持株割合の判定について、投資組合の外国組合員の事業譲渡類似の株式譲渡

益課税の特例により、組合単位でなく、組合員単位で行うこととされた（本章③1-3(3)）。

平成23年（2011年）度税制改正は、資産流動化法の改正による社債との類似性の高い、特定目的信託に係る社債的受益権（資産流動化法2⑬、230①二）の譲渡を、事業譲渡類似の株式等から除く（所令291、法令187）。

日本の条約例は、事業譲渡類似の株式等の譲渡益について、OECDモデル租税条約13条（譲渡収益）類型の条約では居住地国のみが課税権を有するとして国内法を修正するが、近時の日本の条約締結ポリシーは国内法どおりの課税権の確保にある（日米、日英、日仏、日豪など）（第3章④13参照）。

⑤ 不動産関連法人の株式等

不動産関連法人の株式等（投資信託の信託受益権を含む）の譲渡により生ずる所得とは、非居住者又は外国法人で特殊関係株主等に該当し、かつ、次の保有割合要件を満たす者による所得をいう（所令280②五、291①四、⑧～⑩、法令177②五、187①四、⑧～⑩）。

	特殊関係株主等としての不動産関連法人の株式の保有割合 （譲渡の属する課税年度の直前の日の保有割合で判断）
上場	5％超の保有
非上場	2％超の保有

特殊関係株主等とは、次の者をいう（所令291⑩、法令187⑩）。

① 不動産関連法人の一の株主等
② 上記①の者の同族関係者その他これらに準ずる関係のある者
③ 上記①の者が締結している組合財産である不動産関連法人の株主等（上記①及び②の者を除く）

不動産関連法人（内国法人であるか否かを問わない）とは、その有する資産の価額の総額のうちに占める次の資産の価額の合計額の割合が譲渡時点で50％以上のものをいう（所令291⑧、法令187⑧）。
① 国内にある土地等
② 国内にある土地等又は他の不動産関連法人の株式等の合計額が50％以上の法人の株式等

　平成23年（2011年）度税制改正は、資産流動化法の改正による社債との類似性の高い、特定目的信託に係る社債的受益権（資産流動化法2⑬、230①二）の譲渡を、不動産関連法人の株式等から除く（所令291、法令187）。

　日本の条約例では、米国、イギリス、オーストラリア、韓国、シンガポール、フィリピン、フランス、ベトナム、メキシコとの租税条約が、不動産関連法人の株式等の譲渡から生ずる所得について所得源泉地国における課税を規定しているので、国内法どおりの課税となる。しかしながら、他の国との条約では不動産関連法人の株式等の譲渡益は居住地国のみが課税権を有する（第3章④13参照）。

⑥　国内にあるゴルフ場の特定の株式等
⑦　国内にある営業所が受け入れた預貯金、定期積金若しくは掛金に関する権利又は国内にある営業所に信託された合同運用信託（貸付信託を除く）に関する権利
⑧　国内で業務を行う者のその業務に係るに貸付金又は居住者（個人）に対する一般消費貸借の貸付金に係る債権
⑨　公的年金、国内にある営業所又は契約締結の代理をなす者を通じて締結した保険年金、養老保険契約の支払いを受ける権利
⑩　国内にある営業所を通じて締結した抵当証券の権利
⑪　匿名組合契約の利益の分配を受ける権利
⑫　国内において行われる事業に係る営業権

⑬　国内にあるゴルフ場その他の施設の利用に関する権利
⑭　上記①～⑬までに掲げる資産のほか、その譲渡につき契約その他に基づく引渡しの義務が生じた時の直前において国内にある資産（棚卸資産である動産を除く）

> ★　帰属主義への見直しを行った平成26年（2014年）度改正による「国内にある資産の譲渡による所得」は、現行法に定める上記14種類の資産の譲渡のうち、下記の①～⑦に限定されている（改正法法138①二、改正法令178）。改正により、資産の譲渡所得（キャピタル・ゲイン）は原則として居住地国（及び恒久的施設所在地国）に課税権があるとするモデル租税条約13条（譲渡収益）の考え方と整合すると説明されている[91]。図表1-6-2を参照。
> ①　国内不動産の譲渡による所得
> ②　国内にある不動産の上に存する権利等の譲渡による所得
> ③　国内にある山林の伐採又は譲渡による所得
> ④　内国法人の発行する株式等の譲渡による所得で次に掲げるもの
> 　（i）買集めた内国法人の株式等の譲渡による所得
> 　（ii）事業譲渡類似の株式等の譲渡による所得
> ⑤　不動産関連法人の株式等の譲渡による所得
> ⑥　国内にあるゴルフ場の所有・経営に係る法人の株式等の譲渡による所得
> ⑦　国内にあるゴルフ場等の利用権の譲渡による所得

（4）その他その源泉が国内にある所得として政令で定める所得

1号所得において、次に掲げる「その他その源泉が国内にある所得として政令で定める所得」（所令281、法令178）の規定が置かれている趣旨は、国際経済取引が複雑化して立法当時では予期し得ないような形態で所得が生じてくることに対する catch all clause であるとされる。
①　国内において行う業務又は国内にある資産に関して受ける保険金、補償金又は損害賠償金（これらに類するものを含む）に係る所得
②　国内にある資産の贈与を受けたことによる所得

---

[91] 財務省主税局参事官補佐　安河内誠・山田博志「平成26年度の国際課税（含む政省令事項）に関する改正について」（租税研究、778号）2014年8月号88頁。

③ 国内において発見された埋蔵物又は国内において取得された遺失物に係る所得
④ 国内において行う懸賞募集に基づいて懸賞として受ける金品その他の経済的な利益に係る所得
⑤ 国内においてした行為に伴い取得する一時所得（非居住者の場合）
⑥ 上記に掲げるもののほか、国内において行う業務又は国内にある資産に関し供与を受ける経済的な利益に係る所得

> ★ 帰属主義への見直しを行った平成26年（2014年）度税制改正では、現行法の1号所得を、法令上、恒久的施設を通じて行う事業（改正法法138①一）、国内にある資産の運用又は保有による所得（改正法法138①二）、国内にある資産の譲渡による所得（改正法法138①三）、その他政令で定める国内源泉所得（改正法法138①六）、の3つに区分したのであるが、「その他政令で定める国内源泉所得」の範囲は変更されていない（改正法令180）。第1章④図表1-6-2を参照。

1-3 任意組合等の外国組合員に対する利益の配分（1号の2所得）

(1) 総　　論

　国内において行う組合契約事業利益の配分は、国内において行う事業から生ずる所得であり申告納税の対象（所法164①一～三、法法141一～三）であるが、適正な申告義務の履行と徴収の確保のために所得税の源泉徴収の対象となる所得として所得税法に規定されている（所法161一の二、212①⑤、213）。源泉徴収義務者は支払調書の提出義務が課されている（所法225①八）。

> ★ 平成26年（2014年）度税制改正による帰属主義への見直しを受けて、組合事業利益の配分に係る国内源泉所得は、「恒久的施設を通じて」組合契約等に基づいて行う事業から生ずる利益の配分で一定のものと改正されている（改正所法161①四）。その結果、恒久的施設を有しない非居住者又は外国法人（下記(2)参照）は、組合事業利益の配分に係る国内源泉所得を有することはないので、所得税の源泉徴収の対象とならない。

日本に恒久的施設を有しない非居住者又は外国法人が任意組合等の組合員である場合には、組合契約の共同執行性という法的性質に照らして一般に共同事業性が認められるから、国内において組合契約に基づいて行う事業は、それ自体が恒久的施設を形成する（所通164－7）。任意組合等とは、民法667条1項の組合契約、投資事業有限責任組合契約に関する法律3条1項に規定する投資事業有限責任組合契約及び有限責任事業組合契約に関する法律3条1項に規定する有限責任事業組合契約により成立する組合、並びに、外国におけるこれらに類するものである（所令281の2①、所通36・37共－19（注1）、法通14－1－1㊟）。

　日本に恒久的施設を有しない外国法人・非居住者が出資契約者となっている商法上の匿名組合契約（準ずる契約を含む）等は、共同事業性を有しないから任意組合等に含まれず、所得税の源泉分離課税で日本での課税関係は終了する（所法161十二、164②二、212、213、法法138十一）。匿名組合契約等の課税関係については本章③12で詳細に検討する。

　なお、OECDモデル租税条約5条（恒久的施設）コメンタリーパラ19.1は「課税上トランスペアレントなパートナーシップについては、当該パートナーシップ自体の活動について、当該パートナーシップの段階で12カ月基準が適用される。パートナー及びパートナーシップの使用人によって現場で費やされた期間が12カ月を超える場合には、当該パートナーシップが遂行する事業は、恒久的施設を有すると考えられる。したがって、各パートナーは、パートナーシップが取得する当該パートナーの事業所得に対する持分の課税に関し、当該現場において当該パートナー自身が費やした時間とは無関係に、恒久的施設を有すると考えられる」とする。すなわちパートナー及びパートナーシップの使用人によって現場で費やされた期間が12カ月を超える場合には、事業を行う一定の場所としての恒久的施設が認定されることになる[92]。

したがって、組合契約事業は、組合員の共同事業であるから、国内に恒久的施設を有する任意組合等のすべての組合員が国内に恒久的施設を有することになる。恒久的施設を有する場合は、組合員である非居住者又は外国法人は、当該任意組合等から取得する組合契約事業利益の配分について20％の税率による所得税が源泉徴収された上で申告納税する[93]。ただし、外国組合員のうち国内に組合事業以外の事業に係る恒久的施設を有する者については、一定の要件の下で、源泉徴収が免除される（所法180①、214①、所令304、305の2、330、331の2）。なお、租税条約の適用により、日本に恒久的施設を有しないとされる場合には免税の特典を受ける（実特規1の2）。その場合には、租税条約に関する届出書（様式19）「組合契約事業利益の配分に対する所得税及び復興特別所得税の免除」の提出が義務づけられている。

(2) 投資組合の外国組合員に対する恒久的施設に関する特例

平成21年（2009年）度税制改正において、投資組合契約（投資事業有限責任組合契約及び外国におけるこれに類するもの）によって成立する投資組合の有限責任組合員で、次の①から⑤のすべての要件を満たし（組合に対して金銭出資を行うのみで、組合の業務を執行せず、その実態が投資家に近く）共同事業性が希薄であると考えられる一定の外国組合員については国内に

---

[92] パートナーシップに関するOECDモデル租税条約コメンタリーの検討について、増井良啓「投資ファンド税制の国際的側面―外国パートナーシップの性質決定を中心として」日税研論集55号（2004年）121頁参照。

[93] 組合員である非居住者又は外国法人が、当該組合契約に定める計算期間（これらの期間が1年を超える場合は、これらの期間をその開始日以後1年ごとに区分した各計算期間（最後に1年未満の期間を生じたときは、その1年未満の期間）において生じた利益につき、金銭その他の資産の交付を受ける場合には、その配分をする者を利益の支払いをする者とみなして、その金銭等の交付をした日（その計算期間の末日の翌日から2カ月を経過する日までにその利益に係る金銭等の交付がされない場合には、同日）に所得税の源泉徴収義務を課す（所法212⑤）。

恒久的施設を有しないものとみなすこととされた（措法41の21①②、67の16①、措令26の30、39の33）。これにより、当該外国組合員は「投資組合の外国組合員に対する恒久的施設に関する特例」の適用を受ける投資組合契約（特例適用投資組合契約）に基づいて行う事業（投資組合事業）から生ずる利益について、所得税又は法人税の確定申告の提出は不要とされ、かつ、その利益の配分に対して所得税の源泉徴収はされない。

① その投資組合の有限責任組合員であること（措法41の21①一）
② その投資組合に係る次の業務の執行を行わないこと（措法41の21①二）

　なお、特例適用投資組合契約の組合員が他の組合（連鎖関係を含む）である場合（ファンド・オブ・ファンズ）に、本特例の適用対象となる外国組合員が当該他の組合の組合員であるときは、当該他の組合のいずれかの組合員が次の業務を執行する場合は、当該外国組合員がその業務を執行するものとみなされる（措令26の30②）。

(i) 投資組合事業に係る業務執行（措令26の30①一）
(ii) 投資組合事業に係る業務執行の決定（措令26の30①二）
(iii) 投資組合事業に係る業務執行又は業務執行の決定についての承認、同意その他これらに類する行為。平成22年（2010年）度税制改正において、投資組合の有限責任組合員がいわゆる利益相反取引に対して同意することを含まないと定めた（措令26の30①三）。

③ その投資組合契約に係る組合財産に対する持分割合又は損益分配割合のいずれか高い方の割合が25％未満であること（措法41の21①三）

　判定は「組合単位」により行われる。組合を構成する外国組合員に係る特殊関係組合員の持分は当該外国組合員に含めて算定する。特殊関係組合員とは、特例適用投資組合契約の組合員である一の非居住者又は外国法人、及び、当該一の非居住者又は外国法人に係る特殊の関係のある者（親族・使用人等、支配関係にある子会社等、及び、ファン

ド・オブ・ファンズの場合における組合員であるその組合）をいう（措令26の30④〜⑧）。

④　その投資組合の無限責任組合員と特殊の関係のある者でないこと（措法41の21①四、措令26の30⑨）。

⑤　投資組合契約に基づいて国内において事業を行っていないとしたならば、国内に恒久的施設を有しない非居住者又は外国法人に該当すること（措法41の21①五）

投資組合の外国組合員に対する恒久的施設の特例は、外国組合員が特例適用申告書に上記①〜⑤の要件を満たすことを証する書類（日本語に翻訳した契約書の写しを含む）を添付し、投資組合契約の無限責任組合員で組合利益の配分の取扱いをする者を経由して、組合利益の支払事務の取扱いを行う事務所等の所在地の所轄税務署長に提出し、かつ、原則としてその投資組合契約の組合契約締結の日からその提出の日まで継続して上記①〜⑤の要件を満たしている場合に限り、その提出の日以後、国内に恒久的施設を有しないものとする（変更申告書の提出の場合を含む）。なお、その外国組合員が上記①〜⑤の要件のいずれかを満たさなくなった場合（変更申告書の提出をしなかった場合を含む）には、その満たさないこととなった日以後（変更の場合はその変更の日以後）は、当該投資組合契約の解散又は当該組合員の脱退などの事由が生じるまでの間は、この特例の適用はない（措法41の21③④⑦⑧、67の16②、措令26の30⑩）。なお、特例適用投資組合契約の締結時に他に恒久的施設を有している場合における適用要件の判定時期について特則が定められている（措令26の30⑭⑮、39の33②③）。

★　平成26年（2014年）度税制改正における帰属主義への見直しにより、国内源泉所得のうち、組合契約事業利益の配分（所法161一の二）は、民法組合契約等に基づいて「恒久的施設を通じて行う事業」から生ずる利益の配分で一定のものをいうとされた（改正所法161①四）。これに伴い、この特例における上記⑤の要件について、「投資組合契約に基づいて恒久的施設を通じて事業を行っていないとしたならば、恒久的施設帰属所得を有しないこととなること」とされた（改正措

法41の21①五、67の16①)。上記①〜⑤の要件をすべて満たす非居住者又は外国法人は、その投資組合事業につき恒久的施設を有しないものとみなして所得税及び法人税に関する法令の規定が適用される（改正措法41の21①、67の16①）から、日本における課税はない（第1章④図表1-6-2参照）。

（3）投資組合の外国組合員の事業譲渡類似の株式等の譲渡益課税の特例

上述のとおり（本章③1-2⑴なお書参照）、内国法人の特殊関係株主等である国内に恒久的施設を有しない非居住者又は外国法人の行う事業譲渡類似の株式等の譲渡益については、日本で申告納税義務を負う（所法164①四イ、所令291①三ロ、④〜⑦、法法141四イ、法令187①三ロ、④〜⑦）。

平成21年（2009年）度税制改正は、国内に恒久的施設を有しない非居住者及び外国法人が、次の①又は②の組合契約（特例適用投資組合契約等）を通じて内国法人の株式等の譲渡（保有期間が1年未満である株式等の譲渡及び一定の破綻金融機関株式の譲渡を除く）をする場合に、当該株式等の譲渡が事業譲渡類似に該当するかどうかの判定（所有株数要件及び譲渡株数要件）は、「組合単位」でなく「組合員単位」と定める（措令26の31①柱書、③、39の33の2①柱書、③）。

① 特例適用投資組合契約（上記⑵参照）の外国組合員が、その特例適用投資組合契約を通じて行う株式等の譲渡

② 国内に恒久的施設を有しない投資組合契約の外国組合員で、譲渡年又は譲渡事業年度終了の日以前3年以内で投資組合契約を締結していた期間において、その投資組合契約の業務を執行していない有限責任組合員が、その投資組合契約を通じて行う株式等の譲渡（措令26の31①一、二、②、39の33の2①一、二）

この特例の適用は、譲渡年又は譲渡事業年度終了の日以前3年以内のいずれの時においても、その内国法人の株主である国内に恒久的施設を有しない非居住者又は外国法人に係る特殊関係株主等（株主と特殊の関係のある者、及び、ファンド・オブ・ファンズの場合はその内国法人の株主である組

合の組合員)が、その内国法人の発行済株式等の総数の25％以上の株式を所有していなかった場合に限り適用される(措令26の31①三、39の33の2①三)。

事業再生ファンド・不良債権投資ファンドと
投資組合の恒久的施設に関する特例

1．非居住者・外国法人は国内源泉所得を有するときに日本で納税義務を負う。投資組合の外国組合員に対する恒久的施設に関する特例の適用を受け日本に恒久的施設を有しないものとみなされる外国投資家が、事業再生ファンド(プライベート・エクイティファンド)や不良債権投資ファンドを通じて取得する利益は、立法上、国内にある資産の運用・保有又は譲渡から生ずる所得であり、事業所得に該当しないとされていた。したがって、これらの所得は、日本に恒久的施設を有しない場合でも申告納税の対象となる国内源泉所得である(本章③1-2参照)。

2．そこで、外国投資家の居住地国と日本との租税条約の関連において、実務的には次のストラクチャーの採用が知られている。

・事業再生ファンドについては、日本の近時の条約締結ポリシーが国内法どおりの課税権の確保にあることなどから(第3章④13参照)、ポートフォリオ投資の性格を有する多数の組合員による組成(ファンド・オブ・ファンズを含む)を行い、これらの組合員あたりの持株割合を25％未満とする。

・不良債権投資ファンドについては、一般にOECDモデル租税条約21条(その他所得)類型の条約の適用を受け課税されない。

3．外国からの投資促進を目的とする最近の制度設計は、上記の平成26年(2014年)度税制改正前の非居住者・外国法人の納税義務を定める国内源

泉所得に関する枠組みの中で、次の措置を講じてきた。

① ポートフォリオ投資ファンド：
国際租税原則に基づき独立代理人がPEを構成しないことを国内法において明確化（第1章③3参照）。

② 事業再生ファンド・不良債権投資ファンド：
日本で事業を行う任意組合等の外国組合員は日本に恒久的施設を有し事業所得として申告納税の対象となることを明示的に規定するとともに、投資組合の外国組合員に対する恒久的施設に関する特例（措法41の21、67の16）の適用を受ける場合には恒久的施設を有しないものとみなす規定を定める。更に、投資組合の外国組合員の事業譲渡類似の株式等の譲渡益課税の特例に係る持株判定割合については「組合単位」でなく「組合員単位」へと緩和。

4．平成26年（2014年）度税制改正による帰属主義への見直しに関連して、組合契約事業利益の配分に関する国内源泉所得の定めが「民法組合契約等に基づいて恒久的施設を通じて行う事業から生ずる利益の配分で一定のものをいう」（改正所法161①一、改正法法138①一）に改正され、投資組合契約に基づいて恒久的施設を通じて事業を行っていないとしたならば恒久的施設帰属所得を有しない場合は恒久的施設を有しないとみなされることとなったので（措法41の21①五、67の16①）、日本に恒久的施設を有せず当該投資組合事業への投資のみを行っている外国投資家は日本での納税義務を負わない（改正措法41の21①、67の16①）。

1-4　土地等の譲渡対価（1号の3所得）

日本に恒久的施設を有しない非居住者又は外国法人が日本国内にある土

地等（土地若しくは土地の上に存する権利又は建物及びその附属設備若しくは構築物）を譲渡した場合、10％の税率により源泉徴収の上で、申告納税義務を負う（所法161一の三、164①四イ、213①二、法法138一、141四イ）。ただし、その土地等を自己又はその親族の居住の用に供するために譲り受けた個人から支払われるもので、かつ、対価が1億円以下のものは所得税の源泉徴収を要しない（所令281の3）。租税条約においても、その不動産の所在地国に課税権が認められている。

2．2号所得（人的役務の提供事業の対価）

(1) 国内法

　国内源泉所得である人的役務の提供事業とは、非居住者である次の①〜③の個人（芸能人等）が他人のために人的役務を提供するのではなく、非居住者又は外国法人である他者（芸能法人等）が日本において行うこれらの人的役務の提供を主たる内容とする事業をいう[94]（所法161二、所令282、所通161-10、法法138二、法令179）。

① 映画若しくは演劇の俳優、音楽家その他の芸能人又は職業運動家の役務提供事業
② 弁護士、公認会計士、建築士その他の自由職業者の役務提供事業
③ 科学技術、経営管理その他の分野に関する専門的知識又は特別の技能を有する者のその知識又は技能を活用して行う役務提供事業（機械設備の販売その他事業を行う者の主たる業務に附随して行われる場合の事業、建

---

[94] 東京高裁平成10年11月16日判決（平成10年（行コ）第84号）では、自己の計算において芸能人の派遣を受け、日本のクラブから取得する出演料の内より外国の芸能法人に支払った対価の額は国内源泉所得に当たるとされ、新潟地裁平成14年6月7日判決（平成11年（行ウ）第12号）では、日本におけるホステスとしての就労の斡旋手数料は芸能法人の役務の提供対価でなく、国内源泉所得に当たらないとされた。

設・据付け・組立てその他の作業の指揮監督の役務の提供を主たる内容とする事業を除く）

　すなわち、芸能法人等による人的役務の提供事業が国内において行われる場合のその対価が国内源泉所得である。芸能法人等は20％の税率による所得税の源泉徴収の上で、恒久的施設の有無にかかわらず、法人税の申告納税義務を負う（所法164①四ロ、212①、法法141四ロ）。芸能法人等から報酬を受け取る芸能人等（非居住者）については、国内の興行主から当該芸能法人等に支払われる段階で20％の源泉徴収が行われることをもって納税は完了したものとみなされる（所法215）。

（２）租税条約の定め

　日本の条約例は、芸能法人等について事業所得と同様に固定的施設を有する場合にその固定的施設に帰属する所得のみについて課税するとしている。事業所得条項が適用されると芸能法人等は恒久的施設を有しないのが通例であるために、源泉地国である日本は事業所得として課税できず（OECD 7）、また、当該芸能法人等から給与として報酬を受け取る芸能人等が短期滞在者免税の適用要件を充足するのが通例であるために給与所得としても課税できない（OECD15）。そこで OECD モデル租税条約は、芸能人等について役務提供地国の課税権を認容する規定を置き（OECD17①）、さらに、芸能人等がいわゆるワンマン・カンパニーである芸能法人等を設立することで、「恒久的施設なければ課税せず」の原則の適用を受けるという操作性の排除を目的として、当該芸能人等以外の者に当該芸能人等の役務提供による所得が帰属する場合であっても、当該芸能人等の役務提供地国が課税管轄権を有する確認規定を置いている（OECD17②）。

（３）免税芸能法人等に対する特例措置

　芸能法人等は恒久的施設を有しないのが通例であるから、租税条約に定

める「恒久的施設なければ課税せず」の原則の適用を受けて、国内の興行主から当該芸能法人等に支払われる段階において所得税の源泉徴収はなされない。かかる芸能法人等を免税芸能法人等[95]という。免税芸能法人等から海外で報酬を受け取る非居住者である芸能人等（個人）は、役務提供地である日本において国内法及び租税条約において一般に免税とされていない。非居住者に対する報酬の支払いが日本に恒久的施設を有しない芸能法人等によって国外で行われたときは所得税の源泉徴収はなされないから、当該芸能人等（個人）は申告（準確定申告書）により20％の税率で所得税を納付すべきことになる（所法172①）。しかしながら、実際には申告漏れとなる問題があった。

そこで平成4年（1992年）度税制改正により、免税芸能法人等に対する役務提供事業の対価については、国内の興行主から免税芸能法人等に対価の支払いがなされる段階でいったん15％の税率により所得税の源泉徴収がなされ（措法42①③）、当該免税芸能法人等が芸能人等（個人）に対して支払う役務提供報酬に係る20％の税率による源泉所得税が納付された後に「租税条約に関する芸能人等の役務提供事業の対価に係る源泉徴収税額の還付請求書（様式12）」の提出を条件として当該免税芸能法人等に直接還付される立法上の手当てがなされている（実特法3）[96]。

なお、芸能人等の役務提供事業の対価について、明示的に役務提供地国の課税権を認めるもの（日英16）、役務提供地国に恒久的施設があるもの

---

95 免税芸能法人等とは、国内において、映画・演劇の俳優、音楽家その他の芸能人又は職業運動家の役務の提供を主たる内容とする事業を行う非居住者又は外国法人のうち、次のいずれかに該当することを要件として租税条約の規定により免税される者をいう（措法42①）。
① 国内に居所や事務所、事業所等を有しないこと。
② その支払いを受ける芸能人等の役務提供事業の対価が、当該芸能人等の国内に有する恒久的施設に帰せられないこと。
96 平成18年（2006年）度税制改正により、外国法人で、国内源泉所得のうち、租税条約の規定により、その相手国の租税法に基づきその外国法人の構成員の所得（株主等所得）として取り扱われる場合の役務提供対価も含まれる（実特法3）。

とみなす規定を設けるもの（日豪12）がある。日米租税条約16条はOECDモデル租税条約に従っているが一定の金額を超えない場合は源泉地国免税とする（第3章④17(2)参照）。

　非居住者で、短期間日本に滞在し、芸能活動や職業運動家としての活動を行うような者（芸能人等）は、上述のとおり所得税の源泉徴収で日本での課税関係は終了するのであるが、消費税については、平成17年分の申告から、納税義務が免除される基準期間の課税売上高の上限が1千万円に引き下げられたため、国内における役務の提供として課税事業者に該当し申告義務が発生する場合があることに留意を要する[97]。

3．3号所得（不動産の賃貸料等）

(1) 国内法

　日本に不動産等の資産を所有している非居住者又は外国法人が、当該不動産を賃貸し対価を得ている場合の賃貸料等は、恒久的施設の有無にかかわらず、20％の税率による所得税の源泉徴収の上で、申告納税義務を負う（所法164①四ロ、212①、213①一、法法141四ロ）。

　国内源泉所得である不動産の賃貸料等とは、次に掲げるものをいう（所法161三、法法138三）。

① 　国内にある不動産及び不動産の上に存する権利の貸付けによる対価、

---

[97] 非居住者の国内における事業としての対価を得て行われる役務の提供を含む国際取引の消費税の課税実務に関して、上杉秀文『国際取引の消費税QA（4訂版）』（税務研究会出版局、2013年）参照。例えば、2014年9月8日付の日本経済新聞は、日本の航空会社に外国人パイロットなどを派遣する海外企業7社が派遣料などにかかる消費税を申告していなかったとして指摘を受けたことを伝える。なお、平成25年1月1日以後に開始する事業年度については、その課税期間の基準期間における課税売上高が1,000万円以下であっても特定期間（原則として、その事業年度の前事業年度開始の日以後6か月の期間をいう）における課税売上高が1,000万円を超えた場合、当該課税期間から課税事業者となる。

採石法の規定による採石権の貸付けによる対価
② 鉱業法の規定による租鉱権の設定による対価
③ 居住者又は内国法人に対する船舶又は航空機の貸付けによる対価。なお、船舶又は航空機の貸付けによる対価とは、いわゆる裸用船（機）契約に基づき支払いを受ける対価をいい（買戻特約付きの裸用船契約の用船料について東京地裁平成24年7月18日判決は源泉徴収義務があると判示した）、乗組員とともに利用させる定期用船（機）契約又は航海用船（機）契約に基づき支払いを受ける対価は、国際運輸業から生ずる所得（1号所得）に該当する（所通161-12、法通20-1-15）。

（2）租税条約の定め

不動産の賃貸料による所得について租税条約では、その不動産の所在地国にも課税管轄権を認める。事業所得条項に優先して不動産所得に関する条項が適用されるから、恒久的施設の有無やその所得が恒久的施設に帰属するかどうかにかかわらず、その不動産の所在地国が課税管轄権を有する。なお、条約では船舶及び航空機は不動産とみなさない（OECD 6）。

日本の条約例では、船舶及び航空機の裸用船（機）契約に基づく賃貸料について、不動産の賃貸料とせず、使用料条項において「設備の使用料」又は「船舶・航空機の裸用船（機）料」と規定されているものがある（韓国12、シンガポール12、デンマーク12、スウェーデン12など）。なお、使用料条項にこれらの定めがない場合には「事業所得」条項が適用される。

なお、国際運輸業所得については、その事業を営む企業の本国でのみ課税し、源泉地国での課税は免除するのが国際租税原則である（OECD 8）。租税条約とは別に「外国人等の国際運輸業に係る所得に対する相互主義による所得税等の非課税に関する法律」に基づく相互免除がある（第3章 ④ 8参照）。

146　第2章　国内源泉所得

4．4号所得（利子等）

(1) 国内法

　国内源泉所得である利子等とは、非居住者又は外国法人が支払いを受ける所得税法23条1項に規定する利子等のうち、次の利子等（4号利子）をいい、15％の税率により所得税が源泉徴収される（所法161四、212①、213①三、所令282の2、法法138四、法令179の2）。内国法人の外国支店が非居住者・外国法人に利子の支払いをなす場合に、当該利子が国内源泉所得に該当する場合には、支払いが外国支店で行われていても所得税の源泉徴収の義務を有する（所法212②）。

① 　公社債のうち、日本国の国債若しくは地方債又は内国法人の発行する債券の利子
② 　外国法人の発行する債券の利子のうち国内において行う事業に帰せられる利子（所令282の2、法令179の2）[98]
　　★　平成26年（2014年）度税制改正における帰属主義への見直しにより、外国法人の発行する債券については、その外国法人の「恒久的施設を通じて行う事業に係るもの」が国内源泉所得とされた（改正所法161①八ロ）。
③ 　国内にある営業所（事務所その他これらに準ずるものを含む）に預け入れられた預貯金の利子
④ 　国内にある営業所に信託された合同運用信託、公社債投資信託又は公募公社債等運用投資信託の収益の分配

　非居住者又は外国法人の日本における恒久的施設の態様によって、申告納税又は源泉分離課税で課税関係が終了する（所法164②、165、法法

---

[98] 平成20年（2008年）度税制改正において、国内法と租税条約のソース・ルールの差異を利用したいわゆるダブルSPCスキームにより支払利子の源泉所得税を回避することの対処として導入された。

142)。なお、国内に恒久的施設を有する非居住者の利子、及び、建設作業等又は代理人等を通じて国内において事業を行う非居住者の当該国内事業に帰せられる利子は、居住者と同様に、利子の分離課税の適用を受ける（措法3①）。

振替国債及び振替地方債の利子等（措法5の2、67の17①）、特定振替社債等の利子等（措法5の3、67の17②）、民間国外債（措法6④、67の17③）、特定民間国外債（措法6⑧）、外貨公債等の利子（措法6⑪）、オフショア勘定（特別国際金融取引勘定）において経理された預貯金等の利子（措法7、67の11①）、振替国債、振替地方債、特定振替社債等の償還金又は民間国外債の発行差金（措法41の13、67の17①～③）、及び、外国金融機関等の債券現先取引等（レポ取引）に係る利子（措法42の2③、67の17⑦）は、それぞれの要件に従い所得税が非課税とされている。なお、イスラム債（日本版スクーク）[99]として知られる特定目的信託の社債的受益権の利子と被災地の地方公共団体完全出資法人が発行する利益連動債の利子の非課税取扱いについては、適用期限が付されている（措法5の3④）。

★ 平成26年（2014年）度税制改正における帰属主義への見直しにより、上記の振替国債等の利子等は恒久的施設に帰属するものは恒久的施設帰属所得として優先的に法人税の課税対象とされ、恒久的施設に帰属しないものは国内源泉所得に該当せず非課税とされる。これを受けて、法人税の非課税規定（措法67の11①、67の17①～③⑦⑩）が廃止された。

（2）租税条約の定め

イ．国内法上の利子（1号利子、4号利子及び6号利子）と租税条約の定め

国内法上の利子の区分である1号利子、4号利子及び6号利子にかかわらず、条約例は利子所得として包括的に規定している（第3章④11参

---

99 金融庁 平成24年4月10日「日本版スクーク（イスラム債）に係る税制措置のQ＆Aの公表について」http://www.fsa.go.jp/news/23/sonota/20120410-1.html

照）。

ロ．租税条約上の償還差益及び発行差金の定め

　国内法上の１号所得（資産の運用又は保有により生ずる所得）である国債・地方債、内国法人の発行する債券又は内国法人の発行するCPに係る償還差益及び発行差金についての租税条約上の取扱いは、次の３つの類型に区分される。

① 利子等に含めることで源泉地国である日本の課税管轄権を認める（したがって、租税条約上の減免の適用を受ける）条約例（米国、イギリス、フランスなど）

② 特段の定めがなく、源泉地国である日本の国内法どおりの課税を認める条約例（ベルギーなど）

③ いわゆる「その他所得」条項（OECD 21）の適用を受けて居住地国のみが課税管轄権を有し、源泉地国である日本の課税管轄権を認めない条約例（オランダ、スイス、ドイツなど）

(注)　割引債の償還差益と租税条約

　国内法上、割引債の償還差益は、国内にある資産の運用又は保有により生ずる所得（１号所得）であり、租税特別措置法の規定に基づき18％の税率（特定のものは16％）により所得税の源泉徴収を要する（措法41の12）。平成21年（2009年）度税制改正において、外国法人の発行する割引債の償還差益のうち、その外国法人の国内において行う事業に帰せられるものについては、国内にある資産の運用又は保有により生ずる所得とみなして法人税法に関する法令の規定が適用されることとされた（措法67の17④、措令39の33の３③）。他方、国内に恒久的施設（PE）を有しない外国法人（法法141四）が支払いを受ける割引債の償還差益、及び、建設作業等（法法141二）又は代理人等（法法141三）の国内において行う事業に帰せられない割引債の償還差益は、申告対象の国内源泉所得に該当しないものとされ（措法67の17⑤）、発行時に所得税の源泉徴収が行われるだけで日本における課税関係は終了する（措法41の12①〜③）。

★　平成26年（2014年）度税制改正による帰属主義への見直しに関連して、所要の

条文の整備がされ、改正前と同様の取扱いが維持されている（改正措法67の17④⑤⑩）。

5．5号所得（配当等）

(1) 国内法

　国内源泉所得である配当等とは、内国法人から非居住者・外国法人に支払われる次の配当等をいい（所法24①、161五、法法138五）、20％の税率により所得税が源泉徴収される（所法178、179、212①、213①）。非居住者又は外国法人の日本における恒久的施設の態様によって、申告納税の対象又は源泉分離課税で課税関係が終了する（所法164②、165、法法142）。
① 内国法人から受ける剰余金の配当、利益の配当、剰余金の分配又は基金利息
② 国内にある営業所に信託された投資信託（公社債投資信託及び公募公社債等運用投資信託を除く）又は特定受益証券発行信託の収益の分配

(2) 租税条約の定め

　条約例は、源泉地国と居住地国との双方が課税管轄権を有し、所得税の源泉徴収の税率を15％に制限している。25％以上の出資関係を有する親子会社間配当の税率は5％に制限されている（OECD10）。
　出資比率及び保有期間に関する一定の要件を満たす親子会社間配当について別段の定めを有する租税条約の場合、その限度税率は10％又は5％である。米国、英国、オーストラリア、オランダ、スイス、フランスは適格居住者について源泉地国で免税としている（第3章④10参照）。

6. 6号所得（貸付金の利子）

（1）国内法

　国内源泉所得である貸付金の利子とは、国内で業務を営んでいる者に対する、その国内の業務に使用される貸付金等の利子（6号利子）をいい、貸付金等の使用の場所を所得源泉地とする使用地主義を採用している。貸付金の利子は、20％の税率により所得税が源泉徴収される（所法161六、212①、213①、法法138六）。非居住者又は外国法人の日本における恒久的施設の態様によって、申告納税の対象又は源泉分離課税で課税関係が終了する（所法164②、165、法法142）。恒久的施設を有する場合、源泉徴収免除証明書（第1章④2(1)参照）の提出により所得税の源泉徴収が免除される。なお、国内において業務を行う者に対する資産の譲渡又は役務の提供の対価に係る債権で6月を超えないもの（その成立の際の履行期間が6月を超えなかった当該債権について期間の更新等によりその履行期間が6月を超えることとなる場合のその期間の更新等が行われる前の履行期間における当該債権を含む）に係る利子は、国内において行う事業から生ずる所得に含まれる（したがって、恒久的施設を有しない場合は課税されない）（所令283①②、法令180①②）。

　国内業務に係る貸付金の所得税の源泉徴収に関する所得税基本通達161－15は「国内において行う業務の用に供されている部分に対応するもの」と属地的に使用地主義により国内源泉所得の範囲を限定する。したがって、日本の金融機関の外国支店が外国の金融機関から借り入れた資金を国外で使用している場合は、国内法上は使用地主義により国内源泉所得が判断されるので、所得税の源泉徴収は不要となる。これに対して法人税の課税管轄権に関する法人税基本通達20－1－18は「その貸付けを受けた者の国外において行う業務に係るものであることが明らかなものを除き、原則

として国内の業務に係る貸付金の利子に該当」すると書き分けていることが注目される。外国法人の日本において行う事業から生ずる所得に対する法人税を目的とする経済機能的な課税管轄権の把握と所得税の源泉徴収における課税管轄権の客観的かつ画一的な基準の違いが反映していると解される。

貸付金は、預け金、前払金等の名称を問わずその実質が貸付金であるもの及びこれに準ずるものをいい、売買、請負、委任の対価又は物・権利の貸付けや使用の対価に係る延払債権、あるいは損害賠償金等に係る延払債権をも含む（所通161－16、法通20－1－19）。外国法人から受注していた造船契約の解除にあたり、既に受け取っていた前渡金に損害賠償金を付して支払ったときに、当該損害賠償金が貸付金に準ずるものの利子に該当するかどうかが争われた大阪地裁平成20年7月24日判決（平成18年（行ウ）第195号）は、所得税法上の「貸付金」等は将来の返還の約束を前提とする消費貸借契約等による貸付債権をいい、返還が不確実な前渡金までも含むものでないから、当該損害賠償金は源泉徴収義務の対象となる貸付金利子（6号利子）にあたらないと判示した（大阪高裁平成21年4月24日判決（平成20年（行コ）第127号）控訴棄却）。

平成21年（2009年）度税制改正において、国内において業務を行う者に対する債券現先取引（レポ取引）から生ずる所得が貸付金の利子であることが明示的に規定された[100]（所法161六カッコ書、法法138六カッコ書）。なお、外国金融機関等の債券現先取引（レポ取引）に係る利子は、当該外国金融機関等が有する日本の恒久的施設の事業に帰せられる場合を除き、所得税及び法人税は課税されない（措法42の2①、67の17⑦）。また、特別国際金融取引勘定において経理された利子の非課税措置の対象となる利子に

---

100 措法42条の2の制定前において債券現先取引（レポ取引）に係る差益の6号利子該当性が争われた住友信託事件では法的・経済的に6号利子該当性は否定されている（東京地裁平成19年4月17日判決（平成17年（行ウ）第126号）。

債券現先取引から生ずる差益が含まれることが明記された（措法7、67の11①）。

　平成23年（2011年）度税制改正は、外国金融機関等の債券現先取引に係る利子に関する上記の非課税制度を拡充する措置として、①対象取引に証券貸借取引（担保付）を追加し担保金利子及び貸借料等を非課税とし、②非課税対象となる債券（日本の振替国債、外国の国債、政府機関債、地方債、国際機関債、これらの債券の発行体が保証する債券、外国の一定の金融機関債）に、振替地方債、振替社債等（利益連動債を除く）、資産流動化法の改正（資産流動化法230①二）に伴う特定目的信託に係る社債的受益権（利益連動債を除く）及び上場株式等（証券貸借取引において用いる場合に限る）を追加する（措法42の2①一～四、措令27の2④～⑥）。

★　平成26年（2014年）度税制改正による帰属主義への見直しに伴い、外国法人が恒久的施設を通じて事業を行う場合の恒久的施設に帰せられるべき所得は恒久的施設帰属所得として法人税が課される（改正法法138一、141①イ）。これを受け、外国金融機関等の債権現先取引に関し支払を受ける利子で、恒久的施設帰属所得に該当するもの以外のものは、改正前と同様に、所得税は非課税とされている（改正措法42の2③）。

（2）租税条約の定め

　国内法上は、上記の公社債の利子、預貯金の利子及び合同運用信託・公社債投資信託の収益の分配について利子等（4号利子）と規定し、事業用の貸付金の利子（6号利子）と区分して規定しているが、条約例は、4号利子及び6号利子を区分せずに利子所得として包括的に規定している（第3章④11参照）。国内法は、貸付金の利子について使用地主義によるが、日本の条約例は債務者主義を採る。

7. 7号所得（使用料等）

(1) 国 内 法

　国内源泉所得である使用料等とは、国内において業務を行う者から支払いを受ける、次に掲げる使用料又は譲渡の対価（使用料等）で、その支払者の国内において行う業務の用に供されている部分を国内源泉所得とする使用地主義が採用されている。使用料等は、20％の税率により所得税が源泉徴収される（所法161七、212①、213①、法法138七）。非居住者又は外国法人の日本における恒久的施設の態様によって、申告納税の対象又は源泉分離課税で課税関係が終了する（所法164②、165、法法142）。
① 工業所有権その他の技術に関する権利、特別の技術による生産方式若しくはこれらに準ずるものの使用料又はその譲渡の対価
② 著作権（出版権及び著作隣接権その他これに準ずるもの[101]を含む）の使用料又はその譲渡の対価
③ 機械、装置、車両、運搬具、工具、器具及び備品の使用料

　使用地主義は、源泉地国のライセンシーが更に国外にサブライセンスをしていた場合の各々の源泉地国による二重課税を排除する（所通161-21）という理念的な意義を有するものの、使用地の判断基準が明確でないという問題がある[102]。使用地主義を定めていた旧日米租税条約の適用において源泉地が争点となった裁判例として、国内販売分も輸出分も区別せずに一律に販売された額を基準として使用料の額を支払うこととし、流通におかれた最初の段階で支払義務が生ずると定めている場合、その全額が国内において特許権が使用されたことの対価であるとしたミッチェル事件（東京

101　東京高裁平成9年9月25日判決（平成6年（行コ）第69号）は、旧日米租税条約において明示規定がされていなかったテレビジョン放送用のフィルム又はテープを著作物に含めることを認めている。岸田貞夫「23. 全米女子オープン事件」『著作権判例百選＜第3版＞』別冊ジュリスト157号（2001年）48頁参照。

地裁昭和60年5月13日判決（昭和57年（ワ）第3128号））[103]、内国法人が米国法人との和解契約に基づき支払った使用料が国内源泉所得に当たらないとされたシルバー精工事件（最高裁第一小法廷平成16年6月24日判決（平成11年（行ヒ）第44号））[104]がある。

（2）租税条約の定め

日本の従前の条約例は、源泉地国と居住地国との双方が課税管轄権を有することとしているが、英国、米国、オランダ、スイス、スウェーデン及びフランスは源泉地国免税としている。しかしながら第三国の居住者によるペーパーカンパニーであるなど導管取引や適格居住者に該当しない場合には、条約の適用はなく国内法どおり課税される（第3章④12参照）。

工業所有権等の譲渡益（キャピタル・ゲイン）は、国内法上は使用料に含まれるが、OECDモデル租税条約の2008年改正コメンタリーは、知的財産の権利の譲渡が個別の独立した財産の譲渡に当たる場合は使用料（OECD12）でなく事業所得（OECD7）又は譲渡収益（OECD13）とする（OECD12コメンタリーパラ8.2）。日本の条約例は、①譲渡収益を使用料と同様に取り扱うもの（韓国、シンガポールなど）、②真正（完全）な譲渡以外の譲渡対価を使用料とするもの（ドイツなど）、③キャピタル・ゲイン（OECD13⑤）と同様に取り扱うもの（米国、イギリス、フランス、中国、オーストラリアなど）の類型がある。

機械・装置の使用料（いわゆるリース料）について日本の条約例は国内

---

102 知的財産権の日本及び米国におけるソース・ルールに関する包括的論考として、水野忠恒「知的財産権をめぐる所得の源泉地に関する再検討」『国際商取引に伴う法的諸問題（13）』（トラスト60叢書）（財団法人トラスト60、2004年）（水野忠恒『所得税の制度と理論――「租税法と私法」論の再検討』[有斐閣、2006年] 所収344～390頁）。
103 小松芳明「47. 外国法人に対する使用料と源泉地」『租税判例百選＜3版＞』別冊ジュリスト120号（1992年）96頁参照。
104 宮崎裕子「69. 外国法人に対する使用料と源泉地―シルバー精工事件」『租税判例百選＜4版＞』別冊ジュリスト178号（2005年）137頁参照。

法どおり使用料に含めているが、OECDモデル租税条約は事業所得（OECD 7 コメンタリーパラ64）としている。

なお、旧共産圏の諸国との租税条約には、使用料を文化的使用料と工業的使用料に区分して定義し、文化的使用料について課税を免除している例がある（ハンガリー、ポーランドなど）。

8．8号所得（勤務等に対する報酬等）

(1) 国内法

　国内源泉所得である勤務等に対する報酬等とは、非居住者が国内において行う勤務・人的役務の提供に関する、①俸給、給料、賃金、歳費、賞与又はこれらの性質を有する給与のうち国内において行う勤務に基因するもの、②人的役務の提供に対する報酬のうち国内において行う人的役務の提供に基因するもの、③公的年金等（外国の法令等に基づく年金等を除く）、④退職手当等のうち受給者が居住者であった期間に行った勤務その他の人的役務の提供に基因するもの、をいう。8号所得は非居住者が自己の役務の提供に基づき取得するものであり、他人の役務を提供することを目的とした人的役務の提供事業の対価である2号所得（人的役務の提供事業の対価）と区別される。

　非居住者は、国内に源泉がある所得（国内源泉所得）についてのみ納税義務を負うのであるが（所法7①三）、課税の方法については、所得税法164条1項に定める日本における活動の態様により異なる。すなわち、非居住者が申告納税の対象となる国内源泉所得を有する場合には確定申告書の提出が必要となるが、むしろ一般的には20％の税率による所得税の源泉徴収により課税関係が終了する（源泉分離課税）（所法164②、169、170、212①、213①）。

なお、源泉分離課税の適用を受ける非居住者が8号所得を有する場合に、その支払者が国外に所在するため、その給与等について「みなし国内払い」による源泉徴収がなされないときは（所法212②）、その年の翌年3月15日（同日前に国内に居所を有しないこととなる場合には、その有しないこととなる日）までに、いわゆる準確定申告書を提出し20％の税率による納税義務を有する（所法172①）。

(注) 平成19年条約第18号日仏租税条約第18条2（社会保険料条項）は、日仏社会保障協定に関連して、相手国社会保障制度に対して支払われる社会保険料について就労地国において所得控除を認めることとした。これを受けて、平成19年（2007年）度税制改正において、租税条約の規定に基づく社会保険料について次の措置が講ぜられた。

居住者が租税条約の相手国の社会保障制度に保険料を支払った場合、租税条約の規定に基づき、一定の金額を限度としてその保険料をその年の所得税に係る総所得金額等から控除する（実特法5の2①）。非居住者が日本又は租税条約の相手国の社会保障制度に保険料を支払った場合、租税条約の規定に基づき、一定の金額を限度としてその保険料を控除した後の金額をその年の所得税に係る給与所得の金額又は国内源泉所得の金額とする（実特法5の2③⑤）。なお、租税条約が住民税についても適用がある場合について同様の規定が定められている（実特法5の3）。

各国との社会保障協定締結状況については日本年金機構ホームページ http://www.nenkin.go.jp/agreement/index.html を参照。

① 給与所得（雇用契約等に基づく役務提供に対するもの）
イ　原　　則

非居住者の勤務等が日本国内である場合には日本が課税管轄権を有する（所法161八イ）。その勤務等が国内及び国外の双方にわたって行われた場合には、その給与等の総額のうち国内において行った勤務に対応する部分の金額を次の算式により計算する（所通161-28）。

【算式】

給与等の総額 × 国内において行った勤務の期間 / 給与等の計算の基礎となった期間

ロ　役員報酬

　内国法人の役員としての勤務を海外で行う非居住者は、その役員報酬の全額が国内源泉所得である（所令285①一）。しかしながら、国外に勤務する使用人兼務役員で一定の要件を満たす非居住者の給与は、国内源泉所得に当たらない（所令285①一カッコ書、所通161－29、161－30）。

　外国法人の役員である日本の居住者が、日本で役員として役務提供を行い、役員報酬を受領した場合、当該役員報酬は日本で課税され、（下記(2)①ロのとおり）当該外国法人の所在地国においても課税される（OECD16）。しかしながら、平成23年（2011年）度税制改正において、租税条約の規定により条約相手国等において租税を課することができるとされる所得（租税条約の規定において控除限度額の計算にあたって考慮しないものとされる所得を除く）で当該条約相手国等において外国所得税を課されるものは国外所得に該当することを明示的（所令222④三、法令142④三）に定めるまでは、かかる報酬は、日本の国内法上の「国外所得」に該当しないために当該外国で課税された税額は日本での外国税額控除の対象とならず、国際二重課税が排除されない取扱いとなっていたという（第4章③5(1)参照）。

ハ　外国政府職員

　外国政府、外国の地方公共団体又は国際機関に勤務する一定の者（外国政府職員）が日本国内における勤務により受ける給与は、相互主義（その外国がその国において勤務する日本国の国家公務員又は地方公務員の給与について所得税に相当する税を課さないこととしている場合）を条件とする非課税規定を定めている（所法9①八、所令24、所規3、所通9－12(1)(2)(3)）（第1章①1(3)参照）。なお、日本の政府職員等が外国で勤務を

行っても日本の居住者として課税される（所法3①）。

② 人的役務の提供に対する報酬（給与所得以外のもの）

人的役務の提供に対する報酬とは、非居住者が自己の活動により、他人のために労務等を提供することにより支払いを受ける報酬のうち給与等に該当するもの以外のものをいう。したがって、映画・演劇の俳優、音楽家等の芸能人、職業運動家、弁護士、公認会計士、建築士等が受ける報酬で、国内において行う人的役務の提供に基因する部分が国内源泉所得に該当する（所法161ハイ）[105]。

③ 公的年金等

非居住者に対し支払う国民年金法、厚生年金保険法、確定給付企業年金法等に基づく公的年金等（外国の法令に基づくものを除く）については、居住者であった期間に行った勤務に基因するものに限らず、すべて国内源泉所得として課税される（所法161ハロ、213①一イ、所令285②）。支払われる年金の額から6万円にその支払われる年金の額に係る月数を乗じて計算した金額を控除した残額に20％の税率により所得税が源泉徴収される（所法213①一イ）。なお、生命保険契約に基づく年金等のいわゆる保険年金は公的年金等に含まれず10号所得である（所法161十）。

④ 退職手当等

非居住者に支払う退職手当等については、居住者であった期間に行った勤務（内国法人の役員として非居住者であった期間や内国法人等が運行する船舶等において勤務した期間を含む）に対応する部分のみが国内源泉所得に該当する（所法161ハハ、所令285③、所通161－28(注)2）。その勤務が国内及び

---

[105] 日本船舶に乗船する外国人漁船員の人的役務の提供対価の国内源泉所得該当性について、東京地裁平成22年2月12日判決（平成18年（行ウ）第651号）参照。

国外の双方にわたって行われた場合には、その退職手当等の総額のうち国内において行った勤務に対応する部分の金額を次の算式により計算する。

【算式】

$$\text{退職手当等の額} \times \frac{\text{居住者としての勤務期間}}{\text{退職手当等の計算の基礎となった期間}}$$

㊟ 非居住者の退職所得の選択課税

　国内で長年勤務した者が海外支店への転勤などにより非居住者となったまま退職した場合、居住者には適用のある退職所得に係る控除（所法30）や税率（所法89）の適用が受けられないために（所法164②二、169）、国内勤務のまま退職した者と比較して税負担が高額となる。そこで、本人の選択により、退職に基づいてその年中に支払われる退職手当等の総額（国内源泉所得に限らない）を居住者が受けたものとみなして、居住者と同様の課税を受けることができる退職所得についての選択課税の定めがある（所法171、173）。

（2）租税条約の定め

租税条約は、人的役務の提供の対価等を、①雇用契約等に基づく役務提供に係る給与所得（OECD15、16）と、②雇用契約等に基づかない自由職業者の役務提供に係る事業所得（OECD 7）、③芸能法人（OECD17）とに区分して規定している。

① 給与等（雇用契約等に基づく役務提供に対するもの）

イ　原　　則

　租税条約においても、給与等については、国内法と同様に、原則として、役務提供が行われた国が課税することとするが、国際的人的交流の促進等の観点から、短期滞在者、交換教授、留学生、事業修習者について、一定の条件の下に源泉地国における免税を定めている（第 3 章④15、20参照）。免税規定に該当しない場合には、その給与・報酬について国内法に基づき20％の税率により源泉徴収がなされる。

ロ　役員報酬

　役員について日本の租税条約例は、国内法と同様に、その役務提供地ではなく法人の居住地（所在地）国でも課税できる旨を定めている例が多い。

ハ　短期滞在者免税

　租税条約は一定の短期滞在者に関する免税規定を設け、人的役務の提供地である源泉地国での課税を免除するいわゆる短期滞在者免税を採用しているのが通例である。日本の条約例は、原則として次の3つの要件をすべて充足することを条件として認めている（OECD15②）。

(i)　滞在期間が、その前後の12カ月を通じて合計183日を超えないこと（暦年ベースで計算する条約例として、オランダ、カナダ、韓国などがある）。

(ii)　報酬を支払う雇用者が、勤務が行われた締約国の居住者でないこと（したがって、雇用者が日本法人（日本の居住者）である場合には該当しないことに留意）。

(iii)　報酬を支払う雇用者が勤務の行われた締約国の居住者でない場合であっても、当該給与等の報酬が役務提供地国に所在する支店その他の恒久的施設によって負担（当該恒久的施設の課税所得の計算上損金に算入）されないこと。

ニ　退職手当等

　日本の条約例には、退職手当等に関する定めを置いたものはなく、給与所得に関する規定が適用される。役員に対する退職手当等については、役員報酬に関する規定が適用されるから、上述のとおり役員に対する退職手当等を支払う法人の所在地国（居住地国）も課税管轄権を有する。

　日本の条約例には、次の退職年金等に関する条項を定めるものが多いが、退職手当等について、この条項の適用はない。

ホ　退職年金等

　日本の条約例は、OECDモデル租税条約18条と同様に、受給者の過去の勤務につき支払われる退職年金[106]について、当該受給者の居住地国のみが課税管轄権を有すると定める。保険年金[107]についても退職年金と同じく当該受給者の居住地国のみが課税管轄権を有すると定める条約例がある（米国、イギリス、オーストラリアなど）。

　政府職員としての過去の勤務に基づき支払われる退職年金についての日本の条約例は、OECDモデル租税条約19条2と同様に、一般の退職年金と異なり、退職年金等の支払地国が排他的に課税管轄権を有する。ただし、受給者が相手国の国民である居住者の場合は、居住地国が排他的に課税管轄権を有する（第3章④19参照）。

ヘ　政府職員の報酬の免税

　日本の条約例は、OECDモデル租税条約19条と同様に、政府職員の取得する報酬について職員派遣国の課税権を確認し、接受国における免税を定めている（政府職員の報酬の免税）。なお、一定の国際機関に勤務する者の給与について租税条約以外の国際条約（協定）において課税上の特例（非課税）を定めているものがあり、その主なものは、日本国とアメリカ合衆国との間の相互協力及び安全保障条約第6条に基づく施設及び区域並びに日本国における合衆国軍隊の地位に関する協定、国際連合の特権及び免除に関する条約、専門機関の特権及び免除に関する条約、外交関係に関するウィーン条約、領事関係に関するウィーン条約である。

ト　学生又は事業修習者の免税

　日本の条約例は、OECDモデル租税条約20条と同様に、学生又は事

106　所得税法35条3項に定める公的年金等が該当する。
107　国内法上は、国内にある営業所等を通じて締結した生命保険契約等に基づくいわゆる保険年金は国内源泉所得とされている（所法161十）。

業修習者が生計、教育、訓練のために受け取る給付について免税する定めを置いている（学生又は事業修習者免税）。

　欧米諸国との条約例は、OECDモデル租税条約の規定と同様に、生計、教育、勉学、研究又は訓練のために受け取る給付で国外から送金を受ける給付に限定して課税を免除する。中国、タイ、フィリピンなどアジア諸国との条約例では、国外から送金を受ける給付のほか、政府、宗教・慈善・学術団体等からの交付金、手当・奨励金、雇用主などから支払われる給与等の報酬、滞在地国における一定金額以下の人的役務の提供対価をも含むより広い免税を定めている。条約によっては免税期間を定めるものもある。

　なお、事業修習者とは、職業上又は事業上の知識・技能をほとんど有しない見習者をいうが、ある程度の技能を有する者で、日本の企業から技術上又は職業上の経験を習得するために日本を訪れる事業修習者も対象とし、その習得に関し海外及び日本で支払われる一定の報酬について一定期間免税とするなどの政策的条項を定めている条約例もある。

チ　教授免税

　教授免税はOECDモデル租税条約には規定がなく、日本の条約締結にあたっての学術・文化交流の促進のための政策的条項である。日本の条約例は、教育・文化・学術交流の一層の促進を目的として、大学その他の教育機関（学校教育法1条に規定する学校に限る）において教育又は研究を行うために来日した教授等が取得する人的役務の提供による報酬について、2年間を限度（中国は3年間）として免税とする定めを置いている。高等教育機関に限定、あるいは、政府又は教育機関の招聘を要件としている例や、公的な利益を目的とする教育・研究に限定している例もある。

　カナダ、シンガポール条約等には教授免税の定めはない。日英条約は旧条約に規定のあった教授免税条項を廃止している。

② 自由職業者の報酬（給与所得以外のもの）
イ　原　則
　日本の条約例の多くは、2000年に 7 条（事業所得条項）に統合され削除されたOECDモデル租税条約14条と同様に、学術上、文学上、美術上及び教育上の独立の活動、医師、弁護士、公認会計士などの自由職業者を特掲し、自由職業者の人的役務の提供に対する報酬については、事業所得に準じて「固定的施設がなければ課税せず」の原則を定めている。すなわち、役務提供地国内に自己の活動を遂行するための固定的施設を有しない場合には、源泉地国である役務提供地国では課税されない（第 3 章4̲14参照）。なお、固定的施設を有する場合には、その固定的施設に帰属する部分のみが課税の対象となる。
ロ　芸能人等に対する特例
　演劇、映画、ラジオ又はテレビジョンの俳優、音楽家その他の芸能人及び運動家（芸能人等）に対しては、滞在期間の長短（固定的施設の有無）又は活動状況（雇用契約の有無）にかかわりなく、役務提供地国においても課税できることを2000年に新設されたOECDモデル租税条約17条が確認している。ただし、例外的に文化交流目的として政府の支援を受けている芸能人に対して免税を認めている条約例（ノルウェー、フランスなど）もある（第 3 章4̲17参照）。

9．9 号所得（事業の広告宣伝のための賞金）

(1) 国 内 法

　国内源泉所得である事業の広告宣伝のための賞金とは、国内において行われる事業の広告宣伝のために賞として支払う金品その他の経済的利益をいう（所法161九、所令286、法法138八、法令182）。50万円を控除した残額

に20％の税率により所得税が源泉徴収される（所法213①一ロ）。非居住者又は外国法人の日本における恒久的施設の態様によって、申告納税の対象又は源泉分離課税で課税関係が終了する（所法164②、165、法法142）。

（2）租税条約の定め

日本の条約例は、事業の広告宣伝のための賞金の規定を定めたものはない。OECDモデル租税条約21条と同じく「その他所得（明示なき所得）」について排他的に居住地国が課税管轄権を有する条約例が多い（米国、イギリス、オランダ、韓国、ドイツ、フランス）。一方で「その他所得（明示なき所得）」について源泉地国の課税管轄権を定める条約例もある（カナダ、シンガポール、中国など）。なお、条約に定めがない場合は、国内法どおりの課税となる（第3章④21参照）。

10. 10号所得（生命保険契約に基づく年金等）

（1）国内法

国内源泉所得である生命保険契約に基づく年金等とは、国内にある営業所又は国内において契約締結の代理をする者を通じて締結した生命保険契約、損害保険契約その他年金に係る一定の契約に基づいて受ける年金（いわゆる保険年金。平成23年（2011年）度税制改正により導入された源泉徴収を要しない相続等保険年金（所法209二、所令326⑥）に該当するものを除く）をいい、対応する保険料等を控除した残額に20％の税率により所得税が源泉徴収される（所法161十、164②、213①一ハ、所令287、329②、法法138九、法令183）。非居住者又は外国法人の日本における恒久的施設の態様によって、申告納税の対象又は源泉分離課税で課税関係が終了する（所法164②、165、法法142）。なお、相続等保険年金は、国内にある資産の運用又は

保有により生ずる所得に該当する（所法161一、所令280①三、法法138一、法令177①三）。したがって、恒久的施設の有無にかかわらず申告納税の対象である（本章3 1 - 2 (1)(2)参照）。

(2) 租税条約の定め

日本の条約例には、生命保険契約に基づく年金(保険年金）について上記8(2)①ホのとおり退職年金条項を適用するものもある（米国、イギリス、オーストラリアなど）。その場合は受給者の居住地国のみでの課税となる。

退職年金条項に保険年金を含まない条約の場合は、OECDモデル租税条約21条と同様に「その他所得」条項が規定されていれば居住地国のみが課税管轄権を有し、規定されていない条約例の場合は国内法どおりの課税となる。

11. 11号所得（定期積金の給付補てん金等）

(1) 国 内 法

国内源泉所得である定期積金の給付補てん金等とは、国内の営業所が受け入れ又は国内の営業所等を通じて締結された①定期積金契約に基づく給付補てん金、②相互掛金契約に基づく給付補てん金、③抵当証券の利息、④金貯蓄口座等の利益、⑤外貨投資口座の差益、⑥一時払養老（損害）保険の差益、をいい、15％の税率により所得税が源泉徴収される（所法161十一、213①三、法法138十）。非居住者又は外国法人の日本における恒久的施設の態様によって、申告納税の対象又は源泉分離課税で課税関係が終了する（所法164②、165、法法142）。

（2）租税条約の定め

日本の条約例は、定期積金の給付補てん金等の規定を定めたものはない。OECD モデル租税条約21条と同じく「その他所得」について排他的に居住地国が課税管轄権を有する条約例が多い（米国、イギリス、オランダ、韓国、ドイツ、フランス）。一方で「その他所得」について源泉地国の課税管轄権を定める条約例もある（カナダ、シンガポール、中国など）。なお、条約に定めがない場合は、国内法どおりの課税となる（第3章④21参照）。

12. 12号所得（匿名組合契約等に基づく利益の分配）

（1）国内法

国内源泉所得となる匿名組合契約等に基づく利益の分配とは、国内において事業を行う者に対する出資のうち、匿名組合契約（準ずる契約を含む）等に基づいて受ける利益の分配をいい、20％の税率により所得税が源泉徴収される（所法161十二、212①、213①一、所令288、法法138十一、法令184）。非居住者又は外国法人の日本における恒久的施設の態様によって、申告納税の対象又は源泉分離課税で課税関係が終了する（所法164②、165、法法142）。

（2）租税条約の定め

現在の日本の租税条約締結ポリシーは、匿名組合契約等に基づく利益の分配に関する日本の課税管轄権を明示的に規定することとしている。平成26年（2014年）10月1日現在では、アイルランド、アメリカ、アラブ首長国連邦、イギリス、オーストラリア、オマーン、オランダ、カザフスタ

ン、クウェート、サウジアラビア、スイス、ドイツ、ニュージーランド、バミューダ、パキスタン、フランス、ブルネイ、ポルトガル、香港との間で、匿名組合契約等に基づく利益の分配について、日本の国内法どおりの課税が行われることが合意されている。

　OECDモデル租税条約21条に定める「その他所得」と同じ規定を有するため、匿名組合契約等に基づく利益の分配について居住地国が排他的に課税管轄権を有する条約例（日本の課税権はなし）も依然として残る。一方で「その他所得」について源泉地国の課税管轄権を定める条約例もある（カナダ、シンガポール、中国など）。なお、条約に定めがない場合は、国内法どおりの課税となる（第3章 ④ 21参照）。

匿名組合契約（TK）を用いた条約漁り（treaty shopping）と対抗立法

　外資系の金融機関やファンドが、バブル崩壊後の日本企業・金融機関の不良債権処理にあたって、格安で債権や企業を取得し回収・再建を果たした上で高値で売り抜けることから、ハゲタカ・ファンドという用語が生まれたという。日本での不良債権処理のリスクマネーを海外の投資家から募るためには、投資vehicleに対する法人課税の段階でも利益配分に関する所得税の源泉徴収の段階でも租税負担をゼロにすることで高いリターンが確保される。そこに国内法と租税条約の交錯を利用したタックス・プランニングの典型的な事例が現れている。

1．匿名組合契約等に基づく利益の分配に係る改正前の国内法
　　平成14年（2002年）度税制改正前は、日本に支店等の恒久的施設を有していない外国法人が商法535条に定める匿名組合契約等に基づく利益の分配を受ける場合の課税関係を、匿名組合員が10人以上であるか否かによって、次のとおり定めていた。

①　匿名組合員が10人以上の場合は、20％の税率による所得税の源泉分離課税により日本における課税関係は終了（改正前の所法161十二、178、179、212①、213①一、所令288、法法138十一、141四、法令184）。

②　匿名組合員が10人未満の場合は、所得税の源泉徴収はされないが、申告納税の対象（改正前の所法161一、178、所令280①四、法法138一、141四イ、法令177①四）。

2．その他所得条項が規定されていなかった旧日米租税条約に基因する匿名組合契約等に係る条約漁り

　旧日米租税条約はOECDモデル租税条約21条（その他所得）に相当する条項を有していなかった。そのため米国のファンドが日本に対して直接的に匿名組合契約等に基づき投資を行うと、営業者である法人段階では匿名組合契約等に基づく利益の分配は損金になるものの、その利益の分配については上記の日本の国内法どおりの課税を受けることになっていた。そこで租税負担の回避を目的として、オランダ法人を利用した条約漁りが行われていた。すなわち、日本との租税条約にその他所得条項を有するオランダを経由することにより、①日本での課税については営業者段階で損金算入し、匿名組合員段階では組合員の数を10人未満とすることで国内法上も所得税の源泉徴収がなく、かつ、租税条約の適用により日本での課税の対象とならず、他方で、②分配を受けるオランダの匿名組合員はオランダ国内法の定めによりオランダで課税を受けないことで高い利回りとなる投資スキームが組成されていた。

③ 国内源泉所得の検討   169

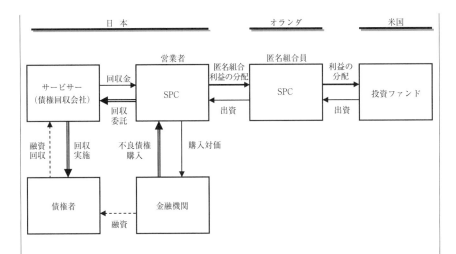

3．平成14年（2002年）度税制改正

　このような条約漁りに対する対抗措置として、先ず、国内法の整備が行われた。すなわち、平成14年（2002年）度税制改正は①改正前において源泉徴収の対象とされていなかった10人未満の組合員との匿名組合契約等に基づく利益の分配についても所得税の源泉徴収の対象とする一方で、②匿名組合契約等に基づく利益の分配を国内源泉所得のうち申告納税の対象となる国内にある資産の運用・保有により生ずる所得から除外した。したがって、日本に支店等の恒久的施設を保有していない外国法人が匿名組合契約等に基づく利益の分配を受ける場合、現行の国内法では、20％の源泉所得税の分離課税により日本での課税関係が終了する。

4．租税条約の改正

(1) 匿名組合契約等への対抗措置

　日本は、国内法上乖離することがやむを得ない点を除いてOECDモデル租税条約に合致した租税条約を締結することを基本ポリシーとしてきている。したがって、OECDモデル租税条約21条（その他所得）と類似の条項を定める租税条約の適用上、匿名組合契約又はこれに類する契約

（匿名組合契約等）に基づく利益の分配は、上記の平成14年（2002年）度税制改正にかかわらず、日本は課税（20％の税率による所得税の源泉徴収）することができない。そこで平成16年（2004年）3月31日に発効の日米租税条約の改正にあたり、日本の国内法どおりに課税が行われることを明示的に規定した（日米租税条約議定書13）。日本は、匿名組合契約等に基づく利益の分配についての課税権を確保することを租税条約交渉にあたってのポリシーとしており、平成26年（2014年）10月1日現在では、アイルランド、アメリカ、アラブ首長国連邦、イギリス、オーストラリア、オマーン、オランダ、カザフスタン、クウェート、サウジアラビア、スイス、ドイツ、ニュージーランド、バミューダ、パキスタン、フランス、ブルネイ、ポルトガル、香港と合意している。なお、匿名組合契約は沿革的にドイツ商法に由来するところ、1974年議定書及び1980年改正ドイツ租税条約が既に日本の支払者における損金算入を条件として、日本の課税管轄権を明示的に定めていたことが注目される（ドイツ10⑧）。

(2) 居住地国の株式譲渡益に関する排他的課税管轄権に対する制限

外国ファンドが、破綻しかかっている日本の企業に対して資本参加と役員派遣によって再建を果たした上で、再上場による株式譲渡益をもって資金の回収と高いリターンを得る場合に、当該株式譲渡益はOECDモデル租税条約13条（譲渡収益）の規定により日本では課税されない。そこで日米租税条約では、破綻金融機関に対する一方の締約国（日本）による実質的な資金援助を最初に行った日から5年以内の当該破綻金融機関の株式の譲渡収益について、源泉地国（日本）の課税権を容認する規定を特に定めている（日米11③）。

5．動向

(1) グループ企業間の匿名組合契約等における課税リスクの所在

匿名組合契約等に基づく利益の分配に関し、支払者である営業者の法

人所得計算において損金算入されることが法人税基本通達14-1-3（匿名組合契約に係る損益）において定められており、法人税及び地方税（実効税率約35％）が軽減される。したがって、匿名組合員において20％の源泉所得税の負担があっても、グループ企業間の匿名組合契約等の組成による税務メリットは大きい。そのため、課税実務においては、とりわけグループ企業間での匿名組合契約等に関して、支払者である営業者において損金に算入される匿名組合契約等に基づく利益の分配の取扱いが問題となる。日蘭租税条約の「その他所得」の適用を受け、匿名組合契約等に基づく利益の分配について日本でもオランダでも課税されないことが問題視されたガイダント事件において、日本の課税当局は、課税目的上、匿名組合契約等を民法上の任意組合等と再構成することで営業者とオランダ法人との間に「共同事業性」があるとし、当該オランダ法人の恒久的施設の存在を認定したが、裁判所はクロス・ボーダーのグループ法人間での匿名組合契約締結に租税回避目的が認められようとも、真実の法律関係から離れて法律関係を構成しなおすことは許されないと判示した（東京高裁平成19年6月28日判決（平成17年（行コ）第278号）、上告不受理）[108]。

(2) 外国ファンドの対内投資の組成における特定目的会社（TMK）等のペイ・スルー法人の意義

匿名組合契約等に基づく利益の分配に関する日本での課税上の取扱い[109]については法的安定性が確実とまではいえないと認識されている。そのため、営業者とは独立の関係にある外国ファンドの日本への投資に

---

108 赤松晃「日蘭租税条約の『その他所得』に該当する匿名組合契約の利益の分配—ガイダント事件」『最新租税判例60』税研 Vol.25 No.3（日本税務研究センター、2009年）129頁参照。
109 金子宏「匿名組合契約に対する所得課税の検討—ビジネスプランニングの観点を含めて」『租税法の基本問題』（有斐閣、2007年）150頁参照。水野忠恒『租税法』（有斐閣、5版、2011年）343〜346頁参照。

あたっては、匿名組合契約等（TK）に固有の税務上の不確実性を避けて、営業者の課税所得の計算において支払配当の損金算入が法定されているペイ・スルー法人（資産流動化法による「資産流動化型」の特定目的会社（TMK）（措法67の14）、特定目的信託の受託法人（措法68の３の２）、あるいは、投信法による「資産運用型」の投資法人（措法67の15）、特定投資信託の受託法人（措法68の３の３））による組成が採用されている（外国投資家に対する利益の配分にあたり20％の源泉所得税の負担があることは、TKによる組成の場合とTMK他のペイ・スルー法人による組成の場合も同じである。

第3章

租税条約

<第3章 Key Word>

国際連盟財政委員会モデル租税条約草案、ロンドン・モデル租税条約、メキシコ・モデル租税条約、OECDモデル租税条約、国連モデル租税条約、ソース・ルール、留保、一方の締約国の居住者、無制限納税義務、プリザーベーション・クローズ、セービング・クローズ、議定書（Protocol）、交換公文（Exchange of Note）、双方居住者、事業の実質的管理の場所、適格居住者、特典制限条項(LOB：Limitation On Benefit)、団体課税、構成員課税、条約の特典、条約濫用、導管取引、企業の利得、恒久的施設（Permanent Establishment）、自由になる場所(at disposal)、固定的施設(a fixed place of business)、代理人PE（Agency-PE）、建設作業PE、準備的又は補助的な活動、従属代理人、独立代理人、恒久的施設なければ課税せずの原則、帰属主義、独立企業原則、AOA（Authorized OECD Approach）、受益者（Beneficial Owner）、本支店間内部取引、支店利益税、支店利子税、shall clause、may clause、移転価格税制、国際二重課税、対応的調整、比較法、事前確認(APA：Advance Pricing Arrangment)、親子会社間配当、インピュテーション制度、追い掛け課税、ペイ・スルー法人、使用地主義、債務者主義、譲渡収益、不動産、事業用動産、国際運輸、事業譲渡類似の株式等、不動産関連法人の株式等、役務提供地国、短期滞在者免税、ストック・オプション、芸能人等、芸能法人等、保険年金、学生又は事業修習者免税、教授免税、その他所得（明示なき所得）、匿名組合契約、国外所得免除方式、外国税額控除方式、無差別取扱い、権限のある当局、条約の規定に適合しない課税、相互協議、仲裁、独立意見方式、ベースボール方式、情報交換、FATCA、包括的徴収共助、制限的徴収共助、多国間租税条約、税務行政執行共助条約、租税債権、徴収共助、送達共助、ウィーン外交関係条約、ウィーン領事関係条約

1 租税条約の沿革と意義

1. 沿　革

　国際取引に適用される租税法の仕組みとしての国際租税法には、国際二重課税の排除及び国際的租税回避の防止という基本的な問題がある。とりわけ、国際二重課税の排除の問題は、国際取引に係る租税の過重負担が、資本・人的サービス等の国際的交流を妨げ、国際経済の発展を阻害することから、国際租税の中心的問題とされてきた。すなわち非居住者又は外国法人に対する源泉地国における課税は各国の国内租税法によるのであるが、国際経済交流の促進のためには居住地国との国際二重課税を排除する必要があり、そのためには国家間の課税権の調整が望ましいという認識が、第二次世界大戦前の国際連盟財政委員会によるモデル租税条約草案の検討を促したのであった。国際連盟財政委員会によるモデル租税条約草案の作成努力は国際的に統一された租税原則としての多国間条約の締結には至らなかったものの、1946年のロンドン・モデル租税条約として結実し、多くの二国間租税条約で採用され、また、今日のOECDモデル租税条約に引き継がれている。

　今日では、OECD／G20のBEPS行動計画（項目2ハイブリッド・ミスマッチ・アレンジメントの効果の無力化、項目6租税条約濫用の防止、項目15多国間協定の開発）が示すように、既存の国際課税ルールの間隙をついた国際二重非課税や利益の税務上の「消失」というような行き過ぎた行動に対する租税条約を通じての対処が喫緊の課題となっている（BEPS行動計画とその検討の状況については、序章4を参照）。

OECDモデル租税条約の目的・歴史・影響・概要・コメンタリーの意義等について、OECDモデル租税条約2010年版のIntroduction（序論）参照[110]。なお、経済、資本の流れが一方的である先進国と開発途上国との間にはOECDモデル租税条約は必ずしも適切でないとの観点から、OECDモデル租税条約をベースに修正を加えた国連モデル租税条約（United Nation Model Double Tax Treaties between Developed and Developing Countries）がある。源泉地国（開発途上国）の課税権の確保は、国際連盟財政委員会による1946年メキシコ・モデル租税条約の系譜に位置づけられる（小松芳明『租税条約の研究』(有斐閣、新版、1982年) 11頁、赤松晃『国際租税原則と日本の国際租税法——国際的事業活動と独立企業原則を中心に——』（税務研究会出版局、2001年）148頁及び資料II二重課税防止のための二国間モデル租税条約＜対比＞メキシコ草案／ロンドン草案参照）。

2．意　義

　こうした沿革から、租税条約は、非居住者又は外国法人に対する自国の課税権を制限するものであることが理解される。租税条約には、①国内法又は他の国際協定[111]により現在又は将来認められる非課税、免税、所得控除、税額控除その他の租税の減免措置に関する納税者の利益が保護されるプリザーベーション・クローズ（preservation clause）と呼ばれる条項と、②自国の居住者・内国法人に対する国家の課税権を国内法どおり確保するセービング・クローズ（saving clause）と呼ばれる条項とが存在する[112]。今日では、租税条約の意義は、(1)投資交流の促進、(2)締約国間の課税権の

110　川端康之監訳『OECDモデル租税条約2010年版（所得と財産に対するモデル租税条約）』（日本租税研究協会、2011年）。
111　例えば、ウィーン外交関係条約など（第1章[1] 1(3)参照）。

配分、(3)国際的な二重課税及び二重非課税の排除、(4)税務当局間の国際協力（相互協議、情報交換等）にあると考えられている。

② 日本の租税条約

1．現　状

　日本が最初に締結した租税条約は、昭和29年（1954年）4月に米国と締結した第一次日米租税条約である。それ以後、日本は積極的に租税条約網を拡大し、現在（2014年10月1日）では、62条約、85か国・地域（旧ソ連等との条約が継承されているため条約数と適用国・地域の数が一致しない）に適用している。

　租税条約は、対象税目、適用領域、課税の範囲、用語の定義、租税の減免、権限のある当局の相互協議、情報交換等を定めている。日本の租税条約の対象税目は、もっぱら所得税及び法人税を対象としている（情報交換については税目を制限しないOECDモデル租税条約型を原則）[113]。

112　村井正「国際租税法の基礎理論」村井正編著『教材国際租税法』（慈学社、2006年）13～15頁、藤本哲也『国際租税法』（中央経済社、2005年）122～126頁、小松芳明『租税条約の研究』（有斐閣、新版、1982年）25頁、井上康一・仲谷栄一郎『租税条約と国内税法の交錯』（商事法務、2版、2011年）42頁参照。

113　相続税・贈与税に関する日本の唯一の租税条約である「遺産、相続及び贈与に対する租税に関する二重課税の回避及び脱税の防止のための日本国とアメリカ合衆国との間の条約（昭和30年条約2号）」について、赤松晃「相続税・贈与税の国際的側面―日本の相続税条約締結ポリシーへの新たな視点」『相続税・贈与税の諸問題』日税研論集61号（2011年）289頁参照。

図表3-1　日本の租税条約ネットワーク

《62条約、85か国・地域／平成26年10月1日現在》

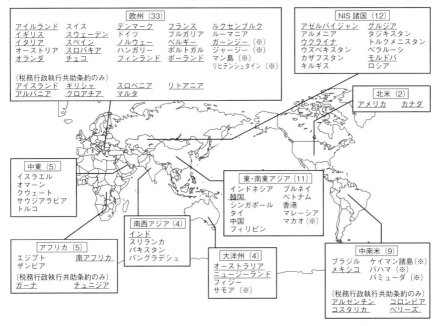

(注1) 多国間条約である税務行政執行共助条約、及び、旧ソ連・旧チェコスロバキアとの条約の複数国への承継のため、条約数と国・地域数が一致しない。
(注2) 条約数、国・地域数の内訳は以下のとおり
● 二重課税の回避、脱税及び租税回避等への対応を主たる内容とする条約（いわゆる租税条約）：52条約、63か国・地域
● 租税に関する情報交換を主たる内容とする条約（いわゆる情報交換協定）：9条約、9か国・地域（図中、（※）で表示）
● 税務行政執行共助条約（締約国は日本を除いて全41か国（図中、国名に下線）、うち日本と二国間条約を締結していない国は13か国）
出典：財務省HP　http://www.mof.go.jp/tax_policy/summary/international/182.htm

　私法上の行為による経済活動に租税法が適用されて租税の賦課がなされることから、現実のビジネスでは租税法の適用を踏まえて私法上の行為が選択される（水野忠恒『アメリカ法人税の法的構造』（有斐閣、1988年）6頁）。したがって、納税者は、国際取引の組成にあたり、租税条約により

修正される源泉地国と居住地国の各国内租税法の適用関係や条約に適合しない課税リスクの管理として、課税処分をなした国の国内救済手続とは別に、租税条約に定める相互協議による救済の可能性を考慮する。他方、課税当局は、条約濫用（treaty shopping）の防止を目的として条約の特典を受けることができる者を適格居住者や受益者に制限し、脱税及び租税回避への対応として納税者情報に関する課税当局間の情報交換の国際標準化を進めるとともにタックス・ヘイブンをもカバーするネットワークの展開によりその実効性を高めている[114]。日本は、平成23年（2011年）11月3日、国際的な脱税及び租税回避行為に適切に対処するために必要とされる租税に関する様々な行政支援（情報交換、徴収共助、送達共助）を相互に行うことを規定する、日本にとって初めての多国間租税条約である「租税に関する相互行政支援に関する条約」（税務行政執行共助条約）[115]に署名し、国会の承認を経て、平成25年（2013年）10月1日に発効している。

2．法源としての租税条約

租税条約の定めは、日本では憲法98条2項により国内租税法の規定に優先するのであるが、国内源泉所得の範囲（ソース・ルール）については、所得税法162条及び法人税法139条が租税条約の優先を確認している。また租税条約の実施のために「租税条約等の実施に伴う所得税法、法人税法及び地方税法の特例等に関する法律」（租税条約実施特例法）が制定されている。

国内法と租税条約の定めの適用関係について、東京高裁平成19年6月28

---

[114] 租税条約の仕組みと動向については、赤松晃「租税条約の動向」『租税判例百選（第5版）』（有斐閣、2011年）138頁参照。

[115] 税務行政執行共助条約の詳細については、条約の説明報告書（Explanatory Report）に基づく増井良啓「マルチ税務行政執行共助条約の注釈を読む」租税研究775号（2014年5月）253頁を参照。

日判決（平成17年（行コ）第278号）は次のとおり判示する。

「外国法人は、法人税法138条に規定する国内源泉所得を有するときは法人税を納める義務があること、しかし、租税条約において国内源泉所得について同条と異なる定めがある場合には、租税条約が優先する（法人税法139条）こと、従って、租税条約において日本での課税の要件が満たされない限り、法人税を課することはできないこと、そして、当該外国法人がオランダ国内に本店を有する場合には、日蘭租税条約が適用されるので、その定めを検討しなければならないことは、原判決の判示するとおりである。外国法人の国内源泉所得について、当該外国との間で締結された租税条約において日本において課税する要件を満たすかを判断することが必要であるのは、法人税法139条が要請するところである。……日蘭租税条約は、所得の種類を7条から22条までにおいて定め、居住地国と所得源泉地国とに課税権を配分し、そのいずれにも該当しない所得については居住地国のみに課税権を認めている（23条）。これに対し、5条の恒久的施設の条項は、恒久的施設の定義等を定めたいわば総則的な規定であり、同条は課税関係を定めたものではない。恒久的施設基準は、国際的二重課税条約において、ある特定の種類の所得に対してその源泉地において租税が課されるべきかどうかを決定するために一般に用いられているものである。……従って、租税条約の適用に当たり、第一に検討すべきは、当該問題となっている所得（利益）が日蘭租税条約7条から22条までのいずれの所得に該当するかということである。控訴人の上記主張が以上のような判断過程を否定するものならば、到底採用できない。」

租税条約の解釈と OECD モデル租税条約コメンタリー

米国の最高裁は「……租税条約の一般的な目的は、完全に厳密に対等な

取扱いを確保することではなく——2つの国家の租税制度が異なることに鑑みるならば不可能であることは自明である——むしろ、当該条約の序文それ自体から明らかなように同一の取引又は利益に両国が租税を課すことから結果として生ずる二重課税の排除を通じて商取引を促進することにある」と判示している（Maximov V. U. S.（1963）373 U. S. 49, 10 L. 2 d 184 at 188.）。すなわち、各々の国家主権は全く異なる統治体系・法体系・租税制度及び価値体系を有し、また法解釈に対する固有の歴史と姿勢を有し、加えて、租税条約に関しては、各々の国家主権は単に公正な条件による協力を求めるのみならず各々の国家利益の伸長をも求めるものであって、必ずしも共通の利益あるいはコミュニティーを確保するための努力をするというものではないことから条約の解釈に相違が生じてくる。

この点について、OECD モデル租税条約コメンタリー序論パラ29. 3 が「二国間租税条約は、司法府の関心をより一層集めつつある。裁判所は、その判断に達する過程においてコメンタリーをより一層用いつつある。租税委員会が収集した情報によれば、コメンタリーは大多数の加盟国の裁判所における公表裁判例において引用されている。多くの裁判例においては、コメンタリーは広く引用され分析され、裁判官の審理において鍵となる役割をしばしば演じている。租税委員会は、租税条約の全世界的なネットワークが拡大するのに応じて、また、コメンタリーが一つの重要な解釈資料としてより広く認められるのに応じて、この傾向が継続することを期待している」と述べているように、租税条約の解釈の統一に果たす OECD モデル租税条約コメンタリーの意義は大きい。

日本の租税判決例においても、個別の租税条約の解釈について疑義が生じた場合、OECD モデル租税条約コメンタリーが参照されている[116]。

日本の最高裁判所は、外国子会社合算税制と日本シンガポール租税条約

116　赤松晃『国際租税原則と日本の国際租税法—国際的事業活動と独立企業原則を中心に—』（税務研究会出版局、2001年）170～177頁。

7条（事業所得）との関係が争われたグラクソ事件判決（最高裁第一小法廷平成21年10月29日判決（平成20年（行ヒ）第91号））において、OECDの租税委員会が作成したコメンタリーは、条約法に関するウィーン条約（昭和56年条約第16号）32条にいう「解釈の補足的な手段」として参照されるべき資料であると判示している（第5章②2参照）。

③ 租税条約の基本的仕組み

1．日本の租税条約の締結ポリシーとOECDモデル租税条約

　日本は、国内法上乖離することがやむを得ない点を除いて（OECDコメンタリーの「留保」を参照）、可能な限りOECDモデル租税条約に合致した租税条約を締結することを基本ポリシーとしてきている。日米租税条約が、およそ30年ぶりに改正され2004年3月30日に発効しているが、この改正を契機に「わが国の租税条約に関する基本方針がより一層の投資交流の促進と課税の適正化の両面に配意したものに転換されたことを踏まえ、今後、他国との間でもこのような租税条約の見直しが進展するよう努めるべきである」（税制調査会「平成16年度の税制改正に関する答申」）とされている。さらに、米国とは、平成25年（2013年）1月に、配当及び利子に対する源泉地国免税の範囲の拡大、相互協議手続における仲裁制度の導入、相手国の滞納租税の徴収を相互に支援する徴収共助制度の拡充等を規定する「改正議定書」が署名され、平成25年（2013年）6月に国会で承認された（2013年改正議定書）。なお、米国の国内手続が終了しておらず、平成26年（2014年）10月1日現在、批准に至っていない。

　また、英国との改正議定書（2013年署名、未発効）は、2010年改訂のOECDモデル租税条約の新7条型の帰属主義に基づくものであり、平成

26年(2014年)度税制改正による国内法の帰属主義への移行と整合的である。また、ドイツとの改正交渉が開始されている。

日本は「タックス・ヘイブンとは、国際的な二重課税がそもそも生じないことから条約を締結する必要はない上、条約の不正利用の機会を招来することになる」[117]として、租税条約を締結しないことを条約締結ポリシーとしていた。しかしながら、近年の世界的な金融危機を契機として、いわゆるタックス・ヘイブンへの不透明な資金の流れが問題視されたこと等を背景に、G8・G20等の一連の国際会議において、租税に関する情報交換の重要性が指摘され、OECD加盟国は「有害な税の競争」への対処としてOECDモデル租税条約26条に定める情報交換規定を修正し(本章④26参照)、また、情報交換協定(TIEA: Tax Information Exchange Agreement)のネットワークを急速に拡大している[118]。このような状況の下、日本においても、OECDモデル租税条約26条と同水準(銀行機密の否定及び自国の課税上の利益にならないものも対象)の情報交換規定を定める条約の改正(スイス、ルクセンブルク、ベルギー、シンガポール、マレーシア、オランダ、ニュージーランド、スウェーデン、イギリス(2013年署名・未発効))、新条約の締結(クウェート、サウジアラビア、ポルトガル、アラブ首長国連邦(2013年署名・未発効))が行われている。いわゆるタックス・ヘイブンとの間では、バミューダを嚆矢として、香港、バハマ、ガーンジー、ケイマン、ジャージー、オマーンとの租税協定、及び、実特法8条の2に基づく行政取決めとしてのマン島、リヒテンシュタイン、サモア、マカオ、英領ヴァージン諸島(2014年署名・未発行)との租税情報交換協定と急速に整

---

117 竹内洋「我が国の租税条約締結ポリシー」水野忠恒編『21世紀を支える税制の論理 第4巻 国際課税の理論と課題』(税務経理協会、改訂版、1999年)22頁。
118 租税情報交換条約の展開とその意義について、増井良啓「タックス・ヘイブンとの租税情報交換条約(TIEA)」税大ジャーナル11号(2009年6月)11頁。
　増井良啓「租税条約に基づく情報交換──オフショア銀行口座の課税情報を中心として」IMES Discussion Paper No.2011-J-9(日本銀行金融研究所、2011年)は、租税条約に基づく情報交換について、包括的に、近年の法制度の展開を概観し、今後のあり方を論考する。

備がなされている。

　脱稿後、日本にとって最初の新7条型（本章④7参照）の租税条約となる英国改正議定書が平成26年（2014年）12月12日、仲裁制度や徴収共助等を定めるスウェーデン改正議定書が同年10月12日、アラブ首長国連邦新租税条約が12月24日に各々発効することが報道されている。

2．OECDモデル租税条約と日米租税条約の相違点

　そこで、以下では、OECDモデル租税条約の基本的仕組みを検討するが、日米租税条約との相違点を検討することで、今後の日本の租税条約締結ポリシーの方向性についての理解を得ることとする。
　OECDモデル租税条約の構成は、第1章「条約の範囲」（1条〜2条）、第2章「定義」（3条〜5条）、第3章「所得に対する課税」（6条〜21条）、第4章「財産に対する課税」（22条）、第5章「二重課税排除の方法」（23条A、B）、第6章「雑則」（24条〜29条）、第7章「最終規定」（30条〜31条）であり、次の④においてこの順に日米租税条約と比較しつつ検討する。

④　OECDモデル租税条約と日米租税条約の各条項の比較検討

1．1条　人的範囲

(1) OECDモデル租税条約

　租税条約は、一方又は双方の締約国の居住者に対してのみ適用される（OECD1）。「者」は、個人だけでなく、法人及び法人以外の団体を含む（OECD3①(a)）。「一方の締約国の居住者」とは、当該一方の居住地国に

おいて無制限納税義務を負う者をいう（OECD 4 ①）。

2010年 OECD モデル租税条約の改正コメンタリーは、集団投資ビークル（CIVs：Collective Investment Vehicles）及び政府系ファンドを含む国有事業体について、租税条約の特典を受けられる受益者である居住者としての人的範囲についての取扱いを示す。

なお、租税条約の規定が居住者以外にも適用されることを定める別段の規定として24条（無差別取扱い）、25条（相互協議）、26条（情報交換）、27条（徴収共助）がある。

（2）日米租税条約

日米租税条約は、1条2においてプリザーベーション・クローズを、1条4においてセービング・クローズを明示的に規定している。米国は個人に対して市民権課税を定めていることからセービング・クローズ（国家の課税権を国内法どおり留保する）を条約に明示的に定める意義を有する。日本も、近年の税制改正により相続税・贈与税に関し国籍条項を導入していることから（第1章①図表1-2参照）、今後の相続税・贈与税に係る租税条約の締結（現在は昭和30年（1955年）に締結された日米相続税条約のみ）にあたっては、セービング・クローズを条約に定めていくことが必要である。

日米租税条約が一方又は双方の居住者以外にも適用されることを定める別段の規定として24条（無差別取扱い）、25条（相互協議）、26条（情報交換）がある。

2．2条　対象税目

（1）OECD モデル租税条約

OECD モデル租税条約は、対象税目を、所得及び財産に対するすべて

の租税とし、課税主体や課税方法を問わない（OECD 2 ①）。

なお、租税条約の規定が対象税目以外にも適用されることを定める別段の規定として、24条（無差別取扱い）、26条（情報交換）、27条（徴収共助）がある。

（2）日米租税条約

日米租税条約は、対象税目を、所得に対する国税に限定し、地方税又は州税を対象としていない（日米 2 ①）。国際運輸業所得につき、地方税である住民税及び事業税を免税する規定を別途定めている（日米 8 ③、交換公文 1）。なお、議定書 1 (a) は日本の保険会社に対する米国の消費税（excise tax）の免税を定める。

条約の規定が対象税目以外にも適用されることを定める別段の規定として、24条（無差別取扱い）、26条（情報交換）がある。

議定書（Protocol）：外交交渉や国際会議の議事又は公式報告で関係国の署名したもの。国家の権利義務を発生させないのが普通。基本となる条約に対して付随的又は補充的なものに付されることが多く、必ずしも内容的に重要でないという意味ではない（編集代表筒井若水『国際法辞典』有斐閣、1998年）と解説され、日本の租税条約例は「租税条約の署名に当たり、条約の不可分の一部を成す次の規定を協定した」（日米租税条約議定書）とし、国会承認（憲法73三）と天皇の国事行為としての批准（憲法 7 八）を要する。

交換公文（Exchange of Note）：公文（書簡）の交換によって国家間の合意を形成するもので、国際法上の条約の一形式（条約法条約13）。交換された公文そのものを交換公文ということもある。簡略形式による条約の代表的なもの。主に、国家間の技術的性質の強い事項の合意の場合に、近年頻

繁に利用される。通常は議会の承認を必要としない（編集代表 金子・新堂・平井『法律学小事典』（有斐閣、4版補訂版、2008年））。

3．3条　一般的定義

（1）OECDモデル租税条約

　OECDモデル租税条約3条1は、「者」「法人」「企業」「一方の締約国の企業」「他方の締約国の企業」「国際運輸」「権限のある当局」「国民」及び「事業」について定義を定めている。

　OECDモデル租税条約3条2は、条約において定義されていない用語は、文脈により別に解釈すべき場合を除くほか、条約の適用を受ける国の法令において当該用語がその適用の時点で有する意義を有するものとし、税法に基づく当該用語の意義は他の法令に基づく当該用語の意義に優先すると定めている。

（2）日米租税条約

　日米租税条約3条1は、「日本国」「合衆国」「一方の締約国」「他方の締約国」「租税」「者」「法人」「企業」「一方の締約国の企業」「他方の締約国の企業」「国際運輸」「国民」「権限のある当局」「事業」及び「年金基金」を定義する。なお、「者」の定義中にある「法人以外の団体」には遺産、信託、組合が含まれる（日米議定書2）。

　条約において定義されていない用語の意義は、権限のある当局による相互協議の合意による決定が優先適用されることを規定する（日米3②）。

4.4条 居 住 者

(1) OECD モデル租税条約

① 居住者の定義

租税条約上の居住者とは、個人に限定されず、一方の国の法令の下において、住所、居所、事業の管理の場所その他これらに類する基準により当該一方の国において課税を受けるべきものとされる者(当該一方の国及び当該一方の国の地方政府又は地方公共団体を含む)をいい[119]、居住地国において全世界所得に対する無制限納税義務を負う者に限定される(OECD 4①)。

② 双方居住者の振分け

各々の締約国の国内法により居住者が定義されるために、租税条約は双方居住者の振分けの基準が定められている。

個人は、(i)恒久的住居、(ii)重要な利害の中心、(iii)常用の住居の存在、(iv)国籍の順で決せられ、最後に(v)権限のある当局の相互協議により解決する(OECD 4②)。租税条約の規定により相手国の居住者とみなされる場合には、国内に住所及び居所を有しないものとみなして所得税法等を適用する(実特法6)。

OECDモデル租税条約コメンタリーは、二国間条約の適用上、第三国(another State)の居住者として取り扱われるために無制限納税義務に服さない法人及び法人以外の者は、締約国の国内法上は居住者の場合であっても、条約上の居住者の定義から除外されるとする(OECD 4コメンタリーパ

---

[119] 内国法人の支店も日本の居住者に該当するから、その支店が取得する所得の源泉地国(第三国を含む)と日本とが租税条約を締結している場合は、当該条約相手国との租税条約の適用がある。

ラ8.3)。

　個人以外の者については、事業の実質的管理の場所が存在する国の居住者とされる（OECD 4 ③）。OECDモデル租税条約コメンタリーは、個人以外の者が双方居住者となった場合の振分基準としての「実質的管理の場所（a place of effective management）」の適用に関し、事案ごとに権限のある当局の相互協議による解決に委ねるオプション規定を定め、権限のある当局の合意がない限り、条約が定める特典の資格を有しないとする（OECD 4コメンタリーパラ24.1）。

③　事業体に対する租税条約の適用

　OECDモデル租税条約には、日米、日英、日仏、日豪租税条約のように、両締約国において異なる課税の取扱いを受ける事業体についての租税条約の適用に関する個別の規定を有しないが、4条のコメンタリーパラ8.8は同様の解釈を示す[120]。

④　適格居住者（qualified resident）

　OECDモデル租税条約には、後述する日米租税条約や日英租税条約のように、第三国居住者が租税条約上の形式的な居住者として条約の特典（税の減免）を享受しようとする条約濫用を防止することを目的とする特典制限条項（LOB：Limitation On Benefit）の規定を有しないが、1条のコメンタリーパラ20はLOB条項の詳細な例示規定となっている。

(2) 日米租税条約

① 居住者の定義

---

[120] 米国のパートナーシップ課税制度がOECDモデル租税条約及び日米租税条約に与えた影響について、増井良啓「投資ファンド税制の国際的側面―外国パートナーシップの性質決定を中心として」日税研論集55号（2004年）87～127頁。

個人に限定されず、居住地国において全世界所得に対する無制限納税義務を負う者をいう。なお、国・地方公共団体等、年金基金、公益団体は、居住地国の国内法上の無制限納税義務者であるか否かにかかわらず条約上の居住者に含まれる（日米4①）。

② 双方居住者の振分け

個人の居住者の定義に関し、米国の市民権課税（米国市民権を有する者に対して実際に米国に居住するか否かにかかわらずその全世界所得に課税）に対応して、OECDモデル租税条約の双方居住者の振分け規定を修正している（日米4②③）。すなわち、日米租税条約は、米国市民又は米国の永住権保持者については、①日本の居住者に該当しないこと、②米国内に実質的に所在し、又は、恒久的住居若しくは常用の住居を有すること、③第三国との租税条約の適用上、第三国の居住者とされる者でないことの3つの要件を満たす場合に限り、米国居住者とする（日米4②）。

個人以外の者の双方居住者の振分けについては権限のある当局の相互協議の合意によることとし、相互協議において合意が成立しない場合は日・米いずれの居住者としても取り扱われないことを定める（日米4④）。

2013年改正議定書では、個人以外の双方居住者については、権限のある当局間の協議を経ることなく、条約の特典を要求する上でいずれの締約国の居住者ともされないこととされた（2013年改正議定書による日米4④）。

③ 事業体に対する租税条約の適用

日米両国において異なる課税の取扱いを受ける事業体を通じて、日本又は米国の者が所得を取得する場合に、源泉地国では当該事業体を納税義務者として取り扱う（団体課税）が、居住地国では事業体そのものでなく、その構成員を納税義務者として取り扱うこと（構成員課税）が生じ得る。この場合に、当該事業体は居住地国において納税義務の主体でないことか

ら条約上の居住者に該当せず、源泉地国において条約の特典（条約の規定に基づく税の減免）の適用がないことになる。そこで日米両国において異なる課税の取扱いを受ける事業体を通じて日本又は米国の者が所得を取得する場合には、当該事業体の居住地国の課税上の取扱いを源泉地国が受け入れて、条約に定める源泉地国における課税の減免措置を適用することを定めている（日米4⑥）。

日米において異なる課税の取扱いを受ける事業体を通じて、日本の国内法において課税対象となる所得（国内源泉所得）を取得する場合の、日米租税条約の適用は、次のように整理される。

イ．米国の事業体を通じて取得される日本の国内源泉所得に係る日米租税条約の適用

　(イ)　日本の租税法上は外国法人（納税義務者）となるが、米国の租税法の適用上、当該米国の事業体そのものでなくその構成員が納税義務者である場合（構成員課税）は、条約に定める他の条件を満たす限り、その構成員として米国において納税義務を有する者に係る国内源泉所得については日米租税条約の特典の適用がある（日米4⑥(a)）。

　(ロ)　日本の租税法上は外国法人（納税義務者）とならないが、米国の租税法の適用上、米国において当該米国事業体が納税義務者である場合（団体課税）は、条約に定める他の条件を満たす限り、当該米国の事業体において課税されるすべての国内源泉所得について日米租税条約の特典の適用がある（日米4⑥(b)）。

ロ．第三国（例えば、タックス・ヘイブン）の事業体を通じて取得される日本の国内源泉所得に係る日米租税条約の適用[121]

---

[121] 日英租税条約にはこのような規定はない（日英4）。その場合の条約の適用は次による（実特法3の2⑦⑧）。①当該第三国との間に租税条約が締結されている場合には、当該条約の居住者の定めに従い当該条約の適用の有無が判断される。②当該第三国との間に条約が締結されていなければ国内法が適用される。

(イ) 日本の租税法上は外国法人（納税義務者）となるが、米国の租税法の適用上、当該第三国の事業体の構成員として米国において納税義務を有する者（構成員課税）の国内源泉所得については、条約に定める他の条件を満たす限り、日米租税条約の特典の適用がある（日米4⑥(c)）。

(ロ) 日本の租税法上は外国法人（納税義務者）とならないが、米国の租税法の適用上、当該第三国の事業体の所得として取り扱われる場合（団体課税）、当該団体の構成員に米国居住者がいたとしても、当該第三国の事業体が取得する国内源泉所得について、日米租税条約の特典の適用はない（日米4⑥(d)）。

ハ．日本の事業体を通じて取得される日本の国内源泉所得に係る日米租税条約の適用[122]

日本の租税法上は内国法人（納税義務者）であるが、米国の租税法の適用上、当該日本の事業体そのものでなくその構成員が納税義務者（構成員課税）である場合、当該内国法人が取得する国内源泉所得については、当該団体の構成員に米国居住者がいるとしても、日米租税条約の特典の適用はない（日米4⑥(e)）。

④ 適格居住者（qualified resident）

第三国居住者が日本又は米国の形式的な居住者として条約の特典（税の減免）を享受しようとする条約濫用を防止することを目的として、配当（日米10⑪）、利子（日米11⑪）、使用料（日米12⑤）及びその他所得（日米21④）の各条項に定める導管取引に係る個別否認規定とは別に、包括的な特典制限条項（LOB：Limitation On Benefit）を定め、この規定の要件を満

---

[122] 日英租税条約4条5(c)は、当該日本の事業体が日本の租税法上の内国法人（納税義務者）であり、かつ、英国の租税法の適用上の英国の納税義務者でもある場合、当該内国法人が取得する国内源泉所得について日英租税条約の特典の適用はないと定める。

たす居住者(適格居住者)のみが条約の特典を受けることを定める(日米22)。

5.5条　恒久的施設(PE：Permanent Establishment)

(1) OECDモデル租税条約

① 恒久的施設の意義

一方の締約国の企業の利得(事業利得)は、その企業(OECD 3 ①(c))が相手国内にある恒久的施設(PE：Permanent Establishment)を通じて相手国内において事業を行ってはじめて当該相手国において課税される(OECD 7 ①)。コメンタリーは、役務提供から生ずる所得についても「恒久的施設なければ課税せず」の原則が適用されることを明示的に確認し(OECD 5 コメンタリーパラ42.11)、いわゆるサービスPEとしての恒久的施設の認定のアプローチを否定した。ただし、両国の合意により源泉地国の課税権を容認するオプション条項(OECD 5 コメンタリーパラ42.23)を定め、その発動の要件について事例を含め厳格に規定する(OECD 5 コメンタリーパラ42.24～42.48)。

2010年OECDモデル租税条約の改正コメンタリーは、共用通信取引に係る静止衛星はPEとならないこと(OECD 5 コメンタリーパラ5.5)及びローミング契約はPEを構成しないこと(OECD 5 コメンタリーパラ9.1)を示す。

恒久的施設には、固定的施設(a fixed place of business)と代理人PE(Agency PE)の2つの類型がある。

なお、OECD／G20　BEPS行動計画に関する2014年9月16日の第一弾報告書の項目1「電子経済の課税上の課題への対処(最終報告書)」では、恒久的施設(PE)の概念に関する今後の作業として、2015年9月を

期限とする項目 7「恒久的施設(PE)認定の人為的回避の防止」において検討し、電子経済の下での BEPS 問題について BEPS プロジェクトの他の分野において対応がなされるようにするとともに、幅広い課税上の課題や考えうる対応策について精査するとしている(序章4参照)。

② 固定的施設 (a fixed place of business)

固定的施設 (a fixed place of business) とは事業を行う一定の場所であって企業がその事業の全部又は一部を行っている場所をいう (OECD 5 ①)。

源泉地国の領域内における経済的利益ないし経済的帰属 (economic allegiance) の紐帯(nexus)としての事業を行う一定の場所(a fixed place of business) は、恒久的施設の本質的類型である。事業を行う一定の場所とは、(i)自由になる場所 (at disposal)、(ii)一定の恒久性、及び、(iii)事業活動性の 3 要件のすべてを充足する場合に認定される機能的概念である (OECD 5 コメンタリーパラ 2)。自由になる場所 (at disposal) には「(外国法人の)従業員及び個人の従属代理人」(OECD 5 コメンタリーパラ4.3、10) が含まれる。事業を行う一定の場所のテストにより恒久的施設が存在しているとされれば、代理人 PE に該当するかどうかを決定することはもはや不要であることに留意する必要がある (OECD 5 コメンタリーパラ35)。

一定の場所の例示として、事業の管理の場所、支店、事務所、工場、作業場及び鉱山、石油又は天然ガスの坑井、採石場その他天然資源を採取する場所が挙げられる (OECD 5 ②)。12カ月を超える期間存続する建築工事現場又は建設・据付工事も恒久的施設 (建設作業 PE) を構成する (OECD 5 ③)。

③ 恒久的施設に含まれない準備的・補助的活動

事業を行う一定の場所であっても、物品の保管、展示又は引渡しなどの準備的又は補助的な活動にのみ企業が用いる場合には、恒久的施設に当た

らない（OECD5④）。

④ 代理人PE（Agency PE）

　企業が一定の場所を有していない場合であっても、源泉地国においていわゆる従属代理人（独立代理人以外の代理人をいう）によるサービスを用いて事業活動を行っている場合は、当該従属代理人が契約締結権を有し常習的にこれを行使するときは、当該従属代理人の活動により当該外国法人がPE（代理人PE）を有しているとみなされる（OECD5⑤）[123]。従属代理人が契約締結権を有しなくとも実質的に拘束力を有する場合も、代理人PEとされる（OECD5コメンタリーパラ32.1）。

⑤ 独立代理人の取扱い

　代理人であっても、当該企業から法的にも経済的にも独立し（法的独立性及び経済的独立性）、代理人自身の通常の業務として行う代理権を行使（通常事業性）する仲立人や問屋のように独立した地位を有する代理人（独立代理人）を通じて事業を行っているという理由のみでは、恒久的施設を有するとはされない（OECD5⑥、OECD5コメンタリーパラ37～38.8）[124]。

⑥ 支配関係の取扱い

　支配関係にある子会社等を相手国内に有するという事実のみによって

---

[123] 日本の条約例では、特に開発途上国との間で、国内法で恒久的施設とされる在庫保有代理人又は注文取得代理人を条約上の代理人PEに含めているものがある。在庫保有代理人を定める租税条約として、アイルランド、インド、インドネシア、スリランカ、タイ、デンマーク、トルコ、パキスタン、フィリピン、ブラジル、ベトナム及びマレーシア。注文取得代理人を定める租税条約として、インド、タイ、中国及びフィリピン。

[124] 日本の損害保険会社が、米国の独立の保険ブローカーに本人の名において契約を締結し得る権限を与えた場合に恒久的施設が認定されるかどうかに関してOECDモデル租税条約コメンタリーを検討した米国租税裁判所の判決について、吉村典久「恒久的施設としての代理人の概念―アメリカにおける1995年大成事件をきっかけに」金子宏編『国際課税の理論と実務―移転価格と金融取引』（1997年、有斐閣）389頁。

④ OECD モデル租税条約と日米租税条約の各条項の比較検討　195

は、恒久的施設を有するとはされない（OECD 5 ⑦）。しかし、子会社等が代理人 PE に該当する場合には恒久的施設となる。

フィリップモリス事件[125]と OECD モデル租税条約 5 条コメンタリーの改正

1．フィリップモリスのドイツ子会社は、イタリア専売公社にタバコの完成品を販売している。イタリア市場の消費者に対するドイツ製タバコの販売はイタリア専売公社が行っている。フィリップモリスのイタリア子会社は、イタリアにおいてタバコのフィルターを製造しイタリア専売公社に販売しているが、併せて、役務提供契約に基づき兄弟会社であるドイツ子会社に対して、①イタリア専売公社によるドイツ製タバコの店舗陳列、販売、配送等の状況についての監督、及び、②イタリアのタバコ市場に関する情報の収集、というサービスを提供している。イタリア子会社は、同様の役務提供契約に基づくサービスをオランダ、ベルギー等に所在するフィリップモリスグループのタバコ製造会社に提供している。また、イタリア子会社は、フィリップモリスグループのタバコ製造会社とイタリア専売公社とのさまざまな交渉に同席している。

2．イタリアの裁判所は、イタリア国内法に PE に関する定義が定められていないことから、従前より OECD モデル租税条約 5 条のコメンタリーに依拠して判示していたのであるが、イタリア最高裁が、一審及び二審判決を逆転して PE を認定するにあたって示した法理（principles of law）に関する次の 5 つのテストが、コメンタリーの解釈として明らかに失当であるとされ世界的に問題となった。

① The "Group PE / Multiple PE" Principle（統一された事業戦略を追求

---

[125] 赤松晃「恒久的施設（Permanent Establishment）の認定課税と OECD モデル租税条約コメンタリーの進展」ジュリスト1274号（2004年）197頁及びそこで引用されている文献を参照。

するグループに属する子会社のPE認定にあたっては世界的に活動している当該グループの全体を考慮してなされなければならない)
② The "Supervision of Control" Principle（管理・監督サービスの提供は、原則として5条4に定義する「準備的」であると考えることはできない）
③ The "Mere Participation" Principle（子会社の代表者等が契約交渉に出席することは、たとえ代理権限をまったく有していないとしても契約締結権限を行使するという概念に含まれる）
④ The "Imputation of Fixed Place PE" Principle（管理・監督サービスの提供は、たとえそれが事業の一部分に過ぎないとしても、PEを認定する理由となる）
⑤ The "Substance Over From" Principle（PE認定は、形式的な観点だけでなく上記の4原則のすべてを含む実質的な観点から結論づけられなければならない）

3．多数の意見・論考が、OECDに対して、各国の裁判所がコメンタリーの解釈にあたってイタリア最高裁と同様の誤解をなすことのないよう、必要な修正等を行うように要請した。これを受けて2005年改正OECDモデル租税条約コメンタリーは、PE認定に係る5条1（事業を行う一定の場所）及び5（従属代理人）に定めるテストが親会社―子会社関係についても等しく適用されることをパラ41に確認的に規定するとともに、① Group PE/Multiple PE Principleに対してはパラ41.1、② Mere Participation Principleに対してはパラ33、③ Supervision of Control Principle 及び ④ Imputation of Fixed Place PE Principle に対してはパラ42を追加した。
(1)　「恒久的施設」(PE) の本源的な概念である固定的施設（a fixed place of business）とは「事業を行う一定の場所であって企業がその事業の全部又は一部を行っている場所」をいい、OECDモデル租税条約5条コメンタリーパラ2は次のとおり定義する。

① 「事業を行う場所」、すなわち、建物、又はある場合には、機械若しくは設備のような施設の存在。
② 事業を行う場所は「一定」でなければならない。すなわち、それはある程度恒久的な個別の場所に設けられなければならない。
③ この事業を行う一定の場所を通じて企業の事業が行われること。これは、通常、様々な形で企業に従属している者（personnel＝個人）が、その一定の場所が存在する国でその企業の事業を行うことを意味する。

(2) パラ4は、事業を行う場所は「単に、企業の自由になる一定の広さの場所を有するに過ぎない」場合にも存在し得るのであり、建物、設備又は装置が企業によって所有され、賃貸され又はその他の方法で「自由になる」かどうかは重要ではないとする。パラ4は「また、事業を行う場所は、他の企業の事業施設の中にも存在し得る。これは例えば、外国企業が、他の企業の所有する建物又はその一部分を常に利用しているときにいえる」とする。

(3) パラ4.2は、「ある企業が特定の場所に単に存在することは、当該場所が当該企業の自由であることを必ずしも意味しない」と述べ、次の4つの事例を示して説明する。コメンタリーの4つの事例は、いずれも外国企業の従業員（personnel＝個人）が実際に問題の場所に存在していることが条件となっている。すなわち、当該外国企業が問題の場所に自社の従業員を置いていないのであれば、当該外国企業は自由になる場所を有しているとはされないことに留意する必要がある。

① パラ4.6は、OECDモデル租税条約5条1の「を通じて」という文言には、事業活動がその目的のために特定の場所で行われている一切の状況に適用するために、広範な意義が与えられなければならないとする。しかしパラ4.6に示されている事例は、道路舗装に従事している企業に関するものであり、道路の現場で舗装作業に従事

する自社の職員による活動に言及していることに留意する必要がある。

② パラ7は「ある事業を行う場所が恒久的施設となるためには、それを使用する企業が、全部又は一部の事業を、それを通じて行わなければならない」とする。

③ パラ10は「ある企業の事業は、企業家又は企業と有給の雇用関係にある者(職員)によって主に行われる。この職員には、被用者その他当該企業から指示を受ける者(例えば、従属代理人)が含まれる」と説明する。パラ10のこの文言は、上記のパラ2に掲げる基本条件の1つ(すなわち、様々な形で企業に従属している者(personnel＝個人＝職員＝従属代理人である個人)が、その一定の場所が存在する国でその企業の事業を行う)を確認するものである。すなわち、外国企業の「自由になる場所＝固定的施設」を規定する当該企業の者(personnel)とは、企業その他の「法人」ではなく「自然人」のみを指すことに留意されなければならない[126]。

④ パラ10は「ある企業の事業は、企業家又は企業と有給の雇用関係にある者(職員)によって主に行われる」と「主に」という文言を使用しているが、パラ10後段において「主に」という文言の使用は、企業の事業が主に自動設備を通じて行われている状況(企業の職員の活動は当該装置の設置、操作、管理及び維持に限定される)を含む可能性を留保するものとして用いられている。パラ10後段は、機械を設置した企業が自己の計算でそれらを操作し、かつ、維持する

---

[126] Jacques Sasseville, Head Tax Treaty Unit, OECD," Agency Relationship: When Is There a Permanent Establishment?" Bulletin for International Bureau of Fiscal Documentation, Vol. 58, No. 5, May 2004, p. 195、及び、Jerome B. Libin and Timothy H. Gillis, "It's a Small World After All: The Intersection of Tax Jurisdiction at International, National, and Subnational Levels", Georgia Law Review (Fall 2003), 38Ga. L. Rev. 197. p. 213, p. 229, foot note 143

場合には、恒久的施設が存在することになろうとするが、これは、当該企業自身の職員がこの事業を行う一定の場所を通じて当該企業の事業を行うことを求める一般的な要件の限定的な例外を示すに過ぎない。したがって、「主に」という用語の拡大解釈は許されない[127]。

4．上述の OECD モデル租税条約5条コメンタリーにもかかわらず、イタリア最高裁がフィリップモリス事件の審理において「事業を行う一定の場所」を広義に解釈したため、2005年にパラ41、41.1及び42が追加された。

(1) パラ41は「子会社に属する空間又は建物で、親会社の自由になり……。かつ、事業を行う一定の場所を構成しそれを通じて当該親会社が自己の事業を行う場所は、……恒久的施設を構成」するとする。この事例にあっては「親会社が自己の事業を行う」ことを要件としている点に留意することが重要である。すなわち、パラ41の事例も、上記の事例と同様に、親会社の職員である個人が、親会社の事業を遂行する目的のために自由になる子会社の建物において、親会社の事業を行っていることに限定している。

(2) パラ41.1は、パラ41に規定する親子会社間における恒久的施設の認定に関する制限が、多国籍グループを構成する法人間においても同様であることを確認した上で、恒久的施設の認定は法人ごとに決定しな

---

[127] 国境を越えて実施される電子商取引（E-commerce）の急激な発展に関連して、恒久的施設の再定義が問題とされ、OECD に1999年に設置された TAG（Technical Advisory Group）は7年にわたる検討を踏まえて、2005年12月に OECD モデル租税条約に定めるルールに根本的な変更を加える必要はないとする結論の最終報告書（Are the Current Treaty Rules for Taxing Business Profits Appropriate for E-Commerce?）を公開した。電子商取引に係る恒久的施設の認定に係る5条コメンタリーパラ42.1〜42.10を参照。今日の電子商取引の論点は、PE 認定による所得課税でなく、消費課税である。基本文献として、水野忠恒「消費課税と国際取引」『消費税の制度と理論』（弘文堂、1989年）、渡辺智之「国際的サービス取引と消費課税」『消費税の諸問題』租税法研究34号（有斐閣、2006年）62頁。

(3) 実務的により重要な改正はパラ42であり、多国籍グループを構成する法人が自己の事業の一環として当該グループの他の法人に役務を提供する場合に、これを当該他の法人の一定の場所とみなすことができるかどうかについて厳格な制限を設けている。すなわち、パラ42は次のように述べる。

① 多国籍グループを構成する法人に属する建物は、当該グループの他の法人の自由とすることができ、当該他の法人の事業が当該場所を通じて行われる場合には、5条の他の条件を前提として[128]、当該他の法人の恒久的施設を構成することがある。

② しかしながら、このような事例と、ある多国籍グループを構成するある法人が、当該グループの他の法人のものではない建物において自己の職員を用いて行う事業の一環として当該他の法人に役務を提供する、というしばしば見られる状況とを区別することが重要である。

③ この場合、当該役務が提供される場所は当該他の法人の自由にはなく、当該場所を通じて行われるのは当該他の法人の事業ではない。それ故、当該場所は、役務が提供される当該他の法人の恒久的施設であると考えることはできない。

④ 確かに、所定の場所におけるある法人自体の活動が他の法人の事業に対して経済的便益を与えるといっても、それは、当該他の法人が当該場所を通じて自己の事業を行っていることを意味するわけではない。このため、他の国において他の法人が生産する物品又は提

---

[128] 恒久的施設に含まれない準備的・補助的活動（OECD 5④）、又は、代理人 PE（OECD 5⑤）がある。なお、2005年改正コメンタリーは5条パラ33に、ある者がある国においてある企業とある顧客との間の交渉に同席し又は参加したという単なる事実は、それ自体では、当該者が当該国において当該企業の名において契約を締結する権限を行使する代理人 PE に該当すると結論づけるには十分ではない、と追加した。

供する役務を購入するに過ぎない法人は、当該物品の生産又は当該役務の提供から便益を得られるとしても、このような物品や役務の購入によって恒久的施設を有することにはならない、ということは明らかである。

(4) すなわち、パラ42は、①が上述のパラ4～パラ4．2を再確認した上で、②において、ある法人がグループの他の法人に対して、自己の事業として、当該他の法人のものではない建物において、自己の職員を用いて行う役務提供という役務提供事業の基本的な要素を示す。その上で③は、当該役務が提供される場所が当該他の法人の自由にない場合において、当該場所を通じて行われる役務提供は当該他の法人の事業に当たらないことを確認する。そして、④において、所定の場所におけるある法人の活動が他の法人の事業に対して経済的便益を与えるといっても、そのことが当該他の法人が当該場所を通じて自己の事業を行っていることを意味するわけではないことを明確にした上で、他の国において他の法人から役務の提供を受けるに過ぎない法人は、当該役務の提供から便益を得られるとしても、このような役務の提供を受けることによって当該他の国に恒久的施設を有することにはならないことを確認している。

(5) 追加されたパラ42に規定する恒久的施設の認定に関する上記の制限的要件は多国籍企業のグループ会社間の役務提供事例を具体例としているものの、独立の役務提供事業者が外国に所在する顧客に対して役務提供している場合にも同様に適用されることはいうまでもない。独立した事業者が自己の事業として他の法人に役務を提供している場合に、当該役務提供によって便益を受けていることを理由として、当該独立の事業者が役務提供を行っている場所に当該他の法人の恒久的施設を認定することは誤りである。

5．5条コメンタリーパラ1は「恒久的施設の概念は主に、他方の締約国

> の企業の利得に対して一方の締約国の租税を課する権利を決定するために用いられる」ことを確認する。したがって、国際的な事業活動を行っている企業の租税負担に関する法的確実性と予測可能性を提供するためには、OECDモデル租税条約コメンタリーに定める恒久的施設に関する用語の定義と認定の制限に関する規定を尊重することが重要である。フィリップモリス事件に示されるように、ある特定の国の税務当局が恒久的施設の定義を拡大解釈して「実質課税」論を適用し、広義で曖昧な「総合勘案」による判断として、PEの認定に関して国際的に同意されている制限を歪めて解釈し、あるいは無視しようとするならば、国際的経済関係の発展に対する二重課税の阻害要因の除去という租税条約のそもそもの目的に抵触することになる。

(2) 日米租税条約

日米租税条約は、上記のOECDモデル租税条約5条の規定に、12カ月を超える期間存続する「天然資源の探査のために使用される設備、掘削機器若しくは掘削船」を恒久的施設として追加している[129]（日米5③）。

日米租税条約はOECDモデル租税条約と同様に恒久的施設の例示として「事業の管理の場所」を定めているから、米国の居住者が組合員となっている任意組合等に該当する外国ファンドの投資事業の日本における恒久的施設の認定にあたって重要な判断基準となることが指摘されていた[130]。そこで、平成21年（2009年）度税制改正において、事業再生ファンドや不良債権投資ファンドとして知られる投資組合の恒久的施設に関する特例が制定され、立法的に解決されている（第2章③1-3参照）。

---

[129] 東京高裁昭和59年3月14日判決（昭和57年（行コ）第43号）（オデコ大陸棚事件）参照。
[130] 水野忠恒『租税法』（有斐閣、3版、2007年）563頁。

4 OECD モデル租税条約と日米租税条約の各条項の比較検討　203

図表3−2　恒久的施設（PE）検討フロー

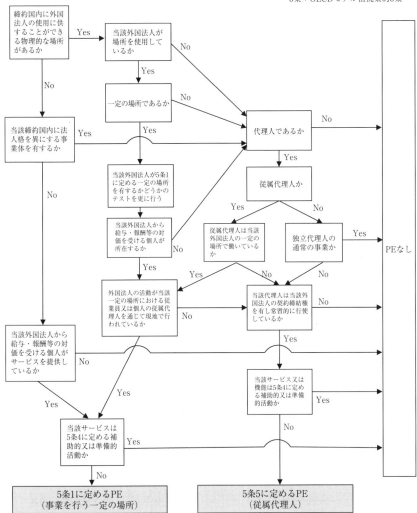

出典：赤松晃「恒久的施設（Permanent Establishment）の認定課税と OECD モデル租税条約コメンタリーの進展」ジュリスト1274号（2004年）201頁。

6.6条　不動産所得

(1) OECD モデル租税条約

不動産の直接使用、賃貸その他のすべての形式による使用から生ずる所得（農林業所得を含む）は、不動産の所在地国が課税管轄権を有する（OECD 6 ①③）。不動産とその所在地国の紐帯（nexus）を理由とする確立した国際租税原則である。すなわち、不動産の所在地国が、租税条約による制限を受けずに、その国内法の定めに従い課税権を行使する。

不動産の定義は当該不動産の所在地国の国内法によるが、船舶及び航空機は、条約の適用上、不動産とみなされない（OECD 6 ②）。

企業の不動産から生ずる所得は、当該企業の恒久的施設の有無にかかわらず、当該不動産の所在地国が課税管轄権を有する（OECD 6 ④）。すなわち、不動産所得は、恒久的施設の有無にかかわらず、また恒久的施設に帰属するか否かにかかわらず、当該不動産が所在する国（源泉地国）が課税管轄権を有する。

不動産の譲渡等による収益は13条（譲渡収益）の適用を受け、不動産により担保された債権の利子は利子所得（OECD 11）の適用を受ける（OECD 6 コメンタリーパラ 2 ）。不動産関連株式等（資産価値の50％超が直接又は間接に相手国の不動産からなる法人の株式等）の譲渡収益は、その不動産の所在地国である相手国にも課税権が認められる（OECD 13④）。これは、株式等の譲渡収益は当該株式の譲渡者の居住地国が排他的に課税権を有するのが原則であるが（OECD 13⑤）、不動産の譲渡に代わって不動産を保有する法人の株式等を譲渡することで、源泉地国である当該不動産の所在地国の課税を回避することを防止する規定である（第 2 章③ 1 - 2 (3)参照）。

（2）日米租税条約

日米租税条約6条の不動産所得条項は、OECDモデル租税条約と実質的に同一である。

7．7条　事業利得

（1）OECDモデル租税条約

7条（事業利得）は、平成22年（2010年）に次のとおり全面改訂（新7条）されている。

1項．一方の締約国の企業の利得に対しては、その企業が他方の締約国内にある恒久的施設を通じて当該他方の締約国内において事業を行わない限り、当該一方の締約国においてのみ租税を課することができる。一方の締約国の企業が他方の締約国内にある恒久的施設を通じて当該他方の締約国内において事業を行う場合には、2項の規定に基づき当該恒久的施設に帰せられる利得に対しては、当該他方の締約国において租税を課することができる。

2項．この条約及び第［23A］［23B］条の適用上、各締約国において1項に規定する恒久的施設に帰せられる利得は、特に当該恒久的施設を有する企業の他の構成部分との取引において、当該恒久的施設が、同一又は類似の条件で同一又は類似の活動を行う分離し、かつ、独立した企業であるとしたならば、当該企業が当該恒久的施設を通じて、及び当該企業の他の部門を通じて遂行した機能、使用した資産及び引き受けた危険を考慮して、当該恒久的施設が取得したとみられる利得とする。

3項．一方の締約国が、2項の規定に基づき、いずれか一方の締約国の

企業の恒久的施設に帰せられる利得の調整を行い他方の締約国において租税を課された利得に対して租税を課する場合には、当該他方の締約国は、当該利得に係る二重課税の排除に必要な範囲で、当該利得に課された租税の額について適当な調整を行う。この調整にあたっては、両締約国の権限のある当局は、必要があるときは、相互に協議する。

4項. 他の条で別個に取り扱われている種類の所得が企業の利得に含まれる場合には、当該他の条の規定は、この条の規定によって影響されることはない。

① 「恒久的施設なければ課税せず」の原則及び帰属主義による事業利得

1項は、事業から生ずる利得に関する源泉地国の課税権について、いわゆる「恒久的施設なければ課税せず」の原則を確認し（5条（恒久的施設）に定める恒久的施設の認定基準に対して何らの変更を加えていない）、併せて、恒久的施設（PE）の事業利得は2項に定める帰属主義により算定すると定める。

恒久的施設に帰属する所得は、その源泉地にかかわらず課税される。恒久的施設を有する場合であっても当該恒久的施設とは無関係に本店が取得する投資所得は、帰属主義の適用を受けて、条約に定める制限税率による所得税の源泉徴収により源泉地国における課税関係が終了する。

② 事業利得の算定は独立企業原則により、国際二重課税排除のため所得源泉地国及び居住地国に等しく適用

2項は、一の企業の内部取引に対して独立企業原則を適用することを定めるとともに、恒久的施設に帰属する利得に関して国際二重課税が発生しないことを担保するため、当該恒久的施設に帰属する利得の算定に適用される独立企業原則は、当該恒久的施設の所在地国にも、当該恒久的施設を有する企業の居住地国にも、同じく適用されると定める。すなわち、こ

の定めにより、恒久的施設の所在地国における国内源泉所得の金額と当該恒久的施設の本店所在地国における国外源泉所得の金額が一致するから、国際二重課税排除の仕組みとしての国外所得免除制度及び外国税額控除制度が機能することになる。

③ 国際二重課税排除のための本支店間における対応的な調整の義務づけと租税条約に定める相互協議の適用

3項は、当該恒久的施設の所在地国による課税に関して、当該恒久的施設を有する企業の居住地国による二重課税の排除に必要な範囲での調整（本支店間の対応的な調整）を義務づけることで国際二重課税排除を確実にならしめるとともに、当該調整にあたり、必要があるときは、両締約国の権限のある当局による相互協議（OECD25）が適用されることを定める。OECDモデル租税条約9条（特殊関連企業）2項に相当する規定である（本章4 9参照）。

④ 他の条の適用に影響しないこと

4項は、旧7項を引継ぎ、他の条で別個に取り扱われている種類の所得が企業の利得に含まれる場合には、当該他の条の規定は、この条の規定によって影響されることはないと定める。4項は、一の企業の内部取引（例えば、支店から本店に対する内部利子の支払いなど）について、租税条約に定める他の規定の適用がない（例えば、内部利子の支払いにあたりOECDモデル租税条約11条（利子）を理由とする源泉所得税の賦課はない）ことを確認する[131]。企業の利得のうち不動産所得（OECD6）、配当（OECD10）、利子（OECD11）、使用料（OECD12）[132]、その他所得（OECD21）など条約の他の

---

131 OECD租税政策・税務行政センター租税条約・移転価格・金融取引課長 Mary C. Bennett「租税条約及び移転価格税制に関するOECDにおける最近の議論と動向について」租税研究740号（日本租税研究協会、2011年）120頁を参照。

条項で別個に扱われている所得は、当該他の条項の適用が優先される（OECD7⑦）。しかしながら、配当（OECD10④）、利子（OECD11④）、使用料（OECD12③）、その他所得（OECD21②）は他方の締約国内にある恒久的施設を通じて行う事業と実質的な関連を有する（effectively connected with）ものであるときは事業利得（OECD7）を適用すると定めているから、結果として帰属主義の適用を受ける事業利得として構成される。この場合には、配当、利子、使用料の各条項に定める所得税の源泉徴収に係る制限税率ではなく国内法に定める税率が適用[133]された上で、申告納税の対象となる。

2010年改訂 OECD モデル租税条約の新7条（事業利得）の意義

1. 2008年7月17日に OECD は「恒久的施設への利得帰属に関する報告書（2008年版）」[134]を公表した。報告書では「機能的分離企業アプローチ（a functionally separate entity approach）」（OECD 承認アプローチ、AOA（Authorized OECD Approach））が最も適当であるとされていた。AOA は、7条の当初の目的や、実務及び解釈の沿革に左右されず、むしろ今日の多国間事業活動や貿易を前提として、7条に基づき恒久的施設に利得を帰属させる上で最も好ましいアプローチとして承認された。OECD は、これまで

---

132 国内法は、機械・装置の使用料（いわゆるリース料）を使用料に含めているが（所法161七ハ、法法138七ハ）、OECD モデル租税条約は事業利得（7条コメンタリーパラ76）としている。
133 当該恒久的施設が適正に申告納税しているなど一定の要件を満たす場合は、源泉徴収免除証明書の発行を受けることで所得税の源泉徴収が免除される（詳細は第1章④2参照）。
134 Report on the Attribution of Profits to Permanent Establishments, 17 July 2008, OECD, Paris
パート1において基本原則を論じ、支店形態で事業を営む法人は、一般に、金融機関が多いことから、業種別の各論としてパート2（銀行業）、パート3（グローバル・トレーディング）、パート4（保険業）の4部構成としている。日本語訳として『恒久的施設への利得帰属に関する報告書（2008年版）』（日本租税研究協会、2010年）がある。

の慣行や既往のコメンタリーに基づく異なった解釈による不確実性を回避し、将来の租税条約や議定書の下で十分にAOAを実行するために、2トラックアプローチを採用した。すなわち、①2008年OECDモデル租税条約の改訂では当時のモデル租税条約7条に抵触しない範囲でのAOAの実施のためのコメンタリーの改正をし、②2008年7月に、別途、2010年のOECDモデル租税条約の改訂においてAOAを完全実施するための7条の改正条文（案）及同コメンタリー案（Discussion draft on a new Article 7 (Business Profits) of the OECD Model Tax Convention）をパブリックコメントに供した[135]。

2. AOAである機能的分離企業アプローチとは、①恒久的施設（支店）を機能分析に基づき分離独立した存在（子会社）と擬制した上で（第一ステップ）、②恒久的施設と企業の他の部署との間の内部取引に対して移転価格ガイドラインを準用した独立企業原則を適用することで恒久的施設に帰せられる利得を算定する（第二ステップ）、という二段階アプローチである。AOAの結実に至るまで、OECDは2001年、2003年、2004年、2005年及び2007年にかけてディスカッション・ドラフトの公開とパブリックヒアリングという検討を重ねた[136]。2008年改正コメンタリーは、恒久的施設を企業全体の一部であると捉え、恒久的施設の関与する事業に関連して生じた企業全体の利得のうちから、その恒久的施設に帰属する部分を算出（利益分割）するという「関連事業アプローチ（a relevant business activity approach）」を明確に否定した。

3. 2010年改訂OECDモデル租税条約において、7条（事業利得）は、全面

---

[135] Mary C. Bennett, The Attribution of Profits to Permanent Establishments: The 2008 Commentary on Art. 7 of the OECD Model Convention, European Taxation September 2008, pp467-471.

[136] 改正の経緯については、OECDモデル租税条約2010年版の7条（事業利得）コメンタリーのI. Preliminary remarksを参照。また、赤松晃『国際課税の実務と理論―グローバル・エコノミーと租税法』（税務研究会出版局、2版、2009年）139～143頁及び引用文献参照。

改訂された。1項（「恒久的施設なければ課税せず」の原則及び恒久的施設への利得帰属は2項の帰属主義によること）及び2項（帰属主義による国際二重課税排除の仕組み）は改正され、旧3項（経費の配賦）、旧4項（慣行による利益の配分の計算）、旧5項（単純購入非課税の原則）及び旧6項（所得計算方法の継続適用）は削除され、3項（本支店間の対応的調整）が新設され、旧7項（本条は他の条の規定に影響せず）は4項として付番されている。同時に「恒久的施設への利得帰属に関する報告書（2010年版）」[137]が公表されている（本章④7⑴参照）。

4. 平成22年11月9日の税制調査会専門家委員会の「国際課税に関する論点整理」[138]は「我が国は、外国法人に対する課税に関し、国内法においていわゆる『総合主義』を長年採用している一方、租税条約においては『帰属主義』を採用しており、いわば二元体制が並存している。帰属主義を明記した今回（2010年）のOECDモデル租税条約の改定は、今後の我が国を含めたOECD加盟国の条約締結・改正交渉に直接影響を及ぼすだけでなく、国内法を総合主義から帰属主義に見直す契機を与えている。なお、帰属主義に改める場合には、あわせて、適正な課税を確保するために必要な法整備についても検討する必要がある」（Ⅱ国際課税に関する中長期的な課題、2．非居住者及び外国法人の課税ベース──帰属主義への見直し──のあり方）と課題を提起した。

これを受けて平成23年（2011年）度税制改正大綱は「非居住者及び外国法人に対する課税原則について……国内法をいわゆる『総合主義』から『帰属主義』に見直すとともに、これに応じた適切な課税を確保するために必要な法整備を検討する必要性」について具体的な検討を進める必要がある（第2章 各主要課題の平成23年度での取組み、8.国際課税、（2）今後の改革の方向性）としていた。

---

137 Attribution of Profits to Permanent Establishments, OECD, Paris, 2010
138 内閣府の税制調査会のHPから入手できる。

④ OECD モデル租税条約と日米租税条約の各条項の比較検討　211

5．平成25年（2013年）10月24日税制調査会第1回国際課税ディスカッショングループ資料の財務省参事官「国際課税原則の総合主義（全所得主義）から帰属主義への見直し」（2013年10月）[139]は、基本方針として「非居住者及び外国法人（外国法人等）に対する課税原則については、いわゆる総合主義（全所得主義）に基づく規定を国内法上採用していたところであるが、外国法人等のPE帰属所得に関するOECDモデル租税条約の改正を踏まえ、①事業所得の課税範囲として多くの国により受け容れられているPE帰属所得の概念を導入することによる二重課税・二重非課税の緩和、②租税条約との整合性といった観点から、我が国国内法における外国法人等の課税原則を、帰属主義に沿った規定に見直すことが適当と考えられる」としたうえで、論点整理を行った。

6．平成26年（2014年）度税制改正において、非居住者・外国法人に対する課税原則が、従来の「総合主義」から2010年に改訂されたOECDモデル租税条約の新7条に定めるAOAにそった「帰属主義」に改められた。改正法では、恒久的施設帰属外部取引（改正法法146の2①、改正法規62の2）、内部取引（改正法法146の2②、改正法規62の3）及び本店配賦経費（改正法法142の7①、改正法規60の10）に関する文書化が規定された。これらの文書化規定は、恒久的施設を本店等から分離・独立した存在（子会社）と擬制して、税務上、恒久的施設に帰属すべき資産、リスク、資本等を特定し、内部取引を認識するためのものである（第一ステップ）。内部取引に係る恒久的施設帰属所得の算定にあたっては移転価格税制と同様の考え方に基づく文書化規定（第二ステップ）と推定課税規定が定められている（改正措法66の4の3⑪による66の4⑥の準用）。なお、内部取引に係る販売費、一般管理費その他の費用には本店配賦経費も含まれ、本店配賦経費は費用配賦に関する文書化がされていない場合

---

[139] 平成25年10月24日税制調査会第1回国際課税ディスカッショングループ資料

は損金算入が認められないが、宥恕規定が定められている（改正法法142の7②）[140]。新制度は、平成28年（2016年）4月1日以後に開始する事業年度の法人税（所得税は平成29年（2017年）分以後）について適用される。新制度については、第1章③1-1を参照）。

　脱稿後、日本にとって最初の新7条型（外国法人・非居住者の支店等（恒久的施設）に帰属する事業利得に対する課税について、本支店間の内部取引を認識し、独立企業原則を適用して恒久的施設に帰属する利得を計算することを規定）の租税条約となる英国との改正議定書が、平成26年（2014年）12月12日（外交上の公文の交換の日の後30日目の日）に発効することが財務省より報道発表されている。

（2）日米租税条約

　日米租税条約7条は、基本的にOECDモデル租税条約7条にそった規定を有する。

①　国内法に定める総合主義を帰属主義に修正

　OECDモデル租税条約の新7条に基づく帰属主義への見直しを行った平成26年（2014年）度税制改正前の国内法では、日本に1号PE（事業を行う一定の場所）を有する場合には、国内源泉所得である配当・利子・使用料等の投資所得が当該恒久的施設に帰属するか否かを問わずすべてを合算して課税する総合主義を採用している（第1章④2参照）。しかし、租税条約は、日米租税条約（日米7①）をはじめとして帰属主義を採用し国内法を修正している。

　日米租税条約議定書4は、帰属主義の適用に関して、恒久的施設を通じ

---

[140] 財務省主税局参事官「国際課税原則の総合主義（全所得主義）から帰属主義への見直し」（2013年10月）12〜13頁。

た事業を閉鎖した後であっても、例えば、当該恒久的施設に係る資産の譲渡などから取得した利得は当該恒久的施設に帰属する所得であることを確認する。また議定書 8 は、債券の品貸料、保証料、融資枠契約に係るコミットメントフィーについて受益者 (Beneficial Owner)[141]の居住地国のみが課税管轄権を有することを確認しつつ、当該受益者の恒久的施設を通ずる事業に帰属する場合には当該恒久的施設の所在地国の課税に服することを定める。

② 本支店間内部取引における独立企業原則の適用の確認

日米租税条約交換公文 2 は、恒久的施設に帰属する所得の決定にあたり、次を確認する。

イ 当該恒久的施設をあたかも子会社として擬制し、本支店間内部取引について親子会社間（関係会社間）取引の場合と同様に独立企業原則を適用する。

ロ 金融機関（保険業を除く）の恒久的施設に帰属する所得の計算にあたっては、当該恒久的施設に帰属する金融資産やリスクに応じて実際の資本を配分して支店に帰せられる資本（無償資本：free capital）を認定するという、いわゆる機能的分離企業アプローチを確認している[142]。

後述するように、日米租税条約10条（配当）及び11条（利子）は、米国の支店利益税 (IRC Sec. 884 (a) Branch Profit Tax) 及び支店利子税 (IRC 8848 (f) Branch Level-Interest Tax) を認容している[143]。日本は、国内法上、支店

---

141 名義人等ではなく租税条約の特典（減免）を受けられる居住者をいう。川端康之「租税条約における受益者の意義と機能」碓井・小早川・水野・中里『金子宏先生古希祝賀　公法学の法と政策（上）』（有斐閣、2000年）361頁参照。日米条約及び日英条約は、特典が認められるのは、形式的な所得の受領者ではなく、当該所得が実質的に帰属する者すなわち受益者に限定している。

142 銀行業における支店から本店に対する支払利子の支店における損金算入額を規制する「無償」資本の概念について、OECD『恒久的施設への利得帰属に関する報告書』（日本租税研究協会、2008年）「パート II：OECD 承認アプローチを銀行の恒久的施設（PE）へ適用することに関する特別な考察」参照。

利益税及び支店利子税に相当する法令を有しないから、日本の企業の米国支店だけが米国国内法により課税を受けるという片務的状況が生じることになる。日米租税条約24条5は、これらの片務的課税関係をもたらす規定（日米10⑨、11⑩）自体は、条約の無差別取扱いに違反しないことを確認した上で、支店利益税については免税親子間配当と類似の要件を満たす場合に免税（日米10③④⑨）、支店利子税については金融機関の利子について免税（日米11③④⑩）と定めることで、双務的に免税となる実質を達成している。

独立企業原則と日米租税条約の関係条項

1. 日本の法人税法139条は、外国法人が納税義務を負う国内源泉所得について、国内法にかかわらず、条約に定めるソース・ルールによることを定めている。日米租税条約交換公文2は、恒久的施設に帰属する所得の計算が条約9条に定める独立企業原則の適用によることを明示的に確認している。

2. 日米租税条約7条2は「当該恒久的施設が取得したとみられる利得が、各締約国において当該恒久的施設に帰せられるものとする」と規定するいわゆるshall clauseであり条約締約国に対する義務づけ規定である[144]。したがって、5条により恒久的施設が認定される場合には、独立企業原則を定める9条がいわゆるmay clauseであるにせよ、7条2による恒久的施設に帰属すべき所得は独立企業原則に従って算定されなけ

---

143 支店利益税及び支店利子税について、水野忠恒「外国法人の支店に対する課税」金子宏編『所得課税の研究』325～353頁（有斐閣、1991年）（水野忠恒『国際課税の制度と理論―国際租税法の基礎的考察―』［有斐閣、2000年］所収109頁）参照。

144 条約の用語としてのmay clause（課税権の付与）及びshall clause（減免などの義務づけ）の意義について、小松芳明「所得課税の国際的側面における諸問題―国際租税法の在り方を考える」『国際租税法の最近の動向』租税法研究 21号（有斐閣、1993年）10～13頁。

ればならない。このことについて、交換公文2は「恒久的施設に帰せられる利得を決定するために条約第9条1に定める原則を適用することができることが了解される」と確認する。更に、交換公文3が、独立企業原則の具体的適用にあたっては、国内法ではなく、OECD移転価格ガイドラインによることを定めている。

3．条約の解釈にあたってはOECDモデル租税条約コメンタリー、及び、条約法条約31条1に定める「文脈により、かつその趣旨および目的に照らして与えられる用語の通常の意味に従い、誠実に解釈する」のが日本の裁判所の基準である[145]。

4．2010年改訂OECDモデル租税条約の新7条に基づく平成26年（2014年）度税制改正における帰属主義への見直しにより、租税条約の締結国及び租税条約非締結国の非居住者・外国法人の恒久的施設帰属所得の計算において本店等との内部取引（内部債務保証取引及び内部再保険を除く）に係る益金・損金を独立企業原則に従い認識することとなった。しかしながら、内部取引を認識しないとする定めを有する旧7条型の租税条約締結国との関係では、改正法の施行後においても、無形固定資産の使用料等及び一般事業会社の内部利子を含むすべての内部取引（現行法において損金算入が認められている外国銀行等の内部利子を除く）を認識しないとする従前の取扱いが継続される（改正所法162②、改正法法139②）。

---

[145] 条約の解釈基準に関する判例について、国際法事例研究会『日本の国際法事例研究(5)条約法』（慶應義塾大学出版会、2001年）124頁以下。租税判例におけるOECDモデル租税条約コメンタリーの意義について、赤松晃『国際租税原則と日本の国際租税法―国際的事業活動と独立企業原則を中心に―』（税務研究会出版局、2001年）「第5章　租税条約の解釈適用と国内租税法」。

③ PEに帰属する所得の推計課税の容認

日米租税条約7条は、OECDモデル租税条約の新7条にそった規定を有するのは上記のとおりであるが、4項において「十分な課税情報が得られない場合の利益決定方法」として日本の国内法に定める推計課税（所法156、168、法法131、147）又は推定課税（措法66の4⑥）の適用[146]を容認しているところに特徴がある。しかしながら、推計課税又は推定課税は、当該納税義務者から提供された情報を基礎として独立企業原則に適合するように行わなければならないと定める（日米7④ただし書）。

★ 帰属主義への見直しを行った平成26年（2014年）度税制改正において、外国法人の本店等と恒久的施設との内部取引の対価とした額が独立企業間価格と異なる場合、移転価格税制と同様の考え方に基づき、恒久的施設帰属所得が過少となっている場合についてのみ取引価格を独立企業間価格に引き直して恒久的施設帰属所得を増額調整することとされ、更正期限を延長する特例、同業者に対する質問検査権及び推定課税についても、移転価格税制と同様としている（改正措法66の4の3）。詳細は第1章③1-1を参照。

8．8条　国際運輸業所得

船舶又は航空機による国際運輸業は多くの国や公海・空を通過して運行されている。そのため、その運行から生ずる所得の算定を関係国間で統一することは困難であると認識され[147]、また、国際運輸の円滑化と促進を図る観点から、国際運輸業者の恒久的施設が存在している場合であっても、その所在地国（源泉地国）で課税しない（相互免除）という国際慣行が成立している。日本も第二次世界大戦前から租税条約とは別に「外国人等の国際運輸業に係る所得に対する相互主義による所得税等の非課税に関する法律」（昭和37年5月25日法律144号による大正13年法律6号の全部改正）に基

146　水野忠恒『租税法』（有斐閣、5版、2011年）56～59頁、63～64頁、614～615頁。
147　日本の国際運輸業に係る国内源泉所得の算定方法は収入金額等を要素とする利益分割法を定める（所令279　①四、法令176　①四）。

づき相互主義により所得課税を免除している。

図表3-3 国際運輸業所得の国内法による相互免除

国　名	非課税所得	税目
アメリカ合衆国	アメリカ合衆国の居住者が営む船舶又は航空機による国際運輸業に係る所得	所得税、法人税及び事業税
オランダ王国	オランダ王国に登録されている船舶による国際運輸業に係る所得	所得税、法人税、住民税及び事業税
アルゼンチン共和国	アルゼンチン共和国の企業が営む船舶又は航空機による国際運輸業に係る所得	所得税及び法人税
レバノン共和国	レバノン共和国の居住者が営む船舶又は航空機による国際運輸業に係る所得	所得税、法人税、住民税及び事業税
イラン・イスラム共和国	イラン・イスラム共和国の法人が営む航空機による国際運輸業に係る所得	所得税及び法人税
台湾	台湾の企業が営む船舶又は航空機による国際運輸業に係る所得	所得税、法人税、住民税及び事業税
アラブ首長国連邦	アラブ首長国連邦の居住者が営む船舶又は航空機による国際運輸業に係る所得	所得税、法人税、住民税及び事業税
カタール国	カタール国の居住者が営む船舶又は航空機による国際運輸業に係る所得	所得税、法人税、住民税及び事業税

(1) OECDモデル租税条約

　国際運輸業（内陸水路運輸業を含む）を営む企業の「実質的管理の場所が存在する締約国」のみが課税管轄権を有し、恒久的施設の存在にかかわらず源泉地国における課税管轄権を排除している（OECD 8 ①②）。共同計算等（運賃のプール、路線又は航路の共同運航などの国際提携）の場合にお

いても同様である（OECD 8 ④）。なお、裸用船の賃貸を業とする企業は、事業利得条項の適用を受ける（OECD 8 コメンタリーパラ 5）。

（2）日米租税条約

日米租税条約 8 条は基本的に OECD モデル租税条約 8 条と同一であり、国際運輸業を営む企業の居住地国のみが課税権を有すると定める（日米 8 ①）。国際運輸業の対象は定期用船であるが、付随的な一時の裸用船の賃貸による利得、国際運輸業の一部として行われる国内運送による利得も国際運輸業所得に含まれる（日米 8 ②）[148]。なお、地方税（州税）も実質的に相互免除している（日米 8 ③、交換公文 1）。

国際運輸に使用されるコンテナー（運送のためのトレーラー、はしけ、関連設備を含む）の使用、保持又は賃貸による利得も国際運輸業所得として取り扱われる（日米 8 ④）。上記の 8 条①〜④の規定は共同計算等の場合も同様に適用される（日米 8 ⑤）。

なお、国際運輸に運用する船舶又は航空機の譲渡収益、及び、国際運輸に使用されるコンテナーの譲渡収益については居住地国のみが課税管轄権を有することが、譲渡収益条項に規定されている（日米13 ⑤⑥）。

9. 9 条　特殊関連企業

特殊関連企業間の取引においては、独立した企業間の取引と異なり、価格を操作することで所得移転が行われる可能性がある。例えば、日本の親会社が外国の販売子会社に対して独立企業間価格と比べて低い価格で製品

---

[148] 東京地裁昭和57年 6 月11日判決（昭和52年（行ウ）第71号）に関する川端康之「68. 国際運輸業所得—旧日米租税条約における船舶の運用によって取得する所得の意義」『租税判例百選＜ 4 版＞』別冊ジュリスト178号(2005年)134頁、宮武敏夫「46. 国際運輸業所得—旧日米租税条約における船舶の運用によって取得する所得の意義」『租税判例百選＜ 3 版＞』別冊ジュリスト120号（1992年）94頁を参照。

を輸出している場合は、その分だけ外国の販売子会社の所得が増大することになる。日本の親会社が外国の製造子会社から製造製品を独立企業間価格と比べて高い価格で輸入する場合も同様に、その分だけ外国の製造子会社の所得が増大することになる。このような場合、関係会社間の取引価格（移転価格）に基づき申告を行っている日本の親会社に対して、独立企業間価格に基づいて所得を再計算（増額）するというのが日本の移転価格税制である（第6章参照）。今日では、多くの国が、国内法上、適正な租税負担を求める移転価格税制を設けており、移転価格税制に関する租税条約上のルールを定めるのが特殊関連企業条項である。

OECDは、2010年7月22日に「移転価格ガイドライン（2010年版）」[149]を公表した。1995年の旧ガイドライン採択・公表以来の初めての大改正である。主要な改正点は、①取引単位営業利益法（TNMM）の移転価格算定方法における位置づけ、②取引単位営業利益法の適用に関する指針の整備、③第3章として比較可能性分析の新設である[150]。第9章として「事業再編に係る移転価格の側面」が新設されている。

平成23年（2011年）度税制改正は、上記の2010年改訂の OECD 移転価格ガイドラインを踏まえて、次のとおり対応した（第6章①参照）。

(1) 法改正によるもの（事業再編については今後の課題とされた）
① 独立企業間価格の算定方法の適用優先順位の廃止と最も適切な方法の採用（措法66の4②）
② 比較利益分割法、寄与度利益分割法及び残余利益分割法を法令で明確化（措令39の12⑧一イ～ハ）

---

149 OECD Transfer Pricing Guidelines for Multinational Enterprises and Tax Administrations2010, OECD, Paris
『OECD 移転価格ガイドライン「多国籍企業と税務当局のための移転価格算定に関する指針」2010年版』日本租税研究協会（2011年）。
150 改正の内容について、倉内敏行・監修岡田至康「OECD 諮問委員会（BIAC）を巡る最近の状況　OECD 移転価格ガイドライン第1章～第3章の改定」国際税務30巻10号（2010年）90頁参照。

(2) 運用によるもの
① 国外関連取引の価格等がレンジの中にある場合には移転価格課税を行わないこと（措通66の4(3)-4）
② レンジの外にある場合には比較対象取引の平均値に加え、その分布状況等に応じた合理的な値を用いた独立企業間価格の算定もできること（移転価格指針3-5）
③ シークレット・コンパラブル（類似の取引を行う第三者から質問検査等により入手した比較対象取引についての情報）の運用の明確化（移転価格指針2-5）

(1) OECDモデル租税条約

① 移転価格税制

特殊関連企業間の取引が独立企業原則に従ってなされていないと判断した場合、各締約国は当該取引を独立企業間価格に引き直して課税することができる（OECD 9①）。

② 対応的調整

一方の締約国が移転価格課税を行うと、同一の所得が双方の締約国において二重に課税されることになる（国際二重課税）。二重課税の排除のために、他方の締約国に対し、両締約国が合意した独立企業間価格に基づき所得の減額調整（対応的調整）を義務づける（OECD 9②）。二重課税の排除を目的とした権限のある当局による相互協議が行われる（OECD25）。権限のある当局の相互協議の合意の成立により、二重課税排除のための対応的調整（独立企業間価格に基づく所得の減額調整）が実施される。近時、新興国との相互協議において国際二重課税の救済が機能しない状況が顕在化している。平成25事務年度の相互協議申立て件数197件のうち45件（約23％）、繰越件数379件のうち111件（約29％）をOECD非加盟国が占める（詳細は第6章 6 1(4)参照）。

④ OECD モデル租税条約と日米租税条約の各条項の比較検討　221

★　帰属主義への見直しを行った平成26年（2014年）度税制改正において、外国法人の恒久的施設帰属所得の算定は移転価格税制と同様の考え方に基づくのであるが（改正措法66の4の3）、相手国等において課税が行われた場合に、租税条約に基づく対応的調整により恒久的施設帰属所得の減額を行うことが整備されている（改正実特法7①）。また、内国法人の本社と国外事業所等との内部取引につき国外事業所等の相手国等において国外事業所等帰属所得に係る所得につき追徴課税が行われた場合に、外国税額控除制度の国外所得金額の計算目的上、移転価格税制と同様に（改正措法67の18）、租税条約に基づく相互協議の合意があった場合の対応的調整に関する規定が整備されている（改正実特法7②）。

（2）日米租税条約

　日米租税条約9条はOECDモデル租税条約9条にそった規定を有する。議定書5は、条約に定める独立企業原則の適用にあたって比較法を用いることを確認するとともに、比較可能性の判定に影響を与える要因を例示する。また、交換公文3は、両締約国の税務当局が移転価格調査及び事前確認（APA：Advance Pricing Arrangement）の執行にあたってOECD移転価格ガイドラインを遵守することを確認し、国内法に定める移転価格税制はOECD移転価格ガイドラインと整合的である限りにおいて適用されると定める。

　なお、日米租税条約9条3は移転価格課税の期間を7年間に制限しているが、日本の国内法上の移転価格課税に係る更正・決定の期間制限は法定申告期限から6年間であるので（措法66の4⑮）、日本は条約により制限を受けない。

10.　10条　配　　当

（1）OECD モデル租税条約

　配当に対しては、居住地国と源泉地国のいずれも課税権を有する

(OECD10 ①)。条約により源泉地国における所得税の源泉徴収の税率は、25％以上の直接所有関係にある親子会社間配当は5％、その他は15％に制限される（OECD10 ②）[151]が、条約の特典を受けられる居住者は、名義人等の形式的な受領者でなく、受益者（Beneficial Owner）に限定される。

なお、配当とは、分配を行う法人が居住者とされる国の税法上において株式から生ずる所得と同様に取り扱われるものをいう（OECD10 ③）。

その支払いの基因となった株式等が、受益者が源泉地国に有する恒久的施設と実質的な関連を有する場合は、事業利得条項（OECD 7 ）の適用を受け、恒久的施設の申告納税の対象となる（OECD10 ④）。

また、追い掛け課税（相手国の居住者である法人が支払う配当又は当該法人に留保された所得に対し、それらの自国源泉に対応する部分につき追い掛けてみなし配当に類する課税）の禁止を定めている（OECD10 ⑤）。

OECDモデル租税条約コメンタリーは、パス・スルーエンティティとしての不動産投資信託（REIT）からの分配金に関して、①持分が10％以下の少額の投資家の場合はポートフォリオ配当（配当に対する源泉所得税の限度税率の適用により源泉地国での課税関係は終了）として取り扱い、②持分が10％を超える多額の投資家によるREITに対する投資は不動産に対する直接投資に代わるものであるとして源泉地国に不動産所得としての課税権を認めることを定める租税条約のオプション規定を定める（OECD10 コメンタリーパラ67. 1 ～67. 7 ）。

---

151 日仏租税条約10条 2 (c)、日米租税条約10条 3 、日英租税条約10条 3 は一定の株式保有要件を満たす適格居住者について源泉地国で免税としている。また、日仏租税条約10条 4 、 5 は、同国のインピュテーション制度に係るタックス・クレジットを日本の居住者に供与する定めがある（詳細は、小沢進『租税条約の実務』（財経詳報社、初版、1990年）56～66頁）。インピュテーション制度とは、受取配当に加え、当該受取配当に対応する法人税額の全部又は一部に相当する金額を個人株主の所得に加算（グロスアップ）した上で所得税額を算出し、そこから配当に対応する法人税額相当額を控除することにより、配当に係る法人と個人の二重課税を排除する制度である。法人税と所得税の統合の方式としてのインピュテーション制度について、水野忠恒『租税法』（有斐閣、 5 版、2011年）319～320頁。

(2) 日米租税条約

　日米租税条約10条は基本的にOECDモデル租税条約10条にそった規定を有するが、源泉地国における所得税の源泉徴収の税率を次表のとおり大幅に制限している（日米10①②③）。

	日米	OECD
親子会社間配当	免税 （議決権のある株式の持株割合50％超、かつ、12カ月間の継続保有）	
	5％ （上記以外のもの、かつ、持株割合10％以上50％以下）	5％ （持株割合25％以上）
ポートフォリオ配当 （上記の親子会社間配当以外のすべての配当）	10％	15％

　(注)　2013年改正議定書では、親会社の子会社株式の保有割合が「50％超」から「50％以上」に引き下げられるとともに、保有期間が「12カ月」から「6カ月」に短縮された（2013年改正議定書による日米10③(a)）。

　日米租税条約は、OECDモデル租税条約と比べて、次の規定を有する。
① 居住地国において租税が免除されている年金基金（日米3①(m)、議定書3）を受益者とする配当に関する源泉地国免税を定める（日米10③(b)）。
② ペイ・スルー法人[152]が支払う配当については、原則として租税条約に定める減免規定の適用はなく国内法どおり課税される（日米10④⑤、議

152　設立国の税法に基づく課税所得の計算上、支払配当の損金算入が認められている法人をいう。日本では、特定目的会社（措法67の14）、投資法人（措法67の15）、特定目的信託（措法68の3の2）、特定投資信託（措法68の3の3）が該当する。

定書6）。日本国内の不動産投資割合が50％以下、又は、50％超の場合であってもポートフォリオ投資である場合、あるいは年金基金が受益者（Beneficial Owner）であるなど一定の場合は条約の減免の適用がある[153]。

③　米国の支店利益税（支店の利益のうちの配当相当額について30％の税率により所得税を源泉徴収）を、支店と子会社との課税関係を均一化するもの（資本輸入の中立性）として条約上認容し、制限税率を親子会社間配当と同じ5％とする（日米10⑩）。日本は、国内法上、支店利益税（IRC Sec. 884（a）Branch Profit Tax）に相当する法令を有しない。したがって、日本の企業の米国支店だけが米国国内法により課税を受けるという片務的状況が生ずることになる。日米租税条約24条5は、片務的課税関係をもたらす規定（日米10⑨）自体は、条約の無差別取扱いに違反しないことを確認した上で、免税親子会社間配当と類似の要件を満たす場合に免税と定める（日米10⑨）ことで、双務的に免税となる実質を達成している。

④　優先株式等に係る導管取引（受領者が支払いを受けた所得と同種の所得を第三国居住者に対して支払う同等の優先株を発行するなどの仕組取引）による条約濫用の防止規定としての条約特典の不適用条項を定める（日米10⑪）。

11. 11条　利　子

（1）OECD モデル租税条約

利子は、居住地国と源泉地国のいずれも課税権を有する（OECD 11①）。条約により源泉地国における所得税の源泉徴収の税率は10％に制限

153　詳細については、浅川雅嗣編著『コンメンタール改訂日米租税条約』（大蔵財務協会、2005年）106～110頁。

される（OECD 11②）が、条約の特典を受けられる居住者は、名義人等の形式的な受領者でなく、受益者（Beneficial Owner）に限定される。

　利子とは、すべての種類の信用に係る債権から生ずる所得をいい（担保の有無及び債務者の利得の分配を受ける権利の有無を問わない）、公社債から生ずる所得（償還差益を含む）も含まれる（OECD11③）。したがって、国内法上、国内源泉所得として規定されている1号利子（国債、地方債、内国法人の発行する債券又はCP（コマーシャル・ペーパー）の償還差益・発行差金、非事業用の一般消費貸借利子など）、4号利子（国債、地方債の利子又は内国法人の債券の利子、預貯金の利子、合同運用信託・公社債投資信託・公募公社債等運用投資信託の収益の分配）、6号利子（事業用の貸付金利子）のすべてが含まれる。国内法上、貸付金利子（6号利子）はいわゆる使用地主義を採用しているが、租税条約により債務者主義に修正される（OECD11⑤、所法162、法法139）。

　その支払いの基因となった債券が、受益者が源泉地国に有する恒久的施設と実質的な関連を有する場合は、事業利得条項（OECD 7）の適用を受け、恒久的施設の総合課税の対象となる（OECD11④）。

　上記のとおり利子の所得源泉地は、その支払者の居住地国にあるとする債務者主義を原則とする。しかしながら、一方の締約国に所在する恒久的施設を通じて行う事業に実質的に関連する債務に係る利子であって、かつ、その利子が当該恒久的施設によって負担されている場合は、当該恒久的施設の所在地国である当該一方の締約国に所得源泉があるとし債務者主義を修正する（OECD11⑤）。なお、恒久的施設が第三国にある場合は、この規定の適用を受けないから、債務者主義の原則に戻る。

　独立企業間価格を超過する利子については租税条約の特典である限度税率の適用がなく、源泉地国の税率が適用される（OECD11⑥）。

(2) 日米租税条約

日米租税条約11条は基本的に OECD モデル租税条約11条と同様の規定を有するが、次の特徴を有する。

① 金融機関等・年金基金が受益者となる利子について、源泉地国における免税を定める（日米11③④）[154]。議定書3は、米国の年金基金に関し、退職年金積立金の課税及び法人課税信託について、明示的に免税を定める。

② 利子の所得源泉地について債務者主義を原則としつつ、一方の締約国に所在する恒久的施設を通じて行う事業に実質的な関連を有する債務に係る利子であって、かつ、その利子が当該恒久的施設によって負担されている場合は、当該恒久的施設の所在地国である当該一方の締約国に所得源泉があるとして債務者主義を修正する定めは OECD モデル租税条約と同じであるが（日米11⑦(a)）、恒久的施設が第三国にある場合は、日本又は米国のいずれの締約国にも所得源泉がないと規定する（日米11⑦(b)）。当該恒久的施設の所在地国である第三国に所得源泉地があるとするこの規定により、債務者の所在地国と当該恒久的施設の所在地国との二重の源泉地国課税を排除している。

③ 独立企業間価格を超過する利子について、源泉地国における源泉徴収の税率を5％に制限している（日米11⑧）。

④ 米国の支店利子税（支店によって現実に支払われた利子を超えて支店の所得計算上控除できる支払利子を、本店から支店に対する貸付利子とみなして30％の税率により所得税を源泉徴収）を、支店と子会社との課税関係を均一化するもの（資本輸入の中立性）として条約上容認し、10％の制限

---

[154] 財務省2004年5月21日「日米租税条約の利子条項に関する討議の記録について」、及び、権限のある当局の覚書である平成17年12月27日「日米租税条約の投資銀行の受取利子に対する免税に係る実務上の取扱いについて」参照。

税率を適用する（日米11⑩、交換公文2）。日本は、国内法上、支店利子税（Branch Level-Interest Tax：IRC 8848 (f)）に相当する法令を有しない。したがって、日本の企業の米国支店だけが米国国内法により課税を受けるという片務的状況が生じることになる。日米租税条約24条5は、片務的課税関係をもたらす規定自体は、条約の無差別取扱いに違反しないことを確認した上で、金融機関の利子について免税と定める（日米11③④）ことで、双務的に免税となる実質を達成している。

⑤ 利子に係る導管取引（第三国の居住者による条約特典を目的とするback to back financeによる条約の濫用）の防止規定としての条約特典の不適用条項を定める（日米11⑪）。

2013年改正議定書では、利子に対する源泉地国での課税が原則として免除され、利子の受益者の居住地国においてのみ課税することとされた（日米11①）。これに関連して、支店利子税についても源泉地国での課税を免除することとされた。なお、利子の源泉地国免税を利用した租税回避行為を防止する等の観点から、利子に対する源泉地国免税の例外として、利益連動型の利子及び不動産担保債権の利子については、源泉地国で課税できることとされた（日米11②(a)(b)）。利子に対する源泉地国での課税が原則として免除されたことに伴い所要の条約文の整備がなされている。

12. 12条　使　用　料

(1) OECDモデル租税条約

　一方の締約国（源泉地国）内において生じた使用料は、他方の締約国である居住地国が排他的に課税権を有し、源泉地国で免税とされる（OECD12①コメンタリーパラ5）。条約による特典を受けられる居住者は、名義人等の形式的な受領者でなく、受益者（Beneficial Owner）に限定される。

使用料とは、「文学上、美術上若しくは学術上の著作物（映画フィルムを含む）の著作権、特許権、商標権、意匠、模型、図面、秘密方式若しくは秘密工程の使用若しくは使用の権利の対価として、又は産業上、商業上若しくは学術上の経験に関する情報の対価として受領するすべての種類の支払金」をいう（OECD12②）。

したがって、使用料に係る源泉所得税に関する所得税法161条7号イ（工業所有権等の使用料又はその譲渡対価）及びロ（著作権の使用料又はその譲渡対価）を含むが、ハ（機械等の使用の対価）は使用料には含まれず事業利得条項（OECD7）の適用を受ける（OECD7コメンタリーパラ76）。

コメンタリーは、使用料の定義に関し、次を明らかにしている。

・知的財産の権利の譲渡が個別の独立した財産の譲渡に当たる場合は使用料（12条）でなく事業利得（7条）又は譲渡収益（13条）（OECD 12コメンタリーパラ8.2）
・排他的販売権の取得の対価は事業利得（OECD 12コメンタリーパラ10.1）
・いまだ存在しない意匠、模型や図面の開発に係る対価は事業利得であるが、他方、開発済みの意匠、模型や図面に係る著作権の使用の対価は使用料（OECD 12コメンタリーパラ10.2）
・一般に利用可能な情報から作成される潜在的顧客リストの対価は事業利得であるが、商業上の経験に基づいて作成される秘密の顧客リストの対価は使用料（OECD 12コメンタリーパラ11.4）
・流通販売業者がソフトウェアのプログラムの複製物を頒布するのに必要な権利の対価は事業利得（OECD 12コメンタリーパラ14.4）

なお、その支払いの基因となった権利又は財産が、受益者が源泉地国に有する恒久的施設と実質的な関連を有する場合は、事業利得条項（OECD7）の適用を受け、恒久的施設の申告納税の対象となる（OECD12③）。

2010年改訂OECDモデル租税条約のコメンタリーは、共用通信取引に

係る衛星中継機器のリース対価（OECD12コメンタリーパラ9.1）やローミング契約に基づく対価（OECD12コメンタリーパラ9.2）の支払いは使用料に該当しないことを示す。

独立企業間価格を超過する使用料については租税条約の特典である源泉地国免税の適用がなく、源泉地国の税率が適用される（OECD12④）。

(2) 日米租税条約

日米租税条約12条は、日本が使用料につきOECDモデル租税条約12条に従い源泉地国の免税を容認する最初の条約例である。OECDモデル租税条約と比べて、次の特徴を有する。

① 使用料の範囲に、映画フィルムに加えてラジオ放送用又はテレビジョン放送用のフィルム又はテープを著作物として明示している[155]（日米12②）。
② 独立企業間価格を超過する使用料について、源泉地国における源泉徴収の税率を5％に制限している（日米12④）。
③ 使用料に係る導管取引（第三国の居住者による条約特典を目的とするback to back arrangementによる条約の濫用）の防止規定としての条約特典の不適用条項を定める（日米12⑤）。

13. 13条 譲渡収益（Capital Gain）

(1) OECDモデル租税条約

譲渡収益は、原則として譲渡者の居住地国が排他的に課税管轄権を有する（OECD13⑤）。しかし、次の①〜④の特定の資産の譲渡については、

---

[155] 東京高裁平成9年9月25日判決（平成6年（行コ）第69号）全米女子オープン事件参照。

各々の定めによる。

① 相手国の不動産の譲渡収益は、不動産の所在地国である相手国(源泉地国)も課税管轄権を有する(OECD13①)。

② 事業用動産(単独又は企業全体として行われる当該恒久的施設の譲渡から生ずる収益を含む)の譲渡収益は、恒久的施設が所在する相手国も課税管轄権を有する(OECD13②)。動産とは不動産以外の財産のすべてをいい、営業権、特許権などのような無形財産を含む(OECD13コメンタリーパラ24)。

③ 国際運輸に運用される船舶・航空機等の譲渡収益は、国際運輸業を営む企業の実質的な管理の場所が所在する国が排他的な課税管轄権を有する(OECD13③)。国際運輸業所得条項(OECD8)と整合性を有する規定である。

④ 不動産関連法人の株式等(資産価値の50%超が直接又は間接に相手国の不動産からなる法人の株式等)の譲渡収益は、その不動産の所在地国である相手国にも課税管轄権が認められる(OECD13④)。株式等の譲渡収益は当該株式の譲渡者の居住地国が排他的に課税管轄権を有するのが原則であるが(OECD13⑤)、不動産の譲渡に代わって不動産を保有する法人の株式等を譲渡することで、源泉地国である当該不動産の所在地国の課税を回避することを防止する規定である[156]。不動産投資信託(REIT)の持分の譲渡収益は、不動産関連法人の株式等の譲渡として源泉地国に

---

156 しかしながら、不動産関連法人の株式等の譲渡に関し、譲渡者も譲受者も国内に恒久的施設を有しない非居住者又は外国法人である場合には、課税情報の捕捉及び徴収確保の困難性という実務上の問題が残されている。租税条約に定める情報交換(OECD26)、徴収共助(OECD27)、税務行政執行共助条約の活用により、国内法に定め租税条約で確認されている不動産関連法人の株式等の譲渡に係る日本の課税権の執行可能性が担保されることが期待される(本章④26、27参照)。なお、外国法人(納税義務者)から同社の保有する株式を取得した者が第二次納税義務者として納税義務者に対する課税処分につき国税通則法75条に基づき不服申立てをすることの可否に関する最高裁第一小法廷平成18年1月19日判決(平成16年(行ヒ)第275号)参照。

不動産所得としての課税権を認める（OECD13コメンタリーパラ28.10、28.11）。

日本にとって、譲渡収益に関する課税管轄権について、条約が原則として譲渡者の居住地国が排他的に有すると定めていることは、例えば、国内法に定める内国法人の買集めにより取得した株式等、事業譲渡類似の株式等又は不動産関連法人の株式等の譲渡収益に係る課税管轄権（第2章3 1 -2(3)参照）を、譲渡者の居住地国である相手国に譲与するというソース・ルールの大きな修正である。事業譲渡類似の株式等又は不動産関連法人の株式等の譲渡収益に関する日本の条約例は、OECDモデル租税条約13条（譲渡収益）類型の条約では居住地国のみが課税権を有するとして国内法を修正するが、近時の日本の条約締結ポリシーは国内法どおりの課税権の確保にある（日米、日英、日仏、日豪など）。なお、株式譲渡益全般について源泉地国課税を定める条約例（中国、インドなど）も少なくない。

日英租税条約13条3は、事業譲渡類似の株式等の譲渡益について、居住地国（イギリス）が交換公文5に定める租税を課さず[157]、譲渡者及びその特殊関係者が保有する株式の数が、譲渡が行われた課税年度中いずれかの時点において、発行済株式総数の25％以上であること、及び、譲渡者及びその特殊関係者が譲渡の行われた課税年度中に譲渡した株式の総数が発行済株式総数の5％以上であることを条件として、源泉地国（日本）の課税管轄権を容認している。

---

157 交換公文5は、譲渡者の居住地国において次の「租税が課されるもの」に該当する場合は、源泉地国での課税は行われないと定める。
① 他の株式の譲渡によって取得する収益と同一の要件により租税が課される場合。ただし、イギリスの資本参加免税等による免税は租税が課されるものに該当しない。したがって、他の条件を充足している場合には、源泉地国である日本にも課税管轄権があると解されている。
② 組織再編成の過程において取得する株式の譲渡から生ずる収益に対し居住地国の法令により課税の繰延措置が認められる場合。ただし、繰延べの対象となった収益の全部又は一部に相当する収益が、将来の譲渡又は組織再編成の時点で免税となる場合には租税が課されるものとされない。

なお、日英租税条約議定書3は、イギリスの居住者が一時的非居住者（当該譲渡のあった日の財政年度を含む6財政年度）となることによる株式等の譲渡収益（Capital Gain）条項の濫用防止規定を置いている[158]。日本においても、BEPS行動計画に関連して、出国時における未実現のキャピタルゲインに対する譲渡所得課税の特例（Exit Tax）の導入が検討されている（第1章⑤3参照）。

（2）日米租税条約

日米租税条約13条は基本的にOECDモデル租税条約13条と同様の規定を有するが、次の特徴を有する。

① 不動産関連法人の株式等の譲渡収益に関し、上場法人に係る株式で、かつ持分が5％以下である譲渡収益は適用除外（源泉地国免税）を定める（日米13②(a)ただし書）。

② 破綻金融機関に対する一方の締約国による実質的な資金援助を最初に行った日から5年以内の当該破綻金融機関の株式の譲渡収益について、源泉地国の課税管轄権を容認する（日米13③）。

③ 国際運輸に運用される船舶・航空機等の譲渡収益の課税管轄権は、国際運輸業を営む企業の居住地国が排他的に有する（日米13⑤）。国際運輸に使用されるコンテナー（運送のためのトレーラー、はしけ、関連設備を含む）の譲渡収益に係る課税管轄権の定めも同じである（日米13⑥）。

2013年改正議定書では、不動産関連法人の株式等の定義が変更された。現行条約では不動産関連法人の株式等の定義は両締約国に共通の規定が用いられているが、改正議定書では、不動産関連法人の株式等の定義を、両締約国で書き分けている（日米13②）。

---

[158] 議定書6は、議定書3に基因する国際二重課税を排除するための外国税額控除に関する取扱いを定める。

14. 14条　自由職業所得（2000年に削除）

　一般に人的役務の報酬等の所得源泉地は人的役務の提供地にあり、役務提供地国は課税管轄権を有する。人的役務の提供に対する報酬に係るOECDモデル租税条約の規定は、次に大別される

(1) 雇用関係に基づく役務提供について、給与所得（15条）、役員報酬（16条）、退職年金（18条）、政府職員（19条）を定める。
(2) 雇用関係の存在しない自由職業者、芸能人及び運動家に関して、自由職業所得（14条）は「固定的施設（a fixed base）なければ課税せず」の原則を定めていたが2000年に削除され事業利得（7条）として取り扱われることとなり、これに基因していわゆるワンマン・カンパニーを設立することで事業利得条項の適用を回避することへの対処として芸能人条項（17条）を定める。

　日本の条約例は2000年改正前のOECDモデル租税条約にならい自由職業所得条項を有するものもあるが、近時の日本の租税条約締結ポリシーにより日米、日英、日仏、日豪などは最新のOECDモデル租税条約と同じく自由職業所得条項を有しない。

　コメンタリーは、役務提供から生ずる所得についても「恒久的施設なければ課税せず」の原則が適用されることを明示的に確認し（OECD 5 コメンタリーパラ42.11）、いわゆるサービスPEとしての恒久的施設の認定のアプローチを否定している（本章4 5参照）。

15. 15条　給 与 所 得

(1) OECDモデル租税条約

　雇用契約に基づく勤務から生ずる所得（ただし、役員報酬（16条）、退職

年金（18条）及び政府職員（19条）を除く）については、勤務が実際に行われる国（役務提供地国）の課税管轄権を認めている（OECD15①）。したがって、居住地国における外国税額控除などの国際二重課税の排除措置が必要である。

円滑な国際的人的交流を意図して、次の3つの要件をすべて満たす短期滞在者については、源泉地国における課税が免除されている（OECD15②）。短期滞在者免税といわれる取扱いである。

① 滞在期間が、その前後の12カ月を通じて、合計183日を超えないこと。
　当該課税年度において開始又は終了するいずれの12か月の期間においても、報酬の受領者が当該他方の締約国内に滞在する期間が合計183日を超えないこと。なお、183日の期間の計算にあたり、納税者が源泉地国の居住者である期間の日数は考慮されない（OECD15コメンタリーパラ5．1）。

② 報酬を支払う雇用者が、勤務が行われた締約国の居住者でないこと。
　したがって、例えば、雇用者が日本法人（日本の居住者）である場合には、この要件を充足しない。

③ 報酬を支払う雇用者が、勤務が行われた締約国の居住者でない場合であっても、当該給与等の報酬が役務提供地国に所在する支店その他の恒久的施設によって負担（当該恒久的施設の課税所得の計算上損金に算入）されないこと。

なお、国際運輸に運用される船舶又は航空機内で勤務する乗務員の給与については、その役務提供地国を明確に判断することが困難であることから、所得源泉地は国際運輸業を営む企業の実質的管理の場所がある国とする（OECD15③）。国際運輸業所得（OECD8）と整合性を有する規定である。

(2) 日米租税条約

　日米租税条約14条（給与所得）の規定は、OECDモデル租税条約15条の規定と基本的に同一である。議定書10は、ストック・オプション制度に基づき被用者が享受する利益に関する解釈を定める。平成16年5月21日「日米租税条約（新条約）におけるストック・オプションに関する交渉当事者間の了解事項」は、日米両国におけるストック・オプションに対する課税関係の相違に基因して生ずる二重課税の排除方法を確認する。

　平成24年（2012年）度税制改正において、外国法人の子会社である内国法人又は外国法人の国内にある支店の役員又は従業員が、その外国法人から付与された株式を取得する権利その他の権利の行使により得た経済的利益（ストック・オプション、ファントム・ストック、制限付株式ユニットなどの株式連動型の経済的利益が対象）を日本の税務当局が的確に捕捉するための、いわゆるストック・オプション調書制度が創設された（所法228の3の2）。対象者は居住者であり、非永住者は除かれていないから、外国の本社等からの派遣社員（エクスパット）も対象である（第1章①3参照）。

16. 16条　役員報酬

(1) OECDモデル租税条約

　役員報酬は、その法人の居住地国で役務が提供されたものとして取り扱い、当該法人の居住地国の課税管轄権を認めている（OECD16）。グローバルに事業展開をする会社の役員・従業員が、複数の外国の子会社の役員として就任している場合は、役員としての現実の役務提供地国がいずれの国であるかの判断は困難である。そこで、条約相手国の居住者である法人の役員の資格で取得する報酬については、当該法人の居住地国の課税管轄権

を認めている。使用人兼務役員などの役員以外の資格で受ける報酬に対しては、役員報酬条項の適用はない（OECD16コメンタリーパラ2）。日本の所得税法の定めも同様である（第2章③8(1)①ロ参照）。

（2）日米租税条約

日米租税条約15条（役員報酬）の規定は、OECDモデル租税条約16条の規定と基本的に同一である。

2013年改正議定書では、役員の範囲について、条約上において「取締役会の構成員」と定義した（日米15）。また、2013年改正議定書に係る交換公文3において、一方の締約国の居住者が法人の取締役会の構成員として役務を提供しない場合には、その役職又は地位にかかわらず、その者が取得する報酬には適用されないこと、及び、法人の取締役会の構成員が他の職務を兼務する場合には、他の職務のために支払われる報酬には適用がないことを確認する。

17. 17条 芸 能 人

（1）OECDモデル租税条約

演劇、映画、ラジオ・テレビジョンの俳優、音楽家等の芸能人又は運動家（芸能人等）の報酬について、役務提供地国の課税管轄権を認める（OECD17①）。芸能人等の役務提供地国（源泉地国）は、当該芸能人等が恒久的施設を有しないのが通例であるために事業利得（OECD7）として課税できず、また、短期滞在者免税の適用要件を充足することも通例であるため給与所得としても課税できない（OECD15②）。そこで、これらの条項に優先する特則として規定されている。

芸能人等がいわゆるワンマン・カンパニーを設立することで、芸能人等

の個人的活動に関する所得を法人の事業から生ずる所得に性質を変更し、事業利得に関する「恒久的施設なければ課税せず」の原則の適用を受ける操作性を排除するために、芸能人等の個人的活動に関する所得が他の者（芸能法人等）に帰属する場合であっても、役務提供地国が課税管轄権を有することを明示的に定めている（OECD17②）。

（2）日米租税条約

日米租税条約16条（芸能人等）の規定は、OECDモデル租税条約17条の規定と基本的に同一であるが、次の特徴を有する。

① 芸能人等の総収入金額が課税年度において10,000米ドル（又は日本円によるその相当額）を超える場合、事業利得（日米7）及び給与所得（日米14）の免税要件の充足にかかわらず、源泉地国における課税管轄権を認める（日米16①）。

② 芸能法人等の取扱いについては、芸能人等の個人的活動に関する所得が他の者（芸能法人等）に帰属する場合であっても、役務提供地国が課税管轄権を有することを原則とする（日米16②）。ただし、興行主と芸能法人等との契約において芸能活動等を行う芸能人等が特定されておらず、当該芸能法人等が自ら芸能人又は運動家を指名することができる場合には、芸能人等の個人の租税回避手段目的の芸能法人等としての性格が希薄であることから、事業利得条項（日米7）が適用されることを定める（日米16②ただし書）。OECDモデル租税条約17条コメンタリーパラ11(b)は同旨である。

18. 18条　退職年金

(1) OECDモデル租税条約

　過去の勤務について支払われる退職年金については、過去の勤務地にかかわらず、受給者の居住地国が排他的に課税管轄権を有する。相手国政府の職員の退職年金については19条（政府職員）に定める（第2章③8(2)①ホ参照）。

(2) 日米租税条約

　日米租税条約17条（年金）の規定は、OECDモデル租税条約18条と基本的に同一であるが、次の特徴を有する。
① 　保険年金も、年金と同じく受給者の居住地国が排他的に課税管轄権を有すると定める（日米17②）。
② 　Alimony（離婚慰謝料）について、支払者の居住地国が排他的に課税管轄権を有することを原則としつつ、当該支払いにつき支払者の課税所得の計算上控除が認められている場合を除き、日米両国で課税しないことを定める（日米17③）[159]。

19. 19条　政府職員

(1) OECDモデル租税条約

　政府職員のうち、外交官については国際法上その給与は接受国において

---

[159] 離婚慰謝料について、金子宏『租税法』（有斐閣、19版、2014年）233頁。日本では固有の意味の財産分与としての離婚慰謝料は受取者において非課税（相通9-8）であり、支払者において所得控除は認められていないから条約により課税関係に変更はない。

免税とされている（OECD28）。外国から派遣されるその他一般の政府職員の給与等についても国際礼譲などの観点から（OECD19コメンタリーパラ2）、原則として勤務地国において免税とされ、支払地国が排他的に課税管轄権を有する（OECD19①(a)）。ただし、当該政府職員が勤務地国の国民であるなどの条件を充足する場合は勤務地国が排他的に課税管轄権を有する（OECD19①(b)）。

政府職員の退職年金等は、原則として、退職年金等の支払地国が排他的に課税管轄権を有する（OECD19②(a)）。ただし、受給者が相手国の国民である居住者の場合には居住地国が排他的に課税管轄権を有する（OECD19②(b)）。

外国政府が行う事業に関連する政府職員の給与、退職年金等については、一般の規定（給与所得（OECD15）、役員報酬（OECD16）、芸能人（OECD17）、退職年金（OECD18））が適用されることを明示的に確認している（OECD19③）。

（2）日米租税条約

日米租税条約18条（政府職員）の規定は、基本的にOECDモデル租税条約19条の規定と同一である。

20. 20条　学生又は事業修習者

（1）OECDモデル租税条約

もっぱら教育又は訓練を受けるために相手国に一時的に滞在する学生又は事業修習者であって、現に相手国の居住者である者又はその滞在の直前に相手国の居住者であった者がその生計、教育又は訓練のために受け取る給付については、その給付が滞在先国の国内源泉所得でないことを条件と

して免税とされる（OECD 20）（第2章③8(2)①ト参照）。

（2）日米租税条約

日米租税条約19条（学生又は事業修習者免税）の規定は、OECDモデル租税条約20条の規定と基本的に同一であるが、事業修習者についての免税措置を滞在地国で最初に訓練を開始した日から1年以内に限り適用するという期間制限を置いている（日米19）。

日米租税条約20条（教授免税）は、引き続き相手国の居住者であって一時的に滞在する教授等が、滞在地国における教育又は研究に関し取得する報酬について、その到着した日から2年間を限度として滞在地国において免税とする規定を有する。OECDモデル租税条約には教授免税条項はなく、日本の条約締結にあたっての学術・文化交流を促進するための政策的条項である。日英条約は旧条約に規定のあった教授免税条項を廃止している。

2013年改正議定書において、教授免税（日米20）は削除された。

21. 21条　その他所得

（1）OECDモデル租税条約

所得に対する課税管轄権の配分を定めるOECDモデル租税条約6条（不動産所得）から20条（学生又は事業修習者）までに掲げる所得以外の所得（その他所得）については、その所得の取得者の居住地国が排他的に課税管轄権を有する。本条の適用上、所得の源泉地国は問われず、条約中に課税管轄権の配分が明示された所得以外の所得（明示なき所得＝その他所得）に係る課税管轄権は居住地国にあることを包括的に定める（OECD 21①）[160]。

企業が源泉地国に有する恒久的施設と実質的な関連を有する権利又は財産から生ずるその他所得（明示なき所得）は、本条の適用外であり、事業利得条項（OECD 7 ）が適用される（OECD 21②）。

(2) 日米租税条約

日米租税条約21条は、OECDモデル租税条約21条の定めに加えて、次の規定を有しているところに特徴がある。

① 独立企業間価格を超過する「その他所得」に係る支払いについて、国内法に定める所得税の源泉徴収税率にかかわらず、5％に制限（日米21③）。

② 「その他所得」に係る導管取引（受領者が支払いを受けた所得と同種の所得を第三国居住者に対して支払うこととされており、かつ、2つの支払いの間に条件関係が認められる取引）による条約濫用の防止規定としての条約特典の不適用条項を定める（日米21④）。

③ 議定書13は、匿名組合契約（これに類する契約を含む）に基づく利益の分配について、その他所得条項にかかわらず[161]、国内法どおり20％の税率による所得税の源泉徴収が行われることを定めている（トピックス「匿名組合契約（TK）を用いた条約漁り（treaty shopping）と対抗立法」参照）。

---

160 開発途上国のモデル条約とされる国連モデル租税条約は「その他所得」のうち相手国に源泉があるものについて、源泉地国である相手国においても課税することができると定める（国連モデル租税条約21①③）。

161 日米租税条約を嚆矢とし日英、日仏、日豪などと続く近時の日本の条約締結ポリシーである（第2章③12(2)参照）。なお、匿名組合契約の母国であるドイツとは既に1980年の条約改正時に日本の国内法どおりの課税を確認している（日独租税条約10⑧）。

22. 22条　財産に対する課税／特典の制限（日米租税条約）

(1) OECD モデル租税条約

　OECD モデル租税条約22条は、財産に対する租税（遺産税、相続税、贈与税及び移転税を除く）に係る課税管轄権の配分を規定する。具体的には、オーストリア、デンマーク、フィンランド、ドイツ、ルクセンブルク、オランダ、ノルウェー、スペイン、スウェーデンの net wealth tax 及びスイスの州税に定める impôts sur la fortune を対象とする[162]。

　日本の条約例としては、ドイツ条約22条のＡ及びルクセンブルク条約23条の「財産税」がある。なお、日本の固定資産税は、日本国内に所在する資産について課税するものであるから、日本の居住者の資産について条約締結国との間で二重課税が生ずることはない。

(2) 日米租税条約22条（特典制限条項）

　租税条約は条約相手国の居住者に対して、条約上の特典（税の減免）を付与するものであるが、日米租税条約22条は、本来両締約国の居住者でない者が法人を設立するなどして居住者としての地位を取得することで条約上の特典を享受する濫用を防止するため、配当（日米10⑪）、利子（日米11⑪）、使用料（日米12⑤）、及び、その他所得（日米21④）に定める導管取引に係る否認規定とは別に、包括的な特典制限条項（LOB：Limitation On Benefit）を定め、この規定の要件を満たす居住者（適格居住者）のみが条約の特典を受けることを定めている（日米22)[163]。

　日米租税条約22条に定める特典制限条項は、条約上の居住者の中から更に適格者をスクリーニングするものである。スクリーニングは、次の３つ

---

[162] Philip Baker, "Double Taxation Convention", Sweet & Maxwell, September 2004, at 22-1.

の基準を規定しており、そのいずれかに該当することで租税条約に定める特典を受けることができる。

OECDモデル租税条約にはLOB条項の規定はないが、1条のコメンタリーパラ20に日米条約の特典制限条項と同様の定めがある。

① 適格者基準

適格者基準による適格居住者とは、相手国の居住者であって、次のいずれかの者をいう（日米22①）。

イ 「個人」
ロ 「政府等」
ハ 「特定の公開会社」とは、単に株式が公開されているだけでなく、一定量の株式が売買されていることが必要である（日米22①(c)(i)、議定書11）。
ニ 「特定の公開会社の関連会社」とは、その各種類の株式の50％以上が、5以下の当該一方の締約国の居住者である「特定の公開会社」により直接又は間接に所有されている法人（その株式が間接に所有されている場合には、各中間所有者が日米租税条約22条1に規定するこれらの者のみである法人に限る）。

「特定の公開会社の関連会社」に係る所得税の源泉徴収の適用上の適格者基準の判定にあたり、その所得の支払いが行われる日（配当については、当該配当の支払いを受ける者が特定される日）が課税年度終了の日

163　日米租税条約22条の特典制限条項は、すべての条約特典を対象とする包括的規定である。しかし、日英租税条約22条は、日米租税条約と規定の仕方が異なり、配当（日英10）、利子（日英11）、使用料（日英12）、譲渡（日英13）、及び、その他所得（日英21）のうちで源泉地国免税となる場合に限り対象としている。なお、日英租税条約のこれらの所得条項に定める「導管取引」に係る否認規定は、日米租税条約と同様に、源泉地国免税とされる場合だけではなく軽減税率の適用の場合についても条約特典の付与を否認する。日英条約に定める特典制限条項の類型が、日仏、日豪と続いていることから、日本の条約締結ポリシーとして注目される。

である場合を除き、当該課税年度中の当該支払いが行われる日に先立つ期間及び直前の課税年度を通じて適格者基準の要件（日米22①(c)(ii)）が充足されている必要がある（日米22③(a)）。

ホ 「特定の公益法人」とは、もっぱら宗教、教育、慈善、科学、技術、芸術、文化等に従事する目的のために設立・維持されている公益法人（日米4①(c)）。

ヘ 「特定の年金基金」とは、受益者、構成員又は参加者の50％超が、日本又は米国のいずれかの国の居住者である年金基金（日米22①(e)）。

ト 「その他の法人又は団体」とは、上記の基準を充足しない個人以外の者で、支配基準及び課税ベース侵食基準の2つの基準を双方とも充足することが適格要件である（日米22①(f)）。

(イ) 支配基準：日本又は米国のいずれかの居住者である上記の「個人」「政府等」「特定の公開会社」「特定の公益法人」、又は「特定の年金基金」によって、その者の各種株式等が、その各種の株式ごとに直接・間接に50％以上所有されていること（日米22①(f)(i)）。

　　所得税の源泉徴収の適用上の適格者基準の判定にあたり、一方の締約国の居住者が、その所得の支払いが行われる日（配当については、当該配当の支払いを受ける者が特定される日）が課税年度終了の日である場合は課税年度を通じて、それ以外の場合は、当該課税年度中の当該支払いが行われる日に先立つ期間及び直前の課税年度を通じて当該要件が充足されている必要がある（日米22③(b)(i)）。所得税の源泉徴収以外のすべての場合については、その所得の支払いが行われる課税年度の総日数の半数以上の日において当該要件が充足されている必要がある（日米22③(b)(ii)）。

(ロ) 課税ベース侵食基準：当該課税年度の課税所得の計算上控除できる支出が直接又は間接に第三国居住者に対して総所得の50％以上行われていないこと（日米22①(f)(ii)、⑤(c)）。

$$\frac{\text{課税所得の計算上控除できる支出（「事業の通常の方法により行われる役務又は有体財産に係る支払い」及び「商業銀行に対する金融上の債務に係る支払い」を除く）}}{\text{売上総利益又は米国租税法上の総所得（gross income）}} \leq 50\%$$

「事業の通常の方法により行われる役務又は有体財産に係る支払い（独立企業間価格に限る）」及び「商業銀行に対する金融上の債務に係る支払い（当該銀行が日米いずれの居住者でもない場合には、当該支払いに係る債権が日米いずれかの国内にある当該銀行の恒久的施設に帰せられるときに限る）」に第三国居住者に対する支払いは含まれない（日米22①(f)(ii)ただし書）。したがって、その判定にあたって考慮すべき支出は、課税所得の計算上控除できる支出のうちの第三国居住者に対する使用料や商業銀行以外に対する債務に係る支払利子などである[164]。

なお、米国法人の日本における所得税の源泉徴収に関する課税ベース侵食基準の適用にあたっては、当該課税年度だけでなく、所得の支払いが行われる課税年度の直前3課税年度を通じて当該要件が充足されている必要がある（日米22③(c)）。

② 能動的事業活動基準

適格者基準に該当しない場合であっても、能動的事業活動基準（active conduct基準）に基づき、所得ごと（所得単位）に条約の特典を享受する資格が与えられる（日米22②）[165]。能動的事業活動基準は、次の要件をすべて充足する場合に適用がある（日米22②(a)(b)）。

(イ) 一方の締約国（居住地国）の居住者が、当該一方の締約国（居住地国）内において能動的事業を行い（居住者が自己の勘定のために投資を行い又は管理する営業又は事業は、金融機関の活動を除き、能動的事業に該当しな

---

[164] 詳細は、浅川雅嗣編著『コンメンタール改訂日米租税条約』（大蔵財務協会、2005年）195～197頁。

い)、(ロ)他方の締約国（源泉地国）において取得する利得又は収益が当該居住地国における能動的な営業又は事業に関連・付随して取得され、かつ、(ハ)個別の所得（配当、利子、使用料及びその他所得）ごとに規定されている特典制限条項に係る要件を充足すること（日米22②(a)）。

なお、(ニ)当該居住者が源泉地国に恒久的施設（PE）又は子会社を有し、その営業又は事業の活動から所得を得る場合には、源泉地国での営業又は事業に比べて自らが居住地国で行う営業又は事業の活動が実質的なものであること。「実質的なもの」とは、すべての事実及び状況に基づいて判断される（日米22②(b)）。例えば、米国の居住者が日本に恒久的施設を保有し、当該恒久的施設を通じて日本源泉の事業から生ずる所得を取得する場合に、米国本店の活動の規模と日本での恒久的施設の活動規模を比較し、米国本店の事業規模があまりに小さい場合には、条約濫用の蓋然性が高いことが推定されると解されている[166]。

③　権限のある当局による認定

上記の①適格者基準、及び、②能動的事業活動基準の両方に該当しない

---

[165] 日英租税条約22条（特典制限条項）は、適格者基準に該当しない一方の締約国の法人について、所得を単位とする特典の適用の要件（派生的受益者基準）を定める。派生的受益者基準の要件は、①7以下の同等受益者が75％以上に相当する株式を直接又は間接に所有すること、及び、②個別の所得（配当、利子、使用料及びその他所得）ごとに規定されている特典制限条項の要件を充足すること、の2つである。

同等受益者とは、次の3つの要件を充足することにより、日英租税条約の特典を濫用するおそれがないと考えられる第三国の居住者、又は、日英租税条約22条2(a)から(e)までの適格者をいう。
(i) 源泉地国と当該第三国との間の租税条約が実効的な情報交換に関する規定を有すること
(ii) 当該租税条約の適用上の適格者に該当すること（源泉地国と当該第三国との間の租税条約に適格者基準がなければ日英租税条約の適格者基準により判断する）
(iii) 当該租税条約に規定される税率その他の要件が日英租税条約の税率その他の要件よりも制限的でないこと

[166] 浅川雅嗣編著『コンメンタール改訂日米租税条約』（大蔵財務協会、2005年）16頁、199頁。

居住者であっても、当該居住者の業務等が本条約の特典を受けることをその主な目的の1つとしていない、すなわち条約濫用のおそれがないと権限のある当局が個別に認定した場合には、条約の恩典を享受する資格が与えられ、公示される（日米22④、実特法6の2、実特令5、様式18「租税条約に基づく認定を受けるための申請書」）。

　米国居住者が日米租税条約の特典の適用を受けるためには、他の条約の適用にあたっても提出する「租税条約に関する届出書」（例えば、様式1：配当、様式2：利子、様式3：使用料など）に、特典条項に関するテストの充足の有無を記載する書類である「特典条項に関する付表」（様式17）を添付した「特典条項条約届出書」を、当該国内源泉所得の支払いを受ける前日までに、所得の支払者（源泉徴収義務者）を経由して、支払者の納税地の税務署長へ提出する。

　源泉徴収義務者が、納税義務者の当該届出書の記載内容に基づき所得税の源泉徴収を不要と判断したにもかかわらず、事後的な源泉所得税調査において受領者が導管会社であるなどの理由で特典条項の適用がないと認定された場合、税務署長は20％の税率による源泉所得税（所法178、179、212、213）、不納付の源泉所得税に対する10％の税率による不納付加算税（通法67①）、特例基準割合による現行年2.9％（納期限の翌日から2月を経過する日の翌日以後については9.2％）の延滞税（通法60、措法94）の納税告知処分を源泉徴収義務者に対して行う。米国では善意により源泉徴収をしていなかった場合には事後的に徴収すべきであったとされる源泉所得税の納税義務を負わないこと（IRC Rev. Rul. 76-224, 1976-1 CB 268, IRC Sec(s). 1441 の knowledge or reason to know という宥恕規定）に比べると、日本の源泉徴収義務者に対する取扱いは、本来の納税義務者からの届出を提出したに過ぎない源泉徴収義務に対して過酷であるといえよう。

23. 23条A（国外所得免除方式）・23条B（外国税額控除方式）

(1) OECDモデル租税条約

① OECDモデル租税条約は、上述のとおり6条から22条において、所得の分類別に課税管轄権の配分を行っており、その類型は次表の3種類に分類される（OECDモデル租税条約　序論　コメンタリーパラ19〜25)[167]。

② 一方の締約国の居住者が他方の締約国の国内を源泉とする所得を取得する場合に、条約において居住地国のみが排他的に課税管轄権を有すると定めていれば、源泉地国は課税することができないから、二重課税は生じない。

③ しかしながら、源泉地国に完全な又は制限的な課税管轄権が認められる場合には、居住地国が二重課税を排除する措置を講ずる条約上の義務を有する。OECDモデル租税条約は、次の2つの選択肢を定める。

　イ　国外所得免除方式（源泉地国において課税の対象とされる所得に対して居住地国は課税しない（OECD23A））。

　ロ　外国税額控除方式[168]（源泉地国において課税の対象とされる所得も居住地国において課税の対象とされるが、源泉地国において課された租税の額は居住地国において当該所得に課される租税から税額控除される（OECD23B））。

167　本書の説明の便宜上、日本には関係しないOECDモデル租税条約22条（財産に対する課税）は対象外としている。

168　租税条約における外国税額控除の規定は確認規定であり、条約の規定は国際二重課税排除のために、その適用を相互に義務づける意義を有する（水野忠恒『租税法』（有斐閣、5版、2011年）586頁）。

源泉地国において制限なしに課税される所得	・不動産（農業・林業を含む）から生ずる所得（6条）、不動産の譲渡から生ずる所得（13条）。 ・恒久的施設の利用（7条）、恒久的施設の資産（事業用資産を構成する動産を含む）の譲渡。なお、国際運輸業に係る資産の譲渡には例外規定あり（13条）。 ・芸能人及び運動家の活動から生ずる所得（いわゆるワンマン・カンパニーである芸能法人に生ずる所得を含む）（17条）。 ・居住者である法人が支払う役員報酬（16条）。 ・民間部門における勤務に関する報酬（短期滞在者免税を除く）。なお、国際運輸業には例外規定あり（15条）。 ・勤務地国の国民であることなどの要件を充足する外国政府職員の報酬・退職年金（19条）。
源泉地国の課税管轄権が制限的である所得	・配当。ただし、源泉地国に所在する恒久的施設に配当に係る株式等が実質的に関連しないことを条件とする。源泉所得税に係る制限税率は、25％以上を直接に有する親子会社間配当は5％、その他の場合は15％（10条）。 ・利子。条件は配当と同じ。源泉所得税に係る制限税率は10％。なお、独立企業間利子を超過する利子は国内法どおり課税（11条）。
源泉地国における課税が認められない所得（居住地国が排他的に課税管轄権を有する所得）	上記以外の所得及び「その他所得＝明示なき所得」は、源泉地国の課税が認められず、居住地国が排他的に課税管轄権を有する。例えば、 ・国際運輸業（8条） ・使用料（12条） ・株式その他の有価証券の譲渡から生ずる所得（13条5） ・民間の退職年金（18条） ・学生又は事業修習者が教育訓練のため海外から受領する所得（20条）

④　日本は国内法において全世界所得課税制度を採用しているから、日本が締結した租税条約は外国税額控除方式を採用している（第4章②1参照）。外国税額控除方式を定める23条Bは、外国税額控除は自国の租税の額のうち、国外所得に対応する部分（外国税額控除限度額）のみを税額控除すれば足りることを定める（OECD23B①）。租税条約に外国税額

控除を規定する実際上の意義は、国内法の定めによる外国税額控除の限度額計算にあたって、国外所得の算定を国内法上のソース・ルールによるのでなく租税条約に定めるソース・ルールによることを義務づけることで、二重課税排除の実効性を高めることにある。なお、全世界所得課税制度による居住地国が累進課税を採用している場合に、租税条約において課税管轄権を源泉地国にのみ容認した所得についても、自国の課税管轄権が確保されるよう税額算定のベースに含めることができる（OECD 23 B ②）。

★ 帰属主義への見直しを行った平成26年（2014年）度税制改正において、内国法人の本社と国外事業所等との内部取引につき国外事業所等の所在地国において国外事業所等帰属所得に係る所得につき追徴課税が行われた場合に、外国税額控除制度の国外所得金額の計算目的上、移転価格税制と同様に（改正措法67の18）、租税条約に基づく相互協議の合意があった場合の対応的調整に関する規定が整備されている（改正実特法 7 ②）。また、国外事業所等から日本の本店等への支払につき国外事業所等の所在地国において課される外国法人税の額（内部取引に係る現地法令による源泉所得税）は、外国税額控除の対象とならない（改正法令142の 2 ⑦四）。

（2）日米租税条約

日米租税条約23条は外国税額控除方式を定め、OECD モデル租税条約23条 B の定めに加えて、次の規定を有しているところに特徴がある。

① 外国税額控除限度額の計算にあたって、国内法に定める所得源泉規定（ソース・ルール）にかかわらず、条約の規定により相手国に課税管轄権が認められる所得については国外源泉所得とみなす規定（所得源泉みなし規定）を定める（日米 23 ① ②）。平成23（2011年）度税制改正において、租税条約の規定により条約相手国等において租税を課することができるとされる所得（租税条約の規定において控除限度額の計算にあたって考慮しないものとされる所得を除く）で当該条約相手国等において外国所得税又は外国法人税を課されるものは国外所得と明示的に規定された

(所令222④三、法令142④三)。

② 平成21年(2009年)度税制改正により導入された外国子会社配当益金不算入制度の適用対象となる外国子会社の判定に関して(第4章④3参照)、外国法人の所得に課された外国法人税を内国法人の納付する法人税から控除する旨を定める租税条約の規定が内国法人の外国法人に対する持株割合について異なる割合[169]を定めている場合は、その異なる割合により行う(法令22の4⑤)。すなわち、租税条約の適用がある場合の外国子会社配当益金不算入制度の適用に係る持株割合要件については、国内法又は租税条約に定める「発行済株式の総数」又は「議決権のある株式」のいずれかに係る持株割合要件を満たせば適用対象となる。したがって、米国子会社に係る持株割合要件については、国内法に定める「発行済株式の総数」又は「議決権のある株式」に係る25％以上(法法23の2①、法令22の4①)から、「発行済株式の総数」に係る25％以上又は「議決権のある株式」に係る10％以上に緩和(日米23①b)される。

③ 日本の居住者である米国市民は、日本において全世界所得課税を受けると同時に、米国においてもいわゆる市民権課税により全世界所得課税を受けるが、日本における当該居住者の外国税額控除にあたっては、その者の米国市民権課税による税額でなく、米国の国内源泉所得に対する米国の税額に限定される(日米23③、所法95、所令222の2④二)。

2013年改正議定書において、平成21年(2009年)度税制改正で廃止された間接外国税額控除制度から同年に導入された外国子会社配当益金不算入制度への条約文の整備がされた(日米23①(b))。

---

169 【10％】米国(2013年改正議定書(署名・未発効)9条において議決権のある株式の割合から発行済株式の割合に適用要件を拡大)、オーストラリア(議決権のある株式の割合又は発行済株式総数の割合)、ブラジル(議決権のある株式の割合又は発行済株式総数の割合)、カザフスタン(議決権のある株式の割合又は発行済株式総数の割合)

【15％】フランス(議決権のある株式の割合又は発行済株式総数の割合)

24. 24条　無差別取扱い

(1) OECD モデル租税条約

　無差別取扱いとは、課税上の内国民待遇[170]を、租税条約において認めるものである。OECD モデル租税条約は、すべての種類の租税を対象として、無差別取扱いについて次の①〜⑤のとおり定める。コメンタリーは、無差別取扱い条項は、(i)一定の厳密な状況における課税上の差別の排除を定めるものであり「間接的」差別をも対象とするとして拡張解釈されるものでないこと、(ii)租税条約は相互主義に基づくものであり最恵国待遇を付与するものではないこと、(iii)外国の国民、非居住者、他方の国の企業、又は非居住者により所有若しくは支配される国内の企業に対して、国民、居住者、又は居住者により所有若しくは支配される国内の企業の課税上の取扱いよりも有利な課税上の取扱いを与えることを意図していないこと、を明示的に規定する（OECD 24 コメンタリーパラ 1 〜 3）[171]。

① 国籍無差別：一方の締約国の国民は、国籍の相違を理由にして、他方の締約国の同様の状況にある国民よりも当該他方の居住者としての課税にあたって不利益を受けてはならない。一方の締約国の国民であれば、その居住者でない者にも適用される（OECD 24 ①）。

② 無国籍者無差別：一方の締約国の居住者である無国籍者が、他方の締約国の同様の状況にある国民よりも当該他方の居住者としての課税にあたって不利益を受けてはならない（OECD 24 ②）。

170　条約当事国の一方が、その領域内で自国民に与えるのと同等の待遇を他の当事国の国民に保証することをいう。相互主義に基づいて与えられるのが通例（金子・新堂・平井『法律学小事典』（有斐閣、4 版、2004年））。

171　包括的な論考として、増井良啓「二国間租税条約上の無差別条項」ソフトロー研究17号（2011年）1 〜31頁。

③ 恒久的施設無差別：一方の締約国の企業が他方の締約国内に有する恒久的施設は、他方の締約国の同様の状況にある企業よりも課税上の不利益を受けてはならない（OECD 24③）。

④ 支払先・債務者無差別：一方の締約国の企業の課税対象利得の決定にあたって経費控除が認められる利子、使用料等につき、その支払先が一方の締約国の居住者でなく他方の締約国の居住者であることを理由にして課税上の不利益を受けてはならない。ただし、9条（特殊関連企業）、11条（利子）、12条（使用料）に定める独立企業間価格を超える支払いである場合を除く（OECD 24④）。

⑤ 資本無差別：一方の締約国の企業課税にあたって、他方の締約国のいわゆる外資系企業であることを理由にして課税上の不利益を受けてはならない（OECD 24⑤）。

（2）日米租税条約

日米租税条約24条は、OECDモデル租税条約24条と同様に、2条の対象税目の制限（所得に対する国税）にかかわらず、すべての租税を対象とするが、次の点に特徴がある。

① 無国籍者無差別取扱い条項を有していないこと。

② 米国の支店利益税（支店の利益について、みなし配当として30％の税率により所得税を源泉徴収）及び支店利子税（支店によって現実に支払われた利子を超えて支店の所得計算上控除できる支払利子を、本店から支店に対する貸付利子とみなして30％の税率により所得税を源泉徴収）が、無差別取扱い条項に抵触しないことを確認する（日米24⑤）。詳細は、上述の7条（事業利得）、10条（配当）、11条（利子）を参照。

2013年改正議定書における、上述の11条（利子）の改正に伴い、支店利子税の課税は無差別待遇の対象外であるとする言及が削除された。

25. 25条　相互協議

（1）OECDモデル租税条約

　両締約国は、租税条約を遵守し誠実に執行する国際法上の義務を負うのであるが（条約法条約26）、条約の解釈の相違等から条約に適合しない課税が行われる可能性があることから、条約の規定に適合しない課税を受け又は受けることになると認められる場合における納税者の条約上の救済手段が相互協議である。

　条約の規定に適合しない課税を受け又は受けることになると認められる者（二重課税の結果が生じるか否かを問わない）は、自国の法令に基づく救済手段とは別に、居住地国である締約国の権限のある当局に申立てることができる。申立ては、適合しない課税に係る措置の最初の通知の日から3年以内になさなければならない（OECD 25①コメンタリーパラ11、12）。

　権限のある当局は、その申立てが正当なものである場合であって、当該当局の措置のみでは条約違反の状態を解消できないと認めた場合は、条約の規定に適合しない課税を回避するため、他方の締約国の権限のある当局との合意によって事案を解決するよう努力義務を有する。合意は、国内法上の期間制限の規定にかかわらず、実施することが条約上の義務である（OECD 25②コメンタリーパラ22、26）。

　権限のある当局は、納税者の申立てがない場合にも、条約の解釈・適用に関する問題や、条約に定めのない二重課税の排除のために相互協議することができる（OECD 25③）。

　両国の権限のある当局は、相互協議の実施にあたり、外交上のルートを通じることなく直接に通信することができる（OECD 25④）。

　2008年OECDモデル租税条約の改訂により、25条（相互協議）5項に、権限のある当局が2年以内に相互協議申立て事案を解決できない場合に

は、納税者の要請に基づく第三者機関による拘束力のある仲裁制度が導入された。仲裁条項は、締約国の合意により租税条約に規定されるオプション条項とされている（OECD 25コメンタリーパラ65、69）。権限のある当局は、仲裁手続（付託事項、仲裁人の選任、費用負担、仲裁判断、仲裁判断の実施など）について合意することとされており（OECD 25コメンタリーパラ6、85）、コメンタリーに「仲裁に関する合意見本」が付録として示されている。2008年改正コメンタリーは新設された5項（仲裁）に関し詳細に定める（OECD 25コメンタリーパラ63～87）[172]。

OECDモデル租税条約25条に定める相互協議手続における仲裁規定と日本の条約例

1．仲裁条項の意義

OECDモデル租税条約25条5項として導入された仲裁規定は、①仲裁規定を含む相互協議は租税条約に基づく政府間協議であることに変わりはなく、②仲裁は相互協議の部分をなし相互協議の手続にそって実施され、③納税者が仲裁手続の進展について主導権（仲裁委員会による仲裁について権限のある当局者の同意は条件とされていない）を有し、④仲裁判断は、納税者の不同意の場合を除き、両国の権限のある当局の合意が義務づけられているという特性を有する。すなわち、OECDモデル租税条約25条5項は次を内容とする。

① OECDモデル租税条約25条1項に定める権限のある当局による相互協議の補助手段として位置づけられる（したがって、仲裁は、移転価格課税

---

172 2008年9月8日及び9日の両日にOECD本部（パリ）で開催されたOECDモデル租税条約50周年記念大会の当日配布資料に記載の事例検討に基づく、赤松晃「OECDモデル租税条約25条5項に導入された仲裁規定の意義—OECDの事例検討を手がかりに」租税研究727号（2010年）222頁参照。

問題に限られず、相互協議の不成立となる事例が生じている恒久的施設の認定、条約の解釈、無形資産や役務の対価の評価などの条約に適合しない課税全般を対象とする）。
② OECDモデル租税条約25条5項に定める要件を充足する納税者からの要請があった場合、権限のある当局が仲裁開始を受け入れることは義務的である。
③ 仲裁は、国内法上の救済方法である裁判所の判決又は行政不服審判所の裁決がなされていないことを前提とする。
④ 仲裁判断に基づき相互協議の仮合意がなされ、納税者が不同意の場合を除き、仲裁判断は相互協議の合意事項として両国を拘束する（国内法を理由にして承認を拒むことはできない）。

2．相互協議手続としての仲裁規定の導入の背景

仲裁規定が導入される経緯となった相互協議による合意の問題点として、次が指摘されていた。
① 相互協議は合意努力義務であり合意が義務づけられていないこと
② 条約上は条約の規定に適合しない課税が相互協議の開始要件であるところ、実務的には二重課税排除を目的として運用されてきたため、相互協議の合意がブラック・ボックス化しており透明化が要請されること
③ 合意に至るまで長時間を要すること

3．日本の仲裁実施手続の概要

日本は、オランダとの新租税条約において、相互協議に仲裁手続を初めて導入し、基本的にOECDモデル租税条約25条5項及びコメンタリーと同様の内容を定める、次を内容とする仲裁手続の実施のための取決めを締結した[173]。香港との新租税協定においても相互協議に係る仲裁手続が定めら

れ、同様の実施取決めが締結されている[174]。
(1) 仲裁決定の意義

　日本の条約例は、相互協議事案が協議の開始から2年を経過しても当局間の解決に至らない場合に、納税者の要請により、独立した3名の仲裁人により構成される仲裁委員会の決定（仲裁決定）を定める。納税者が仲裁決定を受け入れない場合を除き、その決定に従った相互協議の合意が行われる。OECDモデル租税条約25条5項及びコメンタリーと同じ内容の取決めである。

(2) 仲裁実施手続の特徴

　日本の条約例は、仲裁決定の実施が原則として仲裁の要請から2年以内に終了するように、各手続に要する期間を定めている。OECDモデル租税条約25条5項及びコメンタリーは、仲裁の要請から2年以内に終了することは義務づけていない。したがって、日本の条約例は、より納税者の利益に即した取決めとなっている。

(3) 仲裁手続の対象となる相互協議事案

　条約の規定に適合しない課税であるとして相互協議の申立てが行われた事案（いずれかの国の裁判所・行政不服審判所による決定が行われたものを除く）が仲裁手続の対象となり、事前確認に係る相互協議の申立てはその対象とされていない。OECDモデル租税条約25条5項及びコメンタリーと同様に移転価格課税に限定されていない。

　平成23年（2011年）度税制改正において、租税条約の規定に適合しない課税を受けたことにつき相互協議の申立てをした者が、その相互協議の対象となる事項のうち財務大臣とその租税条約の日本以外の締約国又は締約者（租税条約の相手国等）の権限のある当局との間でその租税条約

173　平成22年9月1日国税庁「オランダの税務当局との仲裁手続に係る実施取決めについて」http://www.nta.go.jp/sonota/kokusai/kokusai-sonota/1009/01.htm

174　平成22年12月7日「中華人民共和国香港特別行政区の税務当局との仲裁手続に係る実施取決めについて」http://www.nta.go.jp/sonota/kokusai/kokusai-sonota/1011/01.htm

に規定する期間を経過しても合意に至らないものがある場合において、その合意に至らないものにつきその租税条約の規定により仲裁の要請をしようとするときの国税庁長官に対する要請書の記載事項が定められている（実特規12③④）。

平成23年（2011年）度税制改正の相互協議指針は仲裁に関する国内手続を第5章36〜44として定めた。主たる規定として、相互協議開始日（相互協議指針37）、仲裁に係る事前確認（相互協議指針40）、仲裁要請書の様式及び記載事項（相互協議指針41）、仲裁の終了事由（相互協議指針42）などがある。

（2）日米租税条約

日米租税条約25条は基本的にOECDモデル租税条約25条と同一の規定を有するが、次の点に特徴がある。

① 相互協議申立ての対象となる合意事項として(i)恒久的施設帰属所得、(ii)移転価格課税、(iii)ソース・ルールを含む条約の各条項の適用の相違、及び、(iv)事前確認（APA）を例示する（日米25③）。
② 日本の納税義務者の当初申告所得金額の減算を要する相互協議の合意の実施（対応的調整）にあたっては、合意がなされた日から2カ月以内に限り更正の請求ができるとする国内法の制限（通法23②三、通令6①四）を確認している（日米25②カッコ書、実特法7）。
(注) 租税条約の相手国との相互協議の合意があった場合に、合意事業年度において対応する調整を行うために認められている更正の請求について、相互協議の合意一般に関して認めるとともに（実特法7①②）、合意の影響がある翌年以降の事業年度についても合意事業年度の取扱いと同様にその対象とする（実特法7③）。

2013年改正議定書において、相互協議手続に仲裁制度が導入された（署

名・未発効)。2013年改正議定書に定める仲裁手続は、米国の仲裁手続に関するポリシーに基づく、いわゆるベースボール方式であることに特徴がある。すなわち、仲裁委員会が両国の権限のある当局の解決案のうちの「いずれか一方」を選択しなければならない「ベースボール方式」の仕組みの下では、両国の権限のある当局及び仲裁の申立てをした者は、仲裁委員会に提出する解決案及びポジションペーパーにおいて自ずと合理的・自制的・妥協的な姿勢に基づくものとなることが考えられる(さもなければ、仲裁委員会は、相対的により合理的・自制的・妥協的な他方の権限のある当局の解決案を採用する結果となろうとされる)。

　これに対してOECDモデル租税条約に定める「独立意見方式(仲裁決定とその理由について原則開示することを予定)」の場合は、両国の権限のある当局による「2つの決定案の間のいずれか」に仲裁決定が落着することが見込まれるため、両国の権限のある当局及び仲裁の申立てをした者は自ずと強気のアプローチを取ることになろうと言われている。しかしながら、例えば移転価格課税事案に係る相互協議の合意に関する納税者に対する通知の内容は、①所得調整金額と相手国における対応的調整金額及び②いかなる意味においても先例としての価値を有しないことの2点のみが記載され、合意の理由や金額の計算根拠などは示されないのが実際であることに鑑みるならば、OECDモデル租税条約の開示の定めは、相互協議における不適切な合意や合意のブラック・ボックス化を牽制する効果、あるいは、開示される事案の集積による類似事案の発生の抑止効果という理念に基づくものであることは理解できるが、「仲裁決定」に拘束される権限のある当局にとって理念的に過ぎるというべきであろうとも言われている。このように考えると、米国が、日本を含む重要なtreaty partnerとは、相互協議で2年を経過して未だ合意に至らない税務紛争を「迅速」に解決するために、「ベースボール方式」を採用する立場を採っている意義につき理解することができる。

日本が最初に仲裁手続を導入したオランダ租税条約（2011年発効）では、両締約国の権限のある当局が決定した場合に限り、仲裁決定の文書に法の出所及び結論に至った理由が示される。いずれか一方の締約国の権限のある当局から要請があった場合に、仲裁委員会の長は両締約国の権限のある当局に対して仲裁委員会の議論の概要を示す。納税者及び両締約国の権限のある当局の全ての書面による合意を得た場合に限り、匿名性に配意した編集がなされた上で公開される（平成22年9月1日「所得に対する租税に関する二重課税の回避及び脱税の防止のための日本国とオランダ王国との間の条約第二十四条5に係る実施取決め」14）。この取決めは、相互協議の開始から2年を経過し、実務上、解決が優先される移転価格課税事案については、仲裁決定に至る詳細な理由説明という実務上の隘路を実態的に解消することで、仲裁の開始から2年以内に対応的調整まで実施することで国際二重課税を排除する一方で、例えば、ソース・ルールなど条約文の解釈・適用の先例となるべき事案については、両締約国の権限のある当局の決定に基づき、依拠した法の出所及び結論の理由説明が納税者に示され、さらに、情報公開を通じて類似事案の発生の抑止を図るというものである。移転価格課税の紛争解決と「独立意見方式」による仲裁の理念を実現するものとして高く評価されるべき規定と言える[175]。

　日本は、平成26年（2014年）10月1日現在、オランダ、香港、ポルトガル、ニュージーランド、米国（2013年署名・未発効）、スウェーデン（2013年署名・未発効）、イギリス（2013年署名・未発効）との間で、相互協議に仲裁手続を定めている。

175　租税条約に基づく相互協議における仲裁手続の詳細について、赤松晃「移転価格課税に係る紛争の処理―租税条約に基づく相互協議における仲裁手続を中心に―」金子・中里・増井・谷口・太田＝北村・占部・赤松『移転価格税制の研究』（日税研論集64巻、2013年）235頁参照。

26. 26条 情報交換

(1) OECD モデル租税条約

　情報交換条項は、課税のために関係すると予想される情報を人的範囲（OECD 1）及び税目（OECD 2）を問わずに、両国の権限のある当局が交換することを定めるが、当該課税が条約の規定に反しない場合に限るとの条件が付されている（OECD 26 ①）。

　被要請国から提供された情報は、要請国の国内法上の守秘義務に服し、租税の賦課・徴収、執行、訴追、不服申立ての決定又は監督に関与する当局（裁判所及び行政機関を含む）に対してのみ開示される。公開の法廷又は司法上の決定における開示も許容する（OECD 26 ②）。

　情報交換条項は、その国の法令や行政慣行に反するような情報、その国の行政の通常の運営上入手できないような情報、あるいは営業上、事業上、産業上、商業上、職業上の秘密、取引の過程を明らかにするような情報、公の秩序に反する情報を提供する義務を課すものでない（OECD 26 ③）。

　被要請国は、自国の課税上の利益がないことを理由として要請を拒否してはならず、要請された情報を入手するための措置をとる義務を有する（OECD 26 ④）。

　被要請国は、銀行その他の金融機関、名義人、代理人又は受託者などが所有する情報であるという理由のみをもって、上記3項に該当するとして要請を拒否してはならない（OECD26 ⑤）。

　平成23年（2011年）11月3日、日本は、国際的な脱税及び租税回避行為に適切に対処するために必要とされる租税に関する様々な行政支援（情報交換、徴収共助、送達共助）を相互に行うことを規定する、日本にとって初めての多国間租税条約である「租税に関する相互行政支援に関する条

約」(税務行政執行共助条約)[176]に署名し、国会の承認を経て、平成25年(2013年)10月1日に発効している。税務行政執行共助条約(締約国は日本を除いて41か国)により、日本と二国間の租税条約等の締結がない国(2014年10月1日現在13か国)との間においても情報交換が可能となっている。

　2014年3月に、OECDは、OECD／G20のBEPS行動計画に関連して、各国の税務当局それぞれが自国内の金融機関から非居住者・外国法人等の口座情報を取得し、居住地国の税務当局に対して自動的に情報交換を行う「金融口座情報に関する自動的情報交換基準(共通報告基準)：The Standard for Automatic Exchange of Financial Account Information in Tax Matters」を公表し、2014年7月にその実施細目等を公表している[177]。米国が海外口座を利用した米国人の租税回避を阻止する目的として制定した外国口座コンプライアンス法(FATCA：Foreign Account Tax Compliance Act)[178]を契機としたものである。

---

[176] 税務行政執行共助条約の詳細については、条約の説明報告書(Explanatory Report)に基づく増井良啓「マルチ税務行政執行共助条約の注釈を読む」租税研究775号(2014年5月)253頁を参照。
[177] http://www.oecd.org/tax/oecd-releases-full-version-of-global-standard-for-automatic-exchange-of-information.htm
[178] 米国課税当局が海外の金融機関に対して米国居住者の金融資産の状況を報告させるFATCAについては、「全世界所得課税確保のための海外金融資産・所得の把握手法—米国の適格仲介人(QI)レジームFATCAレジームの展開—」(IMES Discussion Paper No.2011-J-10) (日本銀行金融研究所 2011年5月) 1頁参照。
　FATCAの最新の実務の動向については、野村総合研究所金融ITイノベーション研究部上級研究員 川橋仁美「本格化する本邦金融機関のFATCA対応」(Financial Information Technology Focus 2013.9) 8頁参照。
　http://fis.nri.co.jp/ja-JP/publication/kinyu_itf/backnumber/2013/09/201309_04.html

OECD モデル租税条約26条（情報交換）と日本の取組み

1．租税条約に基づく情報交換の意義

租税条約に基づく情報交換の意義は、要請国にとっては、Rogatory Letters（嘱託書）やその他の司法手続によらず、調査及び執行目的のために、条約相手国の管轄内に所在する資料・情報を入手することにある。租税条約に基づき、権限のある当局は、条約相手国の租税法の執行（当該国内法令に基づく課税が、条約の規定に反しない場合に限る）を可能とすることを目的として、情報（納税者の秘密情報を含む）を提供する条約上の権限が付与される。

2．日本の租税条約改正への取組み

近年の世界的な金融危機を契機として、いわゆるタックス・ヘイブンへの不透明な資金の流れが問題視されたこと等を背景に、G8・G20等の一連の国際会議において、租税に関する情報交換の重要性が指摘され、OECD加盟国の「有害な税の競争」への対処としてOECDモデル租税条約26条に規定する情報交換規定と同水準（①金融機関が所有する情報を提供すること、②自国の課税のために必要がない場合でも情報を入手して提供すること）の情報交換規定を定める租税条約や情報交換協定のネットワークが世界各国間で急速に拡大している。このような状況の下、日本においても、OECDモデル租税条約26条と同水準の情報交換規定を定めることをも目的として、条約の改正（スイス、ルクセンブルク、ベルギー、シンガポール、マレーシア、オランダ、ニュージーランド、スウェーデン（2013年署名・未発効）、イギリス（2013年署名・未発効））、新条約の締結（クウェート、サウジアラビア、ポルトガル、アラブ首長国連邦（2013年署名・未発効））が行われている。いわゆるタックス・ヘイブンとの間では、バミューダを嚆矢として、香港、バハマ、ガーンジー、ケイマン、ジャージー、オマーンとの租

税協定、及び、実特法8条の2に基づく行政取決めとしてのマン島、リヒテンシュタイン、サモア、マカオ、英領ヴァージン諸島（2014年署名・未発効）との租税情報交換協定と急速に整備されている[179]。

3．OECDモデル租税条約26条に規定する情報交換規定の内容

OECDモデル租税条約26条コメンタリーは、情報交換条項の適用例及び情報交換の実施プログラムについて、次のとおり規定している。

(1) 租税条約に基づく実施例（パラ7）

　a) 条約により源泉所得税が免除されるロイヤリティーの受取者の居住地国が、支払金額に関する情報を支払者の所在地国の権限のある当局に要請

　b) 条約により源泉所得税を免除するロイヤリティーの支払者の所在地国が、受取者が居住者、かつ、受益者であることを確認する情報を、受取者の所在地国の権限のある当局に要請

　c) 関係会社間の課税所得の適正配分、及び、本店及び恒久的施設（PE）に帰属する所得に関する情報（事業利得、特殊関連企業、外国税額控除関連）を、関係会社及び本店の所在地国の権限のある当局に要請

　d) 25条（相互協議）の適用上の必要性に基づく情報交換

　e) 15条（給与所得）及び23条A（外国所得免除方式）の適用にあたり、居住地国の当局から、183日を超えて勤務する者の当該役務提供地国の当局に対する課税情報

---

[179] 租税協定には、（鞭としての）情報交換に関する規定だけでなく、（飴としての）人的交流を促進する観点による退職年金等の特定の個人の所得についての支払地における課税の減免等が規定されている。また、香港との租税協定は、情報交換に関する規定だけでなく、事業所得に係る「恒久的施設なければ課税せず」の原則と帰属主義を定める規定、投資所得における源泉地国の課税を軽減する規定、匿名組合契約に係る所得に対する課税の取扱いに関する規定、移転価格課税の処分の期間制限、相互協議（仲裁規定を含む）に関する規定、租税協定の濫用を防止するための規定を定める。

(2) 国内法令に基づく実施例（パラ８）

国内法令に基づく課税が、この条約の規定に反しない場合に限るとの制限の下で、

a) 対価の受取者の所在地国が、受け取るべき金額に関する情報を支払者の所在地国の権限のある当局に要請

b) 対価の受取者の所在地国が、タックス・ヘイブン等を介在する取引について、最終的な取引先の所在地国の権限のある当局に取引金額に関する情報を要請

c) 関連会社との取引に係る移転価格調査のために、当該関連会社の所在地国の権限のある当局に対して第三者との取引価格に関する情報を要請（ただし、産業上・商業上の秘密に対する制限条項との関係で困難、かつ、デリケートな問題とされる）

d) 付加価値税の仕入税額控除を検証する目的のために、役務提供者の所在地国における帳簿記録の確認

(3) 情報交換の実施プログラム（パラ９、９．１）

情報交換条項に係る実施プログラムは、個別的情報交換、自動的情報交換、自発的情報交換、同時調査、海外税務調査、産業別情報交換の６種類が規定[180]

4．国内法の整備

(1) 経　　緯

日本は、2003年のOECDモデル租税条約26条コメンタリーの改正を踏まえて、平成15年（2003年）度税制改正において、租税条約実施特例法に、第９条（質問検査）、第10条（身分証明書）、第13条（罰則）を新設

---

[180] 具体的な実施マニュアルとして、2006年１月23日にOECD租税委員会により承認された「税目的の情報交換マニュアル（Manual on the Implementation of Exchange of Information Provisions for Tax Purposes）」が公開され、日本語訳が付されている。http://www.nta.go.jp/category/kokusai/oecd_press/06.htm

し、執行通達として平成15年4月7日付官際1-20ほか5課共同「租税条約等に基づく相手国等との情報交換手続について（事務運営指針）」（情報交換指針）を定めている。更に2005年の26条コメンタリー改正に基づき平成18年（2006年）度税制改正において、相手国から犯則事件の調査に必要な情報（必要犯則情報）について要請があった場合に、収税官吏は①相互主義が保証されないと認められる場合、②日本の利益を害するおそれがあると認められる場合、及び、③相手国において当該必要犯則情報の入手が困難であると認められない場合を除き、任意調査（質問・検査・領置）を行うことができることとし（実特法10の2）、この任意調査の実施要件を充足している場合に、犯則情報が相手国当局の行う犯則事件の調査に不可欠であることを明らかにした相手国の書面があるときは、司法審査を経た上で、強制調査（臨検・捜索・差押え）を行うことができる規定を創設している（実特法10の3）。

(2) 平成22年（2010年）度税制改正により外国税務当局への情報提供に関する要件を法定

平成22年（2010年）度税制改正において、情報交換を定める租税条約の規定に基づく外国の税務当局への情報提供に関する国内法上の根拠規定を明示的に定めるとともに、財務大臣が行政取決めに基づく情報交換協定の相手国等の税務当局に対して租税に関する情報提供を行うことができる旨を、外国税務当局への情報提供に関する要件として、次のとおり定めた（実特法8の2）。

① 相手国等（実特法2三）との間の租税条約等（実特法2二）に定めるところにより行われること

② 相手国等の税務当局の職務の遂行に資すると認められる租税に関する情報の提供であること

③ 次のいずれの場合にも該当しないこと

イ 相手国等の税務当局が、日本が相手国等の税務当局に対して行う

情報の提供に相当する情報の提供を日本に対して行うことができないと認められるとき
ロ　日本が提供する情報について相手国等において秘密の保持が担保されていないと認められるとき
ハ　日本が提供する情報が相手国等の税務当局の職務の遂行に資する目的以外の目的で使用されるおそれがあると認められるとき
ニ　情報の提供を行うことが日本の利益を害することとなるおそれがあると認められるとき
ホ　相手国等から情報の提供の要請があった場合に、相手国等の税務当局がその要請に係る情報を入手するための通常の手段を用いなかったと認められるとき（その手段を用いることが著しく困難であると認められるときを除く）

　政府間での合意のみにより締結される行政取決めは、国会の承認を要する租税条約に比べて、締結時期に関する制約が少ないことから、より迅速な情報交換ネットワークの拡大が可能となる要件が法的に整備された。平成23年（2011年）9月1日に発効した日本・マン島租税情報交換協定は、政府間での合意のみにより締結される行政取決めの下での情報提供を定める規定（実特法8の2）に基づく初の行政取決めである。2011年3月に締結交渉が開始され、6月に署名、9月に発効という極めて迅速な締結経緯が注目される。その後、平成26年（2014年）10月現在、マン島、ガーンジー、ジャージー、ケイマン、バハマ、バミューダ、リヒテンシュタイン、サモア、マカオ、英領ヴァージン諸島（2014年署名・未発効）と租税協定及び情報交換協定が結ばれている。

　また、租税条約に基づく情報交換に係る国内法の整備として、平成22年（2010年）度税制改正により、秩序犯（検査忌避犯・虚偽帳簿書類提示犯）に係る罰金刑の上限が50万円に引き上げられ（実特法13④）、国税の調査等に関する事務に従事している職員（従事していた職員を含む）の守

秘義務違反に対する統一的な罰則規定（2年以下の懲役又は100万円以下の罰金）が適用される（通法126）。

5．情報交換の実績

国税庁「平成25事務年度における租税条約等に基づく情報交換事績の概要」（平成26年11月）は、情報交換の実績を次のとおり示す。

(1) 要請に基づく情報交換

個別の納税者に対する調査において、国内で入手できる情報だけでは事実関係を十分に解明できない場合に、条約等締結相手国・地域の税務当局に必要な情報の収集・提供を要請するもの

・国税庁からの要請：720件（うち、アジア・大洋州の国・地域469件）
・外国税務当局からの要請：106件

(2) 自発的情報交換

自国の納税者に対する調査等の際に入手した情報で外国税務当局にとって有益と認められる情報を自発的に提供するもの

・国税庁からの提供：6,881件
・外国税務当局からの提供：3,062件

(3) 自動的情報交換

法定調書等から把握した非居住者への支払等(配当、不動産所得、無形資産の使用料、給与・報酬、キャピタルゲイン等)に関する情報を、支払国の税務当局から受領国の税務当局へ一括して送付するもの

・国税庁からの提供：約12万6千件
・外国税務当局からの提供：約13万3千件

（2）日米租税条約

日米租税条約26条は基本的に OECD モデル租税条約26条と同一の規定を有するが、次の特徴を有する。

① 特段の要請があった場合は、文書の原本の写しに認証を付した形式での情報提供義務を有する（日米26①）。
② 情報提供の開示先に、租税の管理に関与する者又は当局（交換公文6）及び監督機関（交換公文7）を含む（日米26②）。
③ 情報交換を実効あるものとするための国内立法措置としての調査権限の創設義務規定（日米26④、交換公文8）。2004年3月30日に発効した日米租税条約の締結に先立つ平成15年（2003年）度及び平成18年（2006年）度税制改正において、租税条約実施特例法に、9条（質問検査）、10条（身分証明書）、10条の2（質問・検査又は領置）、10条の3（臨検・捜索又は差押え）、13条（罰則）を創設し対応している。

2013年改正議定書において、OECDモデル租税条約の改訂を踏まえた変更（現行の交換公文の規定の内容を条約文とする）はあるが、内容に実質的な修正はない。

(参考) 租税条約等に基づく情報交換により、日、米、英、独、仏、加、豪、中、韓の9か国の税務当局が参加する国際タックスシェルター情報センター（Joint International Tax Shelter Information Centre：JITSIC）において、複雑な国際的租税回避スキームや富裕層が行う海外資産運用に係る情報の交換等を行っている。JITSICで行われる情報交換には「要請に基づく情報交換」のほか、「自発的情報交換」も含まれる。

(注) 平成26年10月24日のOECD税務長官会議（FTA）の最終声明において「特に国境を越えた租税回避に重点をおいたJITSICネットワークという新たな国際的基盤を創り上げるための作業を行っており、このネットワークは全てのFTAメンバーが自発的に参加できるよう開かれている」とされている。

出典：国税庁「平成25事務年度における租税条約等に基づく情報交換事績の概要」（平成26年11月）3頁。

27. 27条　徴収共助

(1) OECD モデル租税条約

　OECD モデル租税条約27条は、いわゆる包括的徴収共助を次のとおり定める。

① 　租税条約の濫用だけでなく、一般的な租税債権の消滅を防止する目的で、租税条約の相手国からの要請により、被要請国が、要請国（条約相手国）の租税債権の徴収に必要な手続を、あたかも自国の租税債権であるがごとく執行する。

② 　適用対象者・対象税目についての制限がなく、一般的な租税逋脱・回避（租税逋脱等）をも対象とする包括的徴収共助を原則とするが、選択により「条約の特典を受ける権利を有しない者によって享受されることのないようにする」ことを目的とする制限的徴収共助を容認する（OECD 27①コメンタリーパラ2）。

③ 　要請国の租税債権の範囲を、条約その他の取決めに反しない課税に係る租税債権であって、租税及び利子、行政罰及び処分費を含むと定義する（OECD 27②）。

④ 　要請国において租税債権が既判力を有し、かつ、徴収の対象とされた者が徴収の停止をなすことができないことを条件として、被要請国は自国の租税債権に係る徴収方法と同等の方法により徴収することを定める（OECD 27③）。

⑤ 　要請国が保全措置をなすことが可能な租税債権の場合、被要請国は自国の租税債権に対するのと同様の保全措置をなすことを定める（OECD 27④）。

⑥ 　要請国の租税債権が、被要請国において優先権を有しないこと、また、被要請国の期間制限に服するものでないことを定める（OECD 27⑤）。

⑦ 要請国の租税債権につき被要請国の裁判所又は行政機関による実質再審の禁止を定める（OECD 27 ⑥）。
⑧ 要請国が共助要請の要件を満たさなくなった場合の被要請国への通知義務を定めるとともに、被要請国の共助に関する裁量権を容認する（OECD 27 ⑦）。
⑨ 徴収共助条項は、条約上、次を義務づけるものではないことを確認する（OECD 27 ⑧）。
　イ　締約国の法令及び行政上の慣行に抵触する行政上の措置をとること。
　ロ　公の秩序に反することになる措置をとること。
　ハ　他方の締約国があらゆる合理的な措置を尽くしていない場合に共助をなすこと。
　ニ　一方の締約国の行政負担が他方の締約国が享受する利益との間で明らかに均衡を失する場合に共助をなすこと。

（2）日米租税条約

　日米租税条約27条1は、OECDモデル租税条約に定める包括的徴収共助でなく、選択適用が認められている「条約の特典を受ける権利を有しない者によって享受されることのないようにする」ことを目的とする制限的徴収共助を採用している。適用対象者（日米1）、対象税目（日米2）についても制限している。
　2013年改正議定書において、条約濫用から包括的徴収共助（日米27①）へと徴収共助の範囲が拡大された。

租税条約に定める徴収共助の意義

1．租税条約の徴収共助の意義

　租税行政は、租税法に定める課税要件事実に関して適切に情報を収集し公平な課税を達成するシステムである。公平な課税という租税法の目的を達成できるかどうかは、立法のみの問題ではなく、現実には、租税法の規定の執行可能性に依存し、執行可能性に対する評価を通じて規定の合理性が検証され、改正・立法を通じて、より完成されたシステムが構築されるという自律性が指摘されている[181]。

　今日の国際活動の緊密化と情報社会の進展には著しいものがあるが、国家による課税執行管轄権は依然として領域的制限を受けており、国家が自ら、その領域を越えて、情報を収集し、あるいは調査権限を執行し、更には納付のための強制執行をなすことは国際法上許されていない。上述のとおり、執行の入口である租税条約に基づく情報交換は、日本を含め各国とも積極的に実施し、一層の国際協力が推進されてきている[182]。しかしながら執行の出口である租税の徴収については、二国間租税条約その他の取決めがある場合を除き、コモンローの法諺である The Mansfield Rule——国家は他国の歳入法に関心を有しない（no country ever takes notice of the revenue laws of another）が現実に適用されており、日本においても裁判所による外国判決の承認・執行は私法的紛争処理を対象とし外国租税判決は対象外と解されている。

2．OECD モデル租税条約27条と日本の租税条約締結ポリシー

　2003年に改訂された OECD モデル租税条約27条は、適用対象者・税目

181　水野忠恒『租税法』（有斐閣、5版、2011年）35頁。
182　増井良啓「租税条約に基づく情報交換——オフショア銀行口座の課税情報を中心として」IMES Discussion Paper No.2011-J-9（日本銀行金融研究所、2011年）1頁以下参照。

について制限のない租税逋脱等をも対象とする完全な包括的徴収共助を導入している。日本が締結している租税条約は、最初の租税条約である昭和29年（1954年）の日米条約以来一貫して制限的徴収共助を採用してきており、租税逋脱等に係る徴収共助をも対象とする包括的徴収共助を採用していなかった。日本では徴収共助の執行例はないとされる。執行例がない理由としては、租税逋脱等に係る徴収共助をも対象とする包括的徴収共助でなく制限的徴収共助であること、及び、歴史的所産として特典条項の濫用のインセンティブに乏しい条約類型が多いことが指摘されよう。

しかしながら日米租税条約は、投資所得に対する源泉地国免税の範囲を拡大したことなどから、第三国居住者が形式的に相手国の居住者となることで条約の特典を不当に受けようとするおそれがあるので、導管取引に対する個別の特典制限条項を定め、更に包括的特典制限条項を定めている。日米租税条約は今後の日本のモデル租税条約であるから、特典条項の不当な使用の防止を目的とする制限的徴収共助の執行実例が生ずる蓋然性は高まっている。

日本の租税条約締結ポリシーとなっている制限的徴収共助の導入に決定的な影響を与えた米国も、1995年のカナダ条約第3次プロトコールにあたって、制限的徴収共助を原則としつつも特定の要件を満たす条約相手国との間では包括的徴収共助を締結するというポリシーの変更を行っている。

3．平成23年度税制改正大綱

平成22年（2010年）11月9日税制調査会専門家委員会「国際課税に関する論点整理」[183]は「経済取引のグローバル化により、納税者が課税の執行逃れのために資産を国外に移転するリスクが高まっている。これに対応するためには、国外資産に関する報告制度や、租税回避のリスクに対応した取引報告制度など様々な資料情報収集の手続整備が必要であり、また、外国

183　内閣府の税制調査会のHPから入手できる。http://www.cao.go.jp/zei-cho/gijiroku/zeicho/2010/_icsFiles/afieldfile/2010/11/24/22zen8kai11.pdf

との間で租税債権につき徴収の共助を行うことのできる仕組みを整える必要がある。今後、このような国際課税に関する手続法について、納税者の権利保護の確保を踏まえながら適正な納税義務の履行を確保するという基本的な視点に基づき、見直しを検討すべきである。」（Ⅱ 国際課税に関する中長期的な課題、4．国際的租税回避の防止に向けた今後の課題、4－2．国際課税における手続法の課題）と課題を提起した。

これを受けて平成23年度税制改正大綱は「国外資産に関する報告制度など様々な資料情報収集の手続整備や外国との間で租税徴収の共助を行うための仕組みについて検討を進める必要性」について具体的な検討を進める必要がある（第2章 各主要課題の平成23年度での取組み、8．国際課税、(2)今後の改革の方向性）としていた。

4．税務執行共助条約の署名・発効と徴収共助手続を定める租税条約実施特例法の改正

平成23年（2011年）11月3日、国際的な脱税及び租税回避行為に適切に対処するために必要とされる租税に関する様々な行政支援（情報交換、徴収共助、送達共助）を相互に行うことを規定する、日本にとって初めての多国間租税条約である「租税に関する相互行政支援に関する条約」（税務行政執行共助条約）[184]に署名し、国会の承認を経て、平成25年（2013年）10月1日に発効している。これに関連して、平成24年（2012年）度税制改正において、徴収の共助に関する租税条約実施特例法11条等を改正し、租税条約の相手国等からの要請に応じない事由や徴収共助の実施に関する具体的な手続を定めるとともに、徴収共助の実施に関しての隘路[185]と指摘されていた外国租税債権に租税債権の一般的優先権を付与する改正前の規定を改め、外国租税債権について優先権を付与しないこととする規定が整備された

184　税務行政執行共助条約の詳細については、条約の説明報告書（Explanatory Report）に基づく増井良啓「マルチ税務行政執行共助条約の注釈を読む」租税研究775号（2014年5月）253頁を参照。

> （実特法11④、実特令7①）[186]。また、租税条約の相手国等から送達共助の要請があった場合に国税通則法12条（書類の送達）及び14条（公示送達）の規定に準じた送達することを定め（実特法11の3①）、租税条約の相手国等への要請による送達をする場合の規定を整備した（実特法11の3②）。

28. 28条　外 交 官

(1) OECD モデル租税条約

OECD モデル租税条約28条（外交官）は、国際法上の一般原則又は特別の協定において認められている外交使節団及び領事機関の構成員の租税上の特権（ウィーン外交関係条約34条（租税の免除）、ウィーン領事関係条約49条（課税の免除））に、租税条約の規定の効力が一切及ばないことを確認する（第1章①1(3)参照）。

---

[185] 税務行政執行共助条約15条は、①自国の租税債権の優先性が他国の租税債権によって侵食されてはならないこと、②一般債権者が、自国の租税債権に加えて他国の租税債権が参加することで更なる制限を受けることは不適当であること、③他国の租税債権の優先権を否定することで両国間の先着手問題を未然に防止し関係規定の整備を不要とすることを理由として、外国租税債権の国内優先性を明示的に否定している。2003年 OECD モデル租税条約27条5も外国租税債権の国内優先性を明示的に否定している。米国においても外国租税債権は一般債権と同じ優先度であるとされている。詳細は、赤松晃「徴収法の国際的側面─徴収共助に係る OECD モデル租税条約の進展とわが国の方向─」『租税徴収法の現代的課題』租税法研究33号（有斐閣、2005年）47頁参照。

[186] 新制度の解説は『平成24年度改正税法のすべて』510頁参照。
税務執行共助条約（11①、15）に基づく、外国の租税債権は国税滞納処分と同様の方法によって徴収するが優先権は付与されないとする法改正（実特法11④）は、滞納処分と強制執行等との手続の調整に関する法律等の執行法制や、破産法、民事再生法、会社更生法及び会社法（特別清算関係）等の倒産法制に所要の整備を必要としたが、その解説として、法務省民事局付村松秀樹・法務省民事局付今井康彰「外国租税債権の徴収共助制度の創設と執行法制・倒産法制の整備（上）（下）」NBL No.999（2013.4.15）14頁、No.1001（2013.5.15）46頁参照。

(2) 日米租税条約

　日米租税条約28条は OECD モデル租税条約28条と同一の規定を定める。

29. 29条　適用地域の拡張／協議（日米租税条約）

(1) OECD モデル租税条約

　締約国のいずれかが国際関係について責任を負う国又は領域に対して、租税条約の規定の効力を及ぼすことを合意する場合は、交換公文等の両国の憲法上の手続に適合した方法によることを定める（OECD 29 ①）。両締約国が31条の規定により租税条約を終了させる場合には、別段の合意がなければ、当該拡大された適用地域への適用は自動的に終了する（OECD29 ②）。

(2) 日米租税条約

　日米租税条約には適用地域の拡張はない。適用地域の拡張の定めのある条約例としてイギリス、オーストラリア、オランダ、デンマークがある。

(3) 日米租税条約29条（協議）

　日米租税条約29条（協議）は OECD モデル租税条約に定めのない規定である。米国は、国内法上のいわゆる後法優先の原則により既存の二国間条約等の国際約束の規定を覆す国内法を定め得るものとされている（トリティ・オーバライド）[187]。そのために国内法の改正により租税条約上の特典の均衡に影響を及ぼす可能性がある。そこで日米租税条約29条は、他方の締約国において条約に関連する法令に実質的な改正が行われた又は行われ

ることになると認めた場合には、一方の締約国は他方の締約国に対して書面により協議の要請をすることができるとし、要請を受けた他方の締約国は3カ月以内に協議の開始に応ずる義務が課せられている[188]。協議においては条約上の適当な均衡に達するための条約の修正につき協議義務を定めている。なお、29条の協議は25条に定める権限のある当局による相互協議ではなく外交上のルートによる[189]。

30. 30条 発　　効

OECDモデル租税条約及び日米租税条約とも、当該租税条約の発効、及び、その個別の課税への適用開始時期について定める。

東京地裁平成22年12月3日判決（平成21年（行ウ）第44号）は、改正日米租税条約（平成16年条約2号）の適用開始時期に関して、「その年の7月1日以後に租税を課される額」（30②(a)(i)(aa)）とは、同日以後に課税要件を充足することとなる「支払を受けるべき」金額であると判示した。

31. 31条 終　　了

OECDモデル租税条約及び日米租税条約とも、一方の締約国による外交上のルートによる通告に基づく当該租税条約の終了、及び、その場合の個別の課税への適用関係について定める。

187　ウィーン条約法条約26条は「効力を有するすべての条約は、当事国を拘束し、当事国は、これらの条約を誠実に履行しなければならない」と定めるから、トリティ・オーバライドは条約違反である。しかしながら、米国はウィーン条約法条約に加盟していない。トリティ・オーバライドについて、藤本哲也『国際租税法』（中央経済社、2005年）138〜143頁、ウィーン条約法条約について、久枝譲治「『条約法に関するウィーン条約』についての若干の考察」ジュリスト755号（1981年）75頁参照。
188　浅川雅嗣編著『コンメンタール改訂日米租税条約』（大蔵財務協会、2005年）245頁。
189　浅川・上掲244頁。

第4章

国際二重課税の排除制度 (外国税額控除/外国子会社受取配当益金不算入)

===== <第4章 Key Word> =====

国際二重課税、全世界所得、外国税額の損金算入、国外所得免除制度、外国税額控除制度、資本輸入の中立性、資本輸出の中立性、直接外国税額控除、間接外国税額控除、外国子会社配当益金不算入制度、みなし外国税額控除(タックス・スペアリング・クレジット)、外国子会社、仕組取引、外国法人税、外国源泉税等、外国税額控除限度額、一括控除限度額方式、控除対象外国法人税、控除対象みなし納付外国法人税、高率負担部分、国外所得(国外源泉所得)、国外事業所等、国外事業所等帰属所得、国外事業所等帰属所得に係る所得、国外事業所等帰属資本、規制上の自己資本、国外事業所等帰属投資資産、非課税国外所得、調整国外所得金額、シーリング、控除限度額の彼此流用、控除余裕額の繰越使用、控除限度額超過額の繰越控除、国外事業所等帰属外部取引、内部取引、共通費用の配分、確定申告要件、宥恕規定、市民権課税、文書化

1 外国税額控除制度の意義

1．国際二重課税

　日本の居住者である個人又は内国法人は、その全世界所得につき日本に対して納税義務を有するから（第1章 1 2、2 参照）、国外で取得した所得に対して源泉地国で課税を受ける場合には、その国外所得について日本と源泉地国である外国との国際二重課税が生ずる。一の所得に対する国際的な課税管轄権の競合から生ずる国際二重課税の排除の問題は、国際取引に係る租税の過重負担が、資本・人的サービス等の国際的交流を妨げ、国際経済の発展を阻害することから、国際租税の中心的問題として論議されてきた。

2．国際二重課税の排除方法

　居住地国における国際二重課税の一方的緩和措置として、源泉地国において取得した所得に対する外国税額の損金算入、国外所得免除制度、外国税額控除制度が採用されている[190]。

（1）外国税額の損金算入

　外国税額の損金算入は、自国への投資あるいは外国への投資のいずれであっても投下資本に対するリターン（投資家と政府との間で分配される）は

---

[190] 各々の制度の原理及び各国の制度の歴史と発展について、水野忠恒「国際租税法の基礎的考察」菅野喜八郎・藤田宙靖編『憲法と行政法［小嶋和司博士東北大学退職記念］』（良書普及会、1987年）（水野忠恒『国際課税の制度と理論―国際租税法の基礎的考察―』［有斐閣、2000年］所収11～18頁）。

同一であるべきとする国家中立性（National Neutrality）から説明される。しかし、一般に、納税者に租税負担の内外格差をもたらすので、内外の投資決定を歪めると批判される[191]。

（2）国外所得免除制度

国外所得免除制度とは、国家の課税管轄権を属地的にとらえて、国外に源泉のある所得を課税の対象から除外する方法（領土内課税主義）である[192]。

国外所得免除制度は、居住地国は、その居住者の国外源泉所得に対する課税を、当該居住者の進出先国における現地の競争者以上に重くしてはならないとする資本輸入の中立性（Capital Import Neutrality）から説明される。すなわち、自国企業の進出先における現地国企業及び第三国企業との競争の阻害要因の排除という効果を有する。しかしながら、自国に対する投資から得られる所得と比べて、自国より税率の低い外国に対する投資から得られる所得が租税負担において優遇されるので内外の投資決定を歪めると批判される。国外所得免除制度の導入は理論的根拠に基づくより歴史的事情が強く[193]、複雑な現代の経済活動には適応しないとの指摘がある[194]。

それにもかかわらず、グローバル化による多国籍企業の展開、通信技術

---

191 Robert J. Peroni, J. Clifton Fleming Jr., and Stephen E. Shay, "Reform and Simplification of the U.S. Foreign Tax Credit Rules", Tax Notes, Oct. 6, 2003. p. 104.
192 金子宏『租税法』（弘文堂、19版、2014年）476頁。
193 フランスにおいて発達しラテン系諸国（地中海周辺の諸国、中南米諸国）の租税制度の特質となっている国外所得免除制度が採用された理由として、これらの国家にとって国外所得が歳入源として重要でないだけでなく、執行上の困難性が挙げられていた（Martin Norr, "Jurisdiction to Tax and International Income", Tax Law Review, Vol.17, 1962. pp. 434-436）。
194 水野忠恒「国際租税法の基礎的考察」菅野喜八郎・藤田宙靖編『憲法と行政法［小嶋和司博士東北大学退職記念］』（良書普及会、1987年）（水野忠恒『国際課税の制度と理論—国際租税法の基礎的考察—』［有斐閣、2000年］所収16頁）。

の革新等により、根本的に再検討をすべき状況にあるのではないかとの主張がある[195]。

　平成21年（2009年）度税制改正において、日本企業が海外市場において外国子会社を通じて獲得した利益を「必要な時期に必要な金額だけ」国内に還流する制度を導入することで「設備投資、研究開発、雇用等幅広く多様な分野で我が国経済の活力向上のために用いられることが期待される」（平成20年11月税制調査会「平成21年度の税制改正に関する答申」）として外国子会社配当益金不算入制度（法法23の2）が導入された（詳細は本章④参照）。法人税法の改正（すなわち恒久的改正）として間接外国税額控除制度を廃止し外国子会社配当益金不算入制度を導入したので、現行の資本輸出の中立性に基づく全世界所得課税制度から、資本輸入の中立性に基づく国外所得免除制度の部分的採用へ日本の国際課税制度の理論が変容したとする評価があり得る。

　しかしながら、外国子会社配当益金不算入制度は、仕組みとして、①その目的である資金の還流による国内投資の確実な実施を制度的に担保していないこと、②立地競争力があり、かつ、税率の低い東アジアの諸国に日本の製造機能（工場）を子会社形態で移転することで企業グループの税負担の最小化が達成できる構造となっているため日本経済の空洞化を促進する懸念があること（トピックス「外国子会社配当益金不算入制度の評価」参照）から、日本の国際課税制度の理論の再検討[196]に基づく法整備とはいえず、その実質は経済対策としての政策税制と評価すべきである。

195　例えば、National Foreign Trade Council, Inc. "The NFTC's Report on Territorial Taxation", Tax Note International, 5 August 2002, pp. 687-708.
196　外国子会社配当益金不算入制度の導入の正当化の論拠の一つとして各国における国際課税制度の再検討の動向が挙げられたが、日本と異なり、租税政策として外国子会社配当益金不算入制度の導入に慎重な米国における国際課税の理論に基づく包括的な視点に立った制度設計の論点整理と選択肢の検討について、増井良啓「米国両議院税制委員会の対外投資報告書を読む」（租税研究708号、2008年）203～226頁参照。

(3) 外国税額控除制度

　外国税額控除制度とは、国家の課税権を属人的にとらえて、自国の国民や法人の所得について、その源泉が国内にあるか国外にあるかを問わず、そのすべてを課税の対象とする制度（全世界所得課税主義）を採った上で、外国政府に納付した所得税ないし法人税の税額（外国税額）を自国の所得税ないし法人税の税額から控除する方法である[197]。

　外国税額控除制度は、居住者は国内源泉所得及び国外源泉所得の双方について等しく租税負担をすべきであるとする資本輸出の中立性（Capital Export Neutrality）から説明され、内外投資の決定は租税負担に影響されずに税引前利益という経済的利益によって決定される。この点に関して、自国企業の海外進出を援助するために国外所得に対する税負担を軽課する機能を有する制度という理解は誤りである。

　外国税額控除制度において、居住地国における無制限の外国税額控除を容認すると、居住地国は自国の歳入の喪失をもって進出先である高税率国を援助する結果になる。すなわち、居住地国が無制限に外国税額控除を認めると、居住地国の国内投資機会が奪われるというよりも、進出先である高税率国の税が居住地国における国内投資からの税収を相殺してしまうことがより実質的な問題である。ここに国際二重課税の排除のための外国税額控除制度において国外所得に自国（居住地国）の税率を適用して算出される金額を限度として外国税額控除を認めるという控除限度額管理の意義がある。

　このように今日の外国税額控除制度では、国内源泉所得については自国の課税管轄権をフルに確保しつつ、他方で国外源泉所得については自国（居住地国）の法人税率を限度として外国税額控除を認めるという控除限

197　金子宏『租税法』（弘文堂、19版、2014年）476頁。

度額管理を採用しているので、理念的な資本輸出の中立性は完全には達成されない。

2 日本の外国税額控除制度の概要

1．全世界所得課税と片務的な国際二重課税の排除方法

　日本の居住者である個人又は内国法人は、その全世界所得につき日本に対して納税義務を有するから、国外で取得した所得に対して源泉地国で課税を受ける場合には、その国外所得について日本と源泉地国である外国との国際二重課税が生ずる。一の所得に対する国際的課税管轄権の競合から生ずる二重課税を排除するために、居住地国である日本は所得税及び法人税において片務的に外国税額控除制度を定めている（所法95、法法69）。日本の租税条約例は日本側には外国税額控除を定める[198]。

1−1　平成26年（2014年）度税制改正における帰属主義による外国税額控除制度の改正の概要

（1）外国税額控除の改正の概要

　平成26年（2014年）度税制改正では、2010年改訂の OECD モデル租税条約の新7条に定める AOA（Authorized OECD Approach）にそった「帰

---

[198] 日本の租税条約において相手国が事業所得について国外所得免除方式を採用している国として、エジプト、オランダ、スイス、スペイン、チェコ、スロバキア、ドイツ、ハンガリー、フランス、ブルガリア、ベルギー、ポーランド、ルクセンブルクがある。自国企業が支店等により進出している形態の場合に条約で国外所得免除方式を採用すると、進出先国での資本輸入の中立性が達成され、自国企業の進出先国における国際競争力の阻害要因としての本国での追加的租税負担を排除できる効果があると考えられる。

属主義」への見直しが行われた（第1章③1-1参照）。新7条2項は、外国税額控除の控除限度額の計算の基礎となる国外所得金額の算定にあたり、恒久的施設に帰属する所得についてAOAに従って算定することを義務づけている[199]。以下では、説明の便宜上、実務上の優先度が高い改正法人税について検討する（改正の考え方は所得税についても同様である）。改正法では、外国税額控除の控除限度額の計算の基礎となる国外所得金額とは、国外源泉所得に係る所得についてのみ法人税を課するものとした場合に課税標準となるべき当該事業年度の所得の金額をいうと定める（改正法法69①）。現行法は、外国税額控除の控除限度額の計算の基礎となる国外所得金額に関して「国内源泉所得以外の所得に係る所得」（法令142③）としており、具体的な規定を欠いているが、改正法は、国外所得を16種類（所得税法では給与・報酬・年金を含め17種類）の国外源泉所得に係る所得に区分して明示的に定め（改正法法69④一〜十六）、国外源泉所得である国外事業所等に帰せられるべき所得（国外事業所等帰属所得）への該当性の優先を（外国法人が納税義務を負う恒久的施設帰属所得に優先性があると定めたのと同様に）定める（改正法法69④一）。なお、租税条約において国外源泉所得について異なる定めがある場合には、その租税条約の適用を受ける内国法人については、国外源泉所得は、その異なる定めがある限りにおいて、その租税条約に定めるところによる（改正法法69⑦）。

　国外事業所等とは、日本が租税条約（恒久的施設に関する定めを有するものに限る）を締結している条約相手国等については当該租税条約に定める恒久的施設をいい、その他の国又は地域については、当該国又は地域にある恒久的施設に相当するものをいう（改正法法69④一、改正法令145の2①）。国外事業所等帰属所得の認識と国外事業所等帰属所得に係る所得の計算は独立企業原則と同様の考え方による。すなわち、その国外事業所等

---

[199] 財務省主税局参事官「国際課税原則の総合主義（全所得主義）から帰属主義への見直し」（2013年10月）25頁。

がその内国法人から独立して事業を行う事業者であるとしたならば、その国外事業所等が果たす機能、その国外事業所等において使用する資産、その国外事業所等とその内国法人の本店等との間の内部取引（内部債務保証取引及び内部再保険を除く）その他の状況を勘案して、その国外事業所等に帰せられるべき所得(その国外事業所等の譲渡により生ずる所得を含み、国際運輸業所得に該当するものを除く）をいう（改正法法69④一、⑥、改正措法67の18）のであるが、国外事業所等に帰せられるべき自己資本（国外事業所等帰属資本）に対応する負債利子の加算調整（改正法令141の2①一）、銀行等の国外事業所等に帰せられるべき規制上の自己資本に対応する負債の利子の減算調整（改正法令141の2①二）、及び、保険会社の国外事業所等に帰せられるべき投資資産（国外事業所等帰属投資資産）に係る収益の額の減算調整（改正法令141の2①三）、国外事業所等が内部取引により取得した資産の取扱い（改正法令141の2②）、内外の共通費用の配分（改正法令141の2③）、に関する定めがある。内国法人の国外事業所等帰属所得に関する基本的な考え方は、外国法人の恒久的施設帰属所得と同様である（第1章③1－1参照）。なお、一般事業会社の外国支店形態での進出の場合、外国税額控除制度に係る改正法の課税実務への影響は多くないとされる。

　内国法人の国外事業所等が旧7条型の租税条約の相手国に所在する場合には、一定の金融機関以外の一般事業会社の内部利子及び内部使用料（工業所有権その技術に関する権利・ノーハウ、著作権（出版権及び著作隣接権等を含む）及び減価償却資産である無形固定資産等の内部使用料及び譲渡・取得）を認識しない（改正法法69⑧、改正法令145の15①）。また、内国法人の国外事業所等が単純購入非課税の取扱いを定める租税条約の相手国に所在する場合には、恒久的施設帰属所得の計算にあたって単純購入非課税の取扱いとされる（改正法法69⑨）。

　内国法人の外国税額控除の控除限度額の基礎となる国外所得金額における国外事業所等帰属所得の計算にあたっては、上記のとおり機能・事実分

析によって取引から生ずる所得の帰属を判定することとされており、改正法は（外国法人の恒久的施設帰属所得の場合と同様に）、外国税額控除の適用を受ける内国法人に対して、共通費用の配分、国外事業所等帰属外部取引及び内部取引に関する文書化の規定を定めている（改正法法69⑲⑳、改正法令141の2③④、改正法規30の2、30の3）。

（2）外国法人に対する外国税額控除制度の導入

外国法人の本店所在地国以外の第三国での課税と日本における課税との国際二重課税を調整するため、外国法人の恒久的施設（改正法法2十二の十八）のための外国税額控除制度が導入され、国外所得金額（恒久的施設帰属所得に係る所得の金額のうち国外源泉所得に係るもの）の範囲、租税条約の適用がある場合のソース・ルールの適用、控除の対象となる外国法人税、一括限度額方式、繰越控除等の基本的な仕組みは、内国法人における外国税額控除と同様である（改正法法144の2、改正法令193～195、改正措法66の4の3）。

（3）「国外事業所等帰属所得」に係る対応的調整

外国税務当局が、国外事業所等帰属所得について更正又は決定処分を行った場合につき、移転価格税制と同様に、租税条約に基づく権限のある当局による合意があった場合の対応的調整（第3章④25参照）に関する手続規定が整備された（改正実特法7②）。詳細は第6章①1参照。

（4）居住者の外国税額控除の改正と非居住者に対する外国税額控除制度の導入

居住者の国外事業所等帰属所得に係る所得に関する外国税額控除について、内国法人に係る外国税額の控除制度と同様の改正が行われ（改正所法95、改正措法41の19の5）、非居住者の恒久的施設帰属所得についても、外

国法人と同様に、外国税額控除制度が創設され、所要の整備が行われた（改正所法165の6、166の2）。

(注) 外国税控除制度の改正は、平成28年（2016年）4月1日以後に開始する事業年度の法人税（所得税は平成29年（2017年）分以後）について適用される（以下、本章において、帰属主義への見直しに係る外国税控除制度の改正の適用年度の記載は省略する）。

2．納税義務者

外国税額控除制度の適用がある納税義務者は、無制限納税義務者である居住者（所法95）、内国法人（法法69）、連結法人（法法81の15）である。基本的な仕組みは同じであるので、以下では内国法人について検討する。

平成26年（2014年）度税制改正前の定めでは、外国法人は、日本において国内源泉所得についてのみ日本で納税義務を有するので国際二重課税は生じないとされ、外国税額控除制度の適用は認められていない（法法142）。外国法人が日本支店を通じて第三国に投融資を行う場合に、当該国外投融資所得について日本（支店を通じて行う事業から生ずる所得に係る日本の法人税）と第三国（支店が第三国に対して行う投資から取得する所得に係る源泉地である当該第三国の所得税の源泉税）との国際二重課税が生ずる可能性があるが、日本の国内源泉所得である事業所得に含めないとすることで、外国法人に対する国際二重課税の排除がなされている（法令176⑤ただし書）（第2章 ③ 1-1(3)参照）。

3．外国税額控除の種類と計算の構造

　外国税額控除の種類には、直接外国税額控除（法法69①）、租税条約に定めるみなし外国税額控除（タックス・スペアリング・クレジット）、外国子会社合算税制（タックス・ヘイブン対策税制）の適用がある場合の外国税額控除（措法66の7①）及びコーポレート・インバージョン対策合算税制の適用がある場合の外国税額控除（措法66の9の3①）があるが、各々別の制度として存在するのでなく、直接外国税額控除制度に乗せて、外国法人税、控除限度額、控除対象外国法人税の計算がなされる。

第4章 国際二重課税の排除制度

図表4-1 外国税額控除の仕組み（イメージ）

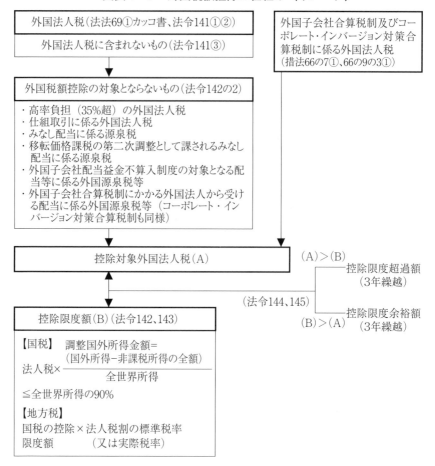

(注)1 国税とは、法人税及び地方法人税をいう（法法69②、法令142の3、地方法12①、地方法令3）。地方法人税の外国税額控除は、法人税法の仕組みに乗せて計算されるので、以下では特にことわり書きしない限り、法人税について検討する。

(注)2 平成21年（2009年）度税制改正において外国子会社配当益金不算入制度（法法23の2）が導入されたことに伴い、益金算入の外国子会社からの受取配当等に係る国際二重課税排除の仕組みであった間接外国税額控除制度は廃止された。これにより、上図のとおり、直接納付外国法人税に係る直接外国税額控除制度、並びに、同制度に乗せて適用する租税条約に基づくみなし納付外国法人税及び外国子会社合算税制の課税対象金額に係るみなし納付外国法人税が外国税額控除の対象である（コーポレート・インバージョン対策合算税制も同様）。

4．外国法人税

　外国税額控除制度において控除の対象となる外国法人税は、外国において所得を課税標準として課される税である。法人の所得又はこれに代わるものに対して課される税をいい、その納付の方法が申告納税によるものか、賦課徴収されるか、又は源泉徴収されるものであるかを問わず、次のとおり定められている（法法69①、法令141①②）。

① 外国の法令に基づき外国又はその地方公共団体により法人の所得[200]を課税標準として課される税
② 超過利潤税その他法人の所得の特定の部分を課税標準として課される税
③ ①又は②の附加税
④ ①と同一の税目に属する税で、法人の特定の所得につき、徴税上の便宜のために所得に代えて収入金額その他これに準ずるものを課税標準として課されるもの
⑤ 法人の特定の所得につき、①の税に代えて、法人の収入金額その他これに準ずるものを課税標準として課される税

★　平成26年（2014年）度税制改正において、外国税額控除の対象となる国外事業所等帰属所得が定義されたことに関連して、外国税額控除の対象とならない外国法人税の額に、次のものが追加された。
　① 国外事業所等から本店等への支払につき、国外事業所等の所在する国又は地域においてその支払に係る金額を課税標準として課される外国法人税の額（改正法令142の2⑦四）
　② 条約相手国等で課される外国法人税の額のうち租税条約の規定（その外国法人税の軽減又は免除に関する規定に限る）による限度税率の超過部分（又は免除することとされる額）に相当する金額（改正法令142の2⑧五）

---

[200] 外国法令では課税の対象となるが日本の法人税法上は課税の対象とならない場合に、外国税額控除の対象となる「法人の所得」は日本の法人税に相当する税の課税標準に限定される（大阪高裁平成24年7月20日判決（平成23年（行コ）第107号）。

第4章　国際二重課税の排除制度

外国法人税に該当しないものの例示	
【米　国】	支店レベル利子税（Branch level Interest Tax） 社会保険税（Social Security Tax） 失業保険税（Unemployment Insurance Tax） 法人事業免許税（Franchise Tax） ※ノースカロナイナ州、ミシシッピー州、ルイジアナ州等
【英　国】	付加価値税（Value Added Tax） 予納法人税（Advance Corporation Tax）
【インドネシア】	付加価値税（Value Added Tax） 奢侈品販売税（Sales Tax on Luxury Goods）
【オランダ】	付加価値税（Belasting Toegegde Waarde） 出国税（Exit Tax）
【韓　国】	付加価値税（Value Added Tax） 教育税（Education Tax）
【タ　イ】	付加価値税（Value Added Tax） 特定事業税（Special Business Tax）
【台　湾】	営業税（Business Tax）
【フィリピン】	付加価値税（Value Added Tax）
【香　港】	資産所得税（Property Tax）

（出典）秋元秀仁「国際税務訴訟から導かれる実務の論点・留意点」
国際税務 Vol. 33 No. 9（2013年9月号）26頁

なお、次は、そもそも外国法人税に含まれない（法令141③）。
① 税を納付する者が、当該税の納付後、任意に還付を請求できる税（法令141③一）
② 税を納付する者が、納付が猶予される期間を任意に定めることができる税（法令141③二）
③ 複数の税率の中から納税者と税務当局等との合意により税率が決定される税について、最も低い税率（当該最も低い税率が当該合意がないものとした場合に適用されるべき税率を上回る場合には当該適用されるべ

き税率）を上回る部分（法令141③三）
④ 外国法人税に附帯して課される附帯税に相当する税その他これに類する税（法令141③四）

上記の外国法人税のうち、外国税額控除の対象とならないものとして別途定めるもの（法令142の2）以外のものを、控除対象外国法人税と定義する（詳細は本章3 4(2)参照）。

外国法人税の範囲―ガーンジー島事件

　外国法人税該当性に関するガーンジー島事件に係る東京高裁平成19年10月25日判決（平成18年（行コ）第252号）は、外国子会社合算税制の課税要件を免れるために現地の税務当局と合意の上で標準税率とは異なる（当時のトリガー税率である）25％を超える税率により賦課決定された税は、外国子会社合算税制の解釈・適用上、租税負担割合の算定にあたり外国法人税に該当しない旨を判示したが、最高裁第一小法廷平成21年12月3日判決（平成20年（行ヒ）第43号）は、外国法人税の意義について「実質的にみて、税を納付する者がその税負担を任意に免れることができることとなっているような税は、法人税に相当する税に当たらないものとして、外国法人税に含まれないものと解することができると言うべきである」としたものの、租税法律主義に鑑みると、税率が納税者と税務当局との合意により決定される税を外国法人税から除外する明示的規定がない限り、ガーンジー島の法令に基づき会社の所得を課税標準として課された税であり、外国法人税該当性を否定することはできないと判示した（第5章3 3(3)参照）。
　平成23年（2011年）度税制改正により、複数の税率の中から納税者と税務当局等との合意により税率が決定される税について、最も低い税率（当該最も低い税率が当該合意がないものとした場合に適用されるべき税率を上回る場合には当該適用されるべき税率）を上回る部分は外国法人税に該当しない

> ものとされた（法令141③三）。
>
> 　なお、外国法人税に含まれないものとされる部分は、法人税の所得金額の計算上、損金の額に算入される（法法22①③、41）。
>
> 　外国法人税の定義は、外国子会社合算税制においても適用される（第5章③ 3 トピックス「特定外国子会社等の判定に係る租税負担割合20％（トリガー税率）以下の算定にあたっての留意事項」参照）。

5．日本の外国税額控除の特徴

(1) 日本の外国税額控除制度は、控除限度額管理において、一括控除限度額方式を採用し、納付すべき外国法人税のうち、国外所得に対応する部分が控除限度額とされており、外国法人税の全部が控除されるわけではない（法法69①）。

(2) 法人税及び地方法人税の控除限度額を超える控除対象外国法人税は、地方税の控除限度額の範囲内で、道府県民税及び市町村民税（都民税を含む）の法人税割額から控除することができる（法法69②、地方法12①、地法53㉔、321の8㉔、734③）。

(3) 日本の租税法に基づく国外所得の発生年度の認識と源泉地国における外国法人税の確定時期の違いの調整を目的とする控除余裕額の繰越使用及び控除限度超過額の繰越控除は各々3年間である（法法69②③、地法53㉔、地令9の7②⑦、48の13②⑧）。

(4) 平成21年（2009年）度税制改正前は、外国子会社からの受取配当等（外国孫会社からの受取配当等を原資とする配当等を含む）について、一定の要件を満たす外国子会社及び外国孫会社が納付した外国法人税のうち、外国子会社から受ける剰余金の配当等に対応する部分を親会社である内国法人が自ら納付する外国法人税とみなして、その内国法人の法人

税額から税額控除する間接外国税額控除が認められていたが、「我が国経済の活性化の観点から、我が国企業が海外市場で獲得する利益の国内還流に向けた環境整備が求められる中、企業が必要な時期に必要な金額だけ戻すことができることが重要である」（税制調査会「平成21年度の税制改正に関する答申」）との政策的税制として外国子会社配当益金不算入制度（法法23の2）が導入（詳細は本章4参照）されたことに伴い、廃止された。

(5) 日本は、特定の開発途上国との租税条約において、外資導入を目的とする源泉地国の国内法及び租税条約の規定による外国法人税の減免について、日本の外国税額控除制度の適用上、納税したものとみなして外国税額控除制度を適用する、みなし外国税額控除（タックス・スペアリング・クレジット）を日本から開発途上国に対する投資の促進を目的とする一種の租税特別措置として認めてきた[201]。今日では、縮減の方向にあり、一定の期間が経過するとみなし外国税額控除の適用を終了するいわゆるサンセット・クローズを条約に定める例もある。

(6) 外国法人税を損金に算入することもできるが、一部の外国法人税について外国税額控除を選択している場合には、外国法人税のすべてについて損金算入されない（法法41、法通16−3−1）。

★ 平成26年（2014年）度税制改正において、外国法人の恒久的施設のための外国税額控除制度が新たに設けられ、外国法人であっても恒久的施設帰属所得に係る所得について外国で課された法人税（外国法人税）については外国税額の控除の対象とされ（改正法法144の2①）、当該外国法人が外国税額の控除を選択しない場合には損金算入ができる（改正法法142②による法法41）。ただし、外国法人の本店所在地国で課された法人税等に相当するものは外国税額控除の対象ではないから（改正法令195⑤一）、恒久的施設に配賦したとしても損金の額に算入されない（改正法令184①十）。

---

201 金子宏『租税法』（弘文堂、19版、2014年）484頁。

6. 国際租税原則としての外国税額控除制度と日本の制度上の沿革

(1) 外国税額控除制度は、全世界所得課税制度を採用する米国において、居住地国における国際二重課税の緩和措置として1918年に導入され、1921年に控除限度額管理を採用するなどの整備がなされ、国際連盟財政委員会1928年モデル租税条約草案を経て1946年ロンドン・モデル租税条約で国際租税原則として確立し、OECD モデル租税条約23条 B に継受されている。

外国税額控除制度の濫用が争点となっている裁判における下級審判決が外国税額控除制度を政策的減免規定であるから制限的に解すべきであると判示したことについて、国際租税原則としての外国税額控除制度の成立・発展の歴史に対する理解を欠き、かつ、制度の趣旨に対する認識を誤ったものであるとして強い批判がなされたことは、外国税額控除制度の趣旨を理解する上で重要である[202]。

(2) 日本は、明治32年（1899年）の所得税法の改正において法人に所得税の納税義務を定めたとき以来、内国法人は全世界所得について納税義務を有することを定めている[203]。全世界所得課税制度を採用している日本の国際二重課税の排除のための制度的方法は外国税額控除制度であるが、立法上の手当ては、昭和29年（1954年）の第一次日米租税条約の締結のために昭和28年（1953年）に初めてなされている。

(3) 昭和36年（1961年）税制調査会答申別冊報告書は、控除限度額管理に関して、従前からの国別控除限度額方式との比較において一括控除限度

---

202 水野忠恒『租税法』（有斐閣、5版、2011年）589頁脚注248。社団法人日本貿易会経理委員会「外国税額控除制度の改正に関する提言」国際税務（2003年）23巻10号46〜56頁。
203 上林敬次郎述『所得税法講義』（松江税務調査会、明治34年（1901年）[武田隆二・白井義雄　復刻版出版記念事業会版、1999年]）27〜36頁参照。

額方式には、いわゆる彼此流用の問題が内在することを認識しつつ、「納税者の外国源泉の所得全体につき計算した限度額（一括限度額）の範囲内であれば、いずれの外国の税の控除を認めても、その控除によりわが国の課税権につき不当な制約を受けたことにならないと考えられる」としており、これを受けた昭和37年（1962年）度税制改正が、米国の外国税額控除制度に倣い国別控除限度額方式と一括控除限度額方式との選択適用制度を導入し、更に翌年昭和38年（1963年）度税制改正では一括控除限度額方式に統一している[204]。

(4) 昭和63年（1988年）度税制改正は、1986年の米国税制改正を踏まえつつ、米国で採用された一括控除限度額方式に所得バスケット方式を付加する方法ではなく、一括控除限度額方式を維持しつつ①控除限度額について国外所得を全世界所得の90％に制限するという総額規制、②非課税国外所得についてその3分の2を国外所得に当たらないとして限度額計算から排除（昭和63年度改正では3分の1除外であったが、平成4年（1992年）度税制改正において現行の3分の2の除外に引き上げられた）、及び、③高率外国法人税について50％を超える部分を対象としないシーリング規制を導入している。

(5) 平成13年（2001年）度及び平成14年（2002年）度税制改正は、外国法人税をあえて負担する取引（最終的には外国税額控除制度を通じて日本政府が負担）を仕組むことで商機を得るという「通常行われない取引」（融資に係る仕組取引、債権譲渡に係る仕組取引）に係る外国法人税を外国税額控除の対象としないことを明定した（法法69①カッコ書、法令142の2⑤）[205]。

(6) 平成20年（2008年）度税制改正は、ペイ・スルー型の投資vehicleで

---

[204] 戦後日本の高度経済成長に果たした外国税額控除制度の歴史的意義について、金子宏「外国税額控除制度」『国際租税法の諸問題』租税法研究10号（有斐閣、1982年）105～106頁。

ある特定目的会社、投資法人、特定目的信託の受託法人及び特定投資信託の受託法人である内国法人について、税制中立の観点から、外国税額控除を適用しないこととしたうえで、特定目的会社等が納付する外国法人税の額は当該特定目的会社等の利益の配当に係る源泉所得税の額を限度として当該源泉所得税の額から控除することとした（措法67の14②④⑤、67の15③⑤⑥、68の3の2③④⑤、68の3の3③④⑤）。これにより改正前の制度における過大な控除が排除され、ペイ・スルー型の投資 vehicle は租税負担に中立的となった。

(7) 平成21年（2009年）度税制改正において、外国子会社配当益金不算入制度（法法23の2）が導入されたことに伴い、益金算入の外国子会社からの受取配当等に係る国際二重課税排除の仕組みであった間接外国税額控除制度が廃止された。

(8) 平成23年（2011年）度税制改正において、外国税額控除制度の適正化を図る観点から、次の見直しが行われた。

① 複数の税率の中から納税者と税務当局等との合意により税率が決定される税について、最も低い税率（当該最も低い税率が当該合意がないものとした場合に適用されるべき税率を上回る場合には当該適用されるべき税率）を上回る部分は、外国法人税に該当しないものとする（法令141③三）。

② 控除限度額の計算について、租税条約の規定により条約相手国等において租税を課することができるとされる所得（租税条約の規定において控除限度額の計算にあたって考慮しないものとされる所得を除く）で当該条約相手国等において外国法人税又は外国所得税を課されるものは、国外所得に該当するものとする（法令142④三）。

---

205 日本の外国税額控除制度の発展（改正の経緯）について、赤松晃「新日米租税条約と日本の国際租税法—外国税額控除制度の再検討」租税研究657号（2004年）114〜115頁、127頁参照。

(9) 平成24年（2012年）度税制改正において、外国税額控除の適正化措置として、①外国税額控除の対象から除外される「高率」な外国法人税の水準を35％超に引下げ（法令142の2①）、②控除限度額の計算の基礎となる国外所得から非課税国外所得の全額を除外（調整国外所得金額）（法令142③）、③控除限度額の計算の基礎となる国外所得の90％制限に対する特例を廃止（法令142③）。また、当初申告要件が緩和され、修正申告書又は更正請求書のいずれかに適用金額を記載した書類の添付等をすることにより、事後的に、当該書類に記載された金額まで当初申告時の適用金額を増額することができることとされた（法法69⑩～⑫）。

(10) 非居住者・外国法人に対する課税原則が、従来の国内法に定める「総合主義」から2010年改訂OECDモデル租税条約の新7条に定めるAOA（Authorised OECD Approach）にそった「帰属主義」に改められたことに関連して（改正法法9、138、141）、内国法人の外国税額控除の改正（法法69）として、①外国税額控除限度額における国外所得（国外源泉所得）の定義、②内部取引の意義、③国外事業所等帰属所得を独立企業原則に従い算定、④租税条約の適用がある場合のソース・ルールの適用に関する規定、⑤旧7条型の租税条約相手国に国外事業所等が所在する場合の国外事業所等帰属所得の調整、⑥国外事業所等帰属所得に係る所得の計算に関して、内外の共通費用の配分、国外事業所等帰属外部取引及び内部取引に係る文書化を規定した。また、日本に恒久的施設を有する外国法人のその恒久的施設帰属所得に係る所得に対する課税と本店所在地国以外の第三国での課税との国際二重課税を調整するため、外国法人の恒久的施設のための外国税額控除制度を導入した（改正法法144の2）。平成28年（2016年）4月1日以後に開始する事業年度の法人税（所得税は平成29年（2017年）分以後）について適用。

外国税額控除制度の濫用と対抗立法

最高裁第二小法廷平成17年12月19日判決（平成15年（行ヒ）第215号）
—外国税額控除余裕額と仕組取引—

1．事案の概要（仕組取引）

　ニュージーランド法人C社は、関係会社であるクック諸島法人B社からクック諸島法人A社へ資金移動させA社におけるNZドル建ユーロ債購入資金とするのにあたって、B社からA社にNZドルを直接的に貸し付ける組成を採用すると、A社からB社に対する支払利子に対して課せられるクック諸島の源泉所得税が投資利回りを引き下げるコストとなるため、これを免れることを目的として、日本の甲銀行を介在させ、甲銀行の外国税額控除限度額を利用してクック諸島の源泉所得税を甲銀行に吸収させた。

　甲銀行は、A社からクック諸島の源泉所得税控除後の貸付金利息を受け取る一方で、B社に対しては当該源泉所得税相当額を加算した金額を支払利息として支払うこととした。このため甲銀行においては、自社の利益を得てなお逆ザヤ（赤字）取引となるが、クック諸島の源泉所得税について日本で外国税額控除制度を通じて還付を受けるから、実質的な負担はない。甲銀行は、こうした自社の外国税額控除限度額を利用した仕組取引を、資金調達アレンジャーであるC社とそのグループ法人であるA社及びB社に提供することで、新たな商機を得る。

2 日本の外国税額控除制度の概要　301

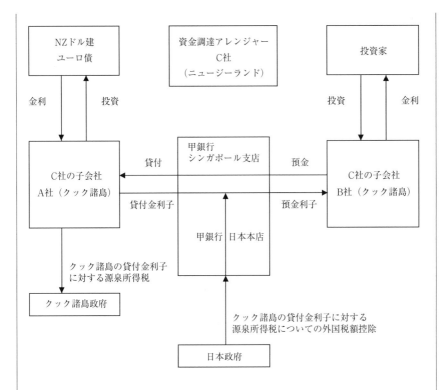

2．最高裁第二小法廷平成17年（2005年）12月19日判決（民集59巻10号2964頁）

「法人税法69条の定める外国税額控除の制度は、内国法人が外国法人税を納付することとなる場合に、一定の限度で、その外国法人税の額を我が国の法人税の額から控除するという制度である。これは、同一の所得に対する国際的二重課税を排斥し、かつ、事業活動に対する税制の中立性を確保しようとする政策目的に基づく制度である」

「ところが、この取引は、全体としてみれば、本来は外国法人が負担すべき外国法人税について我が国の銀行が対価を得て引き受け、その負担を自己の外国税額控除の余裕枠を利用して国内で納付すべき法人税額を減らすことによって免れ、最終的に利益を得ようとするものであるということ

ができる。これは我が国の外国税額控除制度をその本来の趣旨目的から著しく逸脱する態様で利用して納税を免れ、我が国において納付されるべき法人税額を減少させた上、この免れた税額を原資とする利益を取引関係者が享受するために、取引自体によっては外国法人税を負担すれば損失が生ずるだけであるという本件取引をあえて行うというものであって、我が国ひいては我が国の納税者の負担の下に取引関係者の利益を図るものというほかない。そうすると、本件取引に基づいて生じた所得に対する外国法人税を法人税法69条の定める外国税額控除の対象とすることは、外国税額控除制度を濫用するものであり、さらには、税負担の公平を著しく害するものとして許されないというべきである」

(注) 本判決を含む、外国税額控除制度の濫用に関する包括的な論考として、水野忠恒「外国税額控除をめぐる裁判例にみる私法形式の否認と事業目的の理論」『所得税の制度と理論──「租税法と私法」論の再検討』（有斐閣、2006年）81～106頁及び水野忠恒『租税法』（有斐閣、5版、2011年）589頁脚注248を参照。

3．「仕組取引」に係る対抗立法

平成13年（2001年）度及び平成14年（2002年）度税制改正による「仕組取引」に対する対抗立法は、「融資に係る仕組取引」及び「債権譲渡に係る仕組取引」を次のとおり定義し、当該「仕組取引」に係る外国法人税を外国税額控除の対象としないことを明示している（法法69①カッコ書、法令142の2⑤）。

(1) 融資に係る仕組取引

内国法人が、その内国法人が金銭の借入れをしている者又は預入れを受けている者と特殊の関係のある者に対し、その借り入れられ又は預入れを受けた金銭の額に相当する額の金銭の貸付けを特に有利な条件で行う取引（法令142の2⑤一）。

(2) 債権譲渡に係る仕組取引

貸付債権その他これに類する債権を譲り受けた内国法人が、譲渡者と

特殊の関係にある債務者からその債権に係る利子の支払いを受け、当該受取利子の額のうちから譲渡者がその債権を所有していた期間に対応する経過利子を当該譲渡者に対し支払う場合において、当該経過利子の支払額が、経過利子に対応する受取利子に係る源泉所得税控除前の金額に等しい取引（法令142の2⑤二）。

4．租税法律主義との関係

上記の最高裁第二小法廷の裁判官であった滝井繁男弁護士は「……ある制度を本来予定した趣旨目的と異なる方法で利用することを権利の乱用として排除することに対しては、そのような外国税額控除制度の利用も法律が禁じていない以上、租税法律主義に反するのではないかとの批判もあり得る」とした上で、「最高裁は、租税の賦課は法律の根拠に基づかなければならないとする租税法律主義の趣旨は、私人が予測不可能な課税をされることは許されないというものであって、法がある賦課徴収をなす趣旨であること、あるいは減免を認める趣旨でないことが国民に明らかであるにもかかわらず、技術上の工夫をこらしたり法文上の不備をついたりして課税を免れようとするものに対して課税をすることは租税法律主義に反するものではないという見解に立つものだと思われる」[206]と述べている。

③ 直接外国税額控除

1．直接外国税額控除制度

直接外国税額控除とは、内国法人の外国支店を通じて行う事業から生ずる所得、あるいは、その内国法人の本店が直接的に取得する利子、配当、

---

[206] 滝井繁男『最高裁判所は変わったか——裁判官の自己検証』（岩波書店、2009年）132頁。

使用料などの投資所得に関し当該内国法人が自ら納付する外国法人税を、当該内国法人の法人税から税額控除することをいう（法法69①）。

2．直接外国税額控除における外国法人税の意義

　外国税額控除の適用を受けることができる外国の租税は法人の所得に対して課される租税に限られる（法法69①、法令141、142の2）。

　直接納付外国法人税は、内国法人の外国支店等の所得に対する外国法人税、及び、内国法人が直接的に外国に投資して取得した利子、配当、使用料などに係る源泉地国における源泉徴収された所得税が該当する（外国為替の円換算について法通16－3－37(1)～(4)）。

　租税条約に定める限度税率を超過して課された外国法人税は、源泉地国の税務当局に対して限度税率の適用申請をすると還付されるから、原則として、その還付を受けるまでは仮払金等として損金の額に算入されず、かつ、外国税額控除の適用はない（法通16－3－8）。

3．外国税額控除の適用時期

　外国税額控除は外国法人税を納付することとなる日の属する事業年度において適用される（法法69①）。したがって、申告納税方式の場合は申告書の提出の日（提出の日が法定申告期限前である場合には、法定申告期限）、更正又は決定があった場合には更正又は決定の日、賦課課税方式の場合は賦課の通知があった日、源泉徴収方式の場合は源泉徴収の対象となった所得の支払日、印紙納付方式の場合は印紙納付の日の属する事業年度が外国税額控除の適用時期となる（通法16）。なお、確定した外国法人税を費用として計上した日の属する事業年度に適用することとしている場合には継続適用を条件として認める（法通16－3－5）。

4．外国税額控除限度額と控除対象外国法人税

(1) 控除限度額計算の意義と控除対象外国法人税

　日本の外国税額控除制度における控除限度額管理は、上記のとおり一括控除限度額方式を昭和37年（1962年）から採用しており、その計算式は次のとおり整理される。計算式から、控除限度額計算を通じて、国内源泉所得について自国の課税権をフルに確保しつつ、国外源泉所得については自国（居住地国）の法人税率を限度（控除限度額）として外国税額控除を認める構造が確認される。なお、外国税額控除が認められるのは、この算式により計算される外国税額控除限度額と外国法人税のうちの控除対象外国法人税とのいずれか少ない金額である（法法69①、法令142①）。

$$外国税額控除限度額 = 全世界所得金額に対する法人税 \times \frac{国外所得金額}{全世界所得金額}$$

$$= (全世界所得金額 \times 法人税率) \times \frac{国外所得金額}{全世界所得金額}$$

$$= 法人税率 \times 国外所得金額$$

（注1）　国外所得金額は、全世界所得の90％にシーリング[207]（法令142③ただし書）。
（注2）　平成26年（2014年）度税制改正により、国外所得金額から非課税国

---

[207] 国外所得金額が100である場合に、国外所得金額との関係における全世界所得金額（国外所得金額＋国内所得金額）の大小の類型により、90％のシーリング効果は次のように異なる。
　　類型①：全世界所得金額が国外所得金額と同額の100の場合：シーリング金額は90
　　類型②：全世界所得金額が国外所得金額より大きな120の場合
　　　　　：シーリング金額は100（100＜120×90％＝108）
　　類型③：全世界所得金額が国外所得金額より小さな（国内源泉所得が赤字）80の場合
　　　　　：シーリング金額は72（100＞80×90％＝72）

外所得金額（租税条約により課税が免除される所得を含み、みなし外国税額控除の適用対象所得を除く）の全額を除外（法令142③、法通16－3－21）したものを調整国外所得金額と定義

（注3） 高率負担の外国法人税を35％にシーリングして控除対象外国法人税とする。高率負担部分の判定は、一の外国法人税ごとに、かつ、当該外国法人税の課税標準とされる金額ごとに行う（法通16-3-22）。なお、高率負担部分は損金の額に算入される（法法22①③、41）。金融保険業等は別のシーリングが規定（法令142の2①②））

（注4） 全世界所得金額とは、欠損金額の繰越控除（法法57）、災害損失の繰越控除（法法58）、公益法人等が普通法人に移行する場合の所得金額の計算の規定（法法64の4）、対外船舶運航事業を営む法人の日本船舶による収入金額の課税の特例（措法59の2）、及び、組合事業等による損失がある場合の課税の特例（措法67の12、67の13）を適用しないで計算される金額をいい、国外所得金額についても同じ（法令142②）。

（2）控除対象外国法人税

外国税額控除が認められるのは、上記の算式により計算される外国税額控除限度額と控除対象外国法人税のいずれか低い金額である（法法69①）。

① 外国法人税に含まれないものとして次が定められている。

(i) 税を納付する者が、当該税の納付後、任意に還付を請求できる税（法令141③一）

(ii) 税を納付する者が、納付が猶予される期間を任意に定めることができる税（法令141③二）

(iii) 複数の税率の中から納税者と税務当局等との合意により税率が決定される税について、最も低い税率（当該最も低い税率が当該合意がないものとした場合に適用されるべき税率を上回る場合には当該適用されるべき税率）を上回る部分（法令141③三）

(iv) 外国法人税に附帯して課される附帯税に相当する税その他これに類

する税（法令141③四）

② 外国法人税であるが控除対象外国法人税に含まれないもの（外国税額控除の対象とならないもの）として次が定められている。

(ⅰ) 負担が高率な部分（一般事業会社は35％超、金融業及び保険業の場合は所得率により別途定める）である外国法人税（法令142の2①②）

(ⅱ) 通常行われるとは認められない仕組取引に基因して生じた所得に対する外国法人税（法令142の2⑤）

(ⅲ) 内国法人の法人税に関する法令の規定により法人税が課されないこととなる金額を課税標準として課される次の外国法人税（法令142の2⑦）

　イ　みなし配当（法法24①、所法25①）の基因となる事由により交付を受ける金銭の額又はその他の資産の価額に対して課される外国法人税（当該金銭等の交付の基因となった株式の取得価額を超える部分に対して課される部分を除く）（法令142の2⑦一）

　ロ　移転価格課税の第二次調整として課されるみなし配当に係る外国法人税[208]（法令142の2⑦二）

　ハ　外国子会社配当益金不算入制度の対象となる剰余金の配当等の額に対して課される外国法人税（外国のパス・スルー事業体の構成員課税に係る外国法人税など、その剰余金の配当等の額の計算の基礎となった外国子会社の所得のうち内国法人に対して課されるものを含む）（法令142の2⑦三、法通16－3－36）。

　　★　2010年改訂のOECDモデル租税条約の新7条にそった平成26年（2014年）度税制改正による国外事業所等帰属所得に係る外国税額控除に関連し

---

[208] 条約相手国の移転価格課税に基因する相互協議の合意が成立し、日本の税務当局が日本の法人の所得を減額更正する対応的調整を行った場合に（実特法7①）、当該日本の法人が当該減額分の所得を相手国の国外関連者に対して支払わなかったときに相手国が相手国の国外関連者から当該日本の法人に対する利益の配当とみなして課す源泉税をいう。

て、外国税額控除の対象とならない外国法人税の額として、次が定められている。
① 国外事業所等と本店等との間の本店等への支払いにつき課される外国法人税の額（改正法令142の2⑦四）
② 条約相手国等において、その租税条約の規定に定める限度税率の超過分（又は免除することとされる額）を超えて課された外国法人税の額（改正法令142の2⑧五）
③ その他政令で定めるもの（外国税額控除の対象とならないもの）
（i）外国子会社配当益金不算入制度の適用を受けない外国法人から受ける剰余金の配当等（特定外国子会社等に係る特定課税対象金額等に達するまでの金額に限る）で租税特別措置法66条の8第1項又は第8項の規定により益金不算入とされたものを課税標準として課される外国法人税の額（法令142の2⑧一、法通16－3－36）。
（ii）外国子会社配当益金不算入制度の適用を受ける外国法人から受ける剰余金の配当等の額（特定外国子会社等に係る特定課税対象金額等に達するまでの金額に限る）で租税特別措置法66条の8第3項又は第10項の規定により益金不算入とされたものを課税標準として課される外国法人税の額（法令142の2⑧二、法通16－3－36）。

コーポレート・インバージョン対策合算税制に関しても同様の規定が定められている（法令142の2⑧三、四）。

合算課税対象金額に係る外国法人税は控除対象外国法人税とみなされ（措法66の7①）、直接外国税額控除の計算に乗せて外国税額控除される（第5章④参照）。外国子会社配当益金不算入制度と外国子会社合算税制及び外国税額控除の適用関係については本章④5及び第5章③7参照。

5．国外所得金額の計算

(1) 国外所得金額の意義

　外国税額控除の控除限度額計算の基礎は、上記4(1)の算式が示すとおり国外所得の金額である。控除限度額を計算する場合の国外所得の金額とは、源泉地国において外国法人税の課税上その課税標準とされた金額ではなく、外国法人が日本で納税義務を負う法人税法138条に定める国内源泉所得以外の所得（国外源泉所得）について日本の法人税法を適用することで算出される金額である（法令142①～④、法通16－3－9）。

　租税条約が締結されている国との取引に係る所得源泉地の判定は、国内法のソース・ルールにかかわらず、租税条約の適用を受ける[209]（法法139）。平成23年（2011年）度税制改正において、租税条約の規定により条約相手国等において租税を課することができるとされる所得（租税条約の規定において控除限度額の計算にあたって考慮しないものとされる所得を除く）で当該条約相手国等において外国法人税を課されるものは国外所得に該当することを明示的に定め（法令142④三）、次の問題を立法的に解決している。

　特定の租税条約（アメリカ、イギリス、オーストラリア、カザフスタン、ブルネイ、香港、サウジアラビア、オランダ及びスイス）は、国際二重課税の排除に関する規定の適用上、一方の締約国の居住者が受益者である所得であって、租税条約の規定に従って他方の締約国において租税を課されるものは、他方の締約国内の源泉から生じたものとみなすと定める。しかし、かかる所得源泉地の置換え規定のない租税条約の下では、外国法人税の納付がある一方で、日本の国内法に基づく外国税額控除限度額の計算にあたり当該外国法人税に照応する「国外所得」がなく、結果として外国税

---

[209] 小松芳明『租税条約の研究』（有斐閣、新版、1982年）120頁。

額控除の適用をすることができない状況があったとされる。事例として、役員報酬の取扱い（第2章③8(1)①ロ参照）や租税条約の規定により条約相手国等において租税を課されることとされている不動産関連株式譲渡に係る所得（第2章③1-2(3)⑤参照）が挙げられる。なお、課税実務上、当該不動産関連株式の譲渡により損失が生ずる場合の損失額は、国外所得金額の計算上、損金の額に算入される（法基通16-3-10の2）。日米租税条約23条1は「日本国の居住者が受益者である所得でこの条約の規定に従って合衆国において租税を課されるものは、合衆国内の源泉から生じたものとみなす」と確認規定を定める（第2章①3参照）。

★ 2010年改訂OECDモデル租税条約の新7条に定める帰属主義による平成26年（2014年）度税制改正は、内国法人の外国税額控除の目的上、その国外事業所等がその内国法人から独立して事業を行う事業者であるとしたならば、その国外事業所等が果たす機能、その国外事業所等において使用する資産、その国外事業所等とその内国法人の本店等との間の内部取引（内部債務保証取引及び内部再保険を除く）その他の状況を勘案して国外事業所等帰属所得（その国外事業所等の譲渡により生ずる所得を含み、国際運輸業所得を除く）を算定（改正法法69④一、⑥、改正措法67の18）すると定めるとともに、国外事業所等に帰せられるべき自己資本（国外事業所等帰属資本）に対応する負債利子の加算調整（改正法令141の2①一）、銀行等の国外事業所等に帰せられるべき規制上の自己資本に対応する負債の利子の減算調整（改正法令141の2①二）、及び、保険会社の国外事業所等に帰せられるべき投資資産（国外事業所等帰属投資資産）に係る収益の額の減算調整（改正法令141の2①三）、国外事業所等が内部取引により取得した資産の取扱い（改正法令141の2②）、内外の共通費用の配分（改正法令141の2③）に関し定める。改正法は、国外事業所等帰属所得に係る所得の計算に関し、内外の共通費用の配分、国外事業所等帰属外部取引及び内部取引について、文書化を規定する（改正法法69⑲⑳、改正法令141の2③④、改正法規28の5、30の2、30の3）。一般事業会社の国外事業所等の過大な利子について損金不算入とする国外事業所等帰属資本に対応する負債利子の加算調整の規定は、確定申告書等に計算明細を添付する等の要件を満たす場合（宥恕規定あり）に限り、適用される（改正法令141の2①一、⑬）。その一方で、銀行等の国外事業所等に帰せられるべき規制上の自己資本に対応する負債の利子の減算調整は義務付けられている（改正法令141の2①二）[210]。

(2) 国外所得金額の計算

外国税額控除の仕組みは、上記4(1)の算式が示すとおり、全世界所得金額に占める国外所得金額の割合を納付すべき法人税に乗じて控除限度額を計算することから、国外所得金額の計算が必要となる。国外所得金額は、日本の法人税法の規定に従って算出される（法令142③）。控除限度額を計算する場合の国外所得金額は、全世界国外所得金額から非課税国外所得金額に係る所得金額の全額を控除して算出する調整国外所得金額である（法令142③）。ただし、調整国外所得金額は、全世界所得の90％にシーリングが課されている[211]（法令142③ただし書き）。

(3) 事業所得に係る国外源泉所得の定め

外国税額控除制度にいう国外源泉所得とは、上記のとおり国内源泉所得以外の所得と定義されているが、①棚卸資産の譲渡により生ずる所得、及び、②国外投融資所得については、次のとおり所得源泉地の判定基準を別途定めている（法令142④一、二）。

★ 2010年改訂OECDモデル租税条約の新7条にそった平成26年（2014年）度税制改正では、内国法人の外国税額控除の対象となる国外所得の範囲を明確にするため、現行法において「国内源泉所得以外の所得」と規定されている国外所得の定義を、国外事業所等帰属所得、国外資産の運用又は保有による所得、国外資産の譲渡による所得、外国法人の発行する債券の利子、外国法人から受ける配当等

210　この点について、財務省主税局参事官「国際課税原則の総合主義（全所得主義）から帰属主義への見直し」（2013年10月）26頁は、「無償資本の配賦を行うオプションを納税者の選択に委ねる形であれば、外国法人の在日恒久的施設と内国法人の国外事業所等に関して異なる取扱いをすることは、恒久的施設帰属所得及び外国税額控除の双方についてAOAの適用を義務付ける新7条に反しないと考えられる」と説明する。

211　趣旨について「国外所得金額が著しく高く全世界所得金額の90％を超える法人に限って、最低、全世界所得金額の10％程度は国内の本社等の貢献により発生したものとみることが概ね妥当であるとして、外形標準的に国外所得金額を全世界所得金額の90％に制限することとしたものである」黒田東彦編『国際課税Ⅰ―外国税額控除制度』（税務経理協会、1989年）71頁。

のように明示的に定義した（改正法法69④一～十六）。改正法の国外所得の定義に関する規定は、基本的に外国法人課税の国内源泉所得に係るソース・ルール（第2章[1] 1 参照）の裏返し[212]で源泉地の判定をした場合に国外で生じたものと認められる所得である（改正法法138①一カッコ書き、144の2 ④）。なお、租税条約において国外源泉所得につき異なる定めがある場合には、租税条約に定めるところによる（改正法法139①②）。したがって、次の①②の現行法の規定はいずれも廃止されている。

① 棚卸資産の譲渡により生ずる所得

　外国法人が日本で納税義務を負う国内源泉所得に関し、棚卸資産の譲渡により生ずる所得については、

(i) その棚卸資産が、その引渡しの直前において日本国内にあるか、又は国内において行う事業を通じて管理されていたこと、

(ii) 譲渡に関する契約が国内において締結されたこと、又は、

(iii) 譲渡契約を締結するための注文の取得、協議、その他の行為のうち重要な部分が日本国内で行われたこと、

の1つでも充足する場合は国内源泉所得である（法令176④）。

　しかしながら、内国法人の外国税額控除の目的上、棚卸資産の譲渡により生ずる所得の源泉地の判定は次による（法令142④一イ、ロ）。

イ　当該資産の譲渡が国外事業所等を通じて行われた場合に限って当該資産は国外において譲渡があったものとし、それ以外の場合にあっては、すべて国内において譲渡したものとする。

ロ　ただし、棚卸資産の譲渡が国外事業所等を通じて行われなかった場合であってもその譲渡により生ずる所得に対して外国法人税が課されるときは、法人の選択により、当該資産を国外において譲渡したものとして取り扱うことができる。

212　財務省主税局参事官補佐　安河内誠・山田博志「平成26年度の国際課税（含む政省令事項）に関する改正について」（租税研究、778号）2014年8月号104頁。

② 国外投融資所得

外国法人の国外投融資所得について、日本に所在する恒久的施設の事業を通じて第三国において取得したものは、当該外国法人の日本における事業所得として課税の対象となる国内源泉所得であることを確認する規定が定められている（法令176⑤）が、内国法人の外国税額控除の目的上、国外投融資所得は国外所得とすると明示的に定めている（法令142④二）。

★ 2010年改訂 OECD モデル租税条約の新 7 条にそった平成26年（2014年）度税制改正では、外国法人の日本の恒久的施設が本店所在地以外の第三国で稼得した所得を恒久的施設帰属所得として日本の法人税の課税対象とすることが定められており（本章②1 - 1 参照）、これに起因する国際二重課税の排除を目的として外国法人の恒久的施設に外国税額控除が新たに定められた（改正法法144の 2、改正法令193～195）。日本に恒久的施設を有する外国法人が、各事業年度において外国法人税（国内源泉所得につき課される外国法人税に限る）を納付する場合における、一括控除限度額方式、控除限度額及び控除限度超過額の繰越しなどの外国税額控除制度に関する基本的仕組みは、内国法人の外国税額控除制度と同様である（改正法法144の 2 ①～③）。

外国税額控除の対象となる外国法人税は内国法人に係る外国法人税と同じであるが、外国法人の恒久的施設帰属所得に係る所得につき課される外国法人税に限られ、次は除かれている（改正法法144の 2 ①、改正法令195）。
① 恒久的施設の本店所在地国で課された外国法人税額については、日本における外国税額控除の対象とならないことが原則であるが、本店所在地国において税額控除を受けられない場合に限り、外国税額控除の対象とする（改正法令195⑤一カッコ書き）。
② 外国法人の本店所在地国以外の国又は地域（第三国）において課される外国法人税の額のうち、日本と源泉地国である当該第三国との間の租税条約に定める減免規定が適用されるとしたならば、減免を超える部分に相当する金額は、外国税額控除の対象とならない（租税条約上の限度税率を限度とする）（改正法令195⑤二）。

控除限度額の基礎となる国外所得金額は、外国法人の国内源泉所得に係るソース・ルールの裏返し[213]で源泉地の判定をした場合に国外で生じたものと認められる所得として規定されている（改正法法144の 2 ④一～十三）。なお、租税条約に

---

213 財務省主税局参事官補佐　安河内誠・山田博志「平成26年度の国際課税（含む政省令事項）に関する改正について」（租税研究、778号）2014年 8 月号104頁。

おいて国外源泉所得につき異なる定めがある場合には、租税条約に定めるところによる（改正法法139①②）。

（4）共通費用の取扱い

　国外所得の計算にあたって、国外所得に係る益金に直接対応する売上原価等の配賦だけでなく、販売費及び一般管理費、負債利子についても適正に配賦することが必要である。国外業務に直接要する費用は国外業務に係る収入から控除されるが、国外業務と国内業務との双方に関連して生ずる費用（共通費用）については、収入金額、資産の価額、使用人の数、その他の基準のうち、その法人の行う業務の内容及び費用の性質に照らして合理的と認められる基準によって国外所得に配賦される（法令142⑥⑦、法通16－3－12、16－3－13）。納税者の選択により共通費用の配賦方法について事前に税務当局の確認を得ることができる（法通16－3－14）。

> ★　2010年改訂OECDモデル租税条約の新7条にそった平成26年（2014年）度税制改正では、当期の所得金額の計算上損金算入された販売費・一般管理費その他の費用のうち国外源泉所得を生ずべき業務とそれ以外の業務の双方に関連して生じたものの額（内外の共通費用）がある場合は、その共通費用の額は、収入金額、資産の価額、使用人の数その他の基準のうち内国法人の行う業務の内容及び費用の性質に照らして合理的と認められる基準によって、国外所得金額計算上の損金の額として配分すると定め（改正法令141の2③）、共通費用の配分の計算の基礎となる費用の明細及び内容、配分の計算方法及びその計算方法が合理的であるとする理由を記載した書類を作成する文書化を規定する（改正法令141の2④、改正法規28の5）。

6．外国税額控除額と控除対象外国法人税額の控除順序

　外国税額控除は、当該事業年度の控除対象外国法人税の額を当該事業年度の控除限度額の範囲内で控除するものであり、当該事業年度の控除対象外国法人税の全額をそのまま控除できるわけではない。控除対象外国法人

税は、法人税、道府県民税及び市町村民税（都民税を含む）の順に、それぞれの控除限度額の範囲内で、順次これらの税額から控除する（法法69①、法令142①②、142の3、143、144、地法53㉔、321の8㉔、734③）。

地方税の外国税額控除の控除限度額は、法人税の控除限度額に法人税割の標準税率を乗じて算出される。なお、実際税率によることも認められている（地令9の7④⑤、48の13⑤⑥、57の2、57の2の2）[214]。

7．控除限度超過額の繰越控除と控除余裕額の繰越使用

外国税額控除制度は、ある年度に納付する外国法人税をその年度の国外所得に基づき計算される控除限度額の範囲内で税額控除するから、外国法人税の課税対象となった国外所得の発生年度とその外国法人税について外国税額控除の適用を受ける時期は、必ずしも一致しない。したがって、納付ベースによる外国法人税と発生ベースによる控除限度額のタイミング・ディファレンス（期ズレ）が生ずることが考えられる。例えば、外国税務当局による課税が遅れた場合は、日本の租税法により国外所得が認識されて控除限度額を有する年度には控除すべき外国法人税が確定しておらず、その後の年度に外国法人税が確定したときには日本での控除限度額が算定されないため、外国税額控除の適用が受けられない、あるいは、その逆の状況が生ずるという問題があり得る。

そこで、当該事業年度の控除対象外国法人税が控除限度額に満たず控除額に余裕が生じた場合には控除余裕額の3年間にわたる繰越しを認め（控除余裕額の繰越使用）、逆に、当該事業年度の外国法人税が控除限度額を超える場合には限度超過額を3年間にわたり繰り越して控除余裕額の生じた

---

[214] 地方税法の外国税額控除について、平成15年4月1日総税都第19号通知「地方税法の施行に関する取扱について（道府県税関係）」第2章道府県民税47（地方税法関係実務事典（第一法規、2006年）1238頁以下）参照。白須信弘『外国税額控除の実務詳解』（中央経済社、2006年）169頁以下参照。

事業年度において控除することを認めている（控除限度超過額の繰越控除）（法法69②③）。昭和63年（1988年）度税制改正前は、控除余裕額及び控除限度超過額について各々5年の繰越しが認められていたことに加えて、平成16年（2004年）度税制改正において、法人税の更正の期間制限が3年から5年に延長され、また、平成23年（2011年）12月の税制改正により欠損金の繰越期間が7年から9年に延長されている今日にあっては、タイミング・ディファレンス（期ズレ）の期間として3年は短期に過ぎるから少なくとも5年に復帰すべきである。

なお、控除余裕額の繰越使用又は控除限度超過額の繰越控除の適用を受けている3年間のいずれかの事業年度において、新たに納付することとなった外国法人税を損金に算入した場合には、損金に算入した当該事業年度以前に生じた法人税、地方法人税、道府県民税及び市町村民税（都民税を含む）の控除余裕額又は限度超過額は打切りとなる（法令144②、145②、地令9の7②⑤、48の13②⑥、57の2、57の2の2）。

8．外国法人税が増額・減額された場合の調整

（1）外国法人税の増額の場合

外国税額控除は、外国法人税を納付することとなった日（納付確定日）の属する事業年度において適用を受けることができる。しかしながら、例えば、前事業年度以前において納付した外国法人税で既に外国税額控除の適用を受けていた場合で、当該事業年度において外国において増額更正等が行われたことにより、同一の外国法人税を追加的に納付することとなった場合、所得に対する負担が高率な部分の金額として外国税額控除から除かれることとなる金額、更に、その影響を含む控除対象外国法人税の算定が問題となる。

外国税額控除の適用を受けた事業年度後の事業年度において、その計算の基礎となった外国法人税が増額された場合には、その増額後の外国法人税について、控除対象外国法人税となる金額を再計算し、増額前において控除対象外国法人税とされた金額との差額を、当該外国法人税の額の増額のあった日の属する事業年度の控除対象外国法人税として外国税額控除の規定を適用する（法通16－3－26）。

(2) 外国法人税の減額の場合

外国税額控除の適用を受けた事業年度後の事業年度において、例えば、法人税額の減額更正等によりその計算の基礎となった外国法人税が減額された場合には、①まず、当該事業年度の控除対象外国法人税と相殺し、②残額がある場合には、前3年以内の繰越控除対象外国法人税と相殺し、③なお残額がある場合には、その後2年以内に発生する控除対象外国法人税と相殺し、④それでもなお相殺しきれない残額がある場合は、2年経過時に益金の額に算入する（法法69⑧、26③、法令150①③⑥、25、26①二、②、法通16－3－26㊟）のであるが、平成21年（2009年）度税制改正において、納税者の事務負担の軽減を図るため、外国税額控除の適用を受けた事業年度開始の日後7年以内に開始する各事業年度において減額された場合に限り、上記の減額の調整をすることとされた（法法26③、69⑧）。

9．法人税における外国税額の還付と地方税における外国税額の繰越控除

法人税から控除されるべき控除対象外国法人税が当該事業年度の法人税から控除しきれない場合には、その控除しきれない金額は、確定申告書に記載することを要件（確定申告要件）として還付される（法法74①三、78①）。

道府県民税及び市町村民税(都民税を含む)に関しては外国法人税の還付を定める規定がなく、道府県民税及び市町村民税(都民税を含む)の法人税割額から控除することとなった控除対象外国法人税が控除しきれないときは、その後3年以内の各事業年度の法人税割額から順次繰越控除し、控除しきれないときは切捨てとなる(地令9の7⑲、48の13⑳、57の2、57の2の2)。

10. 申告とその手続

平成24年(2012年)度税制改正において、当初申告の確定申告書に記載された金額を限度とする当初申告要件が廃止され、修正申告書又は更正請求書のいずれかに適用金額を記載した書類の添付等をすることにより、事後的に、当該書類に記載された金額まで当初申告時の適用金額を増額することができる(法法69⑩)。次の書類については、添付することに代えて保存することにより適用が認められている(法規29の3②)。

① タックスレシート(外国法人税を課されたことを証するその税に係る申告書の写し又はこれに代わるべきその税に係る書類、外国法人税が既に納付されている場合には、その納付を証する書類)

② 地方税による外国税額控除の適用を受ける場合には、限度額計算の基礎となる地方税に係る申告書の写し又はこれに代わる書類

11．外国法人税の円換算

直接外国税額控除における外国法人税の円換算の方法は、外国法人税の納付等の類型に従い、次による（法通16-3-37）。

(1) 源泉徴収に係る外国法人税

① 利子、配当等を収益に計上すべき日の属する事業年度終了の日までに当該利子、配当等に対して課された外国法人税は、当該事業年度の円換算に適用する為替相場（②に該当するものを除く）。
② 利子、配当等に課された外国法人税でその課された日の属する事業年度において費用（仮払経理を含む）の額として計上するものは、その費用の額の換算に適用する為替相場。

(2) 日本国内から送金する外国法人税

日本国内から送金する外国法人税は、納付すべきことが確定した日の属する事業年度において外貨建ての取引に係る費用の額として計上する金額の円換算に適用する為替相場。

(3) 国外事業所等において納付する外国法人税

国外事業所等において納付する外国法人税は、納付すべきことが確定した日の属する事業年度の円貨による本支店合併損益計算書の作成の基準とする為替相場。

(4) 租税条約により納付したものとみなされる外国法人税

その外国法人税を納付したものとした場合に適用すべき上記(1)から(3)までに掲げる為替相場。

4 外国子会社配当益金不算入制度

1．外国子会社配当益金不算入制度の概要

　平成21年（2009年）度税制改正において、経済対策税制として評価され得る（本章1 2(2)参照）、内国法人が外国子会社（内国法人が外国法人の発行済株式等の25％以上を剰余金の配当等の額の支払義務が確定する日以前6月以上引き続き直接に有している場合の、その外国法人をいう）から受ける剰余金の配当等の額について、その内国法人の各事業年度の所得の金額の計算上、益金の額に算入しないこととする外国子会社配当益金不算入制度が導入された（法法23の2、法令22の4）。益金不算入額は、外国子会社から受ける剰余金の配当等の額の5％相当額を、その配当に係る費用とみなして（みなし費用）控除した後の金額である（法法23の2①、法令22の4②）。すなわち、その受ける剰余金の配当等の額の95％相当額が益金不算入となる。

　外国子会社配当益金不算入制度の導入に伴い益金に算入の外国子会社からの受取配当等に係る国際二重課税排除の仕組みであった間接外国税額控除制度は廃止された。

　なお、平成22年（2010年）度税制改正におけるグループ法人税制の導入の一環として、外国子会社配当益金不算入制度の適用を予定した一定の自己株式の取得に係るみなし配当については外国子会社配当益金不算入の適用はない（課税対象）とする濫用防止規定が導入されている（法法23の2②、法令22の4③）。

　平成24年（2012年）度税制改正において、外国子会社合算税制の適用を受けた外国孫会社（ひ孫会社以下は含まれない）から外国子会社を経由して配当を受けた場合の二重課税の排除規定を、①外国子会社（持株割合25％

以上かつ6月以上保有する外国子会社配当益金不算入制度（法法23の2）の適用対象）を経由した配当の場合と②それ以外の外国子会社を経由した場合とに分けて規定している（措法66の8⑧⑨）（第5章③7参照）。

外国子会社配当益金不算入制度の評価

1．税制調査会は、「我が国経済の活性化の観点から、我が国企業が海外市場で獲得する利益の国内還流に向けた環境整備が求められる中、企業が必要な時期に必要な金額だけ戻すことができることが重要である。外国税額控除制度については、こうした企業の配当政策の決定に対する中立性の観点に加え、適切な二重課税の排除を維持しつつ、制度を簡素化する観点も踏まえ、間接外国税額控除制度に代えて、外国子会社からの配当について親会社の益金不算入とする制度を導入することが適当である。本制度を導入することにより、国内に還流する利益が、設備投資、研究開発、雇用等幅広く多様な分野で我が国経済の活力向上のために用いられることが期待される」（平成21年度の税制改正に関する答申）と答申し、これを受けて平成21年（2009年）度税制改正において外国子会社配当益金不算入制度が導入された。

2．外国子会社配当益金不算入制度は、2008年秋から2009年を通じての世界的金融危機の中、百年に一度と呼ばれる経済危機に直面した日本企業が必要とした海外子会社から日本の親会社に対する緊急避難的な資金還流を促進する役割を十分に果たしたと言える[215]。しかしながら、今日の日本企業のビジネスモデルは、かつての高度成長期における加工貿易ビジネスモデルとは異なり、加工貿易から国際水平分業に変化し、いわゆ

215　渡辺徹也「外国子会社配当益不算入制度の意義と効果—資金還流税制といえるか」租税法研究40号（有斐閣、2012年）67頁。

る外－外取引を拡大している。そこでは、日本の本社は収益源に成長した日本国外の取引に直接介在せず、海外に展開された子会社が製造から販売までの機能を展開し、利益は軽課税国の事業持株会社や物流統括会社に集積する。応用開発に強みを持つ日本企業のR&D機能は顧客に近い外国市場に移転しつつあり、集積された利益から得るべきロイヤリティー収入の帰属先も日本の親会社とは限らない（特定外国子会社等により開発等された知的財産から生ずるロイヤリティー収入などの所得は資産性所得合算課税制度の対象外である）。①平成21年（2009年）度税制改正により恒久的措置として法人税法に導入された外国子会社配当益金不算入制度と②平成22年（2010年）度税制改正で租税特別措置法に導入された外国子会社合算税制の統括会社の適用除外要件とを組み合わせると、軽課税国の統括会社に集積される利益は外国子会社合算税制の対象とならず（第5章③4、6参照）、かつ、日本の親会社に配当されたときに日本でも課税されない。すなわち、制度の仕組みとして、国内投資よりも海外投資（再投資）の方が税制上有利であることから、中長期的には日本経済の一層の空洞化という経済的帰結をもたらすものと言えよう。日本から海外に移転した事業から生ずる利益は連結グループ全体の財務会計上の利益には反映するものの、日本の歳入増に直接結びつかないことに留意すべきである。外国子会社配当益金不算入制度は仕組みとして日本から海外への事業の移転を誘引する構造となっていることから、所得税だけでなく消費税を含む租税負担において、グローバル展開する企業と納税者の大多数を占めるimmovableな企業や個人との間に格差をもたらすものである。国家の財政運営上、消費税率の一層の引上げが避けがたいとされる状況にあって、他方で企業の国際競争力の観点から法人税負担の国際水準への引下げが実現したときは、外国子会社配当益金不算入制度は日本の国際課税制度のあり方として再検討されなければならない[216]。

3．この点について、税制調査会専門家委員会による平成22年（2010年）

> 1月9日「国際課税に関する論点整理」[217]は「我が国企業が投資先の国で他国からの企業とイコール・フッティングで競争できる環境を整備するとともに、課税の適正化を図るという意味で、今後の国際課税の方向性として適切であった。ただし、平成21年度改正の結果、日本に外国子会社からの配当還流が増えればよいが、日本企業は内部資金を持っており、また、外国で稼得した所得を外国での投資に回す場合もあるので、必ずしも追加的に配当還流が増えるとは限らない。……企業にとっては、再投資政策、配当のタイミング、居住地、資金調達形式等につき多くの選択肢がある。そうした中で、税制改正により一定の改善はあるかもしれないが、その効果は限定的かもしれず、税制改正の評価については検証を待つべきである」とする。

2．外国子会社配当益金不算入制度における配当等

外国子会社配当益金不算入制度における剰余金の配当等の額とは、法人税法23条1項1号（受取配当等の益金不算入）に掲げる金額（法人税法24条1項の規定によりみなされる金額を含む）をいう（法法23の2①）。具体的には、次の日本の法人税法上の配当等をいう（外国子会社の所在地国における損金算入配当を含むことは、OECD／G20 BEPS行動計画項目2ハイブリッド・ミスマッチの効果の無効化の観点から、見直しの必要性が認識されている（序章4 1(1)参照)。)。なお、平成22年（2010年）度税制改正におけるグループ法人税制の改正の一環として、外国子会社配当益金不算入制度の適用を予定した一定の自己株式の取得に係るみなし配当については同制度の

216　赤松晃「国際課税分野での立法―日本の経済発展の軌跡を背景として」金子宏編『租税法の発展』（有斐閣、2010年）136～138頁参照。
217　内閣府の税制調査会のHPから入手できる。http://www.cao.go.jp/zei-cho/gijiroku/zeicho/2010/_icsFiles/afieldfile/2010/11/24/22zen8kai11.pdf

適用はない（課税対象）とする濫用防止規定が導入されている（法法23の2②）。

① 剰余金の配当（株式会社及び協同組合等の剰余金の配当（会社法453、農業協同組合法52等）のうち株式又は出資に係るものに限り、資本剰余金の額の減少に伴うもの及び分割型分割によるものを除く）

② 利益の配当（持分会社（合名会社、合資会社及び合同会社）及び特定目的会社の利益の配当（会社法621、資産流動化法114）で分割型分割によるものを除く）

③ 剰余金の分配（相互会社及び船主相互保険組合の剰余金の分配（保険業法55の2、船主相互保険組合法42）のうち出資に係るものに限る）

3．外国子会社配当益金不算入制度の適用対象となる外国子会社

外国子会社配当益金不算入制度の適用対象となる「外国子会社」とは、次の①及び②の要件を満たす外国法人をいう（法法23の2①、法令22の4①）。

① 次の(i)又は(ii)の割合のいずれかが25％以上であること。
　(i) 外国子会社の判定の対象となる外国法人の発行済株式又は出資（その外国法人の保有する自己の株式又は出資を除く）の総数又は総額（発行済株式等）のうち内国法人が保有している株式又は出資の数又は金額の占める割合
　(ii) 外国子会社の判定の対象となる外国法人の発行済株式等のうちの議決権のあるもののうち内国法人が保有している議決権のある株式又は出資の数又は金額の占める割合

② 上記①の状態が外国子会社配当益金不算入制度の適用を受ける剰余金の配当等の額の支払義務が確定する日（その剰余金の配当等の額が法人税

法第24条第１項のみなし配当（資本の払戻しに係る部分を除く）である場合には、支払義務が確定する日の前日）以前６月以上継続していること[218]。

なお、外国法人の所得に課された外国法人税を内国法人の納付する法人税から控除する旨を定める租税条約の規定により内国法人の外国法人に対する持株割合について異なる割合[219]が定められている場合の適用対象となる外国子会社の判定は、その割合により行う（法令22の４⑤、法通３－３－３）。租税条約の適用がある場合、国内法又は租税条約に定める「発行済株式の総数」又は「議決権のある株式」のいずれかの持株割合要件を満たせば適用対象となる（第３章 4 23(2)参照）。

4．外国子会社配当益金不算入制度に係る二重課税・非課税の排除

外国子会社配当益金不算入制度の適用を受ける場合（法法23の２）、剰余金の配当等の額に対して課される外国源泉税等の額は、その内国法人の各事業年度の所得の金額の計算上、損金の額に算入されず（法法39の２、法令78の２、法通９－５－５）、外国税額控除の対象外である（法法69①、法令142の３⑦三、法通16－３－36）。

外国子会社の設立後６月以内に行われる剰余金の配当等についても外国子会社配当益金不算入制度の対象になる（法令22の４①カッコ書）。また、

---

218 法通３－３－１（外国子会社の要件のうち「その状態が継続していること」の意義）及び法通３－３－２（一の事業年度に２以上の剰余金の配当等を同一の外国法人から受ける場合の外国子会社の判定）を参照。

219 【10％】米国（2013年改正議決書９条(署名・未発効)）において、議決権のある株式の割合から発効済株式の割合に適用を拡大）、オーストラリア（議決権のある株式の割合又は発行済株式総数の割合）、ブラジル（議決権のある株式の割合又は発行済株式総数の割合）、カザフスタン（議決権のある株式の割合又は発行済株式総数の割合）

【15％】フランス（議決権のある株式の割合又は発行済株式総数の割合）

内国法人が、適格合併、適格分割、適格現物出資又は適格現物分配（適格組織再編成）により事業の全部又は一部の移転を受けた場合において、被合併法人、分割法人、現物出資法人又は現物分配法人（被合併法人等）からその保有する外国法人の25％以上の株数若しくは金額の株式等又は25％以上の議決権のある株式等の移転を受けたときには、その被合併法人等のその適格組織再編成前における所有期間を含めて、その内国法人の所有期間が計算される（法令22の4④）。

なお、上記のとおり外国子会社配当益金不算入制度の適用を受ける配当等の額に係る外国源泉税等の額は損金の額に算入されないから、当該外国源泉税等の額が還付された場合には益金の額に算入されない（法法26②）。

外国子会社配当益金不算入制度が適用されない場合、受ける剰余金の配当等の額は益金に算入され（法法23の2）、その剰余金の配当等の額に対して課される外国源泉税等の額は外国税額控除（法法69①）の対象となる。外国税額控除を適用した場合、外国源泉税等の額は損金の額に算入されない（法法41）。

(注) 外国源泉税等の額とは、外国税額控除に規定する外国法人税（法法69①）のうち、剰余金の配当等の額を課税標準として源泉徴収の方法に類する方法により課される外国法人税をいい、剰余金の配当等の額の計算の基礎となった外国子会社の所得のうち内国法人に帰せられるものとして計算される金額を課税標準として課される外国法人税（外国のパス・スルー事業体の構成員課税に係る外国法人税）の額を含む（法令78の2①②、法通9－5－5、16－3－36）。

5．外国子会社配当益金不算入制度と外国子会社合算税制及び外国税額控除の適用関係

内国法人が軽課税国に実態のない子会社等（特定外国子会社等）を設立している場合には、一定の条件の下で、その特定外国子会社等の所得を、

親会社であるその内国法人の収益の額とみなして合算課税する外国子会社合算税制（タックス・ヘイブン対策税制）の適用（第5章参照）がある（措法66の6）。

内国法人が外国子会社合算税制の適用を受けることによる国際二重課税を排除する制度として、①外国子会社合算税制に固有の課税対象金額に係る外国税額控除と②特定外国子会社等から受ける剰余金の配当等の益金不算入等とがある。①は上述のとおり直接外国税額控除制度に乗せて適用され（詳細は第5章④参照）、②は平成21年（2009年）度税制改正による外国子会社配当益金不算入制度に関連して新設されたものである（詳細は第5章③7参照）。なお、コーポレート・インバージョン対策合算税制について①及び②とも同様に定められている（第5章⑥4参照）。

以下では、外国子会社配当益金不算入制度と外国子会社合算課税制度及び外国税額控除の適用関係を、次のとおり2つの場合に分けて説明する。

(1) 外国子会社配当益金不算入制度の適用を受けない外国法人から受ける剰余金の配当等と外国子会社合算税制及び外国税額控除の適用関係

　外国子会社配当益金不算入制度の適用を受けない外国法人から受ける剰余金の配当等の額については、二重課税排除の目的から、特定課税対象金額（内国法人の配当を受ける日を含む事業年度及びその事業年度開始の日前10年以内に開始した各事業年度において益金の額に算入された課税対象金額（直接保有の株式等に対応する部分の金額に限る）の合計額（部分課税対象金額を含む）をいう）に達するまでの金額（措法66の8④）は益金に算入されない（措法66の8①）。剰余金の配当等の額に対して課される外国源泉税等の額は損金の額に算入され（法法39の2）、直接外国税額控除の適用はない（法法69①、法令142の2⑧一）。

(2) 外国子会社配当益金不算入制度の適用を受ける外国法人から受ける剰余金の配当等と外国子会社合算税制及び外国税額控除の適用関係

　内国法人が外国法人（持株割合25％以上、かつ、6月以上継続保有）か

ら受ける剰余金の配当等の額については外国子会社配当益金不算入制度が適用され（法法23の2）、特定課税対象金額に達するまでの金額は二重課税排除の目的に従い益金不算入金額から5％のみなし費用の額を控除しない（措法66の8②前段）。剰余金の配当等の額に対して課される外国源泉税等の額は損金の額に算入され（措法66の8②後段）、直接外国税額控除の適用はない（法法69①、法令142の2⑦三）。平成22年（2010年）度税制改正は、特定外国子会社等からの剰余金の配当に係る二重課税の排除について、過去の合算額がある限り調整する制度とすることを目的として、従来の「特定外国子会社等」から「外国法人」に拡大した。平成24年（2012年）度税制改正において、外国子会社を経由して外国子会社合算税制の適用を受けた外国孫会社から受けた配当等に係る二重課税の排除制度が導入された（詳細については第5章③7参照）。

　コーポレート・インバージョン対策合算税制についても、上記(1)及び(2)と同様の規定が定められている（措法66の9の4①②）。

6．外国子会社配当益金不算入制度の適用手続

　平成24年（2012年）度税制改正において、当初申告要件が廃止され、修正申告書又は更正請求書のいずれかに適用金額を記載した書類の添付等をすることにより、事後的に、当該書類に記載された金額まで当初申告時の適用金額を増額することができる（法法23の2③）。一定の書類（配当等を支払う外国法人が外国子会社に該当することを証する書類、外国子会社の益金不算入とされる剰余金の配当等に係る事業年度の貸借対照表、損益計算書及び株主資本等変動計算書、損益金の処分に関する計算書その他これらに類する書類、剰余金の配当等の額に係る外国源泉税等に係るタックス・レシート）の保存が適用要件とされる（法規8の5、法通3-3-5）が、宥恕規定が定められている（法法23の2④）。

7. 地方税の取扱い

　内国法人が受ける外国子会社からの剰余金の配当等の額に対して課される地方税（法人住民税及び法人事業税）のうち、法人住民税については法人税を課税標準とすることから、法人税の適用を通じて外国子会社配当益金不算入の適用を受ける（地法53①）。平成21年（2009年）度税制改正において、地方税法に定める間接外国税額控除は、法人税と同じく廃止されている。法人事業税及び地方法人特別税の課税標準は、法人税の課税標準である所得の計算の例によることから、外国子会社配当益金不算入の適用を受ける（地法72の23①）。法人事業税は、地方公共団体の提供する各種の行政サービスと事業活動との受益関係に租税負担の基礎を求めているので、支店等の外国の事業所に帰属する所得を国外所得と定義する国外所得免除制度[220]を採用（地法72の24）しており（したがって、外国税額控除制度は採用されていない）、外国子会社配当益金不算入の導入により国外所得免除主義が貫徹されることになる。

---

[220] 東京高裁平成17年7月26日判決（平成17年（行コ）第48号）は、米国リミテッドパートナーシップを通じて取得した所得は、米国に所在する恒久的施設を通じて取得した産業上・商業上の活動による所得でないから、事業税の課税標準となるべき所得から控除される国外所得に当たらないと判示している。

外国子会社配当益金不算入制度の導入とタックス・プランニング

1．制度の意義

　平成21年（2009年）度税制改正による外国子会社配当益金不算入制度の導入に伴い廃止された間接外国税額控除制度は、支店形態で外国に進出した場合は当該外国支店の事業から生ずる所得に対して課された外国法人税は直接外国税額控除制度により税額控除できるのに対し、子会社形態で進出した場合にはその外国法人税について直接外国税額控除の適用はないために、対外進出形態の違いによる租税負担の差異を排除する方法として制度設計されていた。したがって、平成21年（2009年）度税制改正による外国子会社配当益金不算入制度の導入の意義は図表4－2のとおり分析され、法人税法に規定することで恒久的に課税権を放棄したことが理解できる。

4 外国子会社配当益金不算入制度　331

図表4-2　外国支店（直接外国税額控除／外税の損金算入）及び外国子会社（間接外国税額控除／外国子会社配当益金不算入）

		外国支店		外国子会社		
		直接外国税額控除	外税の損金算入	間接外国税額控除　無	間接外国税額控除　有	外国子会社配当益金不算入
外国での課税	所得	1,000	1,000	1,000	1,000	1,000
	法人税率(30%) ①	300	300	300	300	300
	税引利益	700	700	700	700	700
	配当	−	−	700	700	700
日本での課税	所得	▶1,000	1,000（外税の損金算入）△300　700	（配当）▶700	（配当）▶700（外税のグロスアップ）300　1,000	（配当）▶700（95%控除）△665　35
	法人税率(40%)	400	280	280	400	14
	外国税額控除	▶300	−	−	300	0
	差引法人税 ②	100	280	280	100	14
総合税負担 ①+②		400	580	580	(400)	(314)

（バランスする）

外国子会社配当益金不算入制度を導入し間接外国税額控除を廃止したことによる恒久的減税効果86（＝（1,000−35）×40%−300）

出典：黒田東彦編『国際課税Ⅰ―外国税額控除制度』（税務経理協会、1989年）150頁を参考にして、その後の関係する改正を含む分析資料として作成。

2．制度の特徴とタックス・プランニング

外国子会社配当益金不算入制度の特徴とそれに基因するタックス・プランニングとして次を挙げることができる。

(1) 日本から海外に子会社として進出することを促進する構造を有すること

外国子会社配当益金不算入制度は、図表4-2の分析が示すように、

仕組みとして、海外子会社から受ける剰余金の配当等に対する日本の課税権を放棄するものであるので、税率の高い日本から、立地競争力があり、かつ、税率の低い国に子会社形態で製造機能を移転することを促進する構造となっている。米国において対内投資促進税制として期限付きで導入された American Job Creation Act, 2004に係る IRC965条と比較すると、制度設計に由来する次の特徴が指摘できる。

① 経済対策としての政策税制でありながら期限付きの特別措置でないために、企業に還流時期の自由な繰延べを認めるだけでなく、海外子会社の配当可能利益の極大化のタックス・プランニングを誘引

② 国内再投資が非課税取扱いの要件とされていないために、還流された資金は無税で企業の自由な使途に充てることができ、期待されている対内投資でなく対外投資を促進する可能性が大

(2) 企業の外国市場への進出形態の選択にあたり租税が中立的でないこと

海外市場への進出の形態として、支店と比較すると子会社が税負担において有利であること。このことは、しかしながら支店形態での進出が常に子会社形態での進出に比べ租税負担において不利であることを意味しない。当初は支店形態で進出することで事業立ち上げ時期の損失を日本の本店の所得と相殺し、支店が黒字化した場合には子会社化することで外国子会社配当益金不算入制度の恩恵を享受することを通じて租税負担が極小化[221]できるからである。

(3) 海外子会社の配当可能利益を極大化するタックス・プランニングを誘引すること

① 外国子会社配当益金不算入制度の仕組みは、日本の親会社の所得（棚卸資産の売買差益、受取利子、受取ロイヤリティー）を、外国子会社との取引（棚卸資産取引、金融取引、無形資産取引）を通じて配当所得

---

221 こうしたタックス・プランニングに対する米国における規制立法について、中村敏繁「在外支店の現地法人化と課税」関西大学大学院ジャーナル80号295頁。

に性質変更することで、グループ全体としての租税負担を極小化できるものとなっている（トピックス「外国子会社配当益金不算入制度の導入と移転価格税制」参照）。したがって、移転価格税制に係る課税実務においては、TNMM又は利益分割法が移転価格算定方法として最も適切であるとされるであろう。

② 現行の外国子会社合算税制が entity approach を採用しているために、日本企業からの直接出資に代えて、合算税制の適用対象とならない特定外国子会社等からの出資形態を採ることでグループ全体としての租税負担を極小化できることが指摘（第5章②3参照）されていたが、平成22年（2010年）度税制改正において、租税回避行為を一層的確に防止する観点から、適用除外基準を満たす特定外国子会社等の特定の資産性所得（特定所得：一定の剰余金の配当等、債券利子、債券の償還差益、一定の株式譲渡益、債券の譲渡益、一定の使用料、船舶・航空機貸付料）を合算課税の対象とする資産性所得合算課税制度（部分課税対象金額の益金算入制度）（措法66の6④）が創設された（詳細は第5章③6参照）。

③ vehicleとしての持株会社の最適な所在地国の要素

外国子会社配当益金不算入制度の導入に伴い、外国子会社合算税制の適用対象となる特定外国子会社等がその子会社から受ける子会社配当等及び控除対象配当等の額は合算対象となる金額の計算にあたり控除される。したがって、軽課税国に所在する特定外国子会社合算税制（資産性所得合算課税制度を含む）の適用除外となる事業持株会社を通じてグローバルに事業展開する日本企業は、その傘下の事業会社から受ける剰余金の配当等について実質的に日本で課税されない（詳細は第5章③5参照）。

上記の観点から、企業が必要な時期に必要な金額だけ日本に資金を還流するためのvehicleとしての持株会社の所在地国の要件は次のと

おりであろう。

- 海外子会社からの受取配当等について益金不算入制度を有すること[222]
- 日本の親会社に対する支払配当等に係る源泉所得税が現地法令上又は租税条約によりゼロ又は低率であること
- その子会社である事業会社から受ける剰余金の配当等の額に係る源泉所得税が現地法令上又は租税条約によりゼロ又は低率であること。なお、事業会社に対する法人税率が現地法令上の減免措置によりゼロ又は低率とされることが一層望ましいことはいうまでもない。
- 持株会社が受ける配当等に係る資金の運用・保有・譲渡について現地法令上の規制及び税制が有利であること

(4) その他

　間接外国税額控除制度が廃止された一方で、外国子会社合算税制の適用対象となる特定外国子会社等の課税対象金額に係る外国法人税については直接外国税額控除に乗せて外国税額控除を認めている（措法66の7①）。これは（そもそも国外所得免除制度であれば課税対象外とされる）外国支店に係る直接外国税額控除の適用との整合性に基づく措置であろう。そうであるとすれば、外国子会社合算税制の意義が、軽課税国に所在する特定外国子会社等に直接的に課税するものでなく、日本の親会社に対する配当を擬制して親会社に課税するものである（東京高裁平成19年11月1日判決（平成19年（行コ）第148号））ことに照らすと、理論的に疑問なしとしない。

---

[222] 非軽課税国で海外子会社からの受取配当に対する課税を減免している国。
　・100％非課税とする国：オランダ、スウェーデン、ドイツ（条約相手国の子会社のみ）、フランス等。
　・95％非課税とする国：オーストリア、ベルギー等。

⑤ みなし外国税額控除

1．みなし外国税額控除の意義と今日的評価

　開発途上国の多くは、自国の経済開発のために外国からの投資に対して租税上の優遇措置を講じている。日本は、現在締結している62条約、85か国・地域適用の租税条約（2014年10月1日現在）のうちの17の租税条約[223]において、相手国等である開発途上国がその国内法又は租税条約上の優遇措置により日本企業に対して減免した税額について、日本の外国税額控除制度の適用上、あたかも当該外国に納付したものとみなすというみなし外国税額控除（タックス・スペアリング・クレジット）を認めている[224]。みなし外国税額控除を認めない場合には、開発途上国が租税上の優遇措置を講じても、減免分だけ日本企業の日本における外国税額控除額が減少し、開発途上国における減免税額が日本の税収となってしまうことが理由とされ

223　1．日本が租税条約に基づきみなし外国税額控除を供与する国は、アイルランド、インドネシア、韓国、ザンビア、シンガポール（失効）、スペイン、スリ・ランカ、タイ、中国、トルコ、バングラデシュ、フィリピン、ブラジル、ブルガリア（失効）、マレーシア、ベトナム（失効）、メキシコの17カ国である（アイルランド、スペイン及びインドネシアについては締約国の国内法の改正により、事実上失効している）。2008年11月9日に発効している新パキスタン条約はみなし外国税額控除の規定を有しないが、外国子会社配当益金不算入制度の適用にあたって、当該配当等に係るパキスタンの法人税を直接外国税額控除に含めることを定めている（23条(1)b）。
　　2．みなし外国税額控除の内容
　　(1) 投資所得のみをその対象としている条約（スリ・ランカ、フィリピン）
　　(2) 投資所得及び事業所得をその対象としている条約（ザンビア、ブラジル、中国、インド、タイ、バングラデシュ、ベトナム、メキシコ、マレーシア）
　　　このうち中国及びタイのみが、事業所得に関して、事業ごとにそれぞれ10年、13年という供与期限を設けている。
224　居住地国が、国際二重課税の排除制度として国外所得免除方式を採用している場合は、源泉地国である開発途上国の外資導入を目的とする国内法上の減免措置のインセンティブ効果は、直接的に達成される。

ている。

　しかしながら、国際二重課税の排除を目的として定められているOECDモデル租税条約にはみなし外国税額控除に関する規定はない。みなし外国税額控除は開発途上国における先進国企業の誘致のための国内法又は租税条約による特別の租税の減免措置についてインセンティブ効果を担保するものとして、米国を除く[225]ほとんどすべての先進国が導入していたが、今日では「条約相手国において減免された税額について納付されたものとみなしてわが国の税額から控除するみなし外国税額控除については、開発途上国からの強い要請を受け、これらの国々の経済状況等も踏まえ、租税条約において特例的な取扱いとして認めているものである。しかしながら、課税の公平性や中立性の観点から、近年締結・改正した条約においては適用期限を付するなどできる限り見直し・縮減を図ってきている。一部の租税条約にある、適用期限の付されていないみなし外国税額控除についても、今後、条約改正の機会を捉えて廃止・縮減に努めるべきである」（平成14年11月税制調査会「平成15年度における税制改革についての答申―あるべき税制の構築に向けて」）とされている[226]。

225　その理由として次が知られている。
　　「提案の方法（訳注：みなし外国税額控除）は、議会が法律による減税を拒否した正にそのときに、条約によって米国の租税の減額を容認するという方法である。租税条約のメカニズムが、米国市民に係る米国の租税を減額するために用いられてきたことはこれまでなかったのである。それは、外国の納税者の米国源泉に対する米国の租税を減額するだけにのみ用いられてきたのである。租税条約をそのように用いるよう制限することは知恵であり、さもなければ減税に関するあらゆる圧力が、租税条約交渉に対して直接に向けられることになったであろう」Stanley S. Surrey, "Current Issues In The Taxation of Corporate Foreign Investment", Columbia Law Review, Vol. 56, No. 6 , 1956, 815, at 856.
226　例えば、2006年2月24日署名され2006年6月28日に発効している日本－インド租税条約改正議定書4条はみなし外国税額控除の廃止を定め、2008年12月5日に発効しているフィリピン租税条約改正議定書6は10年後の平成31年（2019年）1月1日以後の廃止を定める。

2．みなし外国税額控除の概要

　みなし外国税額控除は、源泉地国で減免された外国法人税について、親会社である内国法人が納付したものとみなして外国税額控除制度を適用するものである。みなし外国税額控除が適用される場合には、実際に納付した税額（実際納付分）に加え、租税条約の相手国により減免された税額（みなし納付分）も、内国法人が納付した税額とみなされる。みなし外国税額控除は、直接外国税額控除制度に乗せて計算される。

3．直接外国税額控除に係る控除対象みなし納付外国法人税

　内国法人が納付する外国法人税額が租税条約により軽減又は免除されている直接外国税額控除の適用にあたり、軽減又は免除がなかったものとした場合に課されることとなる税額について高率負担部分を除いた金額が控除対象みなし納付外国法人税となる（本章③4(1)（注3）参照）。高率負担部分の金額は、まず、みなし納付部分からなるものとされる（法令142の2①～③）。

4．みなし納付外国税額控除の時期

　直接外国税額控除に係るみなし納付外国税額控除の適用時期については、本来の課税が行われるとすれば納税義務が確定することとなる日をみなし納付外国法人税の納付の確定の日として、その日の属する事業年度において外国税額控除を適用する[227]。

227　黒田東彦編『国際課税Ⅰ―外国税額控除制度』（税務経理協会、1989年）229頁。

5．みなし外国税額控除に係る国外所得の計算

みなし納付外国法人税がある場合の国外所得の計算は、上述の直接外国税額控除における国外所得と併せて計算され、国外所得の管理を別に行うということはなされていない。したがって、非課税国外所得の除外計算（法令142③⑤）は適用されず、外国法人税を課税される国外源泉所得として国外所得を計算する。

みなし外国税額控除が適用される場合には、減免相当額だけ内国法人である親会社の手取金額が大きくなっているから、直接外国税額控除対象の外国法人税の損金不算入（法法41）という課税所得に対する加算は必要なく、かつ、国外所得金額の計算における加算調整も必要ない。

6．法人税における外国税額の還付と地方税における外国税額の繰越控除

みなし外国税額控除の場合には、源泉地国において実際に納付した外国法人税はないのであるが、外国税額控除制度の適用上、みなし外国税額控除に係る外国法人税の国税の還付と地方税（道府県民税・市町村民税（都民税を含む））の繰越控除の取扱いは、上述の直接外国税額控除と同様である（法法74①三、78①、地令9の7⑲、48の13⑳、57の2、57の2の2）。

7．みなし納付外国税額の円換算

みなし納付外国税額の円換算は、そのみなし納付外国法人税を実際に納付したと仮定した場合に適用すべき為替相場で行う（法通16－3－37⑷）。

8．みなし外国税額控除の申告とその手続及び地方税における申告書の記載等

みなし外国税額控除の申告とその手続及び地方税における申告書の記載等も、直接外国税額控除と同様である（地令9の7㉙、48の13㉚）が、みなし納付外国法人税に係る証明書の添付が必要とされる（実特規10）。

6 居住者／非居住者の外国税額控除制度

1．制度の概要

居住者の外国税額控除制度は、内国法人の直接外国税額控除制度と基本的に同じである。居住者が直接に納付した外国所得税について直接外国税額控除（みなし直接外国税額控除を含む）が認められている（所法95）。平成21年（2009年）度及び平成23年（2011年）度税制改正において、法人税と同様の趣旨により、外国所得税の範囲と控除対象外国所得税について改正が行われている（所法95①、所令221、222の2）。

★ 平成26年（2014年）度税制改正において、非居住者・外国法人に対する課税原則が、従来の「総合主義」から2010年改訂OECDモデル租税条約の新7条に定めるAOA（Authorized OECD Approach）にそった「帰属主義」に改められた（第1章3 1 - 1 参照）。これに関連して、(1)居住者に係る外国税額控除に関して、内国法人に係る外国税額控除制度と同様に、国外事業所等がその居住者から独立して事業を行う事業者であるとしたならば、その国外事業所等が果たす機能、その国外事業所等において使用する資産、その国外事業所等とその居住者の事業場（外国法人の本店等に相当）との間の内部取引（内部保証及び内部再保険を除く）その他の状況を勘案して国外事業所等帰属所得（その国外事業所等の譲渡により生ずる所得を含み、国際運輸業所得を除く）を算定することが定められ、国外事業所等帰属所得に係る所得の計算に関して、内外の共通費用の配分、国外事業所等帰属外部取引及び内部取引に関する文書化を規定する（改正所法

95、改正措法41の19の5）。また、(2)非居住者の恒久的施設帰属所得に係る外国所得税につき国際二重課税の排除を目的として外国税額控除制度が導入され、外国税額控除の適用を受けた外国所得税の額は、恒久的施設帰属所得に係る所得の金額の計算にあたり必要経費に算入しないことや、外国税額控除制度の適用を受けた後の年においてその外国所得税の額が減額された場合の取扱いなど所要の規定が定められている（改正所法165の6、166の2、改正措法40の3の3）。改正所得税法は平成29年（2017年）分以後について適用される。

2．外国所得税の範囲

(1) 外国税額控除の対象とされる外国所得税は、所得に対して課される税であり、外国の法令により個人の所得を課税標準として課される外国の租税をいう（所令221①②③、外国所得税の円換算については所通95－10、95－12を参照）。

(2) 居住者がその年以前の年において非居住者であった期間内に生じた所得に対して外国で課される税は、外国所得税に含まれない（所令222の2④一）。日本の居住者である米国市民は、日本において全世界所得課税を受けると同時に、米国においてもいわゆる市民権課税により全世界所得課税を受けるが、日本における当該居住者の外国税額控除にあたっては、その者の米国市民権課税による税額でなく、日米租税条約の規定に従って課することができる米国の税額に限定することが明示的に規定されている（日米23③、所令222の2④二）。

(3) 租税条約に定める限度税率を超過して課された外国所得税は、限度税率の適用申請等をすると還付されることになるから、原則として、その還付を受けるまでは必要経費等の算入は認められず、かつ、外国税額控除の適用はない（所通95－5）。

(4) 内国法人に係る外国税額控除制度では、所得に対する負担が高率とされる部分の外国法人税についてシーリングを課すことで外国税額控除の

適用を入口において排除するが、居住者にはシーリング規定の適用はなく、居住者が納付する外国所得税の全額が控除対象となる外国所得税となる（所法95①、所令221）。

3．控除限度額の計算

(1) 控除限度額の計算は、次の算式による（所法95①、所令222①）。基本的な考え方は、内国法人に係る控除限度額の計算と同じである。

$$控除限度額 = 全世界所得に対する所得税（配当控除後） \times \frac{国外所得総額}{所得総額}$$

(注)1　内国法人の控除限度額の計算では、国外所得は原則として全世界所得の90％を限度とするが、居住者の控除限度額の計算にはかかる制限はない。

(注)2　内国法人の控除限度額の計算では、国外所得から非課税国外所得の全額を控除するが、居住者の控除限度額の計算における国外所得総額には非課税国外所得が含まれる。

(2) 国外所得総額とは、現地における外国所得税の課税標準とされた金額ではなく、国内源泉所得以外の所得に日本の所得税法を適用することで算出される総所得金額、退職所得金額及び山林所得金額の合計額をいう（所令222③）。源泉地国と租税条約が締結されている場合、所得源泉地の判定は租税条約の適用を受ける（所法162）。

(3) 非永住者は居住者であるから外国税額控除の適用があるが、非永住者の課税所得の範囲は、国内源泉所得、及び、国外源泉所得のうち国内において支払われ又は国外から送金されたものであるので（所法7①二）、非永住者の国外源泉所得のうち日本での課税の対象とされない部分については、上記の算式の国外所得総額に含まれない（所令222③カッコ書）。

(4) 控除余裕額及び控除限度超過額について、内国法人の外国税額控除と同様に、3年間の繰越使用又は繰越控除が認められている（所法95②③）。
(5) 居住者に対する外国子会社合算税制の適用により合算される留保所得金額は雑所得として所得税が課される（措法40の4①）。他方、外国子会社合算税制の留保所得金額に課される税は法人税であり税目が異なるため、その居住者は、合算課税の対象となった雑所得に係る所得税額から当該合算課税の対象となった所得に対して課された法人税額を控除することができない（所法95①、所令222の2④三）。そこで、雑所得として合算課税される金額は当該特定外国子会社等の留保所得金額から法人税額を控除した額とされている（措法40の4①、措令25の21③二）。

★ 2010年改訂OECDモデル租税条約の新7条にそった平成26年（2014年）度税制改正において、上記の控除限度額計算に関し、法人税法の改正と同様の改正がなされた。

4．外国所得税が減額された場合の調整

既に外国税額控除を適用した外国所得税が、その適用後の年において減額された場合に、減額されることとなった年において納付する他の控除対象外国所得税と相殺し、相殺しきれない金額（減額控除対象外国所得税）がある場合には、前3年内の繰越控除対象外国所得税の最も古い金額から相殺して外国税額控除を行うという調整が定められているのであるが、平成21年（2009年）度税制改正において、納税者の事務負担の軽減を図るため、外国税額控除の適用を受けた事業年度開始の日後7年以内に開始する各事業年度において減額された場合に限り、上記の減額の調整をすることとされた（所法95③④、所令226）。なお、外国税額控除の適用を受けた年の翌年以後7年内の各年において相殺しきれない減額された外国所得税がある場合には、当該年の雑所得に係る総収入金額として課税所得を構成す

る（所法44の3後段、所令93の2）。

5．申告とその手続

　平成24年（2012年）度税制改正において、当初申告要件が廃止され、修正申告書又は更正請求書のいずれかに適用金額を記載した書類の添付等をすることにより、事後的に、当該書類に記載された金額まで当初申告時の適用金額を増額することができる（所法95⑤）。外国所得税について必要経費又は支出した金額に算入するか又は外国税額控除の適用を受けるかの選択は、その年中に確定した外国所得税の全部について行わなければならない（所法46、所通46－1）。

　なお、外国税額控除は、居住者が納付する外国所得税のうち、次に述べる源泉分離課税の対象となる所得以外の所得に対して課される外国所得税について適用される。

6．源泉分離課税と外国税額控除

　源泉分離課税となっている国外公社債等の利子等及び国外私募公社債等運用投資信託等の配当等に係る外国所得税額は、国内の支払者が15％の税率による所得税の源泉徴収をするときに当該源泉徴収税額を限度として控除される（措法3の3①〜④、8の3①〜④）。超過の外国所得税額は外国税額控除の対象とならない。また、源泉分離課税の対象となっている利子等について租税条約の制限税率を超える源泉徴収が現地において行われている場合には、その超過分は租税条約により還付請求が認められる（措法3、実特規13の2）。

図表4-3　外国税額控除の改正の経緯

年度	改正の要点	(参考) 米国の改正
昭和28年（1953年） 外国税額控除制度の導入	・直接外国税額控除 ・<u>国別限度額方式</u> ・遡及計算 ・1959年パキスタン条約において、最初のみなし外国税額控除が導入	・1918年　制度導入 　無制限外国税額控除 　間接外国税額控除は外国子会社に限定 ・1921年 　一括限度額方式を導入 ・1942年　間接外国税額控除を外国孫会社に拡大 ・1932年〜1954年 　1932年に国別限度額方式も導入し、いずれか少ない限度額を適用 ・1954年〜1960年 　<u>国別限度額方式のみを適用</u> ・1960年〜1976年 　<u>国別限度額方式と一括限度額方式の選択制</u>
昭和37年（1962年） 国際課税に係る抜本的法整備	・<u>国別限度額方式と一括限度額方式の選択</u> ・間接外国税額控除制度の導入（外国子会社に限定） ・地方税法に外国税額控除制度を導入 ・外国法人税に確定主義を導入し限度額計算を簡素化 　（遡及計算を廃止し当年度で控除。ただし、限度額計算は従前どおり遡及按分計算で行い、外国税額控除は当該外国税額が確定した当年度で打ち切り） ・みなし外国税額控除について国別限度額方式を採用	
昭和38年（1963年） 外国税額控除制度の整備	・<u>一括限度額方式に統一</u> 　代償措置として国外所得計算における国別欠損金の除外制度を導入 ・控除余裕額及び控除限度超過額の5年間の繰越制度の導入 ・<u>みなし外国税額控除の適用に係る国別限度額方式を廃止</u>	

6 居住者／非居住者の外国税額控除制度　345

昭和58年（1983年） 外国税額控除に係る政令・通達の整備	・国外所得計算の整備 ・物品の譲渡地の判定基準の整備 ・共通費用の国内・国外双方への配分の明示	・1971年 間接外国税額控除を外国曾孫会社に拡大 ・1976年～1986年 一括限度額方式に統一し、特定の所得項目について別枠管理 ・1986年～ 一括限度額方式における特定の所得項目の別枠管理を拡大（8種のバスケット）
昭和63年（1988年） 外国税額控除制度の抜本改正	・限度額計算における国外所得金額から非課税所得の2分の1を除外 ・高率負担の外国法人税にシーリング計算を導入 ・控除余裕額及び控除限度超過額の繰越期間を3年に短縮 ・費用の配賦方法の整備	
平成4年（1992年） 間接外国税額控除制度の拡大	・外国孫会社を間接外国税額控除の対象 ・限度額計算における国外所得金額から非課税所得の3分の2を除外	
平成13年（2001年） 濫用防止規定の導入	・外国法人税の明確化 ・特殊関係者との通常行われない取引（融資に係る仕組取引）に係る外国法人税を排除	
平成14年（2002年） 濫用防止規定の拡充	・通常行われない取引の規定の拡充（債権譲渡に係る仕組取引） ・特殊関係者の範囲の拡大	
平成17年（2005年） 居住者に対する制度の整備	・居住者に関して外国所得税が減額された場合の調整規定の創設 ・日米租税条約の市民権課税の規定に対応した整備	
		・2007年1月1日から開始する事業年度より、バスケットをPassive Incomeのみに縮減統合し、「Passive Income」と「その他の国外源泉所得」となる（改正理由） ・外国の税率が米国の税率を下回る状況にあっては8種の複雑なバスケットの使命は終えた ・行き過ぎたバスケットは米国企業の高税率国における事業活動に起因する国際二重課税の排除を阻害 ・事務負担が過重

平成21年（2009年） 外国子会社配当益金不算入制度の導入 間接外国税額控除制度の廃止 外国法人税の範囲の整理	・経済対策のための政策税制として、法人税法の改正（恒久的改正）を行い外国子会社配当益金不算入制度を導入 ・上記に伴い、子会社形態での進出における国際二重課税の排除措置としての間接外国税額控除制度を廃止 ・外国法人税、控除対象外国法人税の規定を整備	
平成22年（2010年） 資産性所得合算課税制度（部分課税対象金額の益金算入制度）の導入	・租税回避行為を一層的確に防止する観点から、適用除外基準を満たす特定外国子会社等の特定の資産性所得（一定の剰余金の配当等、債券利子、債券の償還差益、一定の株式譲渡益、債券の譲渡益、一定の使用料、船舶・航空機貸付料）を合算課税の対象とする	
平成23年（2011年） 制度の適正化のための整備	外国税額控除制度の適正化を図る観点から、次の見直しが行われた。 ・税率が納税者と税務当局との合意により決定される外国法人税に関する規定の整備（最も低い税率を上回る部分は外国法人税に該当しない） ・控除限度額の計算における国外所得の規定の整備（租税条約の規定により条約相手国等において租税を課することができるとされる所得で当該条約相手国等において外国法人税又は外国所得税を課されるものは国外所得に該当する）	
平成24年（2012年）	・外国税額控除の対象から除外される「高率」な外国法人税の水準を35％超に引下げ ・控除限度額の計算の基礎となる国外所得から非課税国外所得の全額を除外 ・控除限度額の計算の基礎となる国外所得の90％制限に対する特例の廃止 ・当初申告要件の廃止	

平成25年（2013年）	・特定外国子会社等の所得に対して本店所在地国において外国法人税を課されない場合であっても、その特定外国子会社等につき他の国で課される外国法人税がある場合には、外国子会社合算税制による益金算入額は、外国税額控除限度額の適用上、国外所得に含む	
平成26年（2014年）	・非居住者・外国法人に対する課税原則が、従来の「総合主義」から2010年改訂OECDモデル租税条約の新7条に定めるAOA（Authorized OECD Approach）にそった「帰属主義」に見直されたことに関連して、外国税額控除の基礎となる各種の国外源泉所得の一つとして独立企業間価格により算定される「国外事業所等帰属所得」を新たに定める ・共通費用の配分、国外事業所等帰属外部取引及び内部取引に関する文書化を規定 ・上記の改正は、平成28年（2016年）4月1日以後に開始する事業年度の法人税（所得税は平成29年（2017年）分以後）について適用	

出典：赤松晃「新日米租税条約と日本の国際租税法―外国税額控除制度の再検討」租税研究657号（2004年）127頁にその後の改正を加筆

第5章

外国子会社合算税制
（タックス・ヘイブン対策税制）

―――― ＜第5章 Key Word＞ ――――
外国関係会社、特定外国子会社等、ブラックリスト方式、タックス・ヘイブン、軽課税国、トリガー税率、entity approach、passive income（受動所得）、適用除外要件、統括会社、事業持株会社、統括業務、被統括会社、物流統括会社、事業基準、実体基準、管理支配基準、所在地国基準又は非関連者基準、特定事業、直接及び間接の外国関係会社株式等の保有割合、同族株主グループ、特殊関係非居住者、基準所得金額、適用対象金額、請求権勘案保有株式等、課税対象金額、子会社配当等、控除対象配当等、資産性所得合算課税制度、部分課税対象金額の益金算入制度、特定所得、部分適用対象金額、部分課税対象金額、特定課税対象金額、間接特定課税対象金額、間接配当等、コーポレート・インバージョン、特殊関係株主等、特定関係、特定外国法人、コーポレート・インバージョン対策合算税制

350　第5章　外国子会社合算税制（タックス・ヘイブン対策税制）

1　外国子会社合算税制の意義と適用除外

1．外国子会社合算税制の意義

　居住者、内国法人及び特殊関係非居住者による直接及び間接の発行済株式等の保有割合（株式の数の割合、配当等に係る議決権又は請求権のいずれか多い割合。判定にあたっては、配当請求権等のない株式、自己株式を除く）が50％超の外国法人（外国関係会社）で、その本店又は主たる事務所の所在する国又は地域（本店所在地国）において所得に対して課される税の負担がないか、あるいは、日本における法人の所得に対して課される税の負担に比して著しく低い[228]ものとして定めるいわゆるトリガー税率（20％）の適用を受ける特定外国子会社等[229]の各事業年度の所得に相当する金額（適用対象金額）のうち、10％以上の直接及び間接の外国関係会社の発行済株式等の保有割合を単独又は同族株主グループと共同で保有する内国法人の請求権勘案保有株式等（内国法人が有する外国法人の株式等の数又は金額（外国法人が請求権の内容が異なる株式等を発行している場合には、外国法人の発行済株式等に内国法人が請求権に基づき受けることができる剰余金の配当等の額がその総額のうちに占める割合を乗じて計算した数又は金額）をいう）に

---

[228] 昭和53年（1978年）の導入当初はいわゆるタックス・ヘイブンとされる無税国及び軽課税国を大蔵大臣の告示により指定・列挙していたが（ブラックリスト方式）、平成4年（1992年）度税制改正において(1)法人の所得に対して課される税が存在しないか、又は、(2)その各事業年度の所得に対して課される租税の額が所得金額の20％以下（平成22年（2010年）度税制改正において25％から20％に引下げ）の国又は地域と再定義されている（措令39の14①）。

[229] 外国法人等を通じて孫会社等の株式の間接保有が50％を超えている場合には、当該孫会社等は外国関係会社となり、特定外国子会社等に該当する場合には、外国子会社合算税制の適用対象となる。このように外国子会社合算税制の適用は、外国子会社だけにとどまらず、孫会社や曾孫会社……についても適用されるので、特定外国子会社ではなく特定外国子会社「等」という表現となっている。

対応する部分の金額（課税対象金額）を、その特定外国子会社等の事業年度終了の日の翌日から2カ月を経過する日を含むその内国法人の各事業年度の収益の額とみなして、当該内国法人の所得の金額の計算にあたり、益金の額に算入する（措法66の6①）。ただし、特定外国子会社等が、本店所在地国において固定施設を有するとともに、その事業の管理、支配及び運営を自ら行っているという独立企業としての実体を備え、かつ、その事業活動を行うことについて十分な経済合理性があると認められるに足る基準（適用除外要件）のすべてを満たす事業年度については、会社単位での合算課税の対象外としている（措法66の6③⑦）。

平成22年（2010年）度税制改正において、会社単位での合算課税の適用除外となった特定外国子会社等の一定の資産運用的な所得については、当該内国法人の所得とみなすこととする特定外国子会社等の資産性所得合算課税制度（部分課税対象金額の益金算入制度）が導入された（措法66の6④）。

平成23年（2011年）度税制改正は、平成22年（2010年）度税制改正に引き続き、①株式等の保有を主たる事業とする統括会社（事業持株会社）に係る適用除外基準の判定は統括業務によること、②いわゆるトリガー税率（租税負担割合）の算定にあたり、その本店所在地国の法令により非課税とされる本店所在地国以外の国又は地域に所在する法人から受ける配当等の額については、分母に加算される非課税所得に含めないこと、③本邦法令により合算対象金額を計算する場合の適格現物分配については税の繰延べの適用がないこと、④繰越欠損金の控除等により外国関係会社の所得金額がない場合又は欠損となる場合のトリガー税率の計算は表面税率によること、⑤資産性所得の基因となる株式等に係る保有割合（10％未満）の要件の判定時期について、配当等は当該配当等の効力が生ずる日、譲渡は当該譲渡の直前と明示的に規定、⑥資産性所得合算課税制度（部分課税対象金額の益金算入制度）における特定所得の金額の計算に関する規定の整備、及び、⑦資産性所得合算課税制度（部分課税対象金額の益金算入制度）の適

用除外基準（収入金額基準及び資産性所得割合基準）を明確化した。

　なお、平成19年（2007年）度税制改正において、コーポレート・インバージョンによりいわゆるタックス・ヘイブンに所在する実体のない法人が内国法人の親会社となる場合には、当該タックス・ヘイブン親会社の利益を、当該タックス・ヘイブン親会社の株主となった従前の当該内国法人の株主の収益の額とみなして課税するコーポレート・インバージョン対策合算税制が導入された（本章6 4参照）。

　外国子会社合算税制は、特定外国子会社等に係る国内の株主の種類に応じて、居住者（措法40の4①）[230]、内国法人（措法66の6①）、連結法人（措法68の90①）に適用される。特定外国投資信託（投信法2条24項に規定する外国投資信託で法人課税信託に該当する特定投資信託（措法68の3の3①）に類するもの）の受益権を直接又は間接に保有する場合、その特定外国投資信託の受託者を、その特定外国投資信託の信託資産等ごとに、それぞれ別の外国法人とみなして外国子会社合算税制が適用される（法法4の6②、4の7、措法66の6⑧⑨、40の4⑧⑨、68の90⑧⑨）。

(注)　特定目的会社（措法67の14）及び投資法人（措法67の15）は内国法人であり外国子会社合算税制の適用を受ける（措法66の6）。

　OECD／G20 BEPSプロジェクトによるBEPS行動計画の「3．CFC規制（外国子会社合算税制）」の報告書は、平成27年（2015年）9月に予定されているが、税制調査会は既に平成26年（2014年）4月24日に国内法の改正にあたっての論点整理をしており、今後の議論の展開が注目される（序章4参照）。

---

[230] 個人の場合、外国子会社合算税制は居住者について適用され、課税対象金額は雑所得に係る総収入金額とされる（措法40の4①）。個人に係る外国子会社合算税制の適用に関する裁判例として東京地裁平成20年1月17日判決（平成18年（行ウ）第654号）、東京高裁平成25年5月29日判決（平成24年（行コ）第421号）参照。

本章では、特に断りのない限り、内国法人に係る外国子会社合算税制の適用関係について検討する。

2．外国子会社合算税制の適用除外の趣旨

特定外国子会社等が、その国に所在する理由が必ずしも租税回避のみを目的としていないような場合、すなわち、その外国法人が実態を備えている等一定の条件を充足する場合には「正常な海外投資活動を阻害しないため、所在地国において独立企業の実態を備え、かつ、各々の業態に応じ、その地において事業活動を行うことに十分な経済合理性があると認められる海外子会社等は適用外とする」（昭和52年（1977年）12月20日税制調査会答申）とされ、適用除外要件が定められている（措法66の6③）。

なお、平成22年（2010年）度税制改正において、租税回避行為を一層的確に防止する観点から、内国法人（発行済株式等の10％以上直接及び間接に保有する内国法人に限る）に係る特定外国子会社等が適用除外基準を満たす場合であっても、当該特定外国子会社等が一定の資産性所得（特定所得金額）を有するときは、当該特定所得金額の合計額（部分適用対象金額）のうち、請求権勘案保有株式等の割合に応じた金額（部分課税対象金額）は、内国法人の所得に合算して課税するという特定外国子会社等の資産性所得合算課税制度（部分課税対象金額の益金算入制度）が導入されている（措法66の6④）。

354　第5章　外国子会社合算税制（タックス・ヘイブン対策税制）

2　外国子会社合算税制の沿革と今日的意義

1．沿　革

　外国子会社合算税制は、昭和53年（1978年）度税制改正において、いわゆるタックス・ヘイブン（租税回避に利用される軽課税国）を利用した国際的な租税回避を防止する制度として導入された。

　昭和53年（1978年）に制度が導入されて以来、次のとおり立法上のループ・ホールを巡って相当の頻度で改正が行われてきている（本章末に掲載の「外国子会社合算税制の改正の経緯」を参照）。そもそも日本の課税管轄権が及ばない海外で設立された法人の所得を居住者又は内国法人である一定の株主等の収益の額とみなして合算課税するものであるから、課税要件を明定することは憲法に定める租税法律主義の要請するところである[231]。

2．外国子会社合算税制の今日的意義

　外国子会社合算税制は、日本の法人税法が本店所在地主義を制度として採用していることに由来する[232]。すなわち無制限納税義務を負う内国法人とは「国内に本店又は主たる事務所を有する」と定義され（法法2三）、内国法人以外の法人として定義される外国法人は国内源泉所得を有しない限り課税されない（法法2四、4③）。したがって、内国法人が株主となっている外国子会社等（孫会社以下を含む）の所得に対して日本の課税

231　制度導入前は、実質所得者課税（法法11）が適用されていたため、納税者にとって法的安定性と予測可能性が欠けるとの問題が指摘されていた（髙橋元監修『タックス・ヘイブン対策税制の解説』（清文社、1979年）82頁）。
232　占部裕典「海外子会社所得とタックス・ヘイブン税制」『国際的企業課税法の研究』（信山社、1998年）3頁。

権は及ばない。そうすると、内国法人が税負担の著しく低い国・地域に外国子会社等を設立し、①その外国子会社等との取引を通じて利益を移転し、あるいは、②その外国子会社等に資産運用をさせてその会社に利益を留保すれば、内国法人に対して配当等[233]を実施するまで法人税課税を繰り延べることができることになる。このように軽課税国に設立した外国子会社等を利用した租税回避の問題とは「課税の繰延べ（tax deferral）」にあることが認識されており[234]、かつてはタックス・ヘイブン対策税制と呼称されていたが、今日では外国子会社合算税制という呼称が用いられるようになってきている[235]。しかしながら、平成21年（2009年）度税制改正による外国子会社配当益金不算入制度の導入により、親会社である内国法人において外国子会社から受ける剰余金の配当等に対する課税はされないのであるから、外国子会社合算税制の意義は「課税の繰延べ」の防止から、「課税権からの離脱」の防止へと再定義される必要が生じ、平成22年（2010年）度税制改正において適用除外基準を満たす特定外国子会社等の特定の資産性所得（一定の剰余金の配当等、債券利子、債券の償還差益、一定の株式譲渡益、債券の譲渡益、一定の使用料、船舶・航空機貸付料）を合算課税の対象とする資産性所得合算課税制度（部分課税対象金額の益金算入制度）が導入された。

なお、特定外国子会社の利益（ストック）に対する外国子会社合算税制の適用とは別に、特定外国子会社との取引（フロー）については移転価格税制（第6章参照）の適用がある。

かつてOECDにおいて、いわゆるタックス・ヘイブン対策税制が租税

---

233 剰余金の配当（株式又は出資に係るものに限るとし、資本剰余金の額の減少を伴うもの及び分割型分割によるものを除く）、利益の配当（分割型分割によるものを除く）、剰余金の分配（出資に係るものに限る）（措法66の6①、法法23①一）。
234 藤井保憲「タックス・ヘイブン対策税制の問題点」水野忠恒編著『国際課税の理論と課題』（税務経理協会、2訂版、2005年）99〜134頁。
235 財務省の立案担当官が毎年執筆する『改正税法のすべて』（大蔵財務協会）では、平成16年（2004年）度版から外国子会社合算税制という用語が用いられている。

条約に抵触するか否かが検討された。OECD は、次の 3 点を挙げて、タックス・ヘイブン対策税制は、条約相手国の企業に対する課税ではなく、自国の居住者である株主に対する課税であって、条約相手国の課税権を侵害しておらず、租税条約に抵触しないと結論づけた[236]。

① 技術的観点：租税条約には企業の所得をその株主に帰属させることを防止する規定が定められていないこと

② 租税政策的観点：租税条約は、居住地国の租税法の公平と中立性を目的とする国家による立法を禁止することは決してなく、また、納税者による無期限の課税の繰延べを保証するものでないこと

③ 国際的観点：ある国家が他国に有害な影響をもたらす可能性のある方法で自国の租税制度を構築する場合に、当該他国が自国の租税制度の公平及び中立性の保全を防御することは主権の問題であること

今日では、OECD モデル租税条約コメンタリーにおいて、居住地国が、自国の居住者が支配する条約相手国の外国子会社等を利用した課税の繰延べや租税回避の防止のために行う国内立法措置は、条約相手国における租税負担が自国の租税負担に匹敵する程度でない限り、自国の課税ベースの侵食防止のために容認されている（1条（人的範囲）パラ23、7条（事業利得）パラ14、10条（配当）パラ37）。租税特別措置法66条の 6 と日本・シンガポール租税条約 7 条 1 項との関係が争点となった最高裁第一小法廷平成21年10月29日判決（平成20年（行ヒ）第91号）の判示は OECD モデル租税条約コメンタリーの解釈と平仄があうものと評価される（居住者に係る特定外国子会社合算税制と租税条約の適用については、最高裁第二小法廷平成21年12月 4 日判決（平成21年（行ヒ）第199号））。

---

[236] "Double Taxation Convention and the Use of Base Companies" Paris, OECD, 1986. Model Tax Convention on Income and on Capital, Vol. II. At R (5). Para 45. 日本の外国子会社合算税制と租税条約の関係について、占部裕典「タックス・ヘイブン税制と租税条約の抵触関係について」同志社法学314号（2006年）58巻 2 号、205頁以下参照。

3. 外国子会社合算税制の制度設計上の課題と資産性所得合算課税制度の導入

　外国子会社合算税制は、上述のとおり外国関係会社を利用することで海外に留保した所得を、その持分に応じて、内国法人等の所得に合算して課税（課税繰延べの対抗措置）する制度である。しかしながら、日本の現行の外国子会社合算税制は、いわゆる entity approach を採用しているため、外国関係会社が特定外国子会社等に該当するか否かにより、その留保所得に対する日本の課税権は all or nothing となる。したがって、足の速い所得とされる利子・配当等の passive income（受動所得）について、日本の親会社からの直接投資に代えて、投資資金を外国子会社合算税制の対象とならない軽課税国の子会社に対する出資とし、その子会社からの投資（間接投資）とする形態を採ることで日本での課税を回避することができるという制度上の問題点がかねてより指摘されていた[237]。

　平成21年（2009年）度税制改正による外国子会社配当益金不算入制度の導入により、親会社である内国法人において外国子会社から受ける剰余金の配当等に対する課税はされない。したがって、外国子会社合算税制の意義はもはや「課税の繰延べ」の防止にはないことになる。上記のとおり外国子会社合算税制の対象とならない軽課税国に所在する子会社等に、本来的に日本の親会社に帰属すべき所得を付け替えることができれば、外国子会社配当益金不算入制度を通じて、当該所得について日本の課税権から恒久的に離脱することができる。したがって、外国子会社合算税制を修正して、足の速い所得ないし受動所得と呼ばれる金融資産から生ずる所得が日本の「課税権から離脱」することを防止する措置を講ずる必要がある。こうした理由から、外国子会社合算税制の制度設計として、課税の公平より

237　藤井保憲「タックス・ヘイブン対策税制の問題点」水野忠恒編著『国際課税の理論と課題』（税務経理協会、2訂版、2005年）121～124頁。

税の簡便性に比重をおいた現行の法人単位アプローチ（entity approach）から租税の公平・中立性等の経済的基準を考慮した精巧かつ柔軟な規定を定め得る取引的アプローチ（transactional approach）への転換の必要性[238]に対処するため、平成22年（2010年）度税制改正において「エンティティーアプローチの簡便性を生かしつつ……（適用除外要件のうちの）『事業基準』の対象とされている事業に関係する所得のうち一定のものに限って」[239]資産性所得合算課税制度（部分課税対象金額の益金算入制度）が導入された。

③ 外国子会社合算税制の基本的な仕組み

1．概　　要

　居住者、内国法人及び特殊関係非居住者による直接及び間接の発行済株式等の保有割合が50％超の外国法人（外国関係会社）で、その本店所在地国において所得に対して課される税の負担がないか、あるいは、日本における法人の所得に対して課される税の負担に比して著しく低い（20％以下）もの（特定外国子会社等）の各事業年度の適用対象金額のうち、10％以上の直接及び間接の外国関係会社の発行済株式等の保有割合を単独又は同族株主グループと共同で保有する内国法人の請求権勘案保有株式等に対応する部分の金額（課税対象金額）を、その特定外国子会社等の事業年度終了の日の翌日から2カ月を経過する日を含むその内国法人の各事業年度の収益の額とみなして、当該内国法人の所得の金額の計算にあたり、益金

238　占部裕典「海外子会社所得とタックス・ヘイブン税制」『国際的企業課税法の研究』（信山社、1998年）174～176頁。
239　財務省主税局総務課主税調査官　灘野正規「平成22年度の国際課税関係（含む政省令事項）の改正について」租税研究729号（2010年）217頁。

の額に算入する（措法66の6①、措令39の16①）。

　ただし、特定外国子会社等が固定施設を備え、かつ、その軽課税国で事業活動を行うことにつき十分な経済合理性があると認められる等、法定の4つの適用除外要件（①事業基準、②実体基準、③管理支配基準、④所在地国基準又は非関連者基準）をすべて充足する場合には当該事業年度の会社単位での合算課税の対象とならない（措法66の6③）。なお、会社単位での合算課税の適用除外となった特定外国子会社等のうち、事業基準に係る特定事業（株式・債券の保有、工業所有権・著作権等の提供又は船舶・航空機の裸用船（機）の貸付け）から生ずる特定所得（一定の剰余金の配当等、債券利子、債券の償還差益、一定の株式譲渡益、債券の譲渡益、一定の使用料、船舶・航空機貸付料）については、資産性所得合算課税制度（部分課税対象金額の益金算入制度）の適用を受ける（措法66の6④）。

　外国関係会社の発行済株式等の10％以上を直接及び間接に有する内国法人は、その外国法人の各事業年度終了の時の現況により適用除外の判定を行い（措令39の20①）、外国子会社合算税制及び資産性所得合算課税制度（部分課税対象金額の益金算入制度）の適用除外である場合は確定申告要件（措法66の6⑦、措令39の17の2㉒）を充足する必要がある（本章③4参照）。

　合算課税に伴う国際二重課税の排除を目的として、①特定外国子会社等の基準所得金額の計算における子会社配当等及び控除対象配当等の控除（措法66の6①②）、②内国法人が特定課税対象金額を有する外国法人から受ける剰余金の配当等（孫会社等である特定外国子会社の間接特定課税対象金額を含む）に係る益金不算入等（措法66の8①②）、③内国法人における会社単位での外国子会社合算税制の対象となる課税対象金額及び資産性所得合算課税制度の対象となる部分課税対象金額に係る外国税額控除（措法66の7①）が定められている（本章③5、7、④2参照）。

図表5−1　外国子会社合算税制の概要

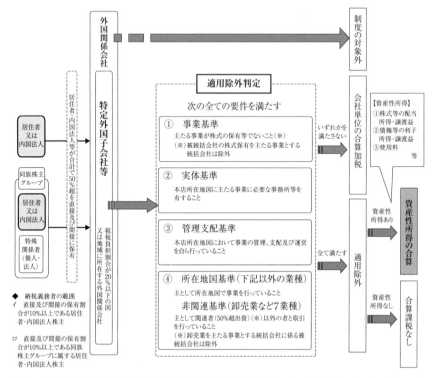

出典：税制調査会に提出の財務省資料（平26.4.24　際Ｄ４−１）「BEPSプロジェクトを踏まえた我が国の国際課税見直し」スライド12

(注１)　特定外国子会社等が「事業持株会社」に該当する場合は、「株式等の保有を主たる事業」とするものから除外されるので、「事業基準」を充足する。また、「事業持株会社」に該当する特定外国子会社等の主たる事業は「統括業務」として判定されるので、統括業務を本店所在地国で行っている事業持株会社は、「実体基準」及び「所在地国基準」を充足する。

(注２)　特定外国子会社等が卸売業を主たる事業とする「統括会社（物流統括会社）」に該当する場合は、関連者の範囲から被統括会社が除外されるので、取引の大半を被統括会社と行っていても、「被関連者基準」を充足する。

(注３)　外国子会社合算税制の適用除外であっても適用対象金額を有する場合は、資産性所得合算課税制度の適用の有無の検討が必要。

2．納税義務者

（1）納税義務者

　外国子会社合算税制の適用を受ける内国法人は、次のいずれかの直接及び間接の外国関係会社株式等の保有割合を有する内国法人である（措法66の6①一、二）。

① 特定外国子会社等の発行済株式等（株式の数の割合、配当等に係る議決権又は請求権のいずれか多い割合。判定にあたっては、自己株式及び配当請求権等のない株式を除く）の10％以上を直接及び間接に保有する内国法人

② 特定外国子会社等の発行済株式等（株式の数の割合、配当等に係る議決権又は請求権のいずれか多い割合。判定にあたっては、自己株式及び配当請求権等のない株式を除く）の10％以上を直接及び間接に保有する同族株主グループに属する内国法人

　㊟　同族株主グループとは、外国関係会社の株式を直接及び間接に保有する株主のうち、一の居住者又は内国法人及び当該一の居住者又は内国法人と特殊関係のある者（外国法人を除く）をいう（措法66の6②六、措令39の16⑥）。

（2）発行済株式等

　発行済株式等には、その株式等について株式の払込み又は給付の金額の全部又は一部につき、払込み又は給付が行われていないものも含む。また、名義株は、その実際の権利者が所有するものとして取り扱われる（措通66の6-1、66の6-2）。株式保有関係は、直接及び間接に保有すると規定されているから、いわゆる掛け算方式で計算される。すなわち、他の外国法人を通じて間接に保有する場合は、持株割合を順次乗じて計算し、縦

列的資本関係が２系列以上ある場合には、系列ごとに計算した割合を合計して算出する（措令39の16⑤、措通66の６－２）。

なお、間接保有の株式等とは、外国法人を通じての保有に限られており、居住者又は内国法人を通じての保有は間接保有とならない（措法66の６②三、四、措令39の16③④）。居住者又は内国法人を通じて間接的に保有している場合には、その介在している居住者又は内国法人について外国子会社合算税制の適用を検討することになる。

(3) 特定外国子会社等の判定の時期

外国法人が外国関係会社、特定外国子会社等に該当するかどうかの判定は、その外国法人の各事業年度終了の時の現況による（措令39の20①）。すなわち、当該外国法人の各事業年度の具体的・客観的な事業活動の内容により判定されるのであり、決算日以後の事情など当該事業年度には判断不能な事柄などは勘案されない（静岡地裁平成７年11月９日判決（平成５年（行ウ）第６号））。

３．特定外国子会社等の範囲

外国子会社合算税制の適用対象となる外国法人は、外国関係会社のうち特定外国子会社等に該当する法人である（措法66の６①）。

(1) 外国関係会社

外国関係会社とは、居住者、内国法人、居住者又は内国法人の特殊関係非居住者が発行済株式等（自己株式を除く）の50％超を直接及び間接に保有している（子、孫、ひ孫以下と連なる）外国法人をいう。次の①～③の場合は、それぞれに掲げる割合と直接及び間接の外国関係会社株式等の保有割合のいずれか高い割合を用いて50％超の判定を行う（措法66の６②一イ

～ハ）。
① 議決権の数が1個でない株式等を発行している場合は、保有する議決権の数の割合
② 請求権の内容が異なる株式等を発行している場合は、保有する請求権に基づき受けることができる剰余金の配当等の額の割合
③ 議決権の数が1個でない株式等及び請求権の内容が異なる株式等を発行している場合は、①又は②のいずれか高い割合

（2）特殊関係非居住者

特殊関係非居住者とは次の非居住者をいう（措令39の14③）。
① 居住者の親族である非居住者
② 居住者と婚姻の届出をしていないが事実上婚姻関係と同様の事情にある非居住者
③ 居住者の使用人である非居住者
④ 上記①～③以外の者で当該居住者から受ける金銭その他の資産によって生計を維持している非居住者
⑤ 上記②～④の者と生計を一にする者の親族である非居住者
⑥ 内国法人の役員及び当該役員に係る親族等（法令72）である非居住者

特殊関係非居住者は、外国関係会社の判定にあたって、直接及び間接の外国関係会社株式等の保有割合の算定には含まれるが、非居住者であるから外国子会社合算税制の適用を自ら受けることはない。なお、内国法人の役員である非居住者は、当該外国関係会社の親会社である内国法人の役員である非居住者に限られず、内国法人の役員である非居住者であれば、すべて含むことに留意する必要がある。

図表 5-2　特定外国子会社の判定と納税義務者（事例）

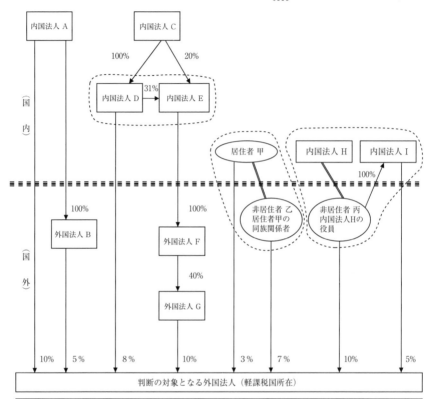

・居住者、内国法人（同族株主グループに属する内国法人を含む）及び特殊関係非居住者の直接及び間接の外国関係会社株式等の保有割合は52%（50%超）
　　52% = A(15%)+D(8%)+E(4%)+甲(3%)+乙(7%)+丙(10%)+I(5%)＞50%
・内国法人 D,E,I 及び居住者甲は保有割合が10%未満であるが、それらの同族株主グループがそれぞれ10%以上保有しているので、外国子会社合算税制の適用対象となる。
・乙及び丙は非居住者であるため、外国子会社合算税制の適用対象外となる。
・内国法人C及びHは、直接に株式を保有していないから外国子会社合算税制の適用対象外である。
・外国子会社合算税制の適用対象は、内国法人 A(15%)、D(8%)及び E(4%)、居住者甲(3%)及び内国法人 I(5%)

出典：高橋元監修『タックス・ヘイブン対策税制の解説』（清文社、1979年）127頁にその後の関係する改正を加えて分析。

(3) 特定外国子会社等

　特定外国子会社等とは、次の要件のいずれかに該当する外国関係会社をいう（措令39の14①）。その判定は、その外国法人の各事業年度終了の時の現況による（措令39の20①）。

① 法人の所得に対して課される税が存在しない国又は地域に本店又は主たる事務所を有する外国関係会社（措令39の14①一）
② 法人の各事業年度の所得に対して課される租税の額（租税負担割合）が所得の金額の20％以下である外国関係会社（措令39の14①二）

$$租税負担割合 = \frac{外国法人税}{課税所得金額 + 非課税所得} \leq 20\%$$

$$= \frac{\substack{本店所在地国\\で課される\\外国法人税} + \substack{本店所在地国\\以外で課される\\外国法人税} + \substack{みなし納付\\外国法人税}}{\substack{本店所在地\\国の法令に\\基づく所得} + \substack{本店所在地国の\\法令で非課税と\\される所得} + \substack{損金算入\\支払配当} + \substack{損金算入\\外国法人税} + \substack{損金算入の\\保険準備金の\\積立・戻入額} - \substack{益金算入\\の還付外\\国法人税}} \leq 20\%$$

(注) 租税負担割合による特定外国子会社等の判定にあたり、事業年度と課税年度とが異なる場合は、事業年度で行う（措通66の6-3）。

特定外国子会社等の判定に係る租税負担割合20％（トリガー税率）以下の算定にあたっての留意事項

1．分母の「課税所得金額」は、日本の法人税法によるのではなく、外国関係会社の本店所在地国又は主たる事務所（本店所在地国）の外国法人税に関する法令に従って計算される（措令39の14②一）。
2．分母に加算する「非課税所得」とは①その本店所在地国の法令により

外国法人税の課税標準に含まれないこととされる所得（例えば、非課税とされるキャピタル・ゲイン）、②損金算入の支払配当、③損金算入の外国法人税額、④損金算入の保険準備金の積立額、⑤益金不算入の保険準備金の取崩額をいい、⑥益金算入の還付外国法人税額は控除する（措令39の14②一イ～ヘ）。なお、平成23年（2011年）度税制改正により、本店所在地国に所在する法人から受ける配当及びその本店所在地国の法令により非課税とされる本店所在地国以外の国又は地域に所在する法人から受ける配当等（非課税配当等）の額については、上記算式の分母に加算される非課税所得（本店所在地国の法令で課税標準に含まれない所得）を構成しない（措令39の14②一イ）。すなわち、現地の税法で非課税とされているすべての配当がトリガー税率の計算における分母の加算対象から除外される。また、外国関係会社の所得の金額（分母の金額）が繰越欠損金の控除などによりない場合又は欠損となる場合のトリガー税率の判定は、外国法人税の表面税率により行う（措令39の14②三、措通66の6－7）。

(注) 課税実務上、特定外国子会社の所在地国における①引当金、準備金等に関する税制、②組織再編税制、③グループ内取引に関する法人税制、④連結納税制度などに基づく課税の繰延べ、内部利益の消去又は欠損金の通算による所得の減額が、非課税所得となるかが問題とされていたが、日本租税研究協会国際課税実務研究会報告書『外国子会社合算税制（タックス・ヘイブン対策税制）の課税上の取扱いについて』（平成26年9月）では、国税庁と相談の上であるとして、次の判断基準を示した上で、課税実務上の論点を個別事例検討のスタイルで詳細に検討する。

「外国関係会社の本店所在地国の外国法人税が当該外国関係会社において恒久的に課税されないものが、課税標準に含まれない所得の金額（非課税所得）に該当する。ただし、当該外国関係会社において恒久的に課税されないものであっても、他の者においてその外国法人税が（代替的に）課税されることとなっているものは、非課税所得には該当しないものとして取り扱って差し支えないものとする。」

3．分子の「外国法人税」は、外国税額控除制度でいう外国法人税（法令141②）と同義であり、その本店所在地国はもとより本店所在地国以外の

国又は地域において所得を課税標準として課される税をいう（措令39の14②二）。東京高裁平成19年10月25日判決（平成18年（行コ）第252号）は、外国子会社合算税制の課税要件を免れるために、現地の税務当局と合意の上で標準税率とは異なる（当時のトリガー税率である）25％を超える税率により賦課決定された税は、外国子会社合算税制の解釈・適用上、租税負担割合の算定にあたり外国法人税に該当しない旨を判示したが、最高裁第一小法廷平成21年12月3日判決（平成20年（行ヒ）第43号）は、外国法人税の意義について「実質的にみて、税を納付する者がその税負担を任意に免れることができることとなっているような税は、法人税に相当する税に当たらないものとして、外国法人税に含まれないものと解することができると言うべきである」としたものの、租税法律主義に鑑みると、税率が納税者と税務当局との合意により決定される税を外国法人税から除外する明示的規定がない限り、ガーンジー島の法令に基づき会社の所得を課税標準として課された税について、外国法人税該当性を否定することはできないと判示した。

4．平成23年（2011年）度税制改正により、複数の税率の中から納税者と税務当局等との合意により税率が決定される税について、最も低い税率（当該最も低い税率が当該合意がないものとした場合に適用されるべき税率を上回る場合には当該適用されるべき税率）を上回る部分は、外国法人税に該当しないものとされている（法令141③三）。

5．外国法人税には、その本店所在地国又は地域の法令により減免された外国法人税で、租税条約に基づくみなし外国税額控除の対象となる外国法人税を含み（措令39の14②二ロ）、税率が所得の額に応じて複数ある場合には最高税率を用いることができる（措令39の14②三）。

4. 適用除外要件

特定外国子会社等が、以下に説明する4つの適用除外要件（①事業基準、②実体基準、③管理支配基準、④所在地国基準又は非関連者基準）のすべてを満たしている場合には、会社単位での合算課税制度の適用はない（措法66の6③、措令39の17）。外国子会社合算税制の適用除外は、除外要件の適用がある旨を記載した書面を添付し、かつ、その適用があることを明らかにする書類等の保存がない限り認められない（措法66の6⑦、措令39の17の2㉒、措通66の6-19）。

なお、会社単位の合算課税の適用除外に該当しても、事業基準に係る特定事業から生ずる特定所得の金額の合計額は資産性所得合算課税制度（措法66の6④）の適用を受ける（本章③6参照）。

4つの適用除外要件のいずれも「主たる事業」を基に規定されているところから、特定外国子会社等が複数の事業を営んでいる場合に、いずれの事業が主たる事業かを判定する必要がある。特定外国子会社等が複数の事業を営む場合、そのいずれの事業が主たる事業であるかの判定は、その事業年度における具体的・客観的な事業活動の内容から判定するほかはないのであるから、その事業活動の客観的結果として得る収入金額又は所得金額の状況、使用人の数、固定施設の状況等を総合的に勘案して判定すべきである（措通66の6-8）[240]。

(1) 事業基準

特定外国子会社等の行う主たる事業が、株式・債券の保有、工業所有権・著作権等の提供又は船舶・航空機の裸用船（機）の貸付け（特定事業）でないこと（措法66の6③、措通66の6-15）。ただし、平成22年（2010年）

---

[240] 静岡地裁平成7年11月9日判決（平成5年（行ウ）第6号）
東京地裁平成20年8月28日判決（平成18年（行ウ）第747号）

度税制改正において、適用除外とならない「株式等の保有を主たる事業として営む法人」の判定上、「統括会社」が保有する「被統括会社」の株式等については「株式等」から除外する事業基準の判定の特例（事業持株会社の除外）を導入した（統括会社及び被統括会社の意義については後述参照）。

すなわち、「統括会社」のうち事業年度終了の時において有する「被統括会社」の株式等の帳簿価格の合計額が当該事業年度終了の時において有する株式等の帳簿価格の合計額の50％を超えるものは「事業持株会社」として、適用除外とならない「株式等の保有を主たる事業として営む法人」から除かれ、事業基準を充足する（措法66の6①③、措令39の17④、措通66の6-16の2、66の6-16の3）。平成23年（2011年）度税制改正は、株式等の保有を主たる事業とする統括会社（事業持株会社）に係る適用除外基準の判定において、実体基準及び所在地国基準における「主たる事業」は統括業務として判定することを明示的に定める（措法66の6③、措令39の17⑫）。したがって、統括業務を本店所在地国で行っている「事業持株会社」は、後述の「実体基準」及び「所在地国基準」を充足する。

事業基準の判定の特例は、内国法人が確定申告書に適用除外に該当する旨を記載した書類及び統括会社に該当する特定外国子会社等に係る上記の事項を記載した書類（資本関係図）を添付し、かつ、適用除外に該当することを明らかにする書類その他の資料（特定外国子会社等と統括会社との間の契約に係る書類を含む）を保存している場合に限り、適用される（措法66の6⑦、措令39の17の2㉓、措規22の11④、措通66の6-19の3、66の6-19の4）。

イ．「統括会社」とは、次のすべての要件を満たす特定外国子会社等をいう（措令39の17④）。これらの要件をすべて満たすことにより当該特定外国子会社等は所在地国基準を充足することになる。

① 特定外国子会社等で、一つの内国法人により発行済株式等の全部を直接又は間接に保有されていること

② 2以上の被統括会社を有し、その被統括会社の事業を統括する業務として一定のもの(統括業務)を行っていること

③ 所在地国において統括業務に係る固定施設及び統括業務を行うに必要な従業者を有すること(もっぱら統括業務に従事する者であって、当該特定外国子会社等の役員を除く。統括部署の設置の有無により具体的に判断する。)(措通66の6-17の3)

　(注) 「統括業務」とは、株式等の保有を主たる業とする特定外国子会社等のうち、当該特定外国子会社等が被統括会社との間における契約(措通66の6-19の4)に基づき行う業務のうち当該被統括会社の事業の方針の決定又は調整に係るもの(当該業務の遂行上欠くことのできないものに限る)であって、当該特定外国子会社等が2以上の被統括会社に係る当該業務を一括して行うことによりこれらの被統括会社の収益性の向上に資することとなると認められるものをいう。ただし、統括会社が被統括会社の事業方針の策定等のために補完的に行う広告宣伝、情報収集等の業務は、被統括会社の事業の方針の決定又は調整に係るものに該当しない(措法66の6③、措令39の17①、措通66の6-17の4)。

ロ. 「被統括会社」とは、次の外国法人で、上記の「統括会社」に該当する特定外国子会社等にその株式等及び議決権のいずれも25％以上を直接保有され、かつ、本店所在地国に事業を行うに必要と認められるその事業に従事する者を有するものをいう(措令39の17②、措通66の6-17の2)。したがって、被統括会社における事業活動の実体は適用除外の判断にあたって必要な要素となる。なお、課税実務上、統括会社が事業活動の総合的な管理及び調整を行っていることを理由として、被統括会社が管理支配基準を充足していないとはされない(措通66の6-16の2(注))。

① 特定外国子会社等、当該特定外国子会社等の発行済株式等の10％以上を直接及び間接に有する内国法人及び当該内国法人と特定外国子会社等との間に株式等の所有を通じて介在する他の外国法人及び出資関連外国法人(判定株主等)が外国法人を「支配している場合」における当該外

国法人（子会社）
② 判定株主等及び子会社が外国法人を「支配している場合」における当該外国法人（孫会社）
③ 判定株主等並びに子会社及び孫会社が外国法人を「支配している場合」における当該外国法人（ひ孫会社）

　外国法人が被統括会社に該当するかどうかの判定は被統括会社のレベルで行うのではなく、当該外国法人に対して統括業務を行う特定外国子会社等の各事業年度終了の時の現況によるものとされ、当該特定外国子会社等が統括会社に該当するかどうかの判定は、当該特定外国子会社等の各事業年度終了の時の現況によるものとされている（措令39の17⑬）。

(注)　「支配している場合」とは、発行済株式等の過半数を有する場合、重要な事項に関する議決権の過半数を有する場合又は株主等の総数の過半数を占める場合のいずれかに該当する場合をいう（措令39の17③による法令4③の準用）。

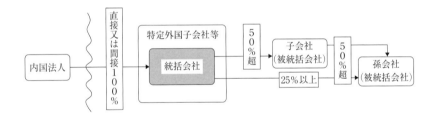

出典：財務省主税局参事官補佐　安河内誠・山田博志「平成23年6月の国際課税関係（含む政省令事項）の税制改正について」（租税研究、750号）2012年4月号101頁。

(2) 実体基準

　その本店又は主たる事務所の所在する国又は地域において、その主たる事業を行うに必要と認められる事務所、店舗、工場その他の固定施設を有していること（措法66の6③、措通66の6-16の3）。

特定子会社等である事業持株会社の「統括業務」については、その本店所在地国において事業活動を行うことに十分経済合理性を有するので、上記のとおり「事業基準」の判定にあたり株式等の保有を主たる事業から除外し、「実体基準」及び「所在地国基準」の判定にあたっても「統括業務」を主たる業務として判定することとされている（措法66の6③、措令39の17⑫）。

特定外国子会社等の統括会社該当性の判定

特定外国子会社等の統括会社該当性の判定のポイントは、一つの内国法人によって直接又は間接に100％株式を保有されている特定外国子会社等が、25％以上の直接株式保有関係にある2社以上の法人に対して契約に基づく統括業務を行っていることである。したがって、たとえ100％グループ内であっても、図表5-3(1)の特定外国子会社等は統括会社に該当するが、図表5-3(2)の特定外国子会社等は統括業務の提供先である2社のうち1社の直接保有割合が10％と25％以上の直接株式保有関係を充足しないので該当しない。図表5-3(3)の特定外国子会社等は、統括業務の提供先である2社のうち1社が玄孫会社であるため統括会社に該当しない。

3 外国子会社合算税制の基本的な仕組み 373

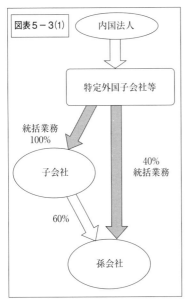

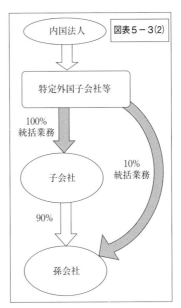

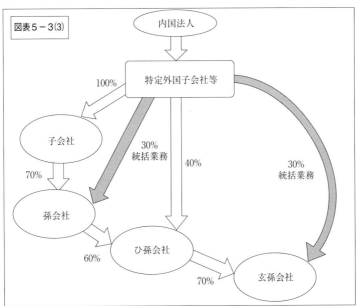

出典：図は週刊税務通信3213号（平成24年5月21日）3頁による（掲載にあたって図表番号変更）。

（3）管理支配基準

　特定外国子会社等が、本店又は主たる事務所の所在する国又は地域において、その事業の管理、支配及び運営を自ら行っていること（措法66の6③）。この基準の判定にあたっては「当該特定外国子会社等の株主総会及び取締役会等の開催、役員としての職務執行、会計帳簿の作成及び保管等が行われている場所並びにその他の状況を勘案の上判定するものとする。この場合において、例えば、当該特定外国子会社等の株主総会の開催が本店所在地国等以外の場所で行われていること、当該特定外国子会社等が、現地における事業計画の策定等にあたり、当該内国法人と協議し、その意見を求めていること等の事実があるとしても、そのことだけでは、当該特定外国子会社等が管理支配基準を満たさないことにはならないことに留意する」とされている（措通66の6－16）。

　東京地裁平成2年9月19日判決（昭和61年（行ウ）第151号）は、「タックス・ヘイブン課税の適用除外規定は、特定外国子会社等が独立企業としての実体を備え、かつ、その所在地国で事業活動を行うことにつき十分な経済的合理性がある場合にまでタックス・ヘイブン課税規定を適用することは、我が国企業の正常な海外投資活動を阻害する結果を招くことになるので避けるべきであるとの趣旨で設けられたものと解されるから、……管理支配基準は……事業の管理運営の面から判断する基準をいうものと考えられる。したがって、（管理支配）基準を充足しているといえるか否かは、当該外国子会社等の重要な意思決定機関である株主総会及び取締役会の開催、役員の職務執行、会計帳簿の作成及び保管等が本店所在地国で行われているかどうか、業務遂行上の重要事項を当該子会社等が自らの意思で決定しているかどうかなどの諸事情を総合的に考慮し、当該外国子会社等がその本店所在地国において親会社から独立した企業としての実体を備えて活動しているといえるかどうかによって判断すべきものと解される。」

と判示した[241]。

　経済産業省は、平成26年（2014年）1月7日に、国税庁に対する照会と回答に基づくとして「外国子会社合算税制の適用除外基準である管理支配基準の判定（株主総会等のテレビ会議システム等の活用について）」を公開した[242]。照会の趣旨は、株主総会及び取締役会の開催にあたりテレビ会議システム等の情報通信機器を利用した場合の管理支配基準の充足性に関するものである。すなわち、管理支配基準の判定は、当該特定外国子会社等の①株主総会及び取締役会の開催、②役員としての職務執行、③会計帳簿の作成及び保管等が行われている場所、④その他の状況を総合勘案して行うとされているところ（措通66の6－16）、このうち①の株主総会及び取締役会の開催に当たってテレビ会議システム等の情報通信機器を利用した場合についての照会である。

　回答は、次の事実を前提として、株主や役員がテレビ会議システム等の情報通信機器を利用して出席したとしても、株主総会及び取締役会自体は特定外国子会社の所在地国で開催されたものと同様と認められるとしている。

　　イ　開催案内の送付や議事録の作成等、株主総会及び取締役会に関連する業務はすべて当該特定外国子会社が行っていること
　　ロ　役員として職務執行を行うなど当該特定外国子会社における一定の権限を有している現地に居住する常勤役員が株主総会及び取締役会に

241　青柳達朗「70. タックス・ヘイヴン対策税制の適用除外要件」『租税判例百選〈4版〉』別冊ジュリスト178号（2005年）139頁、占部裕典「48. タックス・ヘイヴン対策税制」『租税判例百選〈3版〉』別冊ジュリスト120号（1992年）98頁。同様の判断基準に基づき、管理支配基準を充足しないと判示した熊本地裁平成12年7月27日判決（平成9年（行ウ）第3号）参照。
242　ボーダレス・エコノミーの現状として、現地での日々の営業活動等にあたり現地の独立の役務提供会社から各種のサポートを受け、法人の意思決定にあたってはテレビ会議システム等を利用することは通常であるが、これらの事業環境の活用が法令に定める実体基準及び管理支配基準に抵触すると性格づけられるかどうかが争われた東京高裁平成25年5月29日判決（平成24年（行コ）第421号）参照。

おいて議長を務めていること
ハ　株主総会の場合には議長である現地に居住する当該常勤役員が当該特定外国子会社の社内において出席していること
ニ　取締役会においては、議長である現地に居住する当該常勤役員及び他の現地に居住する常勤役員が当該特定外国子会社内において出席していること

（4）所在地国基準又は非関連者基準

① 所在地国基準

　特定外国子会社等の行う主たる事業が、次に述べる非関連者基準の適用を受ける特定7業種以外の業種、例えば、製造業、小売業、建設業、サービス業、農林業又は鉱業などに適用される基準であり、その事業を主として本店又は主たる事務所の所在する国又は地域（内水、領海、排他的経済水域、大陸棚を含む）において行っていること（措法66の6③二、措通66の6-16の3）。

　特定子会社等である事業持株会社の「統括業務」については、その本店所在地国において事業活動を行うことに十分経済合理性を有するので、上記のとおり「事業基準」の判定にあたり株式等の保有を主たる事業から除外し、「実体基準」及び「所在地国基準」の判定にあたっても「統括業務」を主たる業務として判定することとされている（措法66の6③、措令39の17⑫）。

② 非関連者基準

　特定外国子会社等の行う主たる事業が卸売業、銀行業、信託業、金融商品取引業、保険業、水運業又は航空運送業の特定7業種である場合に適用され、特定外国子会社等が、政令で定める関連者以外の者（非関連者）との間で主として（50%超）取引を行っていること（措法66の6③一、措令39

の17⑦⑧一〜六）。なお、内国法人等の役員等が支配する法人（内国法人に限定されない）は適用除外要件のうちの非関連者から除外されている（措令39の17⑦五）。

　平成22年（2010年）度税制改正において、地域経済圏に展開するグループ企業の商流を合理化するいわゆる物流統括会社の活用がグループ企業の収益の向上に寄与している実状に鑑み、卸売業を主たる事業とする統括会社が被統括会社との間で行う取引については関連者取引に該当しないものとされ（措令39の17⑩）、被統括会社との取引を関連者取引から除外した各事業年度の販売取扱金額又は仕入取扱金額の50％超が非関連者との取引から構成されているかどうかにより非関連者基準の適用が判定されるという非関連者基準の判定の特例を導入した（物流統括会社の適用除外）。

　非関連者基準の判定の特例は、内国法人が確定申告書に適用除外に該当する旨を記載した書類及び統括会社に該当する特定外国子会社等に係る上記の事項を記載した書類（資本関係図）を添付し、かつ、適用除外に該当することを明らかにする書類その他の資料（特定外国子会社等と統括会社との間の契約に係る書類を含む）を保存している場合に限り、適用される（措法66の6⑦、措令39の17の2㉓、措規22の11④）のは、事業基準の適用の判定の特例と同様である。

　なお、特定外国子会社等とその関連者との取引が、非関連者を介在させて間接的に行われている場合には、そのような介在をさせることについて相当の理由があると認められる場合を除いて、その特定外国子会社等と非関連者との間の取引は、その特定外国子会社等と関連者との間において直接行われたものとみなして、非関連者基準を適用する（措令39の17⑦⑨）。

来料加工取引と所在地国基準

　中国華南地方と香港のいわゆる来料加工取引のビジネスモデルとは香

港・中国華南地方の委託加工形態の1つで、香港法人（例えば、日本企業の100％子会社）が中国企業（中国の地方政府が設立するいわゆる郷鎮企業）に原材料、部材、補助材料などを提供し、中国企業が労務管理する従業員等を用いて、香港法人の指示どおりに生産し、すべての完成品を引き渡す方式をいう。製品や機械の所有権は香港法人に帰属し、中国企業はノーリスク・サービスプロバイダーとして提供する加工サービスの対価を香港法人から受け取る。

　日本の税務当局の見解は、適用除外の4要件の検討にあたり、香港子会社の業種を卸売業としての製造問屋でなく製造業と事実認定し、所在地国基準を充足しないから、外国子会社合算税制が適用されるというものである。

　すなわち争点は、外国子会社合算税制の適用除外要件の判定にあたって、当該香港法人が卸売業（非関連者基準が適用）あるいは製造業（所在地国基準が適用）のいずれの業種に該当するかというものである（措法66の6③一、二）。

　納税者は、来料加工取引（貿易）制度の沿革と実態に照らせば、日本企業の香港子会社の事業活動は、日本標準産業分類において「自らは製造を行わないで、自己の所有に属する原材料を下請工場などに支給して製品を作らせ、これを自己の名称で卸売りするもの」とされる「製造問屋」に該当するから（措通66の6-17）、いわゆる「卸売業」に分類されるとする。そうすると他の3つの適用除外要件を充足し、かつ、「卸売業」として非関連者基準を満たすから、適用除外となるとして申告してきた。

　これに対し日本の税務当局は、当該香港子会社の業種の判定にあたって、来料加工取引の相手方である中国企業の工場における生産管理等の実施の状況に照らして当該中国企業の工場は当該香港法人の事実上の自社工場であると認定し、当該香港法人は実質的に自社工場において製造を行う製造業の主体であるので、外国子会社合算税制の適用上は製造業と分類さ

れるとする。そうすると所在地国基準が適用されるところ、香港と中国とは1つの国であるものの日中租税条約3条1項（a）の適用上香港には中国の税制の適用がないから、外国子会社合算税制の適用上香港は中国とは別の地域であり、本店所在地の香港ではない。すなわち、当該香港子会社は中国で実質的に製造を行っているから所在地国基準を充足しないとする。

しかしながら、製造委託者である香港法人が、受託製造機能を提供する来料加工取引の相手方である中国企業に対して、製造機械を無償又は有償で貸与し、資材管理、製造工程管理、製造品の品質管理を含む製造工場の運用について詳細に取極めをすることは、通常の独立第三者間の委託製造加工の取引実例に照らして当然である。独立した当事者間の契約関係における契約の履行と支配とは別であるから、日本の税務当局が、約定の生産管理等の実施状況を理由として中国企業を事実上の自社工場と認定した上で、製造地が中国であるから所在地国基準を充足しないとする主張には疑問がある。

大阪高裁平成24年7月20日（平成23年（行コ）第107号）判決は、第1審大阪地裁平成23年6月24日（平成18年（行ウ）第191号、平成20年（行ウ）第216号）判決が示す事実認定に基づき、香港子会社が自らの事業として中国広東省の独立第三者が所有する工場（中国工場）において製造行為を行っているから、主たる事業は卸売業にあたらず、したがって、その事業（製造業）を主として本店又は主たる事務所の所在する国又は地域において行っている場合に当たらないと判示した（上告棄却により確定）。

（裁判所の事実認定の要旨）

香港子会社は、中国広東省の独立第三者が所有する工場（中国工場）の経営を自ら管理することとして、香港子会社の従業員を中国工場に派遣してその要職に置き、中国工場をあたかも香港子会社の組織の一部として管理運営する体制を整えており、その上で、中国工場の人員の確保・管理、工場施設・機械設備等の確保・管理、部品・原材料等の確保・管理、製品

の品質管理及び納期管理を、自らの責任と判断において行っており、さらに、製造行為による利益が帰属するとともに、そのリスクも負担した上で、中国工場について統一的に財務管理を行い、原価の把握・分析、原価低減のための方策の検討等の原価管理に努めていた。

(注) 東京地裁平成21年5月28日判決（平成18年（行ウ）第322号）及び東京地裁平成24年7月20日判決（平成22年（行ウ）745号・746号・749号）は同旨であり、裁判所は、香港来料加工取引ビジネスモデルに対する「所在地国基準」の適用について、事業運営の経済的実態により判断する見解で固まっていると評価される。

5．合算対象所得の計算の仕組み

(1) 基準所得金額の算定

① 概　　要

　特定外国子会社等の各事業年度の決算に基づく利益金額に対して、日本の課税所得計算との整合性を維持するために、本邦法令に準じて計算する方法、又は、特定外国子会社等の本店所在地国の法令に準じて計算する方法のいずれかにより算出される金額から、子会社配当等及び控除対象配当等を控除して基準所得金額が算出される（措法66の6①②二、措令39の15、措通66の6-10の2）。基準所得金額の計算にあたり、損金の額に算入するもの及び子会社配当等の控除については確定申告書に明細を添付することを要件（確定申告要件）とし、宥恕規定が定められている（措令39の15⑦⑧）。なお、基準所得金額に係る準拠法令の選択は継続適用を原則とし、変更する場合には予め所轄税務署長の承認を受けなければならない（措令39の15⑨）。

③ 外国子会社合算税制の基本的な仕組み　381

② 子会社配当等

　子会社配当等とは、特定外国子会社等が子会社（次の2つの要件を満たす他の法人をいう）から受ける剰余金の配当等をいう（措令39の15①四、②十七）。

イ　他の法人の発行済株式若しくは出資（自己が有する自己の株式又は出資を除く）の総数若しくは総額（発行済株式等）のうちにその特定外国子会社等が保有している株式等の占める割合又は他の法人の発行済株式等のうちの議決権のある株式等のうちにその特定外国子会社等が保有している議決権のある株式等の占める割合のいずれかが25％以上であること

ロ　上記イの保有割合が、その特定外国子会社等が他の法人から受ける剰余金の配当等の支払義務が確定する日（当該剰余金の配当等が一定のみなし配当等である場合には、同日の前日）以前6月以上（他の法人が当該確定する日以前6月以内に設立された法人である場合には、その設立の日から当該確定する日まで）継続していること

㊟　特定目的会社（措法67の14①）、投資法人（措法67の15②）、特定目的信託に係る受託法人（措法68の3の2①）、特定投資信託に係る受託法人（措法68の3の3①一ロ、ハに掲げる要件を満たすものに限る）は、その支払配当等を損金の額に算入することができるので、上記イ及びロの要件を満たす場合であっても子会社に該当しないものとされている。

　したがって、上記イ及びロの要件を満たさない子会社から受ける剰余金の配当等の額（次の控除対象配当等の額を除く）は基準所得金額に含まれる。

③ 控除対象配当等

　控除対象配当等とは、特定外国子会社等が他の特定外国子会社等（上記の子会社以外）から受ける剰余金の配当等をいい（措令39の15③④）、二重の合算課税を防止するために、その特定外国子会社等の基準所得金額の計算にあたり控除される。

(2) 適用対象金額の算定

　基準所得金額から、その特定子会社等の各事業年度開始の日前7年以内に開始した事業年度の繰越欠損金、及び、その事業年度の納付が確定した法人所得税を控除して適用対象金額が算出される（措法66の6②二、措令39の15⑤）。

　本邦法令又は本店所在地国の法令により算出された基準所得金額それ自体が欠損となる場合がある（措令39の15⑥）。特定外国子会社等に該当する事業年度で生じた欠損金額は7年間の繰越控除が認められている（措令39の15⑤一）。基準所得金額や適用対象金額は、特定外国子会社等ごとに計算するので、その特定外国子会社等に欠損が生じた場合に、その欠損金額と内国法人の所得金額との通算[243]又は特定外国子会社等の相互間での所得金額と欠損金額との通算は認められていない（措通66の6-11）[244]。

図表5-4　特定外国子会社等に係る課税対象金額の計算

子会社配当等 6月以上継続保有する持株割合 25%以上の法人から受ける配当			
控除対象配当等 他の特定外国子会社等（持株割合25%未満）から受ける配当			
基準所得金額 特定外国子会社等の本店所在地国の法令に従った決算に基づく所得の金額に対し日本の税法による所得金額の計算に準ずるための調整又は本邦法令に準じた計算	繰越欠損金		
	納付が確定した 法人所得税		
	適用対象金額	請求権勘案 保有株式等 の割合	
			課税対象金額

平成23年（2011年）度税制改正が法人税法における組織再編成に係る規定のうち適格現物分配に関する規定（法法62の5③～⑥、62の7（適格現物分配に係る部分に限る））を100％グループ内の内国法人間で行われる場合に限ると定めたことを踏まえて、本邦法令によって特定外国子会社等の合算対象とされる金額を計算する場合に現物分配に係る課税繰延べ規定の適用はないことが明示的に規定された（措令39の15①一）。

（3）課税対象金額

適用対象金額の請求権勘案保有株式等に対応する部分の金額が合算対象となる課税対象金額である。利益の分配額が異なる種類の株式を発行している場合は、持株割合でなく、利益の分配割合に対応する。請求権のない株式は、割合計算にあたり除かれる（措法66の6①、措令39の16）。

（4）課税対象金額の益金算入の時期と円換算

特定外国子会社等の適用対象金額及び課税対象金額並びに部分適用対象金額及び部分課税対象金額の計算の円換算は次による（措通66の6-9、66の6-14）。

① 適用対象金額及び部分適用対象金額並びに欠損金額は、特定外国子会社等が会計帳簿の作成にあたり使用する外国通貨表示の金額により計算し、特定外国子会社等の課税対象金額又は部分課税対象金額を内国法人

---

243 特定外国子会社等に該当するパナマ法人に生じた欠損を法人税法11条に定める実質所得者課税の原則を根拠として親会社である内国法人の損金の額に算入できるかが争われた事件に関する最高裁第二小法廷平成19年9月28日判決（平成17年（行ヒ）第89号）は、内国法人の子会社が適用除外要件を充足せず特定外国子会社等に該当する場合は、当該特定外国子会社等に適用対象金額があるかないかにかかわらず法人税法11条を適用する余地はなく、特定外国子会社等に欠損が生じた場合には、それを当該年度の内国法人の損金には算入することができず、特定外国子会社等の課税対象金額の計算において控除すべきものとして繰り越すことを強制しているものと解すべきであると判示した。

244 大阪高裁平成5年7月22日判決（平成3年（う）第510号）。

の所得に合算する際に円換算を行う。

② 円換算のために使用する外国為替レートは、原則として特定外国子会社等の事業年度終了の日の翌日から2カ月を経過する日の電信売買相場の仲値（TTM）。ただし、継続適用を条件として、特定外国子会社等の事業年度終了の日の翌日から2カ月を経過する日を含む当該内国法人の事業年度終了の日の電信売買相場の仲値（TTM）を使用することができる。なお、2以上の特定外国子会社等を有するときは、そのすべての特定外国子会社等につき、その採用した外国為替レートを適用する。

6．特定外国子会社等の資産性所得合算課税制度（部分課税対象金額の益金算入制度）

（1）意義と概要

　平成22年（2010年）度税制改正において、資産運用的な所得を外国子会社に付け替える租税回避行為を一層的確に防止する観点から、エンティティーアプローチの簡便性を生かしつつ適用除外要件のうちの「事業基準」の対象とされている事業に関係する所得のうち一定の資産性所得（＝特定所得）について合算課税制度が導入された。

　すなわち、内国法人（発行済株式等の10％以上を直接及び間接に保有する内国法人に限る）に係る特定外国子会社等が、適用除外基準の適用によりその内国法人の益金に算入されない適用対象金額を有する場合において、その各事業年度の特定所得の金額の合計額（部分適用対象金額）に、当該各事業年度終了の時における当該内国法人の有する当該特定外国子会社等の請求権勘案保有株式等の割合を乗じた金額（部分課税対象金額）を収益の額とみなして（法人単位で計算された課税対象金額を上限とする）、その内国法人の当該各事業年度終了の日の翌日から2カ月を経過する日を含む当

③ 外国子会社合算税制の基本的な仕組み　385

該内国法人の各事業年度の所得の金額の計算上、益金の額に算入する特定外国子会社等の資産性所得合算課税制度が創設された（措法66の6④、措令39の17の2）。また、少額不徴収（デミニマス）に係る適用除外基準を定める（下記(3)参照）。

外国関係会社の発行済株式等の10％以上を直接及び間接に有する内国法人は、特定外国子会社等の各事業年度の貸借対照表、損益計算書等をその確定申告書に添付するとともに（措法66の6⑥、措規22の11②各号）、特定所得の金額の基礎その他参考となるべき事項を記載した書類の提出義務を有する（措法66の6⑥、措規22の11②）。

平成23年（2011年）度税制改正は、資産性所得の基因となる株式等の保有割合10％未満の要件の判定時期について、配当等については当該配当等の効力が生ずる日、譲渡については当該譲渡の直前であることを明示的に規定する。ただし、剰余金の配当等の額の支払いがみなし配当等（法法24①）の場合には支払いに係る効力が生じる日の前日（資本の払戻しに基づくものについては効力が生じる日）の持株割合で判定する（措法66の6④一、四、措令39の17の2②）。

(2) 特定所得の金額

資産性所得合算課税制度（部分課税対象金額の益金算入制度）の対象となる特定所得の金額とは、①株式保有割合10％未満の法人（特定法人）から受ける剰余金の配当等（特定法人の判定の日は配当等の効力の生じた日）、②債券の利子、③債券の償還差益、④特定法人の株式譲渡益（特定法人の判定の日は譲渡の直前の日）、⑤債券の譲渡益、⑥一定の使用料、⑦船舶又は航空機の貸付料の金額をいう（措法66の6④一〜七）。特定所得金額のうち①〜⑤については、当該特定外国子会社等が行う事業の性質上重要で欠くことのできない業務から生じたもの[245]は含まない（措法66の6④）。

なお、④特定法人の株式譲渡益に係る「譲渡」は、金融商品取引所（金

商法2二十六）の開設する市場における譲渡及び金融商品取引業者（金商法2二九）への売委託（類似の外国に設立された市場における譲渡及び類似の外国の金融商品取引業者への売委託を含む）に限定される（措令39の17の2⑩）。
⑥一定の使用料の「使用料」には、特許権等（特許権、実用新案権、意匠権若しくは商標権又は著作権（出版権及び著作隣接権を含む））の使用料のうち、次の(i)～(iii)に該当する使用料を（該当資料の保存を条件として）含まない（措令39の17の2⑮、措通66の6-18の3）。

(i) 特定外国子会社等が自ら行った研究開発の成果に係る特許権等。ただし、自ら主として研究開発を行った場合に限る。

(ii) 特定外国子会社等が取得をした特許権等。ただし、自ら取得対価を支払い、かつ、自らの事業（事業基準の判定における特定事業（措法66の6③）を除く）の用に供している場合に限る。

(iii) 特定外国子会社等が使用を許諾された特許権等。ただし、自ら許諾対価を支払い、かつ、自らの事業（事業基準の判定における特定事業（措法66の6③）を除く）の用に供している場合に限る。

各々の特定所得の金額は、対応する直接費用の額及び剰余金の配当等・債券の利子・債券の償還差益については一定の算式による負債利子配賦額を控除して計算する（措法66の6④一～三、措令39の17の2③④⑨）。なお、利子・配当・使用料等に係る外国源泉税の額は直接費用の額に含まれる。特定所得の金額は法令において「残額」（措法66の6④一～七）と規定されており有所得を示すから、部分課税対象金額の計算にあたり特定所得間の相殺は認められない（措通66の6-18の2）。部分課税対象金額は、エンティティーアプローチ（法人単位）による特定外国子会社等の「課税対

---

245 財務省主税局総務課主税調査官 灘野正規「平成22年度の国際課税関係（含む政省令事項）の改正について」租税研究729号（2010年）219頁は、例として、銀行や証券取引業等の金融業を営む外国子会社の業務からポートフォリオ株式の配当、債券の利子、その譲渡益などが生じている場合が該当するとする。

象金額」を上限とするから、課税対象金額が欠損の場合には、資産性所得合算課税制度の適用はない（措法66の6①④）。

平成23年（2011年）度税制改正は、資産性所得に係る費用の計算について、次のとおり整備する。

① 債券の償還差益、株式等の譲渡益及び債券の譲渡益に係る資産性所得の金額の計算上控除する取得価額の計算は移動平均法等により計算する（措法66の6④三、四、五、措令39の17の2⑤⑥⑪⑫⑭）。

② 特許権等の使用料又は船舶等の貸付けの対価に係る資産性所得の金額の計算上控除する特許権等又は船舶等に係る減価償却費は、継続適用を要件として、本邦法令又は本店所在地国の法令のいずれかにより計算（償却限度額（法法31）の適用）する（措法66の6④六、七、措令39の17の2⑯～⑲）。

（3）資産性所得合算課税制度（部分課税対象金額の益金算入制度）の適用除外

部分適用対象金額を有する特定外国子会社等であっても、部分適用対象金額に係る収入金額が1,000万円以下である場合（収入金額基準）、又は、当該部分適用対象金額が当該特定外国子会社等の決算に基づく所得の金額の5％相当額以下である場合（資産性所得割合基準）は、適用除外と定める（措法66の6⑤）。平成23年（2011年）度税制改正は、収入金額基準における収入金額とは特定所得の金額（例えば、償還差益に係る収入金額とは償還金額でなく償還差益であるなど収入から直接要した費用等の額を控除した額）と定める（措令39の17の2⑳）。資産性所得割合基準における決算に基づく所得の金額とは税引前所得金額（外国源泉税の額は含まれない）であると定める（措令39の17の2㉑）。法人税確定申告書の書面添付及び適用除外要件を明らかにする書類等の保存が適用除外要件である（措法66の6⑦、措令39の17の2㉒、措通66の6-19の2）。

7．内国法人が特定外国子会社等から受ける剰余金の配当等に係る二重課税の排除

（1）外国子会社合算課税制度の適用を受けた外国子会社からの受取配当等に係る二重課税の排除

　外国子会社合算税制に係る二重課税の排除の考え方は、まず内国法人において合算課税を行い、次に合算課税済の所得を原資とする配当（課税済配当等）について、次のとおり、①当該特定外国子会社が法人税法23条の2に定める外国子会社配当益金不算入制度（第4章④参照）の適用を受ける外国子会社に該当する場合と、②それ以外の場合とを分けて規定している（法法23の2①、措法66の8①②③）。

① 　特定外国子会社等が外国子会社配当益金不算入制度の適用対象である場合、当期及び過去10年分の合算額の合計額の範囲内（特定課税対象金額）まで当該課税済配当等の額を益金の額に算入しないとすることで、二重課税を排除する（措法66の8②③）。なお、特定課税対象金額を超える金額は95％益金不算入となる。

② 　特定外国子会社等が外国子会社配当益金不算入制度の適用対象外の場合、特定課税対象金額まで当該課税済配当等の額を益金の額に算入しないとすることで二重課税を排除する（措法66の8①）。なお、特定課税対象金額を超える金額は100％益金算入となる。

　　（注）　特定課税対象金額とは、内国法人の剰余金の配当等を受ける日を含む事業年度及びその事業年度開始の日前10年以内に開始した各事業年度において益金の額に算入された外国法人に係る課税対象金額又は部分課税対象金額の合計額をいう（措法66の8④、措令39の19②③）。

　すなわち、内国法人が特定課税対象金額を有する外国法人から受ける剰

余金の配当等について、その外国法人が配当確定日において特定外国子会社等に該当するかどうかにかかわらず、当該特定課税対象金額に達するまでの金額について益金不算入とされる（措法66の8①②）。また、グループ法人税制の導入の一環として、外国子会社配当益金不算入制度の適用を予定した一定の自己株式の取得に係るみなし配当については課税対象とする濫用防止規定が導入（法法23の2②）されたことに伴い、内国法人が特定課税対象金額を有する外国法人から受ける一定の自己株式取得に係るみなし配当について、当該特定課税対象金額に達するまでの金額について益金不算入を規定した（措法66の8③）。

（2）外国子会社を経由して外国子会社合算課税制度の適用を受けた外国孫会社から受けた配当等に係る二重課税の排除

　内国法人が外国子会社合算課税制度の適用を受けた外国子会社からの受取配当等に係る二重課税の排除のために、特定課税対象金額に達する金額までの範囲での益金不算入規定が定められているのと同様の趣旨で、平成24年（2012年）度税制改正において、内国法人が外国子会社合算税制の適用を受けた外国孫会社（ひ孫会社以下は含まれない）から外国子会社を経由して配当を受けた場合の二重課税を排除する次の規定が置かれた（措法66の8⑧⑨）。

① 外国子会社（持株割合25％以上かつ6月以上保有する外国子会社配当益金不算入制度（法法23の2）の適用対象）を経由した配当の場合

　受取配当のうち95％部分については外国子会社配当益金不算入制度により益金不算入され、5％部分は間接特定課税対象金額（前2事業年度内に外国子会社合算税制の適用を受けた外国関係会社に係る合算金額（当該内国法人の間接保有割合に対応する部分に限る））に達するまでの金額について益金不算入される（措法66の8⑨）。

② 外国子会社（上記①の外国子会社を除く）を経由した場合

当該内国法人が受ける配当のうち間接特定課税対象金額（間接配当等と間接課税済金額のいずれか小さい方）を限度として益金不算入される（措法66の8⑧）。

> (注) 間接配当等とは、外国子会社が外国孫会社から前2事業年度内に受けた配当等の額に当該内国法人の直近配当基準日（内国法人がその事業年度の終了の日に最も近い日に外国子会社から受けた配当等の額の支払いに係る基準日をいう）における当該外国子会社に対する持株割合を乗じた金額をいう（措法66の8⑪、措令39の19⑦⑧）。間接課税済金額とは、前2事業年度内に外国子会社合算税制の適用を受けた外国孫会社に係る合算金額（当該内国法人の間接保有部分に限る）をいう。

(3) 益金不算入となる特定課税対象金額及び間接特定課税対象金額に係る剰余金の配当等の額に対して課される外国源泉税の取扱い

益金不算入とされる特定課税対象金額及び間接特定課税対象金額に係る剰余金の配当等の額に対して課される外国源泉税の額は、法人税法39条の2（外国子会社から受ける配当等に係る外国源泉税の損金不算入）の適用はなく、損金の額に算入され（措法66の8②後段）、外国税額控除の対象外である（法法69①、法令142の2⑦三、⑧一）。

4 外国子会社合算税制に係る外国税額控除

1．概　要

外国子会社合算税制は、上述のとおり特定外国子会社等の所得を親会社である内国法人に帰属するものとみなして内国法人の所得の計算上、益金の額に算入するものである。そこで、当該特定外国子会社等の所得に外国法人税が課されている場合には、その外国法人税についても親会社である

内国法人の所得に対して課されたものとみなして直接外国税額控除の適用を認めることで国際二重課税の排除を図っている（措法66の7①）。

(注) 外国子会社合算税制に定める株主である内国法人における合算課税の法的性質は擬制配当（金子宏『租税法』（有斐閣、19版、2014年）525頁）であるが、ここでは外国支店に係る直接外国税額控除制度とのアナロジーに注目したい。

2．外国子会社合算税制に伴う外国税額控除

(1) 制度の概要

　内国法人に係る特定外国子会社等の課税対象金額に対して外国子会社合算税制が適用される場合に、当該特定外国子会社等の所得に対して外国法人税が課されていると、株主である内国法人の居住地国である日本と特定外国子会社の本店所在地国との国際二重課税が生じる。そこで外国子会社合算税制に伴う国際二重課税を排除することを目的として、当該特定外国子会社等の所得に対して課された外国法人税のうち、合算対象の課税対象金額に対応する部分の金額（課税対象金額を限度とする）は、当該内国法人が直接納付する控除対象外国法人税とみなして、外国税額控除を適用する（措法66の7①）。なお、平成23年（2011年）度税制改正により、複数の税率の中から外国税務当局等との合意により税率が決定された税については、（実際の納税にかかわらず）最も低い税率（当該最も低い税率が当該合意がないものとした場合に適用されるべき税率を上回る場合には当該適用されるべき税率）を上回る部分は、外国法人税に該当しないこととされた（法法69①、法令141③、措法66の7①カッコ書）。控除対象外国法人税とみなされる金額は、当該内国法人の課税所得の計算上、益金の額に算入する（措法66の7③）。平成25年（2013年）度税制改正において、内国法人に係る特定外国子会社等が無税国に本店又は主たる事務所を有する場合であっても、

その無税国以外の国又は地域において、課税対象金額等の計算の基礎となる所得に対して課される外国法人税の額があるときは、当該内国法人の外国税額控除の控除限度額の計算にあたって合算課税の対象となる益金算入額は国外所得金額に含むとされ、実質的に控除限度額が設定された（措令39の18⑨）。

特定外国子会社等の資産性所得合算課税制度（部分課税対象金額の益金算入制度）に関連して、特定外国子会社等の所得に対して課される外国法人税の額のうち部分課税対象金額に対応するもの（当該部分課税対象金額に相当する金額が限度）についても、合算課税を受ける内国法人が納付する控除対象外国法人税の額とみなして、外国税額控除の規定を適用する（措法66の7①、措令39の18⑫）。

（2）控除対象外国法人税の制限

外国子会社合算税制に係る直接外国税額控除にあたっては、次の①又は②のいずれか小さい金額が、特定外国子会社等の所得に対して課される外国法人税のうちの課税対象金額に対応するものとして、内国法人が納付した控除対象外国法人税とみなされる金額である（措令39の18①）。すなわち課税対象金額自体を限度とすることで高率部分を除外しているところに特徴がある[246]。

① 特定外国子会社等に課された外国法人税の額 × 内国法人に係る課税対象金額 / （適用対象金額 ＋ 子会社配当等の額 ＋ 控除対象配当等の額）

---

[246] 上記算式の②のシーリングの意義は、高税率国の所得を合算課税のタックス・ヘイブンの子会社にシフトさせることで、事実上シーリングなしで全額控除対象とすることの防止にある（黒田東彦編『国際課税 I―外国税額控除制度』（税務経理協会、1989年）279頁、156～162頁参照）。

② 内国法人に係る課税対象金額

(注1) 内国法人の控除対象外国法人税とみなされる外国法人税の属する事業年度は、当該内国法人が合算課税の適用を受ける事業年度の終了の日を基準として、当該内国法人が合算課税の適用を受ける事業年度、又は、当該特定外国子会社等に対して外国法人税が課税される日の属する当該内国法人の事業年度のいずれかの事業年度である(措令39の18④)。

(注2) 特定外国子会社等に対して課された日本の法人税又は道府県民税及び市町村民税（都民税を含む）についても外国法人税として外国税額控除の対象にすることができる(措通66の6-20)。国税不服審判所平成4年2月12日裁決（事例集43巻528頁）は、特定外国子会社が納付する日本の事業税は、税額控除の対象となる外国法人税に該当しないとする。

(3) 控除限度額の計算、控除余裕額及び控除限度超過額の3年間の繰越使用

外国子会社合算税制の適用に伴う外国税額控除は第4章で検討した外国税額控除と別に行われるのではなく、当該内国法人が直接納付する控除対象外国法人税とみなされる額を直接外国税額控除の制度に乗せて適用される。すなわち上記(2)で算出される控除対象外国法人税は、通常の直接外国税額控除及びみなし外国税額控除（タックス・スペアリング・クレジット）に係る控除対象外国法人税と一体となり、当該事業年度における控除限度額の範囲内で税額控除される（控除限度額の計算については第4章③4参照）。

合算課税に伴い控除対象外国法人税とみなされた額が、①控除限度額に満たない場合の控除余裕額を3年間繰り越して使用すること、又は、②控除限度額を超過する場合の控除限度超過額を3年間繰り越して控除余裕額が生じた事業年度において控除することができること（措法66の7①）も、直接外国税額控除と同じである。

（4）控除限度額の計算における課税対象金額又は部分課税対象金額の取扱い

　控除限度額の計算上、益金に算入される課税対象金額又は部分課税対象金額は国外所得に分類される（措令39の18⑨）。平成25年（2013年）度税制改正により、国外所得に分類される課税対象金額又は部分課税対象金額について特定外国子会社等の所在する国が無税国であっても、その益金算入額の計算の基礎となった当該特定外国子会社等の課税対象金額等の計算の基礎となる所得に対して課される外国法人税の額があるときは、その益金算入額の全額を国外所得として外国税額控除限度額を計算することとし、実質的に控除限度額が設定されることとなった（措令39の18⑨）。

　控除対象外国法人税とみなされる金額は、当該内国法人の課税所得の計算上、益金の額に算入する（措法66の7①③）。控除限度額の計算上、国外所得には全世界所得に対し原則として90％とするシーリングが課されており、その適用上、益金算入される控除対象外国法人税は分子である国外所得及び分母である全世界所得に各々加算される（措令39の18⑩）。

（5）特定外国子会社等の課税対象年度又は部分課税対象年度の所得に対して2以上又は2回以上の外国法人税が課される場合の外国税額控除の計算

　特定外国子会社等の課税対象年度又は部分課税対象年度の所得に対して2以上又は2回以上の外国法人税が課される場合がある。外国税額控除の適用を受けた事業年度後の事業年度において、2以上又は2回以上の外国法人税が課された場合には、その増額後の外国法人税について、控除対象外国法人税となる金額を再計算し、増額前において控除対象外国法人税とされた金額との差額を、当該事業年度の控除対象外国法人税とする（措令39の18③）。

(6) 特定外国子会社等の課税対象年度又は部分課税対象年度の所得に対して2以上又は2回以上の外国法人税が課された場合の外国税額控除の選択

　特定外国子会社等の課税対象年度又は部分課税対象年度の所得に対して2以上又は2回以上の外国法人税が課された場合に、内国法人が当該特定外国子会社等について外国税額控除の適用を受けるかどうかは、特定外国子会社等に係るそれぞれの外国法人税ごとに選択することができる（措令39の18⑤）。

(7) 外国法人税が減額された場合の特例

　内国法人が特定外国子会社等の合算課税の適用に伴い外国税額控除の適用を受けた事業年度後の事業年度において、その計算の基礎となった内国法人が納付したとみなされた外国法人税が減額された場合には、①他の控除対象外国法人税から控除し、②控除しきれない金額がある場合には前3年以内の繰越控除対象外国法人税から控除し、③なお残額がある場合には、その後2年以内に発生する控除対象外国法人税から控除し、④それでもなお控除しきれない残額がある場合は、2年経過時に益金の額に算入する（措令39の18⑧）のであるが、平成21年（2009年）度税制改正において、外国税額控除の適用を受けた事業年度開始の日後7年以内に開始する各事業年度において減額された場合に限り、上記の減額の調整をすることとされた（措令39の18⑥）。

　上記の控除される外国法人税は、当該内国法人の事業年度の所得金額の計算において損金の額に算入されるとともに、当該事業年度における外国税額控除の控除限度額計算において国外所得から控除される（措令39の18⑪）。控除限度額の計算上、国外所得には全世界所得に対して原則として90％とするシーリングが課されており、その判定にあたり控除対象外国法

人税は分子である国外所得及び分母である全世界所得の各々から減算される（措令39の18⑪）。

5 外国子会社合算税制と移転価格税制の適用関係

1．外国子会社合算税制と移転価格税制

　外国子会社合算税制と移転価格税制（第6章参照）とは、国際的租税回避の対抗立法として相互補完関係にあることが指摘されている[247]。外国子会社合算税制は、国外関連取引から生ずる所得を含むストックとしての所得を親会社に合算するものであるのに対し、移転価格税制は、外国子会社合算税制では適用除外となった特定外国子会社との国外関連取引についても、当該国外関連取引が独立企業間価格であるか否かというフローに対する課税として適用される。

2．移転価格税制の優先適用

　移転価格税制上の国外関連者が外国子会社合算税制の特定外国子会社等に該当する場合には、移転価格税制が優先適用され、それによる国外関連取引に係る移転価格の修正を行った上で外国子会社合算税制が適用される（措令39の15①一カッコ書）。すなわち、内国法人及びその関係会社と当該特定外国子会社等との取引につき移転価格税制が適用された場合は、当該

---

[247] "Harmful Tax Competition: An Emergency Global Issue" OECD, 1998（水野忠恒監修、髙木由利子（訳）『有害な税の競争　起こりつつある国際問題』（日本租税研究協会、1998年）パラ111, 166～167.

特定外国子会社等の基準所得金額の計算にあたって、当該取引が独立企業間価格で行われたものとみなして計算することにより、外国子会社合算税制と移転価格税制による二重課税が排除される。日本の移転価格税制は内国法人の課税所得が増額する場合に限って移転価格税制を適用するから、結果として外国子会社合算税制の課税対象金額が減額されることにより二重課税の排除が達成される。

そうすると、内国法人が外国子会社合算税制を適用している特定外国子会社等との取引に対して移転価格税制に基づく課税処分がなされた場合には、当該内国法人は当該移転価格税制に基づく課税処分に対して国内法に基づく救済手段（不服申立前置主義による行政事件訴訟法に定める取消訴訟）を採るとともに、当該課税処分を後発的事由として（通法23）、当該特定外国子会社の課税対象金額について更正の請求を行う必要がある。

6 コーポレート・インバージョンを通じた国際的租税回避に係る対抗立法

1．意義と概要

(1) クロスボーダーの組織再編成（三角合併・三角分割及び三角株式交換）と課税上の取扱い

平成19年（2007年）度税制改正は、会社法の改正による合併等対価の柔軟化に対応して、吸収合併、吸収分割又は株式交換の対価として、合併法人、分割承継法人又は株式交換完全親法人の株式に代えて、合併法人等の100％親会社である外国法人の株式（外国親法人株式）を交付することによる国際的な三角合併・三角分割及び三角株式交換についても適格合併等と

して、被合併法人等について移転資産の譲渡損益の課税繰延べを認め（法法２十二の八、十二の十一、十二の十六、法令４の３①⑤⑬）、被合併法人等の株主について再編時の株式の譲渡損益の課税繰延べを認めた（所法57の４、所令167の７、措法37の10③、37の12④、法法61の２②④⑧、法令119の７の２）[248]。

なお、非居住者又は外国法人である被合併法人等の株主（非居住者等株主）に対して外国親法人株式が交付された場合には、日本の課税権から永遠に離脱することになるから（第１章⑤３参照）、原則として、旧株の時価による譲渡を行ったものとして譲渡損益の計上を行う（措法37の14の２①～③⑦、法法142、法令188①十八）。ただし、日本に恒久的施設を有する非居住者等株主が交付を受けた外国親法人株式が、当該恒久的施設に係る国内事業管理株式に対応して交付を受けた株式であり、旧株と同様に国内において行う事業に係る資産として当該恒久的施設において管理（国内事業管理親法人株式）される場合には、課税繰延べが認められている（措法37の14の２①～③各カッコ書、措令25の14①、法法142、法令188①十八カッコ書、⑦）。

（２）コーポレート・インバージョンと課税上の取扱い

平成19年（2007年）度税制改正は、上述の国際的三角合併等によりタックス・ヘイブンに所在する実態のない法人が内国法人の親会社となるコーポレート・インバージョン[249]を用いた国際的租税回避への対抗立法として、軽課税国の親会社の株式を対価とするグループ内（50％超の支配関係

---

[248] 組織再編成税制とコーポレート・インバージョンとの関係について、緒方健太郎「クロスボーダーの組織再編に係る税制改正（インバージョン対策等）について」ファイナンス501号（2007年８月）42頁以下。

[249] 「……未だに明確な定義はない。一般的には、コーポレート・インバージョンは、内国法人（やその子会社グループ）が、その経済実態や実質的な株主構成を変えずに、外国法人の子会社（グループ）となること、すなわち、企業としての実態はそのままで所有形態が置き換わることを指す。」緒方・上掲45頁。

6 コーポレート・インバージョンを通じた国際的租税回避に係る対抗立法　399

グループ）の組織再編成で一定の要件の下で存続会社に実態がないとされる場合には、①再編時の適格性を否定し再編に係る資産の移転を行った法人及び株主に対する課税規定を定めるとともに、②再編後の軽課税国に所在する法人に対するコーポレート・インバージョン対策合算税制を導入した。

図表5-5　コーポレート・インバージョンのイメージ（三角合併の場合）

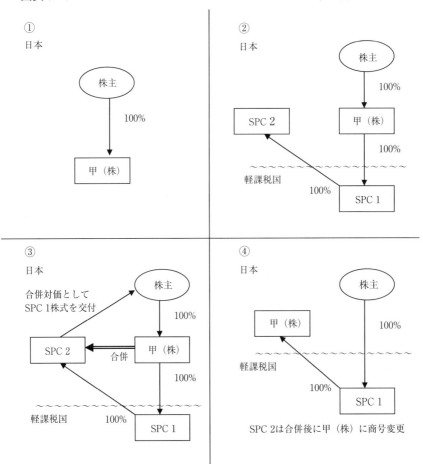

2．特定グループ内のコーポレート・インバージョンに係る法人課税（適格合併等の適格性の否認）

　グループ内の内国法人間で行われる三角合併のうち特定グループ内合併に該当するものは合併の適格性が否認（適格合併の範囲からの除外）され、移転資産は時価により譲渡を行ったものとして課税される（措法68の2の3①）。特定グループ内合併とは、合併法人と被合併法人との間に特定支配関係（合併の直前に一方が他方の発行済株式等の50％超を直接又は間接に保有する関係、又は双方が同一の者によってそれぞれその発行済株式等の50％超を直接又は間接に保有されている関係）があり、かつ、合併対価として特定軽課税外国法人（法人の所得に対して課される租税が存在しない国に本店等を有する外国法人、又は合併が行われる日を含む当該外国法人の事業年度開始の日前2年以内に開始した事業年度のうち、いずれかの事業年度において、所得に対して課される租税の額が所得の20％以下であった外国法人。ただし、特定外国子会社等の適用除外要件に類する要件をすべて充足する場合は特定軽課税外国法人に当たらない（措令39の34の3⑦））である外国親法人株式を交付する場合をいう（措法68の2の3⑤一、二、措令39の34の3⑤⑩⑪）。三角合併の場合は、①事業関連性要件（合併法人と被合併法人の主要な事業が相互に関連）、②事業規模要件（合併法人の合併前における売上金額等の合計額が、被合併法人の合併前の売上金額等の合計額の概ね2分の1を下回らないこと）、③事業内容要件（合併法人の合併前の主要な事業が、株式・債券の保有又は工業所有権・著作権等の無体財産の提供でないこと）、④実体・管理支配要件（合併法人が日本において主たる事業を行うに必要な固定的施設を有し、かつ、その事業の管理、支配及び運営を自ら行っていること）、及び、⑤役員要件（合併法人の合併前における社長等の特定役員の過半数が被合併法人又は合併法人に係る外国親法人の役員その他の関係者でないこと）の適用除外5要件をすべて満たす場合には、適格性の否認の対象とならない（措法68の2

の3①カッコ書、措令39の34の3①、措規22の20、法規3）。

　三角分割及び三角株式交換に関しても上記の特定グループ内合併と同様の適格性否認規定が定められている（措法68の2の3②③、措令39の34の3②④）。なお、三角分割については、上記の特定支配関係の存在、合併対価として特定軽課税外国法人である外国親法人株式の交付に加えて、分割法人の資産及び負債のほとんどすべての移転という3要件に該当する場合に特定グループ内分割として適格性否認の対象とされる（措法68の2の3②一、措令39の34の3③）。

　外国法人に対する現物出資は原則として課税繰延べは認められていないのであるが、25％以上保有する外国法人株式を現物出資して外国法人を設立する場合で、適格組織再編成税制に定めるグループ内又は共同事業要件を充足する場合には適格現物出資として課税繰延べが認められている（法法2十二の十四、62の4、142、法令4の3⑨、188）（第1章⑤2参照）。しかしながら、コーポレート・インバージョンにより内国法人の親法人となった外国法人のうち特定外国親法人等（資産の移転を行う内国法人に対して発行済株式等の80％以上を直接又は間接に保有する関係、又は双方が同一の者によってそれぞれその発行済株式等の80％以上を直接又は間接に保有される関係にある特定軽課税外国法人）に対して、当該内国法人が特定外国子法人（外国法人で、その現物出資の日を含むその外国法人の事業年度開始の日前2年以内に開始した各事業年度のうち最も古い事業年度の開始の日からその現物出資の日までの期間内のいずれかの時において、居住者、内国法人及び特殊関係非居住者が、合計でその発行済株式等の50％超を保有するもののうち特定軽課税外国法人に該当するもの）の株式を現物出資すると、課税繰延べの適用を受けるとともに外国子会社合算税制の適用を免れることができることになるので、その場合は適格現物出資の適格性が否認される（措法68の2の3④⑤三、四、措令39の34の3⑬⑭）。

3. 特定グループ内のコーポレート・インバージョンに係る株主課税（特定グループ内合併等が行われた場合の株主等の課税の特例）

　内国法人の株主である法人（内国法人及び外国法人をいう）は、上記の特定グループ内合併等（特定非適格合併、特定非適格分割型分割、特定非適格株式交換）により交付を受けた外国親法人株式が特定軽課税外国法人の株式に該当するときは、旧株の時価による譲渡を行ったものとして譲渡損益を認識する。平成22年（2010年）度税制改正においてグループ法人税制が導入されたことに伴い（第1章⑤1参照）、完全支配関係がある法人間取引が、合併、分割又は株式交換による譲渡損益調整資産等の移転である場合において、当該取引が特定軽課税外国法人に該当する親法人の株式を対価とするものである等一定の要件に該当するときは譲渡損益の調整制度を適用しない（措法68の2の3①～③、68の3①～③、措令39の35②③④、法法61の2②④⑧⑯、142）。なお、当該法人が日本に恒久的施設を有する外国法人である場合、交付を受けた外国親法人株式が特定軽課税外国法人の株式のときは、当該恒久的施設に係る国内事業管理株式に対応して交付を受けた株式であり、かつ、旧株と同様に国内事業管理親法人株式として管理しても、時価により旧株の譲渡益に課税される（措法68の3③）。

(注)　特定グループ内合併等に係る個人株主の課税関係は次の規定により同様に定められている。
　（ⅰ）居住者又は国内に恒久的施設を有する非居住者である株主に係る特定グループ内合併等（措法37の14の3①～③）
　（ⅱ）国内に恒久的施設を有しない非居住者である株主に係る特定グループ内合併等（国内源泉所得に該当する場合に限る）（措法37の14の3⑤）

4．コーポレート・インバージョン対策合算税制（外国子会社合算税制の特例）

　外国子会社合算税制の特例（コーポレート・インバージョン対策合算税制）とは、特定内国法人（特定関係が生ずることとなる直前に5人以下の株主グループによって発行済株式等の80％以上が保有される内国法人）の株主（特定株主等）及びその親族等の関係者（特殊関係株主等）が、コーポレート・インバージョンを通じて、当該特定内国法人を、その経済実態や株主構成を実質的に変化させることなく、軽課税国にある実体のない外国法人（特定外国法人）を通じて保有する組織形態（特殊関係内国法人）に再編した場合に、再編時において当該特定内国法人及びその株主に対して課税するだけでなく、再編後における将来の租税回避行為を防止する目的で、特定外国法人を通じてその特殊関係内国法人の発行済株式等の80％以上を間接に保有（連鎖による保有を含む）する関係（特定関係）にある株主（特殊関係株主等）に対する合算課税制度である[250]。ただし、特定外国法人が、その本店等又は主たる事務所の所在する国又は地域において固定施設を有し、かつ、その事業活動を行うことについて十分な経済合理性があると認められるに足る基準（適用除外要件）のすべてを満たす事業年度については、会社単位での合算課税の対象外としている（措法66の9の2～66の9の5）。

250　制度の趣旨について、緒方健太郎「クロスボーダーの組織再編に係る税制改正（インバージョン対策等）について」ファイナンス501号（2007年8月）51～54頁。

404　第5章　外国子会社合算税制（タックス・ヘイブン対策税制）

図表5-6　コーポレート・インバージョン対策合算税制の概要

【特定関係が生ずる直前の関係】

＜日本＞
特定株主等○○○○○（特定内国法人のすべての株主）
↓
特定内国法人（5人以下の株主グループに80％以上の株式を保有される内国法人）

＜軽課税国＞

⇒

特定内国法人又は特定内国法人からその資産及び負債のおおむね全部の移転を受けた内国法人
↓
特殊関係内国法人

特殊関係株主等（特定株主等／特殊関係株主等の親族等）（注）非居住者及び外国法人を含む　　他の株主

80％以上
合算課税
80％以上

特定関係（特殊関係株主等が特殊関係内国法人の株式の80％以上を間接保有する関係）

特定外国法人（株式の保有を通じて連鎖関係にある外国法人（「外国関係法人」）のうち軽課税のもの）

特殊関係株主等である居住者又は内国法人に対して合算課税

出典：『平成19年度　改正税法のすべて』（大蔵財務協会、2007年）566頁。

　コーポレート・インバージョン対策合算税制は、特殊関係株主等に応じて、居住者（措法40の7～40の9）、内国法人（措法66の9の2～66の9の5）、連結法人（措法68の93の2～68の93の5）、特定投資信託に類する外国信託の受託者（措法66の9の2⑨）に適用される。これらの制度の基本的な仕組みは同じであるので、以下では内国法人に係るコーポレート・インバージョン対策合算税制の適用関係について検討する。

　特殊関係株主等である内国法人が、組織再編成後に、その内国法人又は組織再編成を通じてその資産及び負債の概ね全部の移転を受けた内国法人（特殊関係内国法人）の発行済株式等の80％以上を特定外国法人を通じて間接に保有する特定関係にある場合に、その特定外国法人（特殊関係株主等と特殊関係内国法人の間に介在する外国法人及びこれらの外国法人によって発行済株式等の50％超を直接又は間接に保有される関係（連鎖関係）にある外国関係法人のうち本店所在地国が軽課税国であるもの）の各事業年度の適用対象金額のうち、特殊関係株主等である内国法人が保有する当該特定外国法人の請求権勘案保有株式等の割合に対応する部分の金額（課税対象金額）

を収益の額とみなして、その特殊関係株主等である内国法人の所得の金額の計算にあたり、益金の額に算入する（措法66の9の2①～③、措令39の20の2、39の20の9）[251]。合算課税に係る計算方法は、前述の外国子会社合算税制と同様である（措法66の9の2①②、66の9の3～66の9の5、措令39の20の3、39の20の4、39の20の7、39の20の8）。

　なお、外国子会社合算税制は、株式保有割合が10％以上の株主に対して適用されるが（本章③2(1)参照）、コーポレート・インバージョン対策合算税制の適用がある場合は、株式保有割合要件が定められていないので、10％未満の株主も納税義務者となる。

　外国法人の株主等である内国法人が、外国子会社合算税制とコーポレート・インバージョン対策合算税制の双方の適用要件を充足している場合には、外国子会社合算税制が優先適用される（措法66の9の2⑧）。

　平成22年（2010年）度税制改正で外国子会社合算税制に資産性所得合算課税制度（部分課税対象金額の益金算入制度）が導入されたことに伴い（本章③6参照）、次の改正が行われた。

① 特定外国法人の判定にあたり、外国関係法人の租税負担割合の基準（トリガー税率）を20％以下に引下げ（措令39の20の2⑦二）。
② 適用除外基準を満たす特定外国法人であっても特定所得を有する場合には、特定所得の金額の合計額である部分適用対象金額のうち、特殊関係株主等である内国法人の請求権勘案保有株式等の割合に応じた金額（部分課税対象金額）を収益の額とみなして、当該内国法人の所得の金額の計算上、益金の額に算入する資産性所得合算課税制度を導入（措法66の9の2④、措令39の20の6）。少額不徴収（デミニマス）に係る適用除外基準（収入金額基準又は資産性所得割合基準）を定める（措法66の9の

---

[251] 外国子会社合算税制における保有割合の計算は「直接及び間接」に基づく掛け算方式であるが（本章③2(2)参照）、コーポレート・インバージョン対策合算税制の保有割合の計算は「直接又は間接」に基づく連鎖方式である。

2⑤)。

③　内国法人が孫会社等である特定外国子法人の合算課税の対象となった所得を原資とする剰余金の配当等を外国子会社を通じて受ける場合の二重課税の調整として、間接特定課税対象金額について益金不算入及び外国子会社配当益金不算入制度の適用対象とする（措法66の9の4⑦⑧⑨）。

　平成23年（2011年）度税制改正は、外国子会社合算税制（資産性所得合算課税制度を含む）に係る改正と同趣旨の下記の規定の整備を行った。

①　株式等の保有を主たる事業とする統括会社（事業持株会社）に係る適用除外基準の判定にあたっては統括業務による（措令39の20の5③）

②　いわゆるトリガー税率の計算における非課税国外配当は、分母に加算される非課税所得に含めない（措令39の20の2⑧）

③　本邦法令により合算対象金額を計算する場合に適格現物分配の課税の繰延べの適用はない（措令39の20の3①）

④　繰越欠損金の控除などにより外国関係会社の所得金額がない場合又は欠損となる場合のトリガー税率の計算は表面税率による（措令39の20の2⑧）

⑤　資産性所得の基因となる株式等の保有割合（10％未満）の要件の判定時期は、配当等については当該配当等の効力が生ずる日、譲渡については当該譲渡の直前（措令39の20の6②）

⑥　資産性所得合算課税制度（部分課税対象金額の益金算入制度）における特定所得の金額の計算に関する規定を整備（措令30の20の6③〜⑥、⑩⑪）

⑦　資産性所得合算課税制度（部分課税対象金額の益金算入制度）の適用除外基準（収入金額基準及び資産性所得割合基準）を明確化（措令39の20の6⑫⑬）

外国子会社合算税制の改正の経緯

昭和53年 （1978年）	居住者及び内国法人に対する制度の導入（軽課税国指定制度）
昭和54年 （1979年）	軽課税国等の追加指定（6カ国・地域）により33カ国がタックス・ヘイブンと指定される
昭和60年 （1985年）	適用対象留保金額の計算における支払配当控除の制限、みなし本店所在地基準の採用、財務諸表の添付義務（適用除外となる事業年度は除く）
昭和63年 （1988年）	財務諸表の添付義務（適用除外となる事業年度も添付） 軽課税国等の追加指定（9カ国・地域）と指定取消（1カ国）により41カ国をタックス・ヘイブンと指定
平成3年 （1991年）	みなし本店所在地基準の改正、未処分所得金額の計算に国外関連者に対する寄附金の全額損金不算入規定を定める
平成4年 （1992年）	軽課税国の指定制度を廃止し判定基準として租税負担割合25％以下を導入、合算対象となる内国法人の株式保有要件を10％から5％に引き下げ、特定外国子会社等の判定に関する無議決権株式の発行による保有割合の引下げへの対抗措置を規定し、みなし本店基準を廃止（軽課税国の指定制度の廃止に伴う整備）
平成5年 （1993年）	特定外国子会社等に該当するか否かの租税負担率25％以下の判定に関し、保険業に係る異常危険準備金に類する準備金の取扱いを規定するとともに未処分所得の金額の計算においても異常危険準備金に類する準備金の繰入れ、繰戻しの調整規定を整備
平成7年 （1995年）	特定外国子会社の適用除外基準を改正し、キャプティブ・インシュアランス（自家保険）[252]を特定外国子会社として合算課税対象に含める

平成9年 (1997年)	国連海洋法条約の締結に伴い、漁業、資源開発等の業種に係る所在地国基準の適用範囲を拡張
平成10年 (1998年)	特定外国子会社等の判定に関する請求権のない株式の発行による保有割合の引下げへの対抗措置を規定
平成12年 (2000年)	外国法人の株式等を直接及び間接に保有する特定信託及び特定信託と一定の特殊の関係のある者を、外国関係会社の判定、同族株主グループの範囲及び適用除外要件のうちの非関連者基準の関連者の範囲に含める
平成14年 (2002年)	連結納税制度の導入に伴う制度の整備
平成15年 (2003年)	非関連者基準における「関連者」の範囲に係る規定の整備
平成16年 (2004年)	営業権償却に係る現地国基準による特定外国子会社等の未処分所得金額の計算に関する国内法基準との整合性の整備
平成17年 (2005年)	①外国関係会社の判定等の見直し（内国法人の役員等の有する株式等の追加） ②特定外国子会社等が配当請求権の異なる株式を発行している場合の課税対象留保金額の計算は持株割合でなく配当請求権割合による ③課税済留保金額の損金算入期間を5年から10年に延長 ④未処分所得の金額から控除する欠損金額に係る繰越期間を5

---

252 特定外国子会社等の収入保険料が再保険に係る収入保険料である場合には、その保険の目的が、非関連者の有する資産（工場、ビル社屋等）又は非関連者の負う損害賠償責任（製造物責任等）である保険に係る保険料収入に限って、非関連者からの保険料収入（再保険に係る保険料収入）として、適用除外基準の判定を行う（措令39の17⑧五）。したがって、例えば、国内の親会社の工場を担保するための損害保険の保険料を、非関連者を通じて、実質的に海外保険子会社に支払うといった、いわゆるキャプティブ・インシュアランス（自家保険）取引は、非関連者基準の判定にあたって考慮されない。

	年から7年に延長
	⑤4つの適用除外基準のうち事業基準、実体基準及び管理支配基準は充足するが所在地国基準又は非関連者基準を充足しない場合は、合算課税の適用対象留保金額から当該特定外国子会社等の人件費の10％相当額を控除
	⑥特定外国投資信託の受益権を直接又は間接に保有する場合、その特定外国投資信託の受託者を、その特定外国投資信託の信託資産等ごとに、それぞれ別の外国法人とみなして外国子会社合算税制を適用
平成18年 (2006年)	適用対象留保金額の計算、課税対象留保金額の計算、課税済留保金額の損金算入額の計算の改正
平成19年 (2007年)	①外国関係会社及び外国子会社合算税制の適用を受ける内国法人等の判定について、議決権（剰余金の配当等に関するものに限る）の異なる株式又は請求権の異なる株式を発行している場合には、株式の数の割合、議決権の数の割合又は請求権に基づき分配される剰余金の配当等の金額の割合のいずれか多い割合で行う
	②外国子会社合算税制の適用除外を受けるために必要な書類等の保存がない限り適用除外が認められないことを明示的に規定
	③コーポレート・インバージョン対策合算税制の導入
平成20年 (2008年)	①外国子会社合算税制の適用を受ける内国法人等の判定における同族株主グループの範囲に内国法人の役員等が支配する法人を加える
	②適用除外要件のうちの非関連者の範囲に内国法人等の役員等が支配する法人を加える。コーポレート・インバージョン対策合算税制についても同様に改正

平成21年 (2009年)	外国子会社配当益金不算入制度の創設に伴い、 ①特定外国子会社等が支払う剰余金の配当等の額は適用対象金額及び課税対象金額の計算上控除しない ②特定外国子会社等の基準所得金額の計算にあたり、子会社配当等及び控除対象配当等を控除する ③内国法人が特定外国子会社等から受ける剰余金の配当等の益金不算入等 ④コーポレート・インバージョン対策合算税制における合算対象とされる金額の計算等について同趣旨の改正
平成22年 (2010年)	国外に進出する企業の事業形態の変化や諸外国における法人税等の負担水準の動向に対応する一方、租税回避行為を一層的確に防止する観点から、 ①外国子会社合算税制の適用に関するトリガー税率を20％以下に引下げ ②トリガー税率の計算における分母に加算されるべき非課税所得の範囲から除くこととされている剰余金の配当等に、本店所在地国の法令に定められた外国法人税の負担を減少させる仕組みに係るものでないことを要件として非課税とされる剰余金の配当等を追加 ③外国子会社合算税制の納税義務者判定に係る株式保有割合要件を10％以上に引上げ ④いわゆる事業持株会社及び物流統括会社を適用除外とする除外基準（事業基準・非関連者基準）の見直し ⑤適用除外基準を満たす特定外国子会社等の特定の資産性所得（一定の剰余金の配当等、債券利子、債券の償還差益、一定の株式譲渡益、債券の譲渡益、一定の使用料、船舶・航空機貸付料）を合算課税の対象とする資産性所得合算課税制度を創設

⑥内国法人が孫会社である特定外国子会社等の合算課税の対象となった所得を原資とする剰余金の配当等を、外国子会社を通じて受ける場合の二重課税の調整として、間接特定課税対象金額について益金不算入及び外国子会社配当益金不算入制度の適用対象とする制度を導入

⑦コーポレート・インバージョン対策合算税制における合算対象とされる金額の計算等について同趣旨の改正

⑧人件費10％相当額控除を廃止

平成23年 （2011年）	平成22年（2010年）度税制改正に引き続く規定の整備（明確化）が、次のとおり行われた。 ①株式等の保有を主たる事業とする統括会社（事業持株会社）に係る適用除外基準（事業基準、実体基準及び所在地国基準）の判定にあたっては統括業務によること ②いわゆるトリガー税率の計算における非課税国外配当は、分母に加算される非課税所得に含めないこと ③本邦法令により合算対象金額を計算する場合の適格現物分配の課税の繰延べの適用がないこと ④繰越欠損金の控除などにより外国関係会社の所得金額がない場合又は欠損となる場合のトリガー税率の計算は表面税率によること ⑤資産性所得の基因となる株式等に係る保有割合（10％未満）の要件の判定時期は、配当等については当該配当等の効力が生ずる日、譲渡については当該譲渡の直前であること ⑥資産性所得合算課税制度（部分課税対象金額の益金算入制度）における特定所得の金額の計算に関する規定の整備 ⑦資産性所得合算課税制度（部分課税対象金額の益金算入制度）の適用除外基準（収入金額基準及び資産性所得割合基準）の明

	確化
平成24年 (2012年)	間接配当等(外国子会社合算税制の適用を受けた外国孫会社から外国子会社を通じて受けた配当)の額の計算にあたり、直近配当基準日の当該外国子会社株式の持株割合によることとされた。
平成25年 (2013年)	特定外国子会社等の外国税額控除の計算にあたり、本店所在地が無税国であっても、当該特定外国子会社等の課税対象金額等の計算の基礎となる所得に対して課される外国法人税の額があるときは、合算課税の対象とされる益金算入額の全額を国外所得として外国税額控除限度額を計算するとし、実質的に控除限度額が設定された。

第6章

移転価格税制

<第6章 Key Word>

独立企業間価格（Arm's Length Price）、国際二重課税、租税条約、国内救済手続、相互協議の申立て、OECD移転価格ガイドライン、特殊関連企業、国外関連者、国外関連取引、独立企業原則、第三者介在取引、特殊関係、実質支配関係、独立価格比準法、再販売価格基準法、原価基準法、基本三法、基本三法に準ずる方法、利益分割法（PSM）、比較利益分割法、寄与度利益分割法、残余利益分割法、取引単位営業利益法（TNMM）、取引単位営業利益法に準ずる方法、利益分割法に準ずる方法、ベリー比（Berry Ratio）、取引単位、比較対象取引、シークレット・コンパラブル、差異調整、独立企業間価格幅（レンジ）、第二次調整、みなし配当、国外所得移転金額の返還に関する届出書、寄附金課税、グループ内役務提供取引（IGS）、グループ内金融取引、グローバル・トレーディング、無形資産、株主活動、費用分担契約、予測便益割合、バイイン、バイアウト、移転価格調査に係る同業他社に対する質問検査権、推定課税、移転価格文書、納税の猶予、両国の権限のある当局、相互協議、仲裁、対応的調整、更正の請求、職権による減額更正、事前確認（APA）、BAPA（二国間事前確認）、遡及適用（ロールバック）、独立企業間価格の算定方法等の確認に関する申出書、事前相談、APA年次報告書、補償調整

1 移転価格税制の意義

1．国際グループ企業の移転価格と独立企業原則

　移転価格税制は、法人（内国法人又は外国法人の日本支店）が海外にある親会社又は子会社等の関係会社（国外関連者）と取引を行うにあたって、独立の第三者との間で成立したであろう取引価格（独立企業間価格：Arm's Length Price）と異なる価格を用いたことにより所得が減少している場合、その取引価格を独立企業間価格に引き直して日本における課税所得を再計算する制度である（措法66の4）[253]。諸外国にも同様の制度があり、日本は昭和61年（1986年）度税制改正において導入した。移転価格税制に基づく調査に関する更正・決定及び更正の請求の期間制限は、通常の5年から6年に延長されている（措法66の4⑯⑰、通法70①～④）。

(注)　移転価格税制の納税義務者は法人である。内国法人及び外国法人の日本支店（措法66の4①）のほか、法人課税信託の受託法人（措法2の2）、連結法人（措法68の88）についても適用され、その基本的な仕組みは同じである。個人（居住者、非居住者）について移転価格税制の適用はない。本章では、特に断りのない限り、内国法人に係る移転価格税制について検討する。

　★　帰属主義への見直しを行った平成26年（2014年）度税制改正において、外国法人の本店等と日本の恒久的施設との内部取引の対価とした額が独立企業間価格と異なる場合、移転価格税制と同様の考え方に基づき、恒久的施設帰属所得が過少となっている場合についてのみ取引価格を独立企業間価格に引き直して恒久的施設帰属所得を増額調整することとされ、更正期限を延長する特例や同業者に対する質問検査権及び推定課税についても、移転価格税制と同様としている（改正措法66の4の3）。また、外国法人の本店等と日本の恒久的施設との内部取引につ

253　日本の移転価格税制の意義及び発展並びに今日的課題について、金子宏「序説－意義と内容」金子・中里・増井・谷口・太田＝北村・占部・赤松『移転価格税制の研究』（日税研論集64巻、2013年）3頁。

き外国法人の本店等の所在地国において、その恒久的施設帰属所得に係る所得につき課税が行われた場合に、移転価格税制と同様、租税条約に定める相互協議の合意に基づく対応的調整により恒久的施設帰属所得の減額が行われる（改正実特法7①）。なお、現行の取扱いでは、内部取引の独立企業間価格の算定に関する事前確認の対象となる取引は限定されている（本章[7]4参照）。したがって、恒久的施設帰属所得の算定の前提となる内部取引の認識や性質といった事項も事前確認の対象とするように移転価格指針を改正することになろう[254]。非居住者の場合も、外国法人に対する所得計算と同じく、その内部取引は独立企業間価格による（改正措法40の3の3）。

　内国法人と国外事業所等との間の内部取引の対価とした額が独立企業間価格と異なることにより、外国税額控除における国外所得金額が過大となるときは、国外所得金額の計算上（第4章[2]1-1参照）、その内部取引は独立企業間価格による（改正措法67の18①②）。内国法人と国外事業所等との内部取引につき国外事業所等の所在地国において国外事業所等帰属所得に係る所得につき追徴課税が行われた場合に、移転価格税制と同様に、租税条約に定める相互協議の合意に基づく対応的調整を定める（改正実特法7②）。国外所得金額が増加し外国税額控除限度額が増加すると控除されるべき外国税額について更正の請求をすることができることになる。居住者の外国税額控除の国外所得金額の計算にあたっても、同様に、独立企業間価格による（改正措法41の19の5）。

　改正法は、平成28年（2016年）4月1日以後に開始する事業年度の法人税（所得税は平成29年（2017年）分以後）について適用される（以下、本章において、帰属主義への見直しに係る移転価格税制に関連する改正の適用年度の記載は省略する）。

　例えば、日本の会社が外国の関係会社に対して独立企業間価格と比べて低い価格で製品を輸出している場合は、その分だけ日本の会社の所得が低く、外国の関係会社の所得が増大する。日本の会社が外国の関係会社から製品を独立企業間価格と比べて高い価格で輸入する場合は、その分だけ日本の会社の所得が低く、外国の関係会社の所得が増大する。このような関係会社間との取引価格に基づき過少申告となっている日本の会社に対して、独立企業間価格に基づいて所得を再計算し増額更正するというのが移

254　財務省主税局参事官「国際課税原則の総合主義（全所得主義）から帰属主義への見直し」（2013年10月）11頁。

転価格税制である。

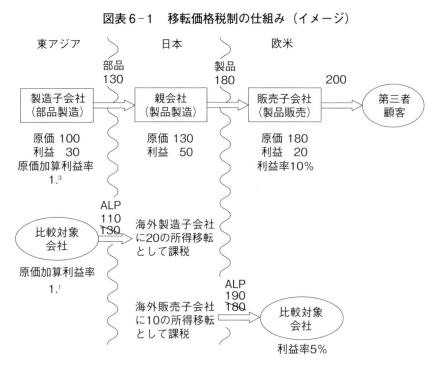

図表6−1　移転価格税制の仕組み（イメージ）

(注)　日本の税務当局の移転価格課税により所得移転金額とされた金額は、既に海外の製造子会社又は海外の販売子会社の所得を構成しているから国際二重課税が生ずることになる。その救済方法として、当該移転価格課税処分に対する国内法による救済手段（不服申立前置による訴訟）とは別に、租税条約に基づく相互協議がある（海外の製造子会社又は海外の販売子会社の所在地国が日本と租税条約を締結している場合に限る）。

　平成23年（2011年）度税制改正において、OECD 移転価格ガイドラインの改訂（パラ2.1、2.2、2.6、3.36、4.16など）に伴い移転価格税制について次の改正が行われた。
(1)　独立企業間価格の算定方法の適用順位の見直し（平成23年10月1日以

後に開始する事業年度について適用）

　現行の独立企業間価格の算定方法の適用優先順位を廃止し、独立企業間価格を算定するために「最も適切な方法」を事案に応じて選択する仕組みに改正する（措法66の4②）。改正に伴い、その円滑な施行に資するよう運用の明確化を図る（措通66の4(2)-1（最も適切な算定方法の選定に当たって留意すべき事項）、措通66の4(3)-3（比較対象取引の選定に当たって検討すべき諸要素等）、移転価格指針3-1（最も適切な方法の選定に関する検討）など）とともに、独立企業間価格の算定方法の一覧性を確保する観点から、現行の利益分割法の下位分類として同ガイドラインにおいて認められている算定方法（比較利益分割法、寄与度利益分割法及び残余利益分割法）を明確にする（措令39の12⑧一イ～ロ）。

(2)　独立企業間価格幅（レンジ）の取扱いの明確化

　運用において、国外関連取引の価格等がレンジの中にある場合には移転価格課税を行わないこと（措通66の4(3)-4（比較対象取引が複数ある場合の取扱い））、また、レンジの外にある場合には比較対象取引の平均値に加え、その分布状況等に応じた合理的な値を用いた独立企業間価格の算定もできることを明確にする（移転価格指針3-5）。

(3)　シークレット・コンパラブル（類似の取引を行う第三者から質問検査等により入手した比較対象取引についての情報）の運用の明確化

　運用において、納税者の予見可能性を確保する観点から、シークレット・コンパラブルが適用される場合の具体例を運用において一層明確にするとともに、シークレット・コンパラブルを用いる際は、守秘義務の範囲内でその内容を説明することを徹底する（移転価格指針2-5）。

(4)　上記(1)から(3)のほか、同ガイドラインの改訂を踏まえた運用上の必要な見直しを行うとともに、租税条約において仲裁制度が導入されることを踏まえ、仲裁の申立手続等に関する規定を整備（相互協議指針36～44）。

　国税庁は移転価格税制の解釈通達（租税特別措置法（法人税関係）基本通

達66条の4関係）を定めるとともに、執行に関するガイドラインを次のとおり定めている（国税庁ホームページ http://www.nta.go.jp から入手可能）。

① 平成25年6月28日付け一部改正の平成13年6月1日査調7-1ほか3課共同「移転価格事務運営要領の制定について（事務運営指針）」（移転価格指針）は、調査の方針、独立企業間価格の算定等における留意点、国外所得移転金額等の取扱い、事前確認（APA）手続などを定める。別冊として「移転価格税制の適用に当たっての参考事例集」（移転価格指針別冊「事例集」）が添付されている（移転価格指針1-3）。連結法人については平成25年6月28日付け一部改正の平成17年4月28日査調7-4ほか3課共同「連結法人に係る移転価格事務運営要領（事務運営指針）」が定められている。

② 平成23年8月29日付け一部改正の平成13年6月25日官協1-39ほか7課共同「相互協議の手続について（事務運営指針）」（相互協議指針）は移転価格課税を含む相互協議手続を定める。

2．移転価格と国際二重課税問題

上記図表6-1の場合、外国子会社は関係会社間の取引価格に基づいて既にその所在地国の外国税務当局に対して所得を申告し納税しているのであるから、日本の親会社の所得を増額する日本の税務当局による課税処分がなされた段階で、一の取引に関して国際二重課税の状態が生ずる。当該取引に係る外国子会社の所在地国と日本との間に租税条約が締結されている場合には、国内救済手続（不服申立前置主義に基づく行政事件訴訟法に定める取消訴訟）とは別に、租税条約の相互協議条項に定める相互協議の申立てを期間制限内にすることができる（第3章④25参照）。

OECD移転価格ガイドラインの意義

　独立企業間価格の算定方法については、OECDが、1995年に各国の課税権を適切に配分し、二重課税を回避することを目的としてOECDモデル租税条約9条（特殊関連企業）に係るOECD移転価格ガイドラインを作成していたが、2010年7月22日にOECD理事会により改訂が承認されている（日本語訳として、「OECD移転価格ガイドライン『多国籍企業と税務当局のための移転価格算定方法に関する指針』2010年版」日本租税研究協会、2011年）。

（参考）　OECD移転価格ガイドライン（2010年版）序文16.

　　OECD加盟国は、国内での移転価格税制の執行においてこのガイドラインに準拠することを奨励しており、かつ、納税者は、その移転価格の算定が独立企業原則に従ったものであるかを税務上評価する際に、このガイドラインに準拠することを奨励している。税務当局は、税務調査において独立企業原則の適用に関して納税者の商業上の判断を考慮し、その見方から移転価格算定の分析を行うことを奨励している。

　日米租税条約議定書5は独立企業間価格の算定にあたって比較法によることを確認し、日米租税条約交換公文3は、同ガイドラインの遵守を明示的に規定している。日本がOECDモデル租税条約9条に関するコメンタリーに留保を付していないこと、及び、移転価格指針1－2（基本方針）に示される国税庁の執行方針に鑑みるならば、日米租税条約に固有の定めではなく、租税条約に定める独立企業原則の具体的な運用に関する一般的な確認規定と解される。

　本章が明らかにする日本の移転価格税制に関する近年の改正の顕著な特性は、OECD移転価格ガイドラインの国内法への受容にある。すなわち、OECD移転価格ガイドライン2010年版におけるパラ2.1、2.2、2.6、3.36、

4.16などの改訂を受けて、平成23年（2011年）度税制改正は、独立企業間価格の算定方法の適用順位の見直し及び利益分割法の法令による明確化（措法66の4②、措令39の12⑧一イ～ハ、措通66の4(2)-1、措通66の4(3)-3、移転価格指針3-1など）、独立企業間価格幅（レンジ）の取扱いの明確化（措通66の4(3)-4、移転価格指針3-5）、いわゆるシークレット・コンパラブルの運用の明確化（移転価格指針2-5）をした。これらの一連の改正は、移転価格指針1-2（基本方針）(3)が「移転価格税制に基づく課税により生じた国際的な二重課税の解決には、移転価格に関する各国税務当局による共通の認識が重要であることから、調査又は事前確認の審査に当たっては、必要に応じOECD移転価格ガイドラインを参考にし、適切な執行に努める」と規定しているにもかかわらず、執行実務が国際租税原則から大きく逸脱する結果（執行実務における論点は本書第3版7章の各トピックスを参照）に対する解決を果たしたものと評価される。今後の執行実務の適正化（執行の国際標準化により二重課税の解決の途）が期待される。

　OECD移転価格ガイドライン（2010年版）は9章「事業再編に係る移転価格の問題」を新設しているが国内法への受容には至っていない。「OECD／G20　BEPSプロジェクト」による「BEPS行動計画」の「8.無形資産に係る移転価格ルールの策定」に関しては、2015年9月に最終報告書の提出が予定されているが、2014年（9月16日）の第一弾報告書において（案）が公開されている（序章4図表序-2参照）。税制調査会は、既に平成26年（2014年）4月24日に国内法の改正にあたっての論点整理をしており、事業再編を通じた無形資産の移転への対応を含め、今後の議論の展開が注目される（序章4参照、トピックス「移転価格税制における無形資産に関する議論の動向」も参照）。

2 移転価格税制の基本的な仕組み

1．納税義務者

　法人税の納税義務を有する法人が納税義務者であり、内国法人に限らず、国内に恒久的施設を有する外国法人も含まれる（措法66の4①）。

　国内に恒久的施設を有する外国法人が、日本に恒久的施設を有する他の外国法人の課税対象所得（国内源泉所得）を構成する取引を行っている場合には、日本国内における取引であり、いずれの外国法人に対しても日本の課税権が確保されているから移転価格税制の対象外とされている（措令39の12⑤）。

- ★　平成26年（2014年）度税制改正において、恒久的施設を有する外国法人については二つの課税標準（恒久的施設帰属所得とそれ以外の国内源泉所得）を有することとされたことに伴い（第1章3 1 - 1 参照）、移転価格税制の対象とされる国外関連取引から、国外関連者が恒久的施設（改正法法2十二の十八）を有する外国法人である場合の当該国外関連者の恒久的施設帰属所得（改正法法141条一イ）に係る取引を除くとされている（改正措法66の4①、改正措令39の12⑤）。

2．国外関連取引

　移転価格税制は、法人と国外関連者（次の3参照）との間の取引をいう「国外関連取引」が、独立企業間価格に比して低価又は高価で行われたことにより、その法人の所得が減少している場合は、その取引が独立企業間価格で行われたものとみなして法人税の課税所得を計算するという（措法66の4①）、いわゆる独立企業原則の適用を定めているのであるが、日本の課税所得を増額する必要がある場合に限り適用があるとしているところに特徴がある。

なお、法人が国外関連者との取引を、非関連者を通じて行った場合であっても、取引の内容及び対価の額が法人と国外関連者との間で実質的に決定されていると認められる場合（第三者介在取引）には、法人と非関連者との取引は国外関連者と行った取引とみなされる（措法66の4⑤）。従前の規定では対象となる取引が資産の移転等に限られていたため、平成26年（2014年）度税制改正において、金銭の貸付け、保険、信用の保証等の役務提供（サービス）取引も対象取引としている（措令39の12⑨）。

3．国外関連者

国外関連者とは、外国法人で、法人との間に、次のいずれかの関係（特殊関係）があるものいう（措法66の4①、措令39の12①）。
① 株式保有関係：直接又は間接に50％以上の発行済株式等を保有することによる支配従属関係
② 実質支配関係：役員の派遣・取引依存関係・資金依存関係等による実質的な支配従属関係
③ 連鎖関係：株式保有関係及び実質支配関係が連鎖することによる支配従属関係

一般に、50％の対等出資の場合は、両株主が利害相反関係にあることから、JV（ジョイント・ベンチャー）と一方の株主の取引は独立企業原則に基づいて両株主が交渉して成立する。したがって、実質支配関係が適用される状況にない限り、50％の対等出資の場合は移転価格課税の対象とならないというべきである[255]。すなわち「移転価格税制における国外関連者の

---

[255] 国外関連者の判定にあたり、50％以上の株式保有関係という基準を形式的に適用したことによる紛争が生じた事例として、2006年6月の武田薬品工業に対する移転価格課税とその顛末（相互協議不成立、異議申立て及び審査請求を経て全部取消）が知られている（同社の2013年3月25日ニュースリリース「移転価格課税に関する国税不服審判所長の裁決書受領について」、2012年4月6日及び2013年3月25日付け日本経済新聞などを参照）。

要件が50％超ではなく、50％以上としているのは、株式の50％保有により支配関係が成立するという考え方と思われるが、……50％ずつ株式の保有をしている場合には、国外関連者との取引は、必ずしも独立企業間価格ではないとはいえなくなる。他の企業も50％の株式を保有している限り、ジョイント・ベンチャーとの取引は独立した企業間価格となりうるからである」[256]。この点に関し、平成22年6月22日付けの一部改正の移転価格指針は、次のとおり定める。

> 2-2（調査に当たり配意する事項）
> （省略）
> (3) 国外関連取引に係る対価の額が当該国外関連取引に係る取引条件等の交渉において決定された過程等について、次の点も考慮の上、十分検討する。
> イ　法人及びその国外関連者が国外関連取引に係るそれぞれの事業の業績を適切に評価するために、独立企業原則を考慮して当該国外関連取引に係る対価の額を決定する場合があること。
> ロ　法人又は国外関連者が複数の者の共同出資により設立されたものである場合には、その出資者など国外関連取引の当事者以外の者が当該国外関連取引に係る取引条件等の交渉の当事者となる場合があること。また、当該交渉において独立企業原則を考慮した交渉が行われる場合があること。
> 　（注）　国外関連取引に係る対価の額が厳しい価格交渉によって決定されたという事実、国外関連取引の当事者以外の者が当該国外関連取引に係る取引条件等の交渉の当事者となっている事実又は国外関連取引に係る契約の当事者に法人及び国外関連者以外の者が含まれているという事実のみでは、当該国外関連取引が非関連者間取引と同様の条件で行われた根拠とはならないことに留意する。

256　水野忠恒『租税法』（有斐閣、5版、2011年）610頁脚注267。

(注) 移転価格税制の株式保有関係の判定は「直接又は間接」と規定されているから、いわゆる掛け算方式によるのでなく50％以上の保有関係を起点とする連鎖方式により判定する。例えば、親会社が持株割合90％の子会社を通じて孫会社の株式を60％保有しているときの、当該親会社の当該孫会社の株式保有割合は60％である。これに対して外国子会社合算税制の株式保有関係の判定は「直接及び間接」と規定されているから、いわゆる掛け算方式（90％×60％＝54％）による。

外国子会社配当益金不算入制度の導入と移転価格税制

　日本経済の空洞化が言われて久しいなか、平成21年（2009年）度税制改正で外国子会社配当益金不算入制度が導入された（法法23の2）。国外関連者との取引を通じて親会社に帰属すべき事業から生ずる所得や受取ロイヤリティーを、外国子会社からの配当所得に性質を変換することで、グループ全体の租税負担の極小化が達成できる。

　したがって、移転価格課税における日本の税務当局の移転価格算定方法は、配当可能利益に直接関係する営業利益に着目した取引単位営業利益法（TNMM）又は利益分割法の積極適用となろう。これらの方法は基本三法の適用に劣後するその他の方法であったが、平成23年（2011年）度税制改正により独立企業間価格の算定方法は「最も適切な方法」に改正されたことから、日本の親会社から供与を受けた無形資産によりその外国子会社に超過利益が生じている場合には、当該無形資産の供与を理由として営業利益に着目した利益分割法（比較利益分割法、寄与度利益分割法、残余利益分割法）又は取引単位営業利益法のうちのいずれかの方法が「最も適切な方法」であると課税庁が主張・立証することはより容易になったといえよう。

　また、移転価格調査の実務においては、株式保有関係が25％超かつ50％未満の外国子会社は、外国子会社配当益金不算入制度を享受しつつ、移転

価格税制（50％以上）の適用を形式的に免れることになるので、実質支配関係（役員の派遣・取引依存関係・資金依存関係等による実質的な支配従属関係）の認定による移転価格税制の適用も重要な課題となるであろう。

米国の移転価格税制における実質支配の意義は、共通利益（common interest）による所得の移転の有無をメルクマールとしているのであるが[257]、かかる観点からすれば、外国子会社配当益金不算入制度は、日本から海外のJVに所得を移転することについて海外のパートナーとの間に共通利益をもたらすという構造上の問題を内在する。

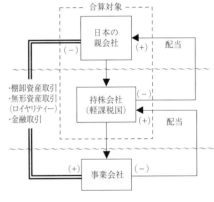

---

[257] 米国の移転価格税制における実質支配の意義を、米国租税判例を中心に検討したものとして、赤松晃「我が国の移転価格税制における『支配』の意義について(上)(下)―Arm's Length Transactionの法理による再検討」ジュリスト1137号（1998年）133頁以下、1139号（1998年）194頁以下参照。

4．独立企業間価格の意義

独立企業間価格（Arm's Length Price）とは、当該国外関連取引の内容及び当該国外関連取引の当事者が果たす機能その他の事情を勘案して、当該国外関連取引が独立の事業者の間で通常の取引の条件に従って行われるとした場合に当該国外関連取引につき支払われるべき対価の額を算定するための最も適切な方法により算定した金額をいう（措法66の4②）。

棚卸資産の売買取引に係る独立企業間価格は、次の4つの方法のうちから「最も適切な方法」を用いて算出される。

① 独立価格比準法
② 再販売価格基準法
③ 原価基準法
④ その他の方法（上記①～③のいわゆる基本三法に「準ずる方法」、利益分割法又は取引単位営業利益法）

独立価格比準法、再販売価格基準法、原価基準法又は取引単位営業利益法（準ずる方法を含む）という比較法を適用する場合に、比較対象取引の選定が必要となる（各々の算定方法の詳細は本章③、④参照）。

平成23年（2011年）度税制改正は、OECD移転価格ガイドラインの改訂を受けて、従前の独立企業間価格の算定方法の適用優先順位を廃止し、「最も適切な方法」を事案に応じて選択する仕組みに移転価格税制を改正するとともに、独立企業間価格の算定方法の一覧性を確保する観点から、比較利益分割法、寄与度利益分割法及び残余利益分割法を政令において明示的に定めている（措法66の4②一ニ、措令39の12⑧一イ～ハ）。

措置法通達は、「最も適切な方法」の選定にあたって留意すべき事項として、比較対象取引の選定にあたって検討すべき諸要素等（措通66の4(3)－3）とともに、①独立企業間価格の算定方法の長所及び短所、②独立企業間価格の算定方法の適合性、③必要な情報の入手可能性、④必要な差異

調整の信頼性の 4 つを定める（措通66の 4(2)-1）。

　移転価格指針は、上記の 4 事項に基づく「最も適切な方法」の選定方法を下記［図 1：独立企業間価格の算定方法の選定の流れ（比較可能分析の例）］として、図示する（OECD 移転価格ガイドライン第 3 章　比較可能性分析のうち、特にパラ3.4～3.54参照）。

　なお、OECD 移転価格ガイドラインパラ2.8は「個々の事案において、最も適切な方法の選択に辿り着くのに、全ての移転価格算定方法の詳細な分析又は検証を行うべきであるということを意味するものではない」とする。

　国内法の解釈・適用においても、「最も適切な方法」を選択するにあたり複数の方法を用いて分析することは納税者、税務当局いずれに対しても求められていないと解されている[258]。

　移転価格指針は「最も適切な方法」を選定する際には、国外関連取引の内容や国外関連取引の当事者が果たす機能等に照らし、これらに適合する算定方法を選定する必要があるとした上で、次を留意点として定める（移転価格指針別冊「事例集（事例 1 ）」解説 3 （参考 2 ）(2)）。

イ　独立価格比準法においては、国外関連取引に係る資産又は役務と同種の非関連者間取引に係る資産又は役務を見いだす必要がある。

ロ　再販売価格基準法、原価基準法又は取引単位営業利益法を適用するための比較対象取引の選定においては、資産や役務の類似性よりも、国外関連取引の当事者が果たす機能の類似性が重要となる。これら 3 つの方法について検討する際には、法人及びその国外関連者のうち、どちらを検証対象の当事者とするかを決定する必要があるが、比較可能性が十分な非関連者間取引を見いだす観点からは、機能分析に基づき、より単純な機能を果たすと認められる方を検証対象の当事者とすることが望まし

---

[258]　国税庁調査査察部調査課長山川博樹「大規模法人の税務の課題―国際課税を中心に―」租税研究766号（2013年 8 月号）290頁。

い。取引単位営業利益法の適用に係る利益水準指標としては売上高営業利益率及び総費用営業利益率の2つがあり、さらに、平成25年（2013年）度税制改正において、いわゆる「ベリー比（Berry Ratio）」（営業費用に対する売上総利益の比率）が利益水準指標に追加された（独立企業間価格の算定方法の詳細は本章③参照）。

ハ　利益分割法については、法人及びその国外関連者が、例えば、無形資産を有していることにより、国外関連取引において、基本的な活動のみを行う法人よりも高い利益を獲得している場合には、無形資産の個別性や独自性により比較対象取引が得られず、こうした高い利益を当該無形資産による寄与の程度に応じて当該法人及びその国外関連者に配分することが適切となる場合がある（移転価格指針別冊「事例集（事例8）」）。なお、取引が連鎖することにより国外関連取引に関わる関連者が複数ある場合に利益分割法を適用する際は、分割対象利益等の配分の対象とする当事者の範囲を適切に定める必要がある（移転価格指針別冊「事例集（事例16）」）。

なお、国外関連取引について、複数の取引を一の取引として独立企業間価格を算定することが合理的と認められる場合には、合理的な取引単位に照らして算定方法の検討を行うことに留意する（措通66の4(4)-1）。

独立企業間価格の算定に係る最も適切な方法の選択

1．OECD移転価格ガイドラインに定める「最も適切な方法」

　OECD移転価格ガイドライン（2010年版）は、独立企業間価格の算定方法には「伝統的取引基準法（独立価格基準法、再販売価格基準法及び原価基準法」と「取引単位利益法（取引単位営業利益法及び取引単位利益分割法）」とがあると整理した上で（パラ2.1）、「移転価格算定方法の選択は、特定の事案において最も適切な方法を見いだすことを常に目指し、選択プロセスにお

いては、OECD が認めた各方法の長所と短所、特に機能分析によって判断される関連者間取引の性質に照らした方法の妥当性、選択された方法又はその他の方法を適用するのに必要な（特に、非関連の比較対象に関する）信頼できる情報の利用可能性、そして、関連者間取引と非関連者間取引との比較可能性の程度（両者の重要な差異を除去するために必要となる比較可能性の調整の信頼性を含む。）を考慮に入れるべきである。全ての起こりうる状況に適用できるような方法は1つも存在せず、特定の方法が状況に適さないということを証明する必要もない」（パラ2.2）とする。そして「利益に基づく方法は、特に比較可能性の点において、OECD モデル租税条約第9条に適合している場合にのみ受け入れられ得る。これは、独立企業間の価格算定に近似するようにこの方法を適用することで達成される。独立企業原則の適用は、一般に、特定の関連者間取引の価格、利幅又は利益と、独立企業間の比較可能な取引における価格、利幅又は利益との比較を基礎としている」（パラ2.6）とする。

　なお、日米租税条約は議定書5において独立企業間価格の算定にあたって比較法によることを確認し、その交換公文3は、OECD 移転価格ガイドラインの遵守を明示的に規定し、国内法を根拠とする利益分割法の適用を制限している（本章5 2参照）。

[図1：独立企業間価格の算定方法の選定の流れ（比較可能性分析の例）]

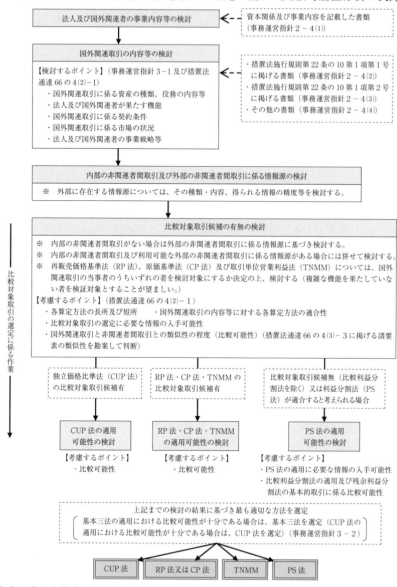

出典：移転価格指針3−1、移転価格指針別冊「事例集（事例1）」解説2［図1］

5．取引単位の決定

　独立企業間価格の算定は、国外関連取引に対して比較対象取引を選定し、それとの差異調整を行う必要がある。したがって、(1)第一に国外関連取引の取引単位を決定し、(2)次に当該取引単位から構成される国外関連取引に係る比較対象取引を選定し、(3)最後に当該国外関連取引と比較対象取引との差異についての調整を実施することになる。

　独立企業間価格の算定は、原則として、個別の取引ごとに行うのであるが、例えば、次に掲げる場合には、これらの取引を一の取引として独立企業間価格を算定することができるとする、取引単位の定めがある（措通66の4(4)-1）。

① 　国外関連取引について、同一の製品グループに属する取引、同一の事業セグメントに属する取引等を考慮して価格設定が行われており、独立企業間価格についてもこれらの単位で算定することが合理的であると認められる場合

② 　国外関連取引について、生産用部品の販売取引と当該生産用部品に係る製造ノウハウの使用許諾取引等が一体として行われており、独立企業間価格についても一体として算定することが合理的であると認められる場合

　なお、国外関連取引について、複数の取引を一の取引として独立企業間価格を算定することが合理的と認められる場合には、合理的な取引単位に照らして算定方法の検討を行うことに留意を要する（措通66の4(4)-1）。特に、取引単位営業利益法の適用においては、企業単位の事業において非関連者が果たす機能と国外関連取引の当事者が果たす機能との類似性が高く、営業利益指標の算定に影響を及ぼすことが客観的に明らかな機能の差異が認められない場合に、当該事業を当該国外関連取引に対応する一の取引とみなして比較対象取引の選定を行える場合がある（移転価格指針別冊

「事例集」(事例1)」解説3 (参考2) (1)ハ)。

取引単位と比較対象取引

1．移転価格調査における取引単位の意義

　移転価格調査は、取引単位の決定に始まる。取引単位の決定は調査対象取引の決定を意味し、当該取引単位の利益水準（売上総利益率、原価加算利益率、営業利益率、ベリー比など）を比較対象取引のそれと比較することにより、所得移転の蓋然性が検討されるからである（移転価格指針2-1）。したがって、取引単位の決定が不合理であれば、選定された比較対象取引は選定の前提を欠き、独立企業間価格の算定に誤りが生ずることになる。

(注)　ベリー比（Berry Ratio）は売上総利益を営業費用で除して算出される。営業費用を1単位投入したときに得られる利益が算定されるから、販売活動やサービス活動に対する利益水準を測定するときに有効であるとされる（パラ2.101）。

2．調査官の裁量による取引単位と「切り出し損益」の問題

　納税者は、自らの事業運営に照らして最も合理的な移転価格算定のための取引単位を、同一の製品グループに属する取引、同一の事業セグメントに属する取引、あるいは会社全体のうちから決定する。それにもかかわらず、調査官が、その裁量により、納税者が実際の事業運営において採用していない取引単位を創成し、これによる移転価格分析を行うという問題がある。こうした調査官のアプローチは、①合法的な商業上の取引を再構築すること（パラ1.64）、及び、②納税者に2以上の方法の適用を要求すること（パラ2.11）からOECD移転価格ガイドラインに明白に抵触する。

　取引単位の利益水準の分析を行う前提として、当該取引単位の「切り出し損益」の計算が必要となる。共通費用の配賦計算の方法の仕方により、取引単位の営業利益は相当に変動するため、その計算の合理性は移転価格

課税処分金額に直接影響する。

3．企業情報データベースによる比較対象会社の選定と取引単位

法人は、自らの事業運営に照らして最も合理的な移転価格算定のための取引単位を決定し、入手可能な企業情報データベースに基づき移転価格算定方法を決定する。

例えば、多様な製品群をポートフォリオとして輸入販売している場合、独立企業間価格の算定にあたっては、最も適切な方法を事案に応じて選定する必要があることから、措置法通達66の4(2)-1（最も適切な算定方法の選定に当たって留意すべき事項）、66の4(3)-1（比較対象取引の意義）、66の4(3)-3（比較対象取引の選定に当たって検討すべき諸要素等）、移転価格指針3-1（最も適切な方法の選定に関する検討）などに基づく検討を行い、再販売会社としての機能・リスクに照らして独立企業原則に従った利益水準が会社全体として得られるように、公開されている比較対象会社の損益情報（企業情報データベース）に基づきターゲットとなる利益水準が設定される。このように公開情報に基づき独立企業間価格を算定する場合、ポートフォリオを構成する個別の製品の利益水準のバラツキ、あるいは、複数の国に所在する国外関連者ごとの利益水準のバラツキは問題ではない。移転価格税制は日本から海外への所得移転の防止を目的としており、会社全体の利益水準が独立企業原則に従った利益水準であれば日本から海外に所得は移転しておらず、移転価格税制上の問題はないといえるからである。

今日の移転価格課税実務では、非関連者間取引に係る情報について、一般的に、企業情報データベースを用いることで客観的かつ検証可能性を担保して比較対象候補を選定し、個々の事案の状況に応じて定める定量的基準や定性的基準による比較対象候補のスクリーニングを経て（一定の基準に満たないものは比較可能性が不十分として比較対象取引候補から除外していく）、比較対象取引が選定される。移転価格指針は、企業情報データベースを用いた比較対象候補のスクリーニング例を、［図3：比較対象取引候補

のスクリーニング例］として示す（OECD移転価格ガイドライン3章パラ3.30～3.34参照）。

[図3：比較対象取引候補のスクリーニング例]

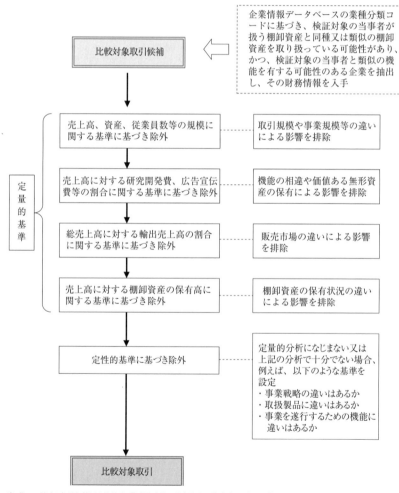

出典：移転価格指針別冊「事例集（事例1）」解説4［図3］

6．比較対象取引の選定

　国外関連取引に係る比較対象取引の選定に関し、法人、国外関連者及び非関連者の事業の内容等、並びに、(1)棚卸資産の種類、役務の内容等、(2)売手又は買手の果たす機能、(3)契約条件、(4)市場の状況及び(5)売手又は買手の事業戦略が、比較対象取引の選定にあたって検討すべき諸要素として定められている（措通66の4(3)-3）。平成23年（2011年）度税制改正において、比較対象性のテストが従前の12から5に緩和されたのは、OECD移転価格ガイドラインパラ1.36との整合性によると認められるが、その実質的意義は取引単位利益法の適用における比較対象性の水準が基本三法で要求される比較対象性の水準より緩和（移転価格指針3-8）されることにあると解される（パラ2.62、2.74）。なお、独立価格比準法、再販売価格基準法、原価基準法、取引単位営業利益法、比較利益分割法及び残余利益分割法（準ずる方法を含む）の適用上、そもそも差異調整ができない取引は比較対象取引に該当しない（措通66の4(3)-1）[259]。ただし、差異が利益水準の算定に影響を与えないと認められるときは比較対象とすることができる（措通66の4(3)-2）。

〈取引に関する検討事項〉
- ①　棚卸資産の種類、役務の内容等
- ❷　取引段階（小売り又は卸売り、一次問屋又は二次問屋等の別をいう）
- ❸　取引数量
- ④　契約条件
- ❺　取引時期

---

[259] アドビ・システムズ事件に係る東京高裁平成20年10月30日判決（平成20年（行コ）第20号）は、役務提供取引と再販売取引（販売促進のための顧客サポート等を含む）とは機能において見過し難い差異があるとして、比較対象性を否定した。

〈取引主体に関する検討事項〉
　⑥　売手又は買手の果たす機能
　❼　売手又は買手の負担するリスク
　❽　売手又は買手の使用する無形資産（著作権、法人税基本通達20－1－21に定める工業所有権等のほか、顧客リスト、販売網等の重要な価値のあるものをいう）
　❾　売手又は買手の事業戦略

〈市場に関する検討事項〉
　⑩　売手又は買手の市場参入時期
　⓫　政府の政策（法令、行政処分、行政指導その他の行政上の行為による価格に対する規制、金利に対する規制、使用料等の支払に対する規制、補助金の交付、ダンピングを防止するための課税、外国為替の管理等の政策をいう）の影響
　⑫　市場の状況

(注)　上記❷、❸、❺、❼、❽、❾及び⓫は、平成23年（2011年）度税制改正において比較対象性のテスト項目（比較対象取引の選定にあたって検討すべき諸要素）から考慮要素へと修正されている。

　移転価格指針は、上記の検討事項に基づく比較対象取引の選定の考慮事項を、［図2：比較対象取引の選定に係る作業において考慮する点（例）］として示している。

② 移転価格税制の基本的な仕組み　437

[図2：比較対象取引の選定に係る作業において考慮する点（例）]

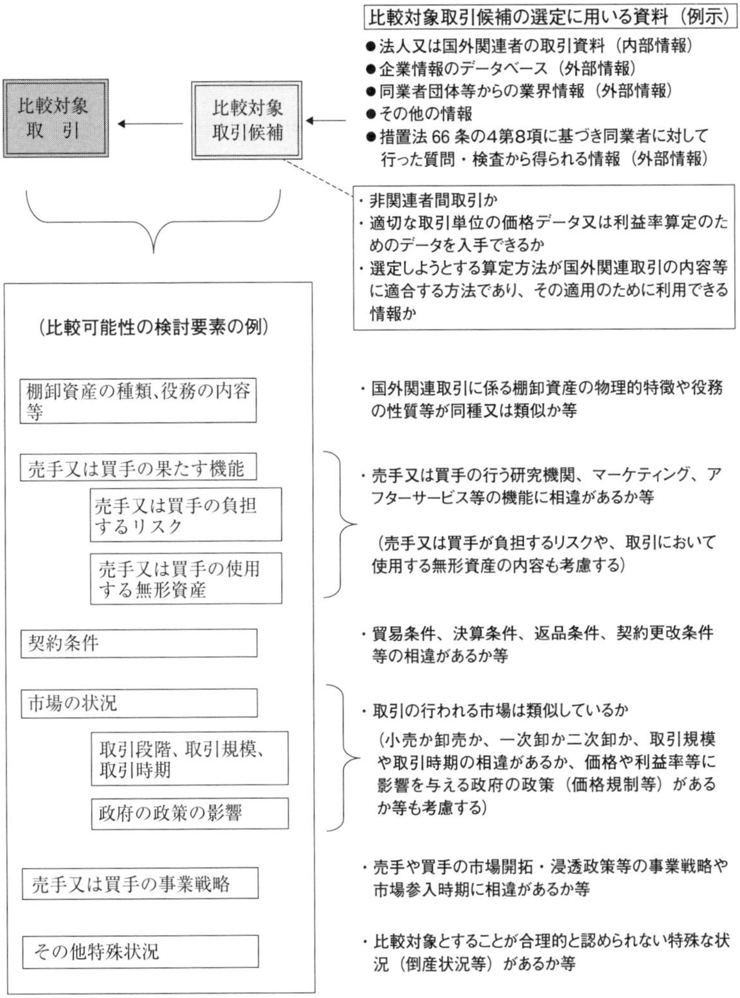

比較対象取引候補の選定に用いる資料（例示）
- 法人又は国外関連者の取引資料（内部情報）
- 企業情報のデータベース（外部情報）
- 同業者団体等からの業界情報（外部情報）
- その他の情報
- 措置法66条の4第8項に基づき同業者に対して行った質問・検査から得られる情報（外部情報）

比較対象取引 ← 比較対象取引候補

- 非関連者間取引か
- 適切な取引単位の価格データ又は利益率算定のためのデータを入手できるか
- 選定しようとする算定方法が国外関連取引の内容等に適合する方法であり、その適用のために利用できる情報か

（比較可能性の検討要素の例）

検討要素	内容
棚卸資産の種類、役務の内容等	・国外関連取引に係る棚卸資産の物理的特徴や役務の性質等が同種又は類似か等
売手又は買手の果たす機能 　売手又は買手の負担するリスク 　売手又は買手の使用する無形資産	・売手又は買手の行う研究機関、マーケティング、アフターサービス等の機能に相違があるか等 （売手又は買手が負担するリスクや、取引において使用する無形資産の内容も考慮する）
契約条件	・貿易条件、決算条件、返品条件、契約更改条件等の相違があるか等
市場の状況 　取引段階、取引規模、取引時期 　政府の政策の影響	・取引の行われる市場は類似しているか （小売か卸売か、一次卸か二次卸か、取引規模や取引時期の相違があるか、価格や利益率等に影響を与える政府の政策（価格規制等）があるか等も考慮する）
売手又は買手の事業戦略	・売手や買手の市場開拓・浸透政策等の事業戦略や市場参入時期に相違があるか等
その他特殊状況	・比較対象とすることが合理的と認められない特殊な状況（倒産状況等）があるか等

出典：移転価格指針別冊「事例集（事例1）」解説4［図2］

7．差 異 調 整

　差異調整の方法について、移転価格指針3-3は次のとおり例示する。
① 貿易条件について、一方の取引がFOB（本船渡し）であり、他方の取引がCIF（運賃、保険料込渡し）である場合：比較対象取引の対価の額に運賃及び保険料相当額を加減算する方法
② 決済条件における手形一覧後の期間について、国外関連取引と比較対象取引に差異がある場合：手形一覧から決済までの期間の差に係る金利相当額を比較対象取引の対価の額に加減算する方法
③ 比較対象取引に係る契約条件に取引数量に応じた値引き、割戻し等がある場合：国外関連取引の取引数量を比較対象取引の値引き、割戻し等の条件に当てはめた場合における比較対象取引の対価の額を用いる方法
④ 機能又はリスクに係る差異があり、その機能又はリスクの程度を国外関連取引及び比較対象取引の当事者が当該機能又はリスクに関し支払った費用の額により測定できると認められる場合：当該費用の額が当該国外関連取引及び比較対象取引に係る売上又は売上原価に占める割合を用いて調整する方法

　高松高裁判決平成18年10月13日（平成16年（行コ）第17号）は「当該調整は、選択された非関連者取引（比較対象取引）について、比較対象取引としての合理性を確保するために行われるものであるから、調整の対象の差異が取引価格の差に表れていることが客観的に明らかであると認められる場合に限って行われるべきものと解すべきであることからすれば、……調整の対象となる差異には『対価の額の差』を生じさせ得るものすべてを含むものとは解すべきでなく、対価の額に影響を及ぼすことが客観的に明らかであるものに限られるものというべきである。」と判示している。すなわち、差異調整は、対価の額に影響を及ぼすことが客観的に明らかで、その差異を定量化できる場合に行うとするのが運用における取扱いである

(移転価格指針3-3なお書、移転価格指針別冊「事例集（事例9）」参照）。

8．独立企業間価格の決定

独立企業間価格はそもそも「幅（レンジ）」を含む概念であるから[260]、移転価格課税に係る相互協議やバイラテラルAPAにおいて、独立企業間価格幅（レンジ）の概念が容認されている（本章[7]5(2)参照）。

従前、日本の税務当局は、国外関連取引に係る移転価格が独立企業間価格（利益水準）の幅（レンジ）にある場合であっても、複数の独立企業間価格による「幅（レンジ）」を認めず、それらの「平均」によるとしてきた（旧移転価格指針3-3）。

平成23年（2011年）度税制改正において、国外関連取引の価格等がレンジの中にある場合には移転価格課税を行わないことが明示的に規定され（措通66の4(3)-4）、国外関連取引の価格等がレンジの外にある場合には、比較対象取引の平均値に加え、その分布状況等に応じた合理的な値を用いた独立企業間価格の算定もできると定める（移転価格指針3-5）。十分な比較可能性を有するとして選定された比較対象取引のすべてから構成されるレンジ（フルレンジ）の使用が適当であるとし（移転価格指針別冊「事例集（事例27）」解説3）、比較可能性の程度によっては（フルレンジでなく）四分位法（インタークォータイル）によるレンジが認められる場合もあるとする（移転価格指針別冊「事例集（事例1）」解説5）。

移転価格税制に係る松山地裁平成16年4月14日判決（平成11年（行ウ）第7号）は、独立企業間価格は一定の方法で一義的に定められるべきものとしつつ、比較対象取引が複数あって、甲乙付け難く、1つに絞り込むこ

260　金子宏「移転価格税制の法理論的検討―わが国の制度を素材として―」芦部信喜先生古希祝賀『現代立憲主義の展開（下）』（有斐閣、1993年）（金子宏『所得課税の法と政策』［有斐閣、1996年］387頁所収）。

とが困難であり、あえて1つの取引に絞り込むことが、かえって課税の合理性を損ねてしまうと判断される場合には、その価格群の平均値によるとしている。上記の移転価格指針3-5は、かかる判決例にそったものと評価される。しかしながら、いずれも甲乙付け難い比較対象取引が複数認められるのであれば「独立企業間価格幅（レンジ）」を容認すべきである（パラ3.60、3.61、3.62前段参照）。なお、日本の課税当局者は「一般的に言えば、未知で定量化できないような比較可能性の欠陥が残っている可能性は当然ありますし、恣意的なポイントを決定するというのを避けるためにも、原則的には平均値を利用することが適切ではあると思います」[261]とする（パラ3.62後段参照）。

日本の税務当局との（租税条約に定める相互協議を伴わない）事前確認（本章[7]参照）は、国内法である移転価格税制（措法66の4）に基づくのであるが、①検証対象法人が国外関連者の場合はレンジの上限値、②検証対象法人が確認申出法人の場合はレンジの下限値、のみを用いて確認している（移転価格指針別冊「事例集（事例27）」解説3(注)）。調査も事前確認も根拠法は同一であるにもかかわらず、過去の事業年度の所得金額に対する調査の場合は、検証対象法人の実績値が調査官の定める独立企業間価格幅（レンジ）の外にあるときは、（当該レンジの上限値又は下限値でなく）、当該レンジの平均値等により課税する取扱いが定められている（措通66の4(3)-4、移転価格指針3-5）。しかしながら、OECD 移転価格ガイドラインに定める幅（レンジ）の概念（パラ 3.55）に照らせば、こうした取扱いの非対称性は理解が困難である。調査においてもレンジの平均値等でなく、事前確認の場合と同様にレンジのエッジ（上限値又は下限値）を課税の根拠とすべきである。

---

261 国税庁調査査察部調査課国際調査管理官水谷年宏「国際課税をめぐる最近の状況について―OECD 移転価格ガイドライン改定を中心として―」租税研究743号（2011年）115頁。

租税特別措置法66条の4と独立企業間価格幅（レンジ）

1. 租税特別措置法66条の4第1項は「法人が、……国外関連者……との間で……取引を行った場合に、当該取引につき、……対価の額が独立企業間価格に満たない……又は超えるときは、……当該国外関連取引は、独立企業間価格で行われたものとみなす」と定めており、「独立企業間価格」は課税要件と法律効果の双方を規定する。

2. 「独立企業間価格」とは、必ずしも一の取引（one transaction）価格に限定されず、実際に成立している複数の取引（transactions）価格と解するのが相当である。なぜならば、移転価格課税の課税要件である「独立企業間価格」とは、国際租税原則である独立企業原則を受容した立法経緯に照らして（『昭和61年度 改正税法のすべて』（大蔵財務協会、1986年）194頁参照）、独立の当事者であれば成立したであろう価格を意味するから、比較対象性のある実際の複数の取引（transactions）における価格の幅（レンジ）と解することは当然である（かつて議論された特定の一の価格の上下x％の幅（レンジ）というセーフ・ハーバーとは異なる概念であることに留意する必要がある）。

3. OECD移転価格ガイドラインは、独立企業間価格幅（レンジ）を「関連者間取引の条件が独立企業間のものかどうかを確証するために受け入れ可能な数値の幅をいい、それらの数値は、複数の比較対象のデータに同一の移転価格の算定方法を適用して得られるか、又は異なる移転価格の算定方法を適用して得られる。」（OECD移転価格ガイドライン用語集）と定義し、「幅（レンジ）」の概念を採用する根拠を次のとおり示す。

OECD移転価格ガイドライン　パラ3.55

「取引の条件が独立企業の条件に一致するか否かを確定させるための最も信頼できる単一の数値（例えば、価格又は利幅）を得るため、独立企

業原則を適用することができる。しかしながら、移転価格の算定は厳密な科学ではないことから、最も適切な方法を使った場合においても、そのすべての信頼性が相対的に同等といういくつかの数値からなる幅が生み出される場合が多くある。このような場合、この幅を構成している数値の間にみられる差異は、一般に、独立企業原則の適用は独立企業間であれば成立したであろう条件に近似のものしか生み出さないという事実によりもたらされたものといえよう。幅の中の数値のバラつきは、比較可能な状況の下での比較可能な取引に従事する独立企業が、その取引につき全く同一の価格を設定しない場合があるという事実を表しているといえよう。」（下線は強調のため加筆）

4．国内法に独立企業間価格幅（レンジ）が導入された後の課税実務では、法人にとって、調査にあたり遅滞なく調査官に提示又は提出することが義務づけられている移転価格文書（詳細は本章5 2参照）の作成が最重要の課題となっている。法人は、採用する独立企業間価格幅（レンジ）が、十分な比較可能性を有するとして選定された比較対象取引から合理的に決定されていることを、企業情報データベース等から客観的に検証できるように文書化しておく必要がある。

9．外貨建取引と移転価格税制

　外貨建取引の金額の円換算額は、当該外貨建取引を行った時における外国為替相場（又はその他の合理的な為替レート）により換算した金額とする（法法61の8①②）。この場合の外国為替相場とは、取引を計上すべき日の仲値（ただし、売上について買相場、仕入について売相場も可）が原則であるが、継続使用を条件として、次のレートが、その他の合理的な為替レートとして認められている（法通13の2-1-2）。

① 　取引日の属する月若しくは週の前月若しくは前週の末日又は当月若し

くは当週の初日の電信買相場若しくは電信売相場又はこれらの日における電信売買相場の仲値、又は、
② 取引日の属する月の前月又は前週の平均相場のように1カ月以内の一定期間における電信売買相場の仲値、電信買相場又は電信売相場の平均値

なお、取引日の外国為替の売買相場と当該取引の決済日の外国為替の売買相場との差額により生じた為替差損益は独立企業間価格には含まれない（措通66の4(4)-3）が、そもそも公正妥当な会計処理の基準（法法22）である外国為替ヘッジ会計において売上原価とされる為替差損益は、課税実務上、売上原価として取り扱われる（後述する取引単位営業利益法（TNMM）における営業利益の算定において同じ）。

10. 独立企業間価格による所得計算

国外関連者と独立企業間価格と異なる価格で取引が行われている場合は、当該法人の課税所得の計算にあたって独立企業間価格で行われたものとみなす。すなわち、法人が売手の場合は独立企業間価格に満たない部分を否認され、買手の場合は独立企業間価格を超える部分を否認されるのであり、所得の増額だけを規定している（措法66の4①④、措通66の4(8)-1）。したがって、申告調整により所得を減算することは認められていない（措通66の4(8)-2）。減算する場合は、当該事業年度に係る確定決算において会計処理しなければならない（法法22）。

国外関連者に移転されたとされる所得の金額は、その全部又は一部を当該国外関連者から返還を受けるかどうかにかかわらず、利益の社外流出として取り扱われる（措通66の4(9)-1）。したがって、日本の移転価格税制では返還をしなかったことを理由とする第二次調整に係る「みなし配当」として源泉所得税の課税関係が生ずることはない[262]。返還を受ける場合に

は、事前に「国外所得移転金額の返還に関する届出書」を提出することを条件として、返還を受けた日の属する事業年度における益金とされない（措通66の4(9)-2）。

11. 国外関連者に対する寄附金課税

　独立企業間価格と異なる価格で行われる取引価格を通じた国外関連者に対する所得移転は上記により規制される。これに対し国外関連者に対する経済的利益の供与（贈与、低廉譲渡、債務免除等）の場合は、当該利益の供与につき法人税法37条に基づく寄附金の額の全額が、当該法人の各事業年度の所得の金額の計算上、損金の額に算入されない（措法66の4③）。寄附金課税の場合は、原則として、国際二重課税の救済手段である租税条約に定める相互協議の対象外として取り扱うというのが租税条約に定める権限のある当局としての国税庁の立場である。

　★　平成26年（2014年）度税制改正において、恒久的施設を有する外国法人については二つの課税標準（恒久的施設帰属所得とそれ以外の国内源泉所得）を有することとされたことに伴い（第1章③1-1参照）、国外関連者に対する寄附金の損金不算入の対象とされる寄附金から、恒久的施設を有する外国法人に対するもので、その外国法人の恒久的施設帰属所得に係る所得の金額の計算上益金の額に算入される寄附金は除くとされている（改正措法66の4③）。また、外国法人の本店等と恒久的施設（改正法法2十二の十八）との内部取引の対価とした額が独立企業間価格と異なることにより、その外国法人の恒久的施設帰属所得が過少となる場合には、その内部取引は独立企業間価格によるのであるが（改正措法66の4の3）、独立の当事者間であれば寄附金と認識されるような事実関係が恒久的施設と本店等との間に存在する場合には、内部寄附金の額が認識され、国外関連者に対する寄附金（措法66の4③）と同様に、全額損金不算入とするとされている

262　外国に所在する関連会社に対する外国の移転価格課税に基因して、内国法人から当該外国の関係会社に対して所得移転とされた金額等を返還しないことを理由として外国で当該外国の関係会社に課された「みなし配当」に係る源泉所得税（第二次調整）は、当該内国法人の外国税額控除の目的上、控除対象の外国法人税に含まれない（法令142の2⑦二）。第4章③4(2)参照。

（改正措法66の4の3③）。

移転価格税制と寄附金課税（国際二重課税リスク）

1．租税特別措置法66条の4第3項の意義

移転価格税制に係る措置法66条の4第3項の寄附金の額は「法人税法37条7項に規定する寄附金の額をいう」とされ、法人税法37条7項に規定する寄附金とは「寄附金、拠出金、見舞金その他いずれの名義をもってするかを問わず、内国法人が金銭その他の資産又は経済的な利益の贈与又は無償の供与……をした場合における当該金銭の額若しくは金銭以外の資産のその贈与の時における価額又は当該経済的な利益のその供与の時における価額によるものとする」と定められている。

課税実務上の寄附金課税リスクとしては、企業グループ間の事前の取決めや移転価格文書の作成がない場合の資産の無償又は低廉譲渡、出向者の給与負担などの典型的な寄附金取扱い事例のほか、国際事業展開に関連する役務提供取引（IGS）、出向者が使用する法人の無形資産、無利息等の貸付、価格調整金の支払いなどが挙げられる。移転価格指針は、次のとおり取扱いを明示しており、法人の移転価格文書化に関するコンプライアンスの向上が期待されている（詳細については下記のトピックスを参照）。

役務提供取引	移転価格指針2-9、別冊「参考事例集」事例23、25
出向者が使用する法人の無形資産	移転価格指針2-12、別冊「参考事例集」事例15
金銭の貸借取引	移転価格指針2-19、別冊「参考事例集」事例4、25
価格調整金の支払い	移転価格指針2-20、別冊「参考事例集」事例26

2. 寄附金課税と相互協議

すなわち、相手方が日本の国内に所在する法人であろうと外国に所在する法人であろうと、金銭その他の資産の贈与又は経済的な利益の無償の供与としての寄附金に当たるかどうかは法人税法37条7項及び8項により判断され、国外関連者に対する寄附金と認められる金額がある場合には、その全額が措置法66条の4第3項により寄附金課税の対象となる（法人税法37条が適用される場合は一定の損金算入限度額を超える金額が課税される）。法人に対する寄附金課税の結果として、法人（寄附金課税）と国外関連者（収益計上済み）との間に国際二重課税が生ずる。しかしながら、租税条約に定める権限のある当局としての国税庁は、日本と当該国外関連者の居住地国との間に租税条約が締結されていても、国内法に基づく寄附金課税はOECDモデル租税条約25条に定める相互協議の要件である「条約の規定に適合しない課税」にあたらないから、当該寄附金課税は相互協議の対象とならないという立場である。

3. 寄附金課税と国際二重課税リスク

したがって、日本の税務当局が移転価格税制に基づく課税を行った場合にはOECDモデル租税条約9条（特殊関連企業）に定める独立企業原則に適合する課税かどうかの問題として、当然に、相互協議の対象となるのに対して、寄附金課税の場合は相互協議の対象とされない。したがって、相互協議の実務では相互協議の対象となるか否かが先決問題となるであろう。租税条約に定める権限のある当局としての国税庁は以下に述べる移転価格指針に従った寄附金課税がなされているときは国内課税問題であり相互協議の対象とならないとする立場を堅持するものと思われる。その場合は、国内救済手続（不服申立前置主義に基づく行政事件訴訟法に定める取消訴訟）により当該寄附金課税が取り消されない限り国際二重課税は排除され

ない。
(注) 国外関連者に対する①経営指導料のうち関係コストを上回ると認定した金額及び②輸出取扱手数料を寄附金として課税したところ、①については提供役務の有償性と対価の合理性が認められ、②については寄附金であるとされた東京地裁平成12年2月3日判決（平成7年（行ウ）第262号）がある。

4．移転価格指針に定める寄附金課税の取扱い

(1) 移転価格指針は、国外関連者に対する寄附金課税について、次の取扱いを明示している。

　　移転価格指針2-19（国外関連者に対する寄附金）
　　　調査において、次に掲げるような事実が認められた場合には、措置法66条の4第3項の規定の適用があることに留意する。
　　イ　法人が国外関連者に対して資産の販売、金銭の貸付け、役務の提供その他の取引（以下「資産の販売等」という）を行い、かつ、当該資産の販売等に係る収益の計上を行っていない場合において、当該資産の販売等が金銭その他の資産又は経済的な利益の贈与又は無償の供与に該当するとき
　　ロ　法人が国外関連者から資産の販売等に係る対価の支払いを受ける場合において、当該法人が当該国外関連者から支払いを受けるべき金額のうち当該国外関連者に実質的に資産の贈与又は経済的な利益の無償の供与をしたと認められる金額があるとき
　　ハ　法人が国外関連者に資産の販売等に係る対価の支払いを行う場合において、当該法人が当該国外関連者に支払う金額のうち当該国外関連者に金銭その他の資産又は経済的な利益の贈与又は無償の供与をしたと認められる金額があるとき
　　(注)　法人が国外関連者に対して財政上の支援等を行う目的で国外関連取引に係る取引価格の設定、変更等を行っている場合において、当該支援等に法

人税基本通達 9－4－2（子会社等を再建する場合の無利息貸付け等）の相当な理由があるときには、措置法66条の4第3項の規定の適用がないことに留意する。

(2) 更に、移転価格指針は、寄附金課税の適用を検討すべき取引状況について、次のとおり具体的に定めている。

① 棚卸資産取引に係る価格調整金の支払い

法人が価格調整金等の名目で、既に行われた国外関連取引に係る対価の額を事後に変更している場合には、当該変更が合理的な理由に基づく取引価格の修正に該当するものかどうかを検討する。当該変更が国外関連者に対する金銭の支払い又は費用等の計上（支払等）により行われている場合には、当該支払等に係る理由、事前の取決めの内容、算定の方法及び計算根拠、当該支払等を決定した日、当該支払等をした日等を総合的に勘案して検討し、当該支払等が合理的な理由に基づくものと認められるときは、取引価格の修正が行われたものとして取り扱う。なお、当該支払等が合理的な理由に基づくものと認められない場合は、当該支払等が措置法66条の4第3項の規定の適用を受けるものであるか等について検討する（移転価格指針2-20）。例えば、国外関連者に対する財政支援を目的としている場合、国外関連取引との間で取引価格を遡及して改定するための条件（社内ルールを含む）があらかじめ定められていない場合、支払額の計算が法定の独立企業間価格の算定方法に基づいていない場合、支払額の具体的な計算根拠がない場合、検討に必要な資料の提出がない場合などは寄附金課税の対象とされ得る（移転価格指針別冊「参考事例集」事例26解説2）ことに留意する必要がある。

② 役務提供取引

法人が国外関連者に対し支払うべき役務の提供に係る対価の額の適否の検討に際して、当該法人に対し、当該国外関連者から受けた役務の内容等が記載された書類等（帳簿その他の資料を含む）の提示又は提出を求

める。この場合において、当該役務の提供に係る実態等が確認できないときには、措置法66条の4第3項等の規定の適用について検討することに留意する（移転価格指針2-9(5)、移転価格指針別冊「参考事例集」事例23解説4）。

　法人が役務提供取引の対価を収受していないときに、財政支援が理由であるとする旨の取り決めを交わしていても法人税基本通達9-4-2（子会社等を再建する場合の無利息貸付け等）に定める相当の理由がない場合は「経済的な利益の無償の供与」にあたり寄附金課税の対象とされる。他方、法人が当該役務提供取引は親会社としての責務であるとして役務提供取引に係る契約を締結していないときは、直ちに「経済的な利益の無償の供与」が行われたと認めることはできない場合には寄附金課税の対象とされず、移転価格課税の問題として検討される（移転価格指針別冊「参考事例集」事例25）。この場合、当該役務提供取引が重複活動又は株主活動に当たる場合は対価の収受を要しないが、当該国外関連者にとって経済的又は商業的価値を有する場合は措置法通達66の4(7)-5に定める方法により対価の額が算定される。なお、当該役務提供取引が本来の業務に付随した役務提供であって、措置法通達66の4(7)-5に定める方法が適用できない場合は、当該役務提供の総原価の額が収受すべき対価の額となる（本章④3参照）。

③　金銭の貸借取引

　金銭の無償貸付は、法人税基本通達9-4-2（子会社等を再建する場合の無利息貸付け等）の相当な理由がある場合を除き、「経済的な利益の無償の供与」として寄附金課税される（移転価格指針2-19(注)）。

　なお、金利が付されている場合は、上記の役務提供取引における取扱い例に従い、直ちに「経済的な利益の供与」が行われたと認めることができない場合には寄附金課税の対象とされず、移転価格課税の問題として検討されることになる（移転価格指針2-19、移転価格指針別冊「参考事

例集」事例4）。この場合、措置法通達66の4⑺-4（金銭の貸付け又は借入れの取扱い）、移転価格指針2-6（金銭の貸借取引）及び2-7（独立価格比準法に準ずる方法と同等の方法による金銭の貸借取引の検討）により収受すべき利息の額が決定される（本章④5参照）。

③ 独立企業間価格の算定方法

1．独立価格比準法（CUP：Comparable Uncontrolled Price）

　独立価格比準法は、国外関連取引に係る同種の棚卸資産に係る特殊の関係にない者同士の取引段階、取引数量その他において比較可能な内部比較対象取引又は外部比較対象取引の取引価格をもって独立企業間価格とする方法（措法66の4②一イ）。

　理論的には独立企業間価格の算定方法として最も適切であり、他の方法より優れていることは明らかであるとされるが、最大の問題は比較可能な取引価格を見出すことが極めて困難なことである（パラ2.16）。

　独立価格比準法は、ある取引の価格をそのまま、あるいは、取引段階、取引数量その他に基因する対価の額の差異について調整を行った上で独立企業間価格とするものである。したがって、上記の比較対象性に関する5つのテスト（措通66の4⑶-3）から比較対象取引が見出せない場合、あるいは、比較可能取引があっても差異について調整ができない場合は、独立企業間価格の算定方法として採用することはできない（措通66の4⑶-1⑴）（本章②6参照）。しかしながら、調整を行った後の対価の額に相当する金額をもって独立企業間価格とするという規定（措法66の4②一イカッコ書）の意義は「実際問題として世の中に全く同様の状況の下で行っ

た取引が存在することは稀であることから、第三者間取引の価格をそのまま国外関連取引の独立企業間価格として採用し得ることも稀であるとの認識の下で、第三者間取引と国外関連取引との間の取引段階、取引数量その他の差異が取引価格の差に表れてくることが客観的に明らかであると認められる場合には、その差異の調整を行うべきもの」と解されており（国税不服審判所平成14年5月24日裁決、事例集63巻454頁）、そうすると取引差異があっても取引価格の差に表れてくることが客観的に明らかでない場合には調整を要せずに比較対象取引に該当することになる（措通66の4(3)-2）。本章2 8に記載の松山地裁判決平成16年4月14日に係る控訴審の高松高裁平成18年10月13日判決参照。

　平成23年（2011年）度税制改正で導入された「最も適切な方法」の選定にあたり留意すべき独立企業間価格の算定方法の長所及び短所（措通66の4(2)-1）に関して、移転価格指針は「独立価格比準法（Comparable Uncontrolled Price Method：CUP法）は、国外関連取引に係る価格と比較対象取引に係る価格を直接比較することから、独立企業間価格を算定する最も直接的な方法である。他方、その適用において資産又は役務の内容についての厳格な同種性が求められるが、資産の性状、構造、機能等の違いについては、価格に影響を及ぼすことが客観的に明らかな場合が多く、かつ、こうした差異を調整することは一般的に困難である。また、取引の当事者が果たす機能の差異が価格に影響を及ぼす場合の調整も容易ではない。このため、独立価格比準法の適用においては、公開情報（有価証券報告書等の企業情報、企業の財務情報等が収録されたデータベース、業界団体情報などの外部情報等をいう。以下の事例において同じ。）から比較対象取引を見いだせない場合が多い」とする（移転価格指針別冊「事例集（事例1）」解説3（参考2））。

2．再販売価格基準法（RPM：Resale Price Method）

再販売価格基準法は、国外関連取引に係る同種又は類似の棚卸資産の売手が特殊の関係にない者に対して同種又は類似の棚卸資産を販売した対価の額（再販売価格）から通常の利潤の額を控除して計算した金額をもって国外関連取引の対価の額とする方法（措法66の4②一ロ）。算式で表すと次のとおりとなる（措令39の12⑥）。

① 再販売価格 − 通常の利潤の額 ＝ 独立企業間価格
② 通常の利潤の額 ＝ ①の再販売価格 × 同種又は類似の棚卸資産に係る独立第三者間取引の売上総利益率

再販売価格基準法は、（棚卸資産の類似性よりも）主として売手（再販売者）の機能の類似性に着目する方法である。比較対象となる売上総利益率には内部比較対象取引と外部比較対象取引とがあり、比較対象取引の一定期間の売上総利益率が用いられる。利益率に差異をもたらす機能の差異がある場合には調整を行う必要がある（措通66の4(3)-1(2)）。なお、差異が利益水準の算定に影響を与えないと認められるときは比較対象とすることができる（措通66の4(3)-2）。再販売価格基準法は売手の果たす機能の類似性に着目する方法であるので、内部比較対象取引がある場合は、取引に関する情報を法人又は国外関連者が有していることから、比較対象取引に該当するかどうかの判断は比較的容易な場合が多いと考えられている（移転価格指針別冊「事例集（事例1）」解説4）。

平成23年（2011年）度税制改正で導入された「最も適切な方法」の選定にあたり留意すべき独立企業間価格の算定方法の長所及び短所（措通66の4(2)-1）に関して、移転価格指針は「再販売価格基準法（Resale Price Method：RP法）は、国外関連取引に係る売上総利益の水準と比較対象取引に係る売上総利益の水準を比較する方法であるが、販売価格が売上総利益と原価により構成され、売上総利益が価格と近接した関係にあることを

考慮すると、独立価格比準法に次いで独立企業間価格を算定する直接的な方法といえる。他方、売上総利益の水準については、資産又は役務それ自体の差異の影響を受けにくい一方で、取引の当事者が果たす機能の差異の影響を受けやすく、公開情報から比較対象取引を見いだせない場合が多い」とする（移転価格指針別冊「事例集（事例1）」解説3（参考2））。

3．原価基準法（CP：Cost Plus Method）

原価基準法は、国外関連取引に係る同種又は類似の棚卸資産の売手の購入、製造その他の行為による取得の原価の額に通常の利潤の額を加算して計算した金額をもって国外関連取引の対価の額とする方法（措法66の4②一ハ）。算式で表すと次のとおりとなる（措令39の12⑦）。

① 購入・製造等の原価＋通常の利潤の額＝独立企業間価格
② 通常の利潤の額＝①の購入・製造等の原価×同種又は類似の棚卸資産に係る独立第三者間取引の売上総利益の当該棚卸資産の購入・製造等の原価に対する割合

原価基準法は、（棚卸資産の類似性よりも）主として売手の果たす機能の類似性に着目する方法である。比較対象となる購入・製造等の原価に対する売上総利益の割合（原価加算利益率）の算定には内部比較対象取引と外部比較対象取引とがあり、比較対象取引の一定期間の原価加算利益率が用いられる。原価加算利益率に差異をもたらす機能の差異がある場合には調整を行う必要がある（措通66の4(3)-1(3)）。なお、差異が利益水準の算定に影響を与えないと認められるときは比較対象とすることができる（措通66の4(3)-2）。

平成23年（2011年）度税制改正で導入された「最も適切な方法」の選定にあたり留意すべき独立企業間価格の算定方法の長所及び短所（措通66の4(2)-1）に関して、移転価格指針は「原価基準法（Cost Plus Method：

CP法）は、国外関連取引に係る売上総利益の水準と比較対象取引に係る売上総利益の水準を比較する方法であるが、販売価格が売上総利益と原価により構成され、売上総利益が価格と近接した関係にあることを考慮すると、独立価格比準法に次いで独立企業間価格を算定する直接的な方法といえる。他方、売上総利益の水準については、資産又は役務それ自体の差異の影響を受けにくい一方で、取引の当事者が果たす機能の差異の影響を受けやすく、公開情報から比較対象取引を見いだせない場合が多い」とする（移転価格指針別冊「事例集（事例1）」解説3（参考2））。

4．基本三法に準ずる方法その他政令で定める方法

　平成23年（2011年）度税制改正は、独立企業間価格の算定方法に関し従前の上記1～3の方法（基本三法）の優先適用を廃止し、独立企業間価格を算定するために「最も適切な方法」を事案に応じて選択する方法を定める（措法66の4②）。

　すなわち、基本三法（措法66の4②一イ～ハ）、基本三法に準ずる方法（措法66の4②一ニ）、その他政令で定める方法（措令39の12⑧）のうちから、当該国外関連取引の内容及び当該国外関連取引の当事者が果たす機能その他の事情を勘案して、当該国外関連取引が独立の事業者の間で通常の取引の条件に従って行われるとした場合に当該国外関連取引につき支払われるべき対価の額を算定するための最も適切な方法を選択して適用する。その他政令で定める方法には、利益分割法（比較利益分割法、寄与度利益分割法、残余利益分割法）、取引単位営業利益法（棚卸資産の購入、棚卸資産の販売）、利益分割法に準ずる方法、取引単位営業利益法に準ずる方法がある。

(1) 基本三法に準ずる方法（措法66の4②一ニ）

基本三法に準ずる方法は、基本三法の考え方から乖離しない限りにおいて、取引内容に適合した合理的な方法を採用する途を残したものと解されている[263]。

平成23年（2011年）度税制改正で導入された「最も適切な方法」の選定にあたり留意すべき独立企業間価格の算定方法の長所及び短所（措通66の4(2)-1）に関して、移転価格指針は「法令の規定に従って基本三法を適用した場合には比較対象取引を見いだすことが困難な国外関連取引について、その様々な取引形態に着目し、合理的な類似の算定方法とすることで比較対象取引を選定できる場合、あるいは、合理的な取引を比較対象取引とすることで独立企業間価格を算定できる場合があり、基本三法よりも比較対象取引の選定の範囲を広げ得ることから、基本三法に準ずる方法を適用する可能性も念頭におき、比較可能性の検討を行う必要がある。また、基本三法に準ずる方法は、基本三法において比較対象取引として求められる比較可能性の要件（措通66の4(3)-3）まで緩めることを認めるものでなく、当該要件を満たしていない取引については、基本三法に準ずる方法においても比較対象取引として用いることができないことに留意する必要がある」とする（移転価格指針別冊「事例集（事例1）」解説3（参考3）は、基本三法に準ずる方法を5事例挙げて解説）。

(2) 取引単位営業利益法（TNMM：Transactional Net Margin Method）

取引単位営業利益法は、再販売価格基準法及び原価基準法が売上総利益

---

263 『昭和61年度 改正税法のすべて』（大蔵財務協会、1986年）204頁。アドビ・システムズ事件に係る東京高裁平成20年10月30日判決（平成20年（行コ）第20号）参照。

をベースとしているのに対して営業利益をベースにして独立企業間価格を算定する方法である(パラ2.62)。

　取引単位営業利益法の適用における利益指標には、①売上高営業利益率、②総費用営業利益率又は③営業費用売上総利益率(ベリー比)(措令39の12⑧二～五)が定められている。移転価格指針は、検証対象法人が果たした機能の価値を的確に表す指標を最も適切な利益指標として選定する必要があるとした上で、一般的に、それぞれ次のような点に留意する必要があるとする(移転価格指針別冊「事例集(事例6)」《前提条件2》解説3)。

　①売上高営業利益率に基づく方法(措令39の12⑧二)は、使用した資産や引き受けたリスクを考慮して、国外関連取引に係る棚卸資産等の買手が果たした機能の価値が、売上との間に関係があると認められる場合(例えば、再販売会社を検証する場合)に適切な方法である。

$$\text{独立企業間価格} = \text{買手の非関連者に対する再販売価格} - \left(\text{再販売価格} \times \text{比較対象取引の売上高営業利益率}^* + \text{買手の販売費及び一般管理費} \right)$$

$${}^*\text{売上高営業利益率} = \frac{\text{比較対象取引に係る棚卸資産の販売による営業利益の合計額}}{\text{比較対象取引に係る棚卸資産の販売による収入金額の合計額}}$$

　②総費用営業利益率に基づく方法(措令39の12⑧三)は、使用した資産や引き受けたリスクを考慮して、国外関連取引に係る棚卸資産等の売手が、営業費用に反映されない機能(製造機能等)を有していると認められる場合(例えば、製造販売会社を検証する場合)に適切な方法である。

$$\text{独立企業間価格} = \text{売手の取得原価} + \left(\text{取得原価} + \begin{array}{l}\text{売手の販売}\\ \text{費及び一般}\\ \text{管理費}\end{array} \right) \times \begin{array}{l}\text{比較対象取}\\ \text{引の総費用}\\ \text{営業利益率}\end{array}{}^{*} + \begin{array}{l}\text{売手の販売}\\ \text{費及び一般}\\ \text{管理費}\end{array}$$

$${}^{*}\begin{array}{l}\text{総 費 用}\\ \text{営業利益率}\end{array} = \frac{\text{比較対象取引に係る棚卸資産の販売による営業利益の額の合計額}}{\left(\begin{array}{l}\text{比較対象取引に係る}\\ \text{棚卸資産の販売による}\\ \text{収入金額の合計額}\end{array} - \begin{array}{l}\text{比較対象取引に係る}\\ \text{棚卸資産の販売による}\\ \text{営業利益の額の合計額}\end{array} \right)}$$

③営業費用売上総利益率（ベリー比）に基づく方法（措令39の12⑧四五）は、使用した資産や引き受けたリスクを考慮して、国外関連取引に係る棚卸資産等の買手又は売手が果たした機能の価値が、(i)営業費用との間に関係があると認められ、(ii)販売された製品の価値によって重要な影響を受けておらず、売上との間に関係がないと認められ、(iii)営業費用に反映されない機能（製造機能等）を有していないと認められる場合（例えば、仲介業者や単純な役務提供業者を検証する場合）に適切な方法である。なお、検証対象の当事者が行う取引と比較対象取引との類似性の程度（比較可能性）が十分である必要があることから、利益指標として営業費用売上総利益率を用いる場合には、両取引における売上原価と営業費用の区分について留意する必要がある。

イ．国外関連取引が棚卸資産の購入の場合（措令39の12⑧四）

$$\text{独立企業間価格} = \text{買手の非関連者に対する再販売価格} - \left(\begin{array}{l}\text{買手の販売費}\\ \text{及び一般管理費}\end{array} \times \begin{array}{l}\text{比較対象取引の}\\ \text{ベリー比}\end{array}{}^{*} \right)$$

$${}^{*}\text{ベリー比} = \frac{(\text{営業利益の額} + \text{販売費及び一般管理費})}{\text{販売費及び一般管理費}}$$

ロ．国外関連取引が棚卸資産の販売の場合（措令39の12⑧五）

$$\begin{matrix}\text{独立企業}\\ \text{間価格}\end{matrix} = \begin{matrix}\text{売 手 の}\\ \text{取得原価}\end{matrix} + \left(\begin{matrix}\text{売手の販売費及}\\ \text{び一般管理費}\end{matrix} \times \begin{matrix}\text{比較対象取引の}\\ \text{ベリー比}\end{matrix}*\right)$$

$$*\text{ベリー比} = \frac{（営業利益の額＋販売費及び一般管理費）}{販売費及び一般管理費}$$

(注) いずれの方法による場合であっても、当該取引と国外関連取引とにおいて売手の果たす機能その他に差異がある場合には、その差異により生じる適用する方法に係る売上高営業利益率、総費用営業利益率、又は、ベリー比の割合の差につき必要な調整を加えることができるものに限る（措通66の4(3)-1(6)～(9)）。

(3) 取引単位営業利益法に準ずる方法

取引単位営業利益法に準ずる方法（措令39の12⑧六）が適用される場合について、措置法通達66の4(6)-1は次の2つを例示している。

① 国外関連取引に係る棚卸資産の買手が、法人から購入した当該棚卸資産を用いて製造した製品等を非関連者に販売している場合に、当該製造製品等の非関連者に対する販売価格から次に掲げる金額の合計額を控除した金額をもって当該国外関連取引の対価の額を算定。

　イ　当該販売価格に比較対象取引に係る営業利益の額の収入金額に対する割合を乗じて計算した金額

　ロ　当該製品等に係る製造原価の額（当該国外関連取引に係る棚卸資産の対価の額を除く）

　ハ　当該製品等の販売のために要した販売費及び一般管理費の額

② 一方の国外関連者が、法人から購入した棚卸資産を、他方の国外関連者を通じて非関連者に対して販売した場合において、当該一方の国外関連者と当該他方の国外関連者との取引価格を通常の取引価格に引き直した上で、当該法人と当該一方の国外関連者との間で行う国外関連取引に

係る対価の額を取引単位営業利益法（TNMM）により算定。なお、課税実務では最も一般的な方法である検証対象法人の全社ベースを単位とする取引単位営業利益法の適用は、取引単位営業利益法に準ずる方法として整理されている。

（4）利益分割法（PSM：Profit Split Method）

　平成23年（2011年）度税制改正において、独立企業間価格の算定方法の一覧性を確保する観点から、現行の利益分割法の下位分類としてOECD移転価格ガイドラインにおいて取引単位利益分割法（パラ2.108～2.145）として認められている算定方法（比較利益分割法、寄与度利益分割法及び残余利益分割法）が明示的に規定された（措法66の4②一ニ、措令39の12⑧一イ～ハ）。

　利益分割法は、比較利益分割法、寄与度利益分割法及び残余利益分割法のいずれかの方法によって、国外関連取引に係る棚卸資産の販売等により法人及び国外関連者に生じた所得（分割対象利益等）を当該法人及び国外関連者に配分することにより独立企業間価格を算定する方法であり、分割対象利益等は、国外関連取引に参加したすべての関連者に生じた当該取引に係る損益（原則として営業損益）の総和と解されることから、営業損失も含まれる（措通66の4(5)-1）。

　移転価格指針は、利益分割法の適用上、分割対象利益等に営業利益を用いる理由について、「利益分割法は、独立の事業者の間であれば、当該事業者の間で行われた事業に係る利益がどのように配分されるかという点を考慮して独立企業間価格を算定する方法であることから、売上総利益や当期純利益よりも、事業活動の直接の結果を示す営業利益の合計額を配分の対象とすることがより合理的であるためである」とした上で、「利益分割法の適用に係る営業利益の範囲は、取引単位営業利益法の適用に係る営業利益の範囲と同様となるが、利益分割法の適用においては、国外関連取引

の両当事者の会計処理や通貨に関する基準を共通化するとともに、採用した基準は利益分割法の適用対象年度において継続使用する必要があることに留意する」とする（移転価格指針別冊「事例集（事例7）」解説（参考））。

平成23年（2011年）度税制改正で導入された「最も適切な方法」の選定にあたり留意すべき独立企業間価格の算定方法の長所及び短所（措通66の4(2)-1）に関して、移転価格指針は「利益分割法（Profit Sprit Method：PS法）は、比較対象取引を見いだせない場合などに有用な方法であるが、分割対象利益等の計算や分割要因を特定するために必要な財務情報等を入手できない場合には適用できない」とする（移転価格指針別冊「事例集（事例1）」解説3（参考2））。

① 比較利益分割法

国外関連取引と類似の状況下で行われた非関連者間取引における利益分割割合に応じて配分（措令39の12⑧一イ）。

平成23年（2011年）度税制改正で導入された「最も適切な方法」の選定にあたり留意すべき独立企業間価格の算定方法の長所及び短所（措通66の4(2)-1）に関して、移転価格指針は「比較利益分割法は、国外関連取引と類似の状況の下で行われた非関連者間取引に係る非関連者間の分割対象利益等に相当する利益の配分割合を用いて、当該国外関連取引に係る分割対象利益等を法人及び国外関連者に配分することにより独立企業間価格を算定する方法である」とする（移転価格指針別冊「事例集（事例1）」解説3（参考2））。

課税実務では、比較利益分割法は、棚卸資産取引に関しては、法人には通常では知り得ない情報である非関連者間取引に係る利益の配分割合を用いるから、シークレット・コンパラブルないし推定課税による課税処分において採用されることになろう。

② 寄与度利益分割法

合算営業利益を、支出した費用の額、使用した固定資産の価額、その

他当該営業利益の発生に寄与した程度を推測するに足りる要因に応じて配分（措令39の12⑧一ロ）。

平成23年（2011年）度税制改正で導入された「最も適切な方法」の選定にあたり留意すべき独立企業間価格の算定方法の長所及び短所（措通66の4⑵-1）に関して、移転価格指針は「寄与度利益分割法は、国外関連取引に係る分割対象利益等を、その発生に寄与した程度を推測するに足りる国外関連取引の当事者に係る要因に応じてこれらの者に配分することにより独立企業間価格を算定する方法であり、比較対象となる非関連者間取引を見いだす必要がないことから、国外関連取引が高度に統合されているような場合において、比較利益分割法よりも適用可能性は高まる」とする（移転価格指針別冊「事例集（事例1）」解説3（参考2））。

③ 残余利益分割法

法人及び国外関連者が重要な無形資産を有している場合に合算利益のうち重要な無形資産を有しない非関連者間取引において通常得られる利益（基本的利益）に相当する金額を当該法人及び国外関連者それぞれに配分し、残額（残余利益）を当該法人及び国外関連者が有する重要な無形資産の価値（当該無形資産の開発のために支出した費用等の額によることができる）に応じて配分（措令39の12⑧一ハ）。

OECD移転価格ガイドラインパラ2.109は、取引単位利益分割法が最も適切な方法とされる取引例として、①関連者間の高度に統合された金融商品のグローバル・トレーディングの場合（本章④6参照）、及び、②取引の双方の当事者がユニークな価値ある資産（例えば、無形資産）に寄与している場合を挙げ、その理由として、このような場合、独立企業である当事者であればそれぞれの寄与に比例して取引の利益を分け合うことを望むと思われること、更に、ユニークな資産で重要な価値を有するものが存在するときは、他の方法を適用するには信頼できる比較対象の情報が不十分である可能性を指摘する。その一方で、取引の一方の当

事者が単純な機能のみを実施し、重要な独自の寄与を行っていない場合（例えば、受託製造など）、取引単位利益分割法は、当該一方の当事者の機能分析から見て適切ではないから、通常、使用されないとする。また、OECD移転価格ガイドラインパラ2.114は、取引単位利益分割法は、納税者にとっても税務当局にとっても、一見、容易に利用できると思われるかもしれないものの、実際の適用には様々な困難が生ずるであろうことを指摘し、短所であるとする[264]。

　残余利益分割法を適用する際に分割対象利益等から控除する「基本的利益」について、措置法通達66の4(5)-4は「66の4(3)-1の(5)に掲げる取引に基づき算定される独自の機能を果たさない非関連者間取引において得られる所得をいうのであるから、分割対象利益等と法人及び国外関連者に係る基本的利益の合計額との差額である残余利益等は、原則として、国外関連取引に係る棚卸資産の販売等において、当該法人及び国外関連者が独自の機能を果たすことによりこれらの者に生じた所得となることに留意する」とした上で、「残余利益等を法人及び国外関連者で配分するに当たっては、その配分に用いる要因として、例えば、法人及び国外関連者が無形資産を用いることにより独自の機能を果たしている場合には、当該無形資産による寄与の程度を推測するに足りるものとして、これらの者が有する無形資産の価額、当該無形資産の開発のために支出した費用の額等を用いることができることに留意する」と定める。更に、移転価格指針は「基本的利益は、基本的取引に係る利益指標（売上高売上総利益率、売上原価売上総利益率、売上高営業利益率又は総費用営業利益率）のうち最も適切なものに基づき計算される。例えば、法人及

---

[264] 1920年代から1930年代はじめにかけて国際連盟財政委員会において国際租税原則が成立したのであるが、独立企業原則に対する利益分割法に係る当時の批判は、今日でも克服されていない（赤松晃『国際租税原則と日本の国際租税法—国際的事業活動と独立企業原則を中心に—』（税務研究会出版局、2001年）94～101頁参照）。

び国外関連者の営業利益の合計額を利益配分の対象とする残余利益分割法の適用においては、営業利益に係る指標である売上高営業利益率又は総費用営業利益率（基本的取引が複数存在する場合には、原則としてその平均値（移転価格指針3-7(注)）を用いることとなる」とした上で、「基本的取引は、取引の当事者が独自の機能を果たしていない非関連者間取引から選定することになるから、比較的単純な製造・販売活動を行う法人の財務情報に基づき選定作業を行うことに留意する」とする（移転価格指針別冊「事例集（事例21）」解説）。

　平成23年（2011年）度税制改正で導入された「最も適切な方法」の選定にあたり留意すべき独立企業間価格の算定方法の長所及び短所（措通66の4(2)-1）に関して、移転価格指針は「残余利益分割法は、国外関連取引の両当事者が独自の機能を果たすことにより（例えば、国外関連取引の両当事者が無形資産を使用して独自の機能を果たしている場合）、当該国外関連取引においてこれらの者による独自の価値ある寄与が認められる場合において、分割対象利益等のうち基本的利益を国外関連取引の両当事者にそれぞれに配分し、当該分割対象利益等と当該配分をした基本的利益の合計額との差額である残余利益等（独自の価値ある寄与により発生した部分）を、残余利益等の発生に寄与した程度を推測するに足りる要因に応じてこれらの者に配分し、独立企業間価格を算定する方法である。この方法では、分割対象利益等を基本的利益と残余利益等とに分けて二段階の配分を行うことになるが、残余利益等に係る分割要因を測定することが困難な場合がある」とした上で、「国外関連取引の一方の当事者が単純な機能のみを果たしている場合には、通常は残余利益分割法よりも当該一方の当事者を検証対象とする算定方法の選定が適切となる」とする（移転価格指針別冊「事例集（事例1）」解説3（参考2））。

(5) 利益分割法に準ずる方法

　平成23年（2011年）度税制改正で導入された「最も適切な方法」の選定にあたり留意すべき独立企業間価格の算定方法の長所及び短所（措通66の4(2)-1）に関して、移転価格指針は「利益分割法は、法人及び国外関連者による国外関連取引に係る棚卸資産の取得及び販売によりこれらの者に生じた所得の合計額を配分の対象として独立企業間価格を算定する方法である（措令39の12⑧一）。したがって、本事例（事例8）のように、棚卸資産の販売取引にそれ以外の取引を加え、これらを一の取引として独立企業間価格の算定を行う場合において、残余利益分割法と同様の考え方で利益分割法を用いる方法は、残余利益分割法に準ずる方法（措令39の12⑧四）となる」とする（移転価格指針別冊「事例集（事例8）」解説（参考）は、残余利益分割法に準ずる方法を他に3事例挙げて解説）。

④　棚卸資産の売買取引以外の取引に係る独立企業間価格の算定方法

1．棚卸資産の売買取引以外の取引の類型と移転価格税制の規定

　棚卸資産の売買取引以外の取引の類型としては、無形資産取引、グループ内役務提供取引（IGS：Intra Group Services）、グループ内金融取引、グローバル・トレーディングなどが考えられる。移転価格税制は、これらの取引に係る独立企業間価格について、棚卸資産の売買取引の場合と同様に、当該国外関連取引の内容及び当該国外関連取引の当事者が果たす機能その他の事情を勘案して、当該国外関連取引が独立の事業者の間で通常の取引の条件に従って行われるとした場合に当該国外関連取引につき支払わ

れるべき対価の額を算定するための最も適切な方法により算定した金額をいうと定める（措法66の４②二）。具体的には、基本三法と同等の方法、基本三法に準ずる方法と同等の方法、又は、その他政令で定める方法と同等の方法のうち「最も適切な方法」により算定した金額をいう。

２．無形資産取引

（１）無形資産取引に係る独立企業間価格の算定方法

　無形資産に係るロイヤリティーに関する国税不服審判所の裁決例として独立価格比準法（CUP）を適用した２つの事例[265]がある。しかしながら、日本における移転価格税制の執行の歴史が比較的新しかった時期になされた課税処分であること、及び、平成16年（2004年）度税制改正により取引単位営業利益法（TNMM）が導入されていることに鑑みるならば、今日では、当該裁決例の対象となった特定の業界においても、裁決において示されている業界水準のロイヤリティー料率をもって独立企業間料率として主張することは困難であると思われる。すなわち、無形資産の供与を受けて事業を行っている法人に、同業他社との比較において相当の超過利益が生じているときは、当該超過利益は、現地における技術開発の事実など特段の事情がなければ、その源泉である価値ある無形資産の法的所有者に帰属すべきであるからである[266]。なお、無形資産とは、著作権、法人税基本通達20－１－21に定める工業所有権等[267]のほか、顧客リスト、販売網等の重

---

[265] 関裁（法・諸）平10第40号（裁決事例集未搭載）、大裁（法・諸）平10第115号（裁決事例集未搭載）。

[266] 移転価格税制における無形資産の問題については、岩倉正和「移転価格税制―無形資産の扱いを中心に」金子宏編『租税法の発展』（有斐閣、2010年）697頁。最新の論考として、中里実「移転価格課税における無形資産の扱い」金子・中里・増井・谷口・太田＝北村・占部・赤松『移転価格税制の研究』（日税研論集64巻、2013年）25頁。

独立企業間価格の算定方法

	棚卸資産の売買取引	棚卸資産の売買取引以外の取引	備考
①	基本三法 ・独立価格比準法 ・再販売価格基準法 ・原価基準法	基本三法と同等の方法 ・独立価格比準法と同等の方法 ・再販売価格基準法と同等の方法 ・原価基準法と同等の方法	①〜③のうち、最も適切な方法
②	基本三法に準ずる方法 ・独立価格比準法に準ずる方法 ・再販売価格基準法に準ずる方法 ・原価基準法に準ずる方法	基本三法に準ずる方法と同等の方法 ・独立価格比準法に準ずる方法と同等の方法 ・再販売価格基準法に準ずる方法と同等の方法 ・原価基準法に準ずる方法と同等の方法	
③	その他政令で定める方法 ・利益分割法 （比較利益分割法、寄与度利益分割法、残余利益分割法） ・取引単位営業利益法 ・利益分割法に準ずる方法 ・取引単位営業利益法に準ずる方法	その他政令で定める方法と同等の方法 ・利益分割法と同等の方法 （比較利益分割法、寄与度利益分割法、残余利益分割法のいずれかと同等の方法） ・取引単位営業利益法と同等の方法 ・利益分割法に準ずる方法と同等の方法 ・取引単位営業利益法に準ずる方法と同等の方法	

(注) 最も適切な方法の選定にあたり勘案すべき事項については移転価格指針別冊「事例集（事例１）」の解説（参考２）を参照。

---

267 特許権、実用新案権、意匠権、商標権の工業所有権及びその実施権等のほか、これらの権利の目的にはなっていないが、生産その他業務に関し繰り返し使用し得るまでに形成された創作、すなわち、特別の原料、処方、機械、器具、工程によるなど独自の考案又は方法を用いた生産についての方式、これに準ずる秘けつ、秘伝その他特別に技術的価値を有する知識及び意匠等をいう。したがって、ノウハウはもちろん、機械、設備等の設計及び図面等に化体された生産方式、デザインもこれに含まれるが、海外における技術の動向、製品の販路、特定の品目の生産高等の情報又は機械、装置、原材料等の材質等の鑑定若しくは性能の調査、検査等は、これに該当しない（法通20－1－21）。

要な価値のあるものをいう（措通66の4(3)-3の(注)1）。

　平成23年（2011年）度税制改正大綱は、無形資産の取扱いの点については、今後OECDにおいて無形資産の移転に係る国際課税のあり方に関する議論が行われることから、当面は税制調査会専門家委員会平成22年11月9日「国際課税に関する論点整理」（Ⅱ　国際課税に関する中長期的な課題、4．国際的租税回避の防止に向けた今後の課題、4－1．無形資産の取扱い）[268]で示された点を参考にしつつ、こうした国際的な議論に参画していく必要があるとしていた（トピックス「移転価格税制における無形資産に関する議論の動向」を参照）。

（2）取引単位営業利益法（TNMM）と同等の方法の意義と適用

　棚卸資産の売買取引以外の取引における取引単位営業利益法（TNMM）と同等の方法の適用の意義は、当該市場における比較可能な独立企業の営業利益率水準を超える利益（超過利益）は、無形資産から生じたものであるから、無形資産の法的所有者が受け取るべきであるとするアプローチにある。公開データを用いて同業他社の営業利益率に関する情報を入手することが可能な場合には、納税者の予測可能性、税務当局の検証可能性の双方を充足することができるという利点がある。したがって、後述する租税条約に基づく国際二重課税排除のための相互協議あるいは事前確認（APA）においても有意なアプローチとされている。

　日本の移転価格税制に定めるTNMMは上記のとおり取引ベースの規定となっているが、実務において取引単位を事業セグメント単位又は法人の業態によっては法人単位とする弾力的な取扱いが必要とされる（措通66の4(4)-1、移転価格指針3-8、移転価格指針別冊「事例集（事例1）」の解説

---

[268]　税制調査会専門家委員会の議論の概要については、内閣府の税制調査会のHPから入手できる。http://www.cao.go.jp/zei-cho/gijiroku/zeicho/2010/_icsFiles/afieldfile/2010/11/24/22zen8kai11.pdf

(参考2)(1)ハ)。

　納税者が公開情報から入手可能な営業利益率は、通常は会社単位であり、詳細な情報が開示されている場合であっても事業部単位にとどまるから、厳格な取引単位の営業利益率でないことを理由にして納税者の移転価格算定方法を否定したり、調査により得たとされる取引単位の営業利益率をもって課税の根拠とする場合には、シークレット・コンパラブル（本章⑤章(2)、(3)参照）の新たな課税手法の展開に過ぎないことになる。そうした場合には納税者及び条約相手国から批判を受けることになろう。

(3) 利益分割法 (PSM) と同等の方法の意義と適用

　利益分割法は、移転価格税制の基本である独立企業原則とは異なり、国外関連取引に係る法人及び国外関連者の営業利益又は営業損失をいったん合算した上で（措通66の4(5)-1）、当該合算利益に対する貢献度に応じて国外関連者に利益を配分する方法であることは上述した（本章③4(4)参照）。

　移転価格指針は「利益分割法については、法人及びその国外関連者が、例えば、無形資産を有していることにより、国外関連取引において、基本的な活動のみを行う法人よりも高い利益を獲得している場合には、無形資産の個別性や独自性により比較対象取引が得られず、こうした高い利益を当該無形資産による寄与の程度に応じて当該法人及びその国外関連者に配分することが適切となる場合がある」（移転価格指針別冊「事例集（事例1）」解説（参考2）(2)ハ）とした上で、「無形資産は、その独自性・個別性（いわゆるユニークさ）により基本的活動のみを行う法人に比較して経済競争上の優越的な立場をもたらし得るという特徴を有しているために、無形資産が関係する国外関連取引に係る比較対象取引を選定することは困難な場合が多い。このため、法人及び国外関連者の双方が無形資産を使用する等により、双方による独自の価値ある寄与が認められる場合におい

て、残余利益分割法の選定が適切となるときがある」(移転価格指針別冊「事例集 (事例 8)」解説 3) とする。

具体的には、移転価格指針が、無形資産の使用許諾取引における移転価格の算定方法として、当該国外関連取引の内容及び当該国外関連取引の当事者が果たす機能その他の事情を勘案し (措通66の 4(2)-1、66の 4(3)-3、移転価格指針 3-1 等)、無形資産の使用許諾取引に係る対価を直接算定することに代え、比較対象取引の営業利益率により検証対象法人の機能に見合う通常の利益を計算し、これを超える検証対象法人の残余の利益 (超過利益) を特許権及び製造ノウハウの使用許諾に係る対価の額として間接的に独立企業間価格を算定する取引単位営業利益法に準ずる方法と同等の方法を最も適切な方法として選定することが妥当と認められると解説しているのが注目される (移転価格指針別冊「事例集 (事例 6)」《前提条件 2》(独立企業間価格の算定方法の選定))。

なお、移転価格指針別冊「事例集」は全部で28事例を挙げて検討するが、利益分割法の適用に関するものは15事例 (事例 7、8、10〜22) の多数を占めており、2010年 OECD 移転価格ガイドラインの改正を受けた平成23年 (2011年) 度税制改正による「最も適切な方法」概念の導入前の日本の税務当局の独立企業間価格の算定方法に関する政策的選好 (執行方針) の残滓が認められる。

平成20年 (2008年) 度税制改正において、法人は、法人税確定申告書別表17(4)「国外関連者に関する明細書」において、国外関連者の営業収益等における通貨・単位の明示、株式等の保有割合における同一の者による株式等の被保有関係にある国外関連者に係る保有割合、国外関連者の従業員数、利益剰余金の額及び事前確認の有無についても記載することとされている。

（４）無形資産が関係する取引に対する日本の税務当局の移転価格調査の執行方針

　日本の税務当局の移転価格調査の執行方針を定める移転価格指針は、無形資産の法的所有者とその形成・維持・発展への貢献を行った者とが必ずしも一致しないケースも見受けられるため、無形資産の所得への貢献の程度を検討する場合には、無形資産の法的な所有関係のみならず、無形資産の形成・維持・発展への貢献の程度も勘案することが必要（移転価格指針3-4）との認識に基づき、グループ企業内での委託研究開発契約というアレンジメントに言及して、実際の役務提供や費用負担の状況だけでなく、研究開発に係る意思決定やリスク管理において法人又は国外関連者が果たした機能等を総合的に勘案する必要があるとする（移転価格指針2-12）。「意思決定」とは、具体的開発方針の策定・指示、意思決定のための情報収集等の準備業務などを含む判断の要素であり、「リスク管理」とは、例えば、無形資産の形成等の活動に内在するリスクを網羅的に把握し、継続的な進捗管理等の管理業務全般を行うことによってこれらのリスクを一元的に管理する業務等をいう（移転価格指針別冊「事例集（事例13）」解説）。

　移転価格指針は、法人及び国外関連者の双方が独自性・個別性（いわゆるユニークさ）を有する無形資産を使用する等により高い利益を獲得している場合には、次のとおり、残余利益分割法（準ずる方法を含む）と同等の方法が最も適切な方法であるとする。

　移転価格指針は、移転価格税制上の無形資産とは、著作権、法人税基本通達20-1-21に定める工業所有権等のほか、顧客リスト、販売網等の重要な価値のあるものとの定義（措通66の4(3)-3(注1)）に言及し、無形資産として「重要な価値」を有するかどうかの判断にあたっては、国外関連取引の内容や法人及び国外関連者の活動・機能、市場の状況等を十分に検討

する必要があるとする。具体的には、①技術革新に関する無形資産、②人的資源に関する無形資産、③組織に関する無形資産などの重要な価値を有し所得の源泉となるものを幅広く検討対象とし、国外関連取引にこれらの無形資産が関連しているか、また、所得の源泉になっているかを総合的に勘案する必要があるとする（移転価格指針2-11前段）。そして、法人又は国外関連者の有する無形資産が所得の源泉となっているかどうかの検討にあたっては、例えば、国外関連取引の事業と同種の事業を営み、市場、事業規模等が類似する法人のうち、独自の機能を果たさない法人（基本的活動のみを行う法人）を把握できる場合には、法人又は国外関連者の国外関連取引に係る利益率等の水準と基本的活動のみを行う法人の利益率等の水準との比較を行うとともに、法人又は国外関連者の無形資産の形成に係る活動、機能等（例えば、研究開発や広告宣伝に係る活動・機能など）を十分に分析する必要があるとし（移転価格指針2-11後段）、法人及び国外関連者の有する無形資産が、基本的活動のみを行う法人との比較において、所得の源泉になっていると認められる場合（超過利益が存在する場合）には、残余利益分割法の適用について検討を行うとする。そして、残余利益分割法では、第1段階で「分割対象利益等のうち基本的利益を当該法人及び国外関連者それぞれに配分」し、第2段階で「当該分割対象利益等と当該配分をした基本的利益の合計額との差額である残余利益等をその発生に寄与した程度を推測するに足りる要因に応じて配分」するとした上で、広告宣伝活動のほか、原価低減等の活動・努力などは、ほとんどの企業が何らかの形で行っており、基本的には、単にこうした活動・努力を行っているということのみでは、基本的活動のみを行う法人との比較において、所得の源泉となる無形資産を形成していると直ちに認めることはできないことに留意する必要があるとする（移転価格指針別冊「事例集（事例10）」解説）。

移転価格税制における無形資産に関する議論の動向

1．平成22年（2010年）11月9日税制調査会専門家委員会資料「国際課税の論点整理」は「近年の経済・資本取引のグローバル化の進展に伴い、特に先進国企業において超過収益の源泉として無形資産の持つ意味が高まりつつある中で、事業再編等の際に無形資産の移転を通じて国際的な租税回避が行われるリスクが高まっている」との認識に基づき、無形資産の取扱いについて、次の論点整理を示している。

「○多国籍企業のグループが、リスク限定的販売会社や契約製造会社への転換などの形を利用した事業再編を通じて、税負担を軽減するタックス・プランニングが広く行われるようになってきている。OECDでは、このような事業再編の問題へ対応するため、移転価格税制の観点から、関連者間での機能やリスクの配分についての独立企業原則との関係が議論され、移転価格ガイドラインの第9章としてとりまとめられた[269]。

○今回のOECD移転価格ガイドラインの改定の中では、無形資産の扱いは見直されなかったが、今後、無形資産の範囲、及び無形資産の評価・課税の方法の観点からOECDにおいて議論が行われる予定である。

○多国籍企業グループが事業再編を通じて無形資産を軽課税国に移転する

---

[269] OECD移転価格ガイドライン（2010年版）は、9章「事業再編に係る移転価格の問題」を新設し「（多国籍企業の関連者間の国境を越えた）事業再編において設けられ又は課される条件であって独立企業間であれば設けられたであろう条件と異なるものが存在するか」（パラ9.9）との問題認識にたって、OECDモデル租税条約9条（特殊関連企業）及びOECD移転価格ガイドラインの事業再編についての適用を示す。OECD移転価格ガイドラインは関連者間取引としての事業再編についても国際的合意としての独立企業原則の維持を確認する（パラ1.14、1.15）。詳細については、赤松晃「OECD移転価格ガイドライン第9章「事業再編に係る移転価格の側面」を読み解く—IFA第65回年次総会における事例検討を手がかりに—」『租税の複合法的構成—村井正先生喜寿記念論文集』（清文社、2012年）267頁参照。この問題に関する最新の論考として、増井良啓「事業再編」金子・中里・増井・谷口・太田＝北村・占部・赤松『移転価格税制の研究』（日税研論集64巻、2013年）69頁。

ことで税負担の軽減を図るタックス・プランニングの例が米国などで顕著となりつつある。我が国においても同様の問題が生じるリスクが高まっており、今後のOECDなどにおける国際的議論の進展や経済活動の実態なども見極めつつ、無形資産の移転に係る国際課税のあり方について中期的課題として検討していく必要がある。」

2．平成23年（2011年）度税制改正大綱は「今後OECDにおいて無形資産の移転に係る国際課税のあり方に関する議論が行われることから、当面は「論点整理」で示された点を参考にしつつ、こうした国際的な議論に参画していく必要があります」としている。

3．各国の租税法は企業のグローバル化やデジタルエコノミーに追いついておらず、多国籍企業の人為的節税に利用できる税制の隙間が放置されているという「税源浸食と利益移転（BEPS：Base Erosion and Profit Shifting）」に対して、G20サミット（2013年9月5日〜6日、サンクトペテルブルク）において全面的に支持を得た「OECD／G20　BEPSプロジェクト」が展開されている（序章4参照）。BEPSを終わらせるための15の「BEPS行動計画」の「8．無形資産に係る移転価格ルールの策定」は、次により、関連者間で無形資産を移転することで生ずるBEPSを防止するルール（OECD移転価格ガイドラインの改正、場合によってはモデル租税条約の改正）を作成するとしている。

(1) 2014年9月を期限とする第一段階において、(i)広範かつ明確に線引きされた無形資産の定義を採用すること、及び、(ii)無形資産の移転及び使用に関連する利益が価値創造（と分離されるのではなくむしろ）に従って適正に配分されることを確保すること。

(2) 2015年9月を期限とする第二段階において、(iii)価格付けが困難な無形資産の移転に関する移転価格税制又は特別措置を策定すること、及び、(iv)費用分担契約に関するガイダンスを更新すること。

　(注)　日本語訳は『税源浸食と利益移転（BEPS）行動計画』（日本租税研究協

会、2013年)23~24頁による。

4.2014年9月16日に第一弾報告書が公開されたが(序章④図表序 - 2 参照)、税制調査会は既に平成26年(2014年)4月24日に国内法の改正にあたっての論点整理をしており、今後の議論の展開が注目される(序章④参照)。

3.グループ内役務提供取引(IGS)

(1)意　義

　法人が国外関連者に対し、経営・財務・業務・事務管理上の活動を行う場合において、独立企業原則に従った対価の支払いを得るべきグループ内役務提供取引(IGS：Intra Group Services)にあたるかどうかは、当該活動が当該国外関連者にとって経済的又は商業的価値を有するものかどうかにより判断される(移転価格指針 2 - 9、移転価格指針別冊「事例集(事例23)」参照)。具体的な判断基準は、①当該国外関連者と同様の状況にある非関連者が他の非関連者からこれと同じ活動を受けた場合に対価を支払うかどうか、又は、②当該法人が当該活動を行わなかったとした場合に国外関連者自らがこれと同じ活動を行う必要があると認められるかどうかである。対価を得て行う役務提供取引に該当する場合のある経営・財務・業務・事務管理上の活動は次のとおり例示されている(移転価格指針 2 - 9(1))。

　　イ　企画又は調整
　　ロ　予算の作成又は管理
　　ハ　会計、税務又は法務
　　ニ　債権の管理又は回収
　　ホ　情報通信システムの運用、保守又は管理

ヘ　キャッシュフロー又は支払能力の管理
ト　資金の運用又は調達
チ　利子率又は外国為替レートに係るリスク管理
リ　製造、購買、物流又はマーケティングに係る支援
ヌ　従業員の雇用、配置又は教育
ル　従業員の給与、保険等に関する事務
ヲ　広告宣伝（リに掲げるマーケティングに係る支援を除く）

　法人が、国外関連者の要請に応じて随時役務の提供を行い得るよう人員や設備等を利用可能な状態に定常的に維持している場合には、かかる状態を維持していること自体が役務の提供に該当するとされている（移転価格指針2-9(2)）。

　また、次の①重複活動又は②株主活動は、国外関連者にとって経済的又は商業的価値を有しないものとされている（移転価格指針2-9(3)）。

①　重複活動：法人の役務提供活動が、非関連者の当該国外関連者に対する活動、又は、国外関連者が自らに対する活動と重複（ただし、その重複が一時的であると認められる場合、又は、当該重複する活動が事業判断の誤りに係るリスクを減少させるために手続上重複して行われるチェック等であると認められる場合を除く）

②　株主活動：株主としての地位を有する法人が株主としての法令上の権利の行使又は義務の履行のための活動（例えば、親会社が実施する、(i)株主総会の開催や株式の発行、(ii)株主としての法令上の義務を履行するための国外関連者に係る内部統制の実施、(iii)金融商品取引法に基づく有価証券報告書等の作成）

　なお、上記の取扱いは、アウトバウンドの役務提供取引だけでなく、インバウンドの役務提供取引についても同様に適用される（移転価格指針2-9(4)）。

　法人が国外関連者に対し支払うべき役務の提供に係る対価の額の適否の

検討に際して、法人は当該国外関連者から受けた役務の内容等が記載された書類（帳簿その他の資料を含む）の提示又は提出が求められ、当該役務の提供に係る実態等が確認できないときには、寄附金課税（本章2⑪）の適用が検討されることになる（移転価格指針2-9(5)）。

（2）移転価格の算定方法

　対価を収受すべきグループ内役務提供取引に該当する場合の移転価格算定方法は、次による（措通66の4(7)-5）。

① 　比較対象取引に係る役務が国外関連取引に係る役務と同種であり、かつ、比較対象取引に係る役務提供の時期、役務提供の期間等の役務提供の条件が国外関連取引と同様である場合は、独立価格比準法と同等の方法

② 　比較対象取引に係る役務が国外関連取引に係る役務と同種又は類似であり、かつ、比較対象取引に係る条件と同様である場合は、原価基準法と同等の方法

③ 　上記の①又は②のいずれの方法も適用できない場合で、次の要件のすべてを満たしているときは、当該役務提供の総原価の額（役務提供に係る総原価には、原則として、当該役務提供に関連する直接費のみならず、合理的な配賦基準によって計算された担当部門及び補助部門の一般管理費等間接費まで含まれる）とする（移転価格指針2-10(2)、移転価格指針別冊「事例集（事例23）」解説5参照）。

　　イ　役務の内容が次に掲げる業務のいずれかに該当すること。
　　　（イ）　予算の作成又は管理
　　　（ロ）　会計、税務又は法務
　　　（ハ）　債権の管理又は回収
　　　（ニ）　情報通信システムの運用、保守又は管理
　　　（ホ）　キャッシュフロー又は支払能力の管理

(ヘ)　資金の運用又は調達（事務処理上の手続に限る）
　　(ト)　従業員の雇用、配置又は教育
　　(チ)　従業員の給与、保険等に関する事務
　　(リ)　広告宣伝（移転価格指針2-9(1)リに掲げるマーケティングに係る支援を除く）
　　(ヌ)　その他一般事務管理
　ロ　当該役務提供が法人又は国外関連者の事業活動の重要な部分に関連していないこと。
　ハ　当該役務提供に要した費用が法人又は国外関連者の当該役務提供を行った事業年度の原価又は費用の額の相当部分を占めていないこと。
　ニ　当該役務提供を行う際に自己の無形資産を使用していないこと。
　ホ　当該役務提供に関連する直接費及び間接費の計算が、当該役務提供に係る従事者の従事割合や使用資産の使用割合等、合理的な配分割合によっていること。
　なお、役務提供のうち本来の業務に付随した役務提供について、必要に応じて、当該役務提供の総原価の額を独立企業間価格とする原価基準法に準ずる方法と同等の方法の適用を検討する（移転価格指針2-10(1)、移転価格指針別冊「事例集（事例5）」参照）。
(注)　本来の業務に付随した役務提供に該当するかどうかは、原則として、当該役務提供の目的等により判断する。例えば、海外子会社から製品を輸入している法人が当該海外子会社の製造設備に対して行う技術指導等、役務提供を主たる事業としていない法人又は国外関連者が、本来の業務に付随して又はこれに関連して行う役務提供が挙げられる。ただし、次の場合は、本来の業務に付随した役務提供に当たらない。
　イ　役務提供に要した費用が、法人又は国外関連者の当該役務提供を行った事業年度の原価又は費用の額の相当部分を占める場合。
　ロ　役務提供を行う際に無形資産を使用する場合等当該役務提供の対価の額を当該役務提供の総原価とすることが相当ではないと認められる場合。こ

の場合について、移転価格指針別冊「事例集（事例23）」解説4は「法人の無形資産を使用して役務の提供が行われているにもかかわらず、その対価に無形資産の使用に係る部分が含まれていない場合には、本来の法人の業務がどのようなものかという観点も含め、使用された無形資産が寄与する国外関連者の事業活動を見極めて適切な所得配分結果となるような対価を算定する必要がある」としており、利益分割法の適用を示唆している。

4．費用分担契約

費用分担契約とは、特定の無形資産を開発する等の共通の目的を有する契約当事者間で、その目的の達成のために必要な研究開発等の活動に要する費用を、当該研究開発等の活動から生じる新たな成果によって各参加者において増加すると見込まれる予測便益の各参加者の予測便益の合計額に対する割合（予測便益割合）によって分担することを取り決め、当該研究開発等の活動から生じる新たな成果の持分を各参加者のそれぞれの分担額に応じて取得することとする契約をいう。例えば、新製品の製造技術の開発にあたり、法人及び国外関連者のそれぞれが当該製造技術を用いて製造する新製品の販売によって享受するであろう予測便益を基礎として算定した予測便益割合を用いて、当該製造技術の開発に要する費用を法人と国外関連者との間で分担することを取り決め、当該製造技術の開発から生じる新たな無形資産の持分をそれぞれの分担額に応じて取得することとする契約がこれに該当する（移転価格指針2-14）。移転価格指針は、費用分担契約の取扱い（移転価格指針2-15）、費用分担契約に関する留意事項（移転価格指針2-16）、費用分担契約における既存の無形資産の使用（移転価格指針2-17）、費用分担契約に係る検査を行う書類（移転価格指針2-18）を定めている[270]。

270　OECD移転価格ガイドライン（2010年版）8章 費用分担取極め（CCA）も併せて参照のこと。

しかしながら、選択と集中を目的とする国際 M&A が積極的に行われている現状にあって、無形資産の一元管理は企業経営が要請するところである。したがって、グループ内の無形資産の法的所有者を一元化せず、あたかも組合のように資産・役務・権利の精算又は獲得の費用及びリスクを分担する費用分担契約は、バイイン支払い（新規参加者の参入対価）又はバイアウト支払い（他の参加者から脱退者に対する補償）の独立企業間価格の算定の困難性という税務上の問題以前に、価値ある無形資産の活用を目的とする今日の知的資産経営に適合するアレンジメントとは言い難い。それにもかかわらず、日本の法人税率が他の国と比べて高く、かつ、日本の税務当局が残余利益分割法の適用を推進している現状に照らすならば、日本の法人が軽課税国に所在する国外関連者との費用分担契約を通じて価値ある無形資産から生ずる所得を当該国外関連者と按分するというタックス・プランニングが考えられる。平成23年（2011年）度税制改正において導入された特定外国子会社等の資産性所得合算課税制度（部分課税対象金額の益金算入制度）は、特定の要件を満たす能動的な使用料に限り合算課税の対象外と定める（第 5 章 ③ 6(2)参照）。

5．グループ内金融取引

　グループ内金融取引のうち、金銭の貸付けに係る利率の独立企業間価格の算定方法については、(1)金銭の貸付け等を業とする法人と、(2)金銭の貸付け等を業としない法人とに区分して、次のとおりの取扱いが定められている。なお、グループ内保証取引に係る保証料については、独立価格比準法に準ずる方法と同等の方法による国税不服審判所の裁決例がある[271]。

271　国税不服審判所平成14年 5 月24日裁決事例集63巻454頁。

(1) 金銭の貸付け等を業とする法人

独立価格比準法と同等の方法又は原価基準法と同等の方法を適用する場合には、比較対象取引に係る通貨が国外関連取引に係る通貨と同一であり、かつ、比較対象取引における貸借時期、貸借期間、金利の設定方式（固定又は変動、単利又は複利等の金利の設定方式）、利払方法（前払い、後払い等の利払方法）、借手の信用力、担保及び保証の有無その他の利率に影響を与える諸要因が国外関連取引と同様であることが必要である（措通66の4(7)-4）。

独立価格比準法と同等の方法又は原価基準法と同等の方法が適用できない場合には、例えば、国外関連取引の借手が銀行等から当該国外関連取引と同様の条件の下で借り入れたとした場合に付されるであろう利率を比較対象取引における利率とする独立価格比準法に準ずる方法と同等の方法となる（措通66の4(7)-4(注)）。

(2) 金銭の貸付け等を業としない法人

法人及び国外関連者がともに主として金銭の貸付け又は出資を行っていない場合、日本の移転価格税制の適用上、独立企業間価格としての利率は、次による独立価格比準法に準ずる方法と同等の方法の適用[272]について検討する（移転価格指針2-7、移転価格指針別冊「事例集（事例4）」参照）。

① 国外関連取引の借手が、非関連者である銀行等から当該国外関連取引と通貨、貸借時期、貸借期間等が同様の状況の下で借り入れたとした場合に付されるであろう利率

② 国外関連取引の貸手が、非関連者である銀行等から当該国外関連取引

---

[272] 東京地裁平成18年10月26日判決（平成15年（行ウ）第559号）は、同様の条件の下で金融機関等から借り入れた場合に通常付されるであろう利率を算定するにあたり、当該外貨・期間に応じたスワップレートを比較対象取引とする独立価格比準法に準ずる方法と同等の方法を認容した。

④ 棚卸資産の売買取引以外の取引に係る独立企業間価格の算定方法　481

と通貨、貸借時期、貸借期間等が同様の状況の下で借り入れたとした場合に付されるであろう利率
③　国外関連取引に係る資金を、当該国外関連取引と通貨、取引時期、期間等が同様の状況の下で国債等により運用するとした場合に得られるであろう利率

(注1)　①、②及び③に掲げる利率を用いる方法の順に、独立企業原則に即した結果が得られることに留意する。
(注2)　②に掲げる利率を適用する場合においては、国外関連取引の貸手における銀行等からの実際の借入れが、②の同様の状況の下での借入れに該当するときには、当該国外関連取引と紐付き関係にあるかどうかを問わないことに留意する。

6．グローバル・トレーディング

　グローバル・トレーディングとは、世界中で24時間にわたって市場で金融商品（通貨、債券、株式、商品、指数、デリバティブなど）に対する顧客の注文を実行する金融機関（商業銀行、投資銀行が代表的であるがこれらに限らない）の同一のグループ法人に属する各国の拠点（国外関連者）間の取引をいう。

　グローバル・トレーディングの事業形態には、トレーディング活動及びリスク管理活動に関する組織に着目した観点から、「統合トレーディング（Integrated Trading）」モデル、「分離企業トレーディング（Separate Enterprise Trading）」モデル、及び、「集中商品管理（Centralized Product Management）」モデルがある[273]。

　グローバル・トレーディングの事業実態に照らして伝統的な基本三法は適切でなく、①各拠点の複数の機能が当該グローバル・トレーディングに

273　『OECD恒久的施設への帰属利益の算定に関する報告書』（日本租税研究協会、2008年）パートIII.Bはグローバル・トレーディングの事業実態について詳細に検討している。

関与し、かつ、その機能の間に重要性の差がある場合には残余利益分割法、②残余利益分割法では正確に反映されない同一のグループ法人としてのシナジー効果をより正しく評価できる方法として寄与度利益分割法、③限定的な状況に限り取引単位営業利益法（TNMM）が適切であろうとされている（移転価格指針別冊「事例集（事例7）」参照）。

　残余利益分割法（措令39の12⑧一ハ）は、平成23年（2011年）度税制改正前は政令に定める利益分割法の適用の方法の類型の一つとして通達による方法であったことから法的根拠に疑問があるとする見解もあったが、エクイティ・デリバティブに係るグローバル・トレーディングにおける日本拠点に配分すべき利益の算定方法が争点となった国税不服審判所平成20年7月2日裁決（東裁（法）平20第4号）は「事業の内容及び第一次配分が適切に算定され残余利益金額の分割要因が利益の獲得に寄与した程度を推測するに足るものである限り」適法であるとした。その上で、国税不服審判所は、本件グローバル・トレーディングに係る事実認定の問題として、残余利益の内から海外の拠点の資本機能に対する優先的利益配分を認容した。

　なお、利益分割法の適用の対象となる分割対象利益等は、国外関連取引に参加したすべての関連者に生じた当該取引に係る損益（原則として営業損益）の総和と解されることから営業損失も含まれる（措通66の4(5)-1）。また、利益分割法の適用においては、国外関連取引の両当事者の会計処理や通貨に関する基準を共通化するとともに、採用した基準は利益分割法の適用対象年度において継続使用する必要があることに留意する（移転価格指針別冊「事例集（事例7）」《前提条件1》解説（参考））。

5 移転価格税制の執行規定

1. 移転価格税制の執行規定

　移転価格税制は、法人が国外関連者と取引を行うにあたって独立企業間価格と異なる価格を用いたことにより所得が減少している場合、その取引価格を独立企業間価格に引き直して日本における課税所得を再計算する制度である（措法66の4①）。そこで、移転価格税制は、調査官に次の権限を付与することで税制の適正な執行を担保している。

（1）移転価格調査に係る同業他社に対する質問検査権

　調査官は、移転価格調査にあたって、独立企業間価格の算定に必要と認められる財務省令で定める書類（措規22の10①一、二）を、法人が遅滞なく提示せず又は提出しなかった場合において、当該法人の各事業年度における国外関連取引に係る独立企業間価格を算定するために必要があるときは、その必要と認められる範囲内において、当該法人の当該国外関連取引に係る事業と同種の事業を営む者に対して質問し又は当該事業に関する帳簿書類を検査し、留め置くことができる（移転価格調査に係る同業他社に対する質問検査権）（措法66の4⑧⑨）。同業他社に対する罰則規定として、答弁せず、偽りの答弁をし、検査を拒み、妨げ、忌避した者、又は、偽りの記載若しくは記録をした帳簿書類を提示した者は30万円以下の罰金が定められている（措法66の4⑫⑬）。

（2）国外関連者が保存する資料等の入手努力義務

　調査官は、法人と国外関連者との取引に関する調査について必要があるときは、法人にその国外関連者の帳簿書類（一定の条件を備えた電磁的記録

を含む）又はその写しの提示又は提出を求めることができ、法人はその入手に努めなければならない（国外関連者が保存する資料等の入手努力義務）（措法66の4⑦）。調査官が、納税義務者である法人に対して国外関連者への入手努力義務を要請する資料情報とは、もっぱら利益分割法を適用する場合に分割要素として用いる国外関連者の①取引単位ごとの切り出し損益の販売費及び研究開発費の内訳明細や②関係する従業員数などである。なお、法人が国外関連者が保存する資料等の入手を果たしたにもかかわらず当該国外関連者からの資料情報の調査官への提供がないからといって、当該法人に罰則等を課す規定は定められていない。そこで、日本の税務当局は、いわゆるシークレット・コンパラブル[274]（措法66の4①⑧）による課税又は推定課税規定（措法66の4⑥⑧）の適用を行ってきた。

（3）平成23年（2011年）度税制改正後の課税実務

しかし、平成23年（2011年）度税制改正によって独立企業間価格幅（レンジ）の概念が国内法に導入された後の課税実務では、一般に、次の方法が採用されており、いわゆるシークレット・コンパラブルによる課税処分は過去のものとなっていると評価して良いであろう。

① 企業情報データベースから、検証対象法人と十分な比較可能性を有する複数の比較対象法人を選定する。

---

[274] シークレット・コンパラブル（措置法66条の4第8項の規定に定める調査権限により把握した非関連者間取引から比較対象取引として選定し移転価格課税の根拠とする方法。税務職員の守秘義務（通法126）を理由として、法人に対して独立企業間価格であると判断する理由等について具体的な説明をせずに課税処分を行う）については、本書第3版411頁「シークレット・コンパラブルの実態と法的問題点の所在」を参照。
　OECD移転価格ガイドライン（2010年版）は、新設された「第3章　比較可能性分析」の「A.4.3.3　納税者に開示されない情報」において、納税者が自己の立場を擁護するための及び裁判所による効果的な司法的コントロールを守るための十分な機会を納税者に与えられるように税務当局が国内の守秘義務の範囲内でシークレット・コンパラブルに関する情報を納税者に開示することができない限り、シークレット・コンパラブルに基づく移転価格課税は不公平（unfair）であろうと定めている（パラ3.36）。

② 最も適切な独立企業間価格の算定方法を決定する。
③ 比較対象法人の財務データから、最も適切な独立企業間価格の算定方法に即した利益水準指標を用いて、独立企業間価格幅（レンジ）を設定する。
④ 検証対象法人の実績値が、独立企業間価格幅（レンジ）の外にある場合は、独立企業間価格幅（レンジ）の平均値等に基づき課税処分を行う。

国税通則法第7章の2（国税の調査）に定める調査手続の移転価格調査の側面

1．平成25年（2013年）1月1日から実施されている新たな税務調査手続によれば、税務当局は、税務調査に先立ち、原則として、納税義務者に事前通知を行う（通法74の9①）。事前通知事項は、①調査を開始する日、②調査の場所、③調査の目的、④調査の対象税目、⑤調査期間、⑥調査対象となる帳簿その他の物件、⑦その他調査の適正かつ円滑な実施に必要なものとして政令で定める事項（調査担当官氏名等）などである。

2．一般法人税調査と移転価格調査は「一（いつ）の調査」として実施するのを原則とするが、納税義務者の負担軽減の観点から納税義務者の事前の同意があるときは、同一課税期間の法人税の調査について、移転価格調査とそれ以外の部分の調査に区分できる（調査手続通達3-1(4)イ）。

3．「調査対象となる帳簿書類その他の物件」には、国税に関する法令の規定により（下記5参照）備付け、記帳又は保存をしなければならないこととされている帳簿書類をいい、国外において保存するものも含まれる（調査手続通達1-5）。

4．「物件の提示」とは、当該職員の求めに応じ、遅滞なく当該物件（その写しを含む）の内容を当該職員が確認し得る状態にして示すことを、「物件の提出」とは、当該職員の求めに応じ、遅滞なく当該職員に当該物件（その写しを含む）の占有を移転することをいう（調査手続通達

1-6)。

5．移転価格税制に係る法令で定める帳簿書類（移転価格文書）とは、(1)国外関連取引を記載した書類（機能・リスク分析）、及び、(2)独立企業間価格を算定するための書類（①対象国外関連取引の範囲、②取引単位の決定、③比較対象取引の選定、④最も適切な独立企業間価格の算定方法の決定、⑤差異調整及び目標利益水準（レンジ）の設定など）をいう（措法66の4⑥、措規22の10①一、二）。）

6．調査官は移転価格調査にあたり合理的な期限を定めて移転価格文書の提示又は提出を求めるが、それにもかかわらず法人から提示又は提出が無い場合は、課税庁は所得移転金額の推定課税することができる（措法66の4⑧、移転価格指針2-5）。推定課税が適用された場合、法人は、裁判において、移転価格課税処分の対象となった取引の価格が独立企業原則に従ったものであることにつき立証責任を有する。法人が、裁判において、当該立証責任を果たさなかった場合は、推定課税は適法とされる。

7．なお、納税者である法人及び法人の代表者、従業員、又は代理人が調査官の物件の提示・提出要求に対し正当な理由なく拒否し、又は虚偽記載の帳簿等を提示・提出した場合は、30万円以下の罰金に処せられる（措法66の4⑫⑬）。

（参考）

・国税通則法第7章の2（国税の調査）関係通達（調査手続通達）

・調査手続の実施に当たっての基本的な考え方等について（調査手続指針）

・税務調査手続に関するFAQ（一般納税者向け）

・税務調査手続に関するFAQ（税理士向け）

http://www.nta.go.jp/sonota/sonota/osirase/data/h24/nozeikankyo/01.htm

（4）推定課税

　法人が、移転価格調査にあたって、国外関連取引に係る独立企業間価格を算定するために必要と認められる財務省令で定める書類を遅滞なく提示・提出しなかったときは、調査官は、国外関連取引に係る事業と同種の事業を営む法人で事業規模その他の事業の内容が類似する法人の、売上総利益率（再販売価格基準法に対応する方法）、原価加算利益率（原価基準法に対応する方法）、営業利益率（取引単位営業利益法に対応する方法）、又は、国外関連取引に係る事業に係る合算利益を調査対象法人と国外関連者との間で分割して算定する方法（利益分割法に対応する方法）のいずれかの方法により算定した金額により、推定課税をすることができる（措法66の4⑥、措令39の12⑪⑫）。推定課税が適法になされたことが立証された場合には、国外関連者との取引価格が独立企業間価格であることの立証責任は納税者に転換される。

　関連者間取引を比較対象取引として行われた推定課税の適用の可否が争われた推定課税事件（東京地裁平成23年12月1日判決（平成19年（行ウ）第149号）では、推定課税規定では事業の同種性及び事業内容の類似性の程度が緩やかに解されることに加えて、推定課税の基礎となる金額の算定における同種事業類似法人の「売上総利益率等」と独立企業間価格の算定に係る比較対象取引の「通常の利潤の額」とは異なる概念であり、同種事業類似法人の「売上総利益率等」は独立企業間価格を意味しないから、推定課税にあたり関連者間取引を用いることは適法であると判示する。これに対して、措置法66条の4第6項が推計課税規定ではなく、独立企業間価格の推定規定であることを考えると類似性の程度を緩やかに解することは問題であろうとの有力な批判[275]がある。さらに、独立企業間価格の算定にあたっては、法令上、比較対象取引との間に機能その他の差異がある場合には差異調整が義務づけられており（措法66の4②、措令39の12⑥～⑧）、「通

常の利潤の額」とは、比較対象取引の売上総利益率に検証対象取引との機能差異等の差異調整を行った後の売上総利益率から算定される独立企業間価格をいう（措法66の4②一ロカッコ書、措令39の12⑥）。すなわち、推定課税規定に定める同種事業類似法人の「売上総利益率等」の規定の意義は、独立企業間価格を推定するにあたって取引差異の調整までは要求されていない規定と解すべきものである。したがって、移転価格税制に定める推定課税規定の適用にあたり比較対象取引の類似性の程度を緩やかに解することができることをもって関連者間取引を比較対象取引とすることまで許容しているとの判旨は飛躍に過ぎると言うべきである[276]。

　平成22年（2010年）度税制改正は、納税者の予見可能性を高める観点から、推定課税規定の発動要件である独立企業価格を算定するために必要と認められる書類の範囲について、省令で次のとおり明示的に定めた。
① 　国外関連取引の内容を記載した書類（措規22の10①一）
② 　国外関連取引について法人が算定した独立企業間価格に係る書類（措規22の10①二）

　上記の税制改正を受けて、移転価格指針2－5（推定規定又は同業者に対する質問検査規定の適用に当たっての留意事項）は、調査官が独立企業価格を算定するために必要な資料の提示又は提出（提出等）を求める判断基準、提出等がなかった場合に推定課税規定が発動されることの説明、提出等の対象となる資料の範囲、提出等の期日、提出等の状況の記録作成、提出等された資料が不正確な情報等に基づき作成されたものである場合の取扱い、提出等された資料が独立企業価格を算定するために必要な資料に当たらず推定課税規定を発動する場合の調査官の理由説明義務を定める。

275　推定課税に関する包括的な論考として、占部裕典「移転価格調査—推定課税規定を中心に—」金子・中里・増井・谷口・太田＝北村・占部・赤松『移転価格税制の研究』（日税研論集64巻、2013年）226頁。
276　赤松晃「38　移転価格税制における推定課税規定」『最新租税基本判例70』（日本税務研究センター、2014年）162頁。

省令に定めるこれらの書類は、従前、移転価格指針2-4（調査時に検査を行う書類）に例示されていたものであるが財務省令により推定課税規定の発動要件と規定されたことから、これらの書類による移転価格文書の作成が実質的に義務化されたと評価できる（諸外国における文書化規定は様々であるが、日本は移転価格調査が開始され調査官から提示又は提出（提出等）の要求があってから合理的に期間内に提出等すれば足りること、また、罰則規定がないことから、義務規定とは性格づけられないとされる）。

推定課税規定の適用に関して、移転価格指針別冊「事例集（事例1）」解説6は次の留意事項を記載しており、移転価格文書の作成が義務づけられているに等しい状況に至っている（移転価格文書の作成については、本章⑤2参照）。

「多様な要因により決定される取引価格の妥当性を問題とする移転価格税制の適正・円滑な運用のためには、検討対象とする取引価格の決定根拠や他の通常の取引価格についての情報、取引の相手方である国外関連者の果たす機能等に関する情報、最も適切な方法の選定理由等が納税者から適切に提示等されることが重要となるため、次の点について納税者に注意を喚起する必要がある。

・納税者が、独立企業間価格を算定するために必要と認められる書類として財務省令に定めるもの又はその写しについて、税務当局の求めに応じて遅滞なく提示又は提出しなければ、推定課税等の適用要件に該当することとなる（措法66の4⑥⑧、措規22の10①）。

・納税者は、移転価格調査において、税務当局の求めに応じて独立企業間価格の算定に必要な国外関連者の保存する帳簿書類又はその写しの入手に努める必要があり（措法66の4⑦）、税務当局から求められた資料の内容が独立企業間価格の算定に必要な資料であって、税務当局の求めに応じて遅滞なく提示又は提出されなければ、推定課税等の適用要件に該当するものと解されている。

他方、納税者の確定申告の基礎となった移転価格指針2-4（調査時に検査を行う書類）に掲げる書類の検査に当たっては、必要な資料の提出等を求める場合や、納税者が選定した独立企業間価格の算定方法による算定結果が独立企業間価格と認められない場合等において、納税者に対し、その理由や調査の結果に基づき納税者が選定した方法に代えて適用する独立企業間価格の算定方法の内容等について十分説明し、納税者の理解を得ていくことに努めることに配意する必要がある。」

裁判例と移転価格課税実務の方向性

1．移転価格税制は本質的に国家間の所得の配分の問題であり（OECD 移転価格ガイドライン序文 パラ12）、租税条約に定める独立企業原則（OECD 9）に従い、租税条約に基づく両国の権限のある当局による相互協議（OECD 25）により解決されることが実際的であるために、裁判例は多くない。平成26年（2014年）7月1日現在で管見する限りでは、①経営指導料事件（東京地裁平成12年2月3日判決）、②今治造船事件（松山地裁平成16年4月14日判決、高松高裁平成18年10月13日判決）、③関係会社借入利息事件（東京地裁平成18年10月26日判決）、④アドビ・システムズ事件（東京地裁平成19年12月7日判決、東京高裁平成20年10月30日判決）、⑤電子部品事件（大阪地裁平成20年7月11日判決、大阪高裁平成22年1月27日判決）、⑥国外関連者に対する寄附金課税事件（東京地裁平成21年7月29日判決）、⑦推定課税事件（東京地裁平成23年12月1日判決）及び⑧寄与度利益分割法事件（東京地裁平成24年4月27日）である。なお、これらの裁判例は、いずれも2010年OECD移転価格ガイドラインの改訂を受容した平成23年（2011年）度税制改正前の事件である（改正後における執行方針の大転換については下記5の記述を参照）。

2．これまでの移転価格課税事件において示されている日本の裁判所の見解を踏まえると、次の方向性がうかがえる。結論として、移転価格調査の実務に耐え得る移転価格文書の作成とそれに基づく適切な調査対応が、救済手段の選択（国内救済手続又は租税条約に基づく相互協議）にかかわらず重要である。また、移転価格課税リスクの管理のために、租税条約に基づく相互協議による救済が得られるように既存の取引形態の見直しが必要な場合がある。

(1) 課税要件事実に関する立証責任

　課税庁は移転価格税制に定める次の課税要件事実について立証責任を負う。

① 移転価格課税の根拠として選定した取引が移転価格税制に定める比較対象取引であること

② 平成23年（2011年）度税制改正に従い、課税処分にあたり採用した独立企業間価格の算定方法が「最も適切な方法」であること

③ 選定した比較対象取引との関係において必要な差異調整を行っていること

　そして、課税庁の移転価格の算定方法が適法であり、かつ、算定される独立企業間価格の数値にも合理性が認められる場合は、納税者に、自らの国外関連取引が独立企業間価格で行われたことについての立証責任があるとする。

(2) 比較対象取引の選定

　最も信頼性の高い比較対象取引を選定しようとするならば、独立企業間価格の算定にあたり最も影響力のある選定要素に着目して候補を絞り込んでいく方法が合理的であり、選定された取引が比較対象取引であるかの判断は、果たす機能・引き受けるリスクなどの比較分析による。そもそも「看過し難い差異がある」場合や、差異調整がなされていても十分でない場合には、比較対象取引とはならない。

　　　　検証対象取引及び比較対象取引の取引単位は、合理的である限り、個別取引単位に限られず複数の取引の合算、事業部、あるいは、会社単位を取引単位とすることができる。

　　　　市場価格等の客観的かつ現実的な指標により国外関連取引に対する比較可能取引を想定することができるときは、そのような仮想取引を比較対象取引とすることができる。

　(3)　独立企業間価格の算出

　　　　移転価格課税にあたり、比較対象取引が複数あって、甲乙付け難く、1つに絞り込むことが困難である場合は独立企業間価格の算定にあたり平均値を適用することを認める。なお、将来の利益を予測する事前確認制度において「幅（レンジ）」の概念が認められていても、過去年度の課税所得の決定の根拠として「幅」の概念は採用しないとする従来の運用（旧移転価格指針3-3）を見直すとの平成23年（2011年）度税制改正大綱を受けて、国外関連取引の価格等がレンジの中にある場合には移転価格課税を行わないこと（措通66の4(3)-4）、また、レンジの外にある場合には比較対象取引の平均値に加え、その分布状況等に応じた合理的な値を用いた独立企業間価格の算定もできること（移転価格指針3-5）が明示的に規定されている。

　(4)　調査手続違反の意義

　　　　移転価格税制に定める同業他社に対する質問検査権の実施に関する要件は、手続規定に過ぎず、法人税の課税要件を定めたものでないから原則として更正処分に影響を及ぼさない。調査手続違反が課税処分の取消事由となるのは、刑罰法規に対する抵触や公序良俗に反するような重大な違法性がある場合に限られる。

3．上記に要約される移転価格課税事件に係る日本の裁判所の考え方に照らすならば、国内救済手続を求める選択は、次のとおり限定的な状況に限られると判断するのが実際的である。

① 国外関連者の所在地国と日本との間で租税条約が締結されていない場合

② 国外関連者の所在地国と日本との間で租税条約が締結されていても相互協議の実効性が期待できない場合

③ 事実認定が主たる争点であるため、相互協議における合意の可能性が期待し難い場合

4．平成21年（2009年）度税制改正で外国子会社配当益金不算入制度が導入された（法法23の2）。日本の法人税率が高いことから、国外関連者との取引を通じて、日本の親会社から外国子会社に所得が移転し、配当所得として日本の親会社に還流することにより会社グループ全体の租税負担の極小化が達成できる（トピックス「外国子会社配当益金不算入制度の導入と移転価格税制」参照）。そのため日本の税務当局は、移転価格指針及びその別冊事例集に従って、一層念入りな移転価格調査を展開するものと思われる。したがって、税務調査への対応として、調査に耐え得る移転価格文書を作成するとともに、関係会社間取引についても独立第三者との契約書と同等の水準の契約書を整備しておくことが必須である。とりわけ無形資産が関連する取引にあっては、海外製造子会社や海外販売子会社の営業利益率水準に直結する①無形資産の使用許諾に関する使用料率の設定が困難である場合、②徴収すべき使用料率が非常に高く算定される場合、あるいは、③使用料の対象となる取引金額が大きく使用料の絶対額が多額となる場合などは、ユニラテラル又はバイラテラルのAPA（Advance Pricing Arrangement：事前確認）の利用が現実的である（事前確認（APA）については、本章7参照）[277]。

5．2010年 OECD 移転価格ガイドラインの改訂を国内法に受容した平成23年（2011年）度税制改正後の移転価格調査の実務は、「不公正（un-

---

[277] 実務上の諸問題については、赤松晃・澤田純・中島美佐「無形資産取引に係る準備・対策」（税経通信、64巻8号、2009年7月号）105〜144頁参照）。

fair)」と批判された従前のシークレット・コンパラブルの適用に代えて、新たな執行方針の下に展開されている。すなわち、調査官が、①企業情報データベースから十分に比較可能性を有するとして選定した複数の比較対象法人、②調査官が最も適切な独立企業間価格の算定方法であると考える方法、③独立企業間価格幅（レンジ）を示し、法人と透明性のある議論を調査期間中に尽くすという姿勢に転換している。シークレット・コンパラブルの適用や調査官の恣意による利益分割法の適用に代わる新たな執行方針は、移転価格課税がもたらす国際二重課税の排除をより確かなものとすると高く評価したい。この執行実務の大転換は、前出のアドビ・システムズ事件の東京高裁判決が、課税処分の根拠とされた比較対象取引が合理的な選定基準に基づき選定されたものであることを課税庁が立証した場合には、自らの移転価格の適法性についての立証責任が納税者に転換する旨を判示したことを踏まえて、今後は企業情報データベースから選定される、いわばベスト・コンパラブルに基づき移転価格課税処分を行い、裁判における立証責任を法人に転換するという立場の反映であると理解される。法人は、今や、課税実務に耐え得る移転価格文書の作成を必要としていることを正しく認識する必要がある。

2．移転価格文書の作成

　昭和61年（1986年）度税制改正で移転価格税制が導入されて20年を超える今日では、多国籍展開している法人の多くは、エコノミストに依頼するなど多額のコストと時間を費やして移転価格算定方法に関する資料を作成しているのが通常である。移転価格文書は、独立企業原則に従った移転価格の算定方法を説明する資料であるから比較法に基づき作成される。その比較対象会社の選定や指標となる利益水準は公開情報に基づくものとな

る。法人が公開情報という限られたソースを基に作成した移転価格文書に対して、調査官が、措置法通達66の4(2)-1（最も適切な算定方法の選定に当たって留意すべき事項）、66の4(3)-1（比較対象取引の意義）、66の4(3)-3（比較対象取引の選定に当たって検討すべき諸要素等）、移転価格指針3-1（最も適切な方法の選定に関する検討）などを厳格に適用し、独立企業間価格の算定方法に必要な資料とはいえないとして否定することは容易である。この点についてOECD移転価格ガイドラインが「移転価格の算定は厳密な科学ではなく税務当局及び納税者双方の立場に立った判断を行うことが求められている」（パラ1.13）と定めていることは重要である。

国内法に基づく移転価格課税は国際二重課税を直ちに引き起こすから、租税条約は独立企業原則に基づく事業から生ずる利益の国家配分の原則を定めている（OECD 9）。独立企業原則の解釈はOECD移転価格ガイドラインとして公開され、日本の移転価格税制に関する執行通達である移転価格指針1-2(3)は「移転価格税制に基づく課税により生じた国際的な二重課税の解決には、移転価格に関する各国税務当局による共通の認識が重要であることから、調査又は事前確認審査に当たっては、必要に応じOECD移転価格ガイドラインを参考にし、適切な執行に努める」と規定することは上述した。

実定の租税条約においても、例えば、日米租税条約は議定書5において「条約第9条に関し、企業の利得の決定に当たって、同条にいう独立企業原則は、一般に、当該企業とその関連企業との間の取引の条件と独立の企業の間の取引の条件との比較に基づいて適用されることが了解される」とし、更に、交換公文3は「条約第9条に関し、二重課税は、両締約国の税務当局が移転価格課税事案の解決に適用されるべき原則について共通の理解を有している場合にのみ回避し得ることが了解される。このため、両締約国は、この問題についての国際的なコンセンサスを反映しているOECD移転価格ガイドラインに従って、企業の移転価格の調査を行い、

及び事前価格取決めの申請を審査するものとする。各締約国における移転価格課税に係る規則（移転価格の算定方法を含む）は、OECD移転価格ガイドラインと整合的である限りにおいて、条約に基づく移転価格課税事案の解決に適用することができる」と定めている。

議定書5及び交換公文3の規定は、租税条約9条に関する一般的な確認規定であると解される。そうすると相互協議では、先ず法人が作成した移転価格文書の妥当性が検討され、次に調査官が否定した理由及び調査官の課税手法が条約の規定により検証されることになる。

課税実務では、移転価格文書の作成が義務づけられているに等しい状況に至っているから（移転価格指針別冊「事例集（事例1）」解説6）、法人は、自主申告納税制度の下、①法人とその国外関連者の果たす機能、引き受けるリスク、使用する資産に関するいわゆる経済分析に基づき、独立企業間価格等を算定するために最適な方法を決定し、②選定された比較対象取引について必要な差異調整を行い独立企業間価格幅（レンジ）を算定し、③もし国外関連取引の価格等の予測値がレンジの外にある場合には、レンジの中に収束するよう決算調整を行う必要がある。こうした一連の移転価格税制に固有のコンプライアンス手続は移転価格文書により達成される。今後の移転価格調査の実務では、法人が移転価格文書を作成していても（レンジの水準を巡る調査官と法人の見解の相違以前の問題として）、独立企業間価格の算定方法における「最も適切な方法」を巡る法人と課税当局の意見の対立が、とりわけ無形資産が関係する国外関連取引に関して、予想される。この場合、調査官が考える「最も適切な方法」に基づく独立企業間価格の算定に必要な資料の提出等（利益分割法の適用のため国外関連者に対する詳細な財務情報が想定される）を求め、納税者が提出等のために国外関連者からの当該必要とする資料の提出義務（措法66の4⑦）を果たしたものの当該国外関連者からの協力が得られないときは、推定課税の適用が有り得ると考えられる。

法人の事業内容は法人が一番承知しているのであるから、法人が自ら、機能、引き受けるリスク及び使用する資産に関する十分な事実分析を行い、移転価格調査実務に精通した外部専門家と意見交換の上でベストの独立企業間価格を決定するとともに合理的なレンジを設定し、これらを国外関連取引の内容を記載した書類及び国外関連取引について法人が算定した独立企業間価格に係る書類として整備しておく必要がある[278]。

6 移転価格課税に基因する国際二重課税の排除

1．国内救済手続と租税条約に基づく相互協議

（1）相互協議の申立て

国外関連者の所在地国と日本との間に租税条約が締結されている場合には、国内救済手続[279]とは別に、租税条約に定める権限のある当局による相互協議の申立てを期間制限内[280]にすることができる。

日本の62の租税条約（租税条約、情報交換協定、税務行政執行共助条約）

---

[278] 「OECD／G20 BEPSプロジェクト」による「BEPS行動計画」の「13．移転価格文書化の再検討」は、2014年9月までに、多国籍企業が、関係国間での所得のグローバルな配分の状況、経済活動や納税額に関する情報を、共通の様式により提供する移転価格の文書化に関する規定を策定するとしていたが、2014年9月16日の第一弾報告書において、最終報告書として Guidance on Transfer Pricing Documentation and Country-by-Country Reporting が公開された。税制調査会は既に平成26年（2014年）4月24日に国内法の改正にあたっての論点整理をしており、最終報告書における勧告を踏まえた、今後の具体的な文書化に関する制度の改正内容が注目される（序章[4]参照）。

[279] 日本の税務当局から移転価格課税を受けた場合に不服申立前置主義に基づく行政事件訴訟法に定める取消訴訟を申し立てることになる。不服申立て及び訴訟の全般について水野忠恒『租税法』（有斐閣、5版、2011年）110〜130頁参照。

[280] OECDモデル租税条約は3年の期間制限を定める（OECD25①）。

の適用対象国・地域は85か国（平成26年10月1日現在）であり、そのうちの、いわゆる租税条約（二重課税の回避、脱税及び租税回避等への対応を主たる内容とする）52条約（63か国適用）のすべてに、相互協議に関する規定が置かれている。平成25年事務年度では、相互協議申立て件数197件の内訳は、移転価格課税37件、移転価格に関する事前確認152件、その他（恒久的施設（PE）に関する事案や源泉所得税に関する事案など）8件である。相互協議処理事案1件当たりに要した平均的な期間は22.6か月である（事前確認に係るもの20.9か月）。なお、相互協議事案全体に占めるOECD非加盟国との協議事案の割合は増加傾向にあり、平成25事務年度の相互協議申立て件数197件のうち45件（約23％）、繰越件数379件のうち111件（約29％）をOECD非加盟国が占める。1件あたりの処理期間はOECD非加盟国との相互協議事案に限ると40.0か月である（事前確認に係るもの33.2か月）[281]。

租税条約に定める権限のある当局の相互協議は、租税条約に定める国際二重課税排除のための相互協議条項は努力義務規定であって、合意義務が課せられているわけではない（OECD 25②）[282]。また、いずれか又は双方の権限のある当局が相互協議手続を進めない場合は事案の検討が遅延し合意に至るまでに長時間を要するなどの問題が指摘されていたところ、2008年OECDモデル租税条約の改訂において、権限のある当局が2年以内に

---

[281] 国税庁「平成25事務年度の『相互協議を伴う事前確認の状況』について」（平成26年10月）参照。

[282] 2006年7月24日付の日本経済新聞は、ホンダに対する国税庁による250億円の移転価格課税に関するブラジルとの相互協議が決裂したことを伝えている。2014年8月28日日経新聞によれば、ホンダの「現地法人はブラジルが税優遇を定めている『マナウスフリーゾーン』内で二輪車や部品を製造しているが、国税当局はブラジル国内の別の地域で税優遇を受けていない同種企業との営業利益率の比較で追徴課税をしており比較可能性を欠く違法な更正処分」との主張が、東京地裁で全面的に認められた。

2011年11月4日付の武田薬品工業ホームページは、国税庁による1,223億円の移転価格課税に係る米国との相互協議が合意に至らず終了したこと、それに従い中断していた異議申立の手続を再開する旨を伝える。2013年3月25日付の同社のホームページは、2012年4月6日の大阪国税局による一部取り消しの異議決定に続き、2013年3月25日に国税不服審判所から全部取消の裁決を得たことを明らかにしている。

合意を成立させることができなかった場合の（強制）仲裁規定が25条（相互協議）5項として導入されている[283]。仲裁手続の導入を進めることにより、両国の権限のある当局による相互協議では事案の解決に至らない場合であっても、納税者が仲裁を要請する場合には、仲裁により解決されるので、相互協議の実効性が高まることが期待されている。日本は、2010年のオランダ新租税条約において初めて相互協議に仲裁手続を導入し、香港との新租税協定、ポルトガル新租税条約、ニュージーランド新租税条約、スウェーデン改正議定書（未発効）、英国改正議定書（未発効）と続いている。また、2013年に署名した米国改正議定書（未発効）は米国型とも言うべき仲裁手続を採用している[284]（租税条約に基づく相互協議における仲裁手続については第3章[4]25参照）。

したがって、日本の税務当局から移転価格課税を受けた場合、相互協議が不成立となったときに備えて、実務では、原処分庁に対して異議申立てをし、将来の国内救済手続の権利を確保した上で、別途申立てをしている租税条約に基づく相互協議を優先し、異議申立てに係る審理を相互協議の係属中の間は留保するよう依頼する。

平成23年（2011年）度税制改正において、租税条約の規定により仲裁の要請をしようとするときの国税庁長官に対する要請書の記載事項（実特規12③④）が定められている。平成23年（2011年）度税制改正の相互協議指針は仲裁に関する国内手続を第5章36～44として定めた。主たる規定として、相互協議開始日（相互協議指針37）、仲裁に係る事前確認（相互協議指針40）、仲裁要請書の様式及び記載事項（相互協議指針41）、仲裁の終了事由（相互協議指針42）などがある。

---

283 赤松晃「OECDモデル租税条約25条5項に導入された仲裁規定の意義―OECDの事例検討を手がかりに」租税研究727号（2010年）222頁参照。
284 仲裁手続の詳細について、赤松晃「移転価格課税に係る紛争の処理―租税条約に基づく相互協議における仲裁手続を中心に―」金子・中里・増井・谷口・太田＝北村・占部・赤松『移転価格税制の研究』（日税研論集64巻、2013年）235頁。

(2) 相互協議申立てを条件とする納税の猶予及び延滞税免除の特例の創設

　法人が、日本の税務当局から移転価格税制に基づく更正処分を受けた場合には、国際二重課税の状況が生ずる。そこで、二重課税の負担を軽減することを目的として、租税条約に基づく相互協議による解決が図られるまでの間について、納税の猶予及び延滞税免除の特例が定められている。

　すなわち、法人が、日本の税務当局から、租税条約の相手国等の居住者である国外関連者との取引に関し、移転価格税制に基づく更正処分を受けた場合に、租税条約に基づく相互協議の申立てを行うとともに、相互協議に係る納税猶予の申請をしたときは、更正又は決定に係る国税（相互協議の対象となるものに限る）及びその加算税の額につき、その具体的納期限（申請が具体的納期限後であるときは申請の日）から相互協議の合意に基づく更正があった日（合意が行われなかった等の場合には、国税庁長官がその旨を通知した日）の翌日から1カ月を経過する日までの期間、納税の猶予が認められる（措法66の4の2①、通法35②二、37①）。納税の猶予の適用を受けるためには、猶予する金額に相当する担保を提供することが必要である（措法66の4の2②）。納税の猶予がなされた国税に係る延滞税のうち猶予期間（申請の日が猶予した国税の具体的納期限（通法37①）以前の日である場合には、申請の日から当該具体的納期限までの期間を含む）に対応する部分は、免除される（措法66の4の2⑦）。一定の場合には、納税者の弁明の聴取の手続を経た上で、猶予の取消があり（措法66の4の2⑤）、その日以後の期間に対応する部分の金額については延滞税の免除の適用がない（措法66の4の2⑦）。納税の猶予が終了した時には、確定した本税及びその加算税を納付することになる。地方税についても、国税と同様に、租税条約の相手国等との相互協議に係る徴収猶予及び延滞金免除の特例が定められており、国は、法人が移転価格税制に伴う相互協議の申立てをした場

合等（相互協議の合意の成立又は不成立）には当該法人の主たる事務所又は事業所所在地の都道府県にその旨、及び、移転価格税制により更正決定された法人税額等（相互協議の合意の成立の場合はその内容）を通知する。通知を受けた都道府県は関係都道府県及び関係市町村に通知する（地法55の2〜55の5、72の39の2〜79の39の5、321の11の2、321の11の3）。

なお、日本の税務当局による移転価格課税に関して、条約の相手国等との相互主義を条件として、延滞税を免除する規定が置かれているが（措法66の4㉑）、これまで実例はないとされている。

（3）国内法救済手続の相互協議に対する拘束性

国税不服審判所の裁決及び裁判所の判決とも取消判決についてのみ拘束力を有するにとどまるから（不服通102-2㊟、行訴法33①）、「処分取消の請求が棄却され、処分の適法性が確立された場合、これは当該法律関係自体を積極的に確定するものでないから、行政庁が当該処分を職権で取り消すことは差し支えない」[285]とされている。したがって、判決による一部取消の場合を含め、相互協議において日本の権限のある当局による下方修正は可能である[286]。

（4）相互協議の成立と対応的調整

日本の税務当局が移転価格課税を行った場合、逆に、外国税務当局が移転価格課税を行った場合のいずれの場合にも、国際二重課税の状況が生ずる。

両国の権限のある当局による相互協議において、独立企業間価格につき合意がなされたときは、相手国等の税務当局は合意された価格に基づき自

---

[285] 司法研修所『租税訴訟の審理について』（法曹界、1985年）195頁、南博方編『条解行政事件訴訟法』（弘文堂、1987年）753頁。
[286] 国際税務研究グループ編『国際課税問題と政府間協議―相互協議手続と同手続をめぐる諸問題』（大蔵財務協会、1993年）61〜63頁。

国の納税者の所得を減額する対応的調整を行う条約上の義務を有する（OECD 9②、25②）。

相手国等の移転価格課税に基因して、租税条約に基づき両国の権限のある当局が相互協議を行い合意に達したときは、日本の税務当局は、更正の請求（通法23②三、通令6①四）を条件として、法人に対して対応的調整（減額更正）を行う（実特法7①）。これにより国外関連者の所在地国の税務当局が行った移転価格課税に基因する二重課税が排除される[287]。

このように租税条約に基づく相互協議の合意の成立を条件として、日本の税務当局が納税者である日本の法人の所得を減額する対応的調整は条約上の義務（shall clause）である（OECD 9②、25②、実特法7、8）。なお、対応的調整に関する明文の規定を有しなかった旧日米租税条約11条に関して、旧日米租税条約25条は相互協議での合意を条件として対応的調整を認めていると判示した移転価格税制と地方公共団体の還付事件がある（東京高裁平成8年3月28日判決（平成7年（行コ）第39号））[288]。

租税条約の適用がない場合に、国外関連者の所在地国の税務当局の移転価格課税に基因する二重課税の排除を目的とする法人の任意の所得の減額調整は認められない（実特法7①）。

---

[287] 平成25年（2013年）度税制改正における、いわゆる納税環境の整備の一環として、延滞税、利子税、還付加算金の利率の引下げを図る見直しが行われている。更正の請求の場合、更正の請求があった日の翌日から起算して3カ月を経過する日とその更正があった日の翌日から起算して1カ月を経過する日とのいずれか早い日が還付加算金の起算日である（通法58①二、法法133②、134②）。したがって、相互協議の合意に基づく対応的調整を受けるための更正の請求の場合は、実務的には還付加算金は付されない処理がなされるのが通例である。

[288] 藤田耕司「71. 移転価格税制と地方公共団体の還付」『租税判例百選〈4版〉』別冊ジュリスト178号（2005年）140頁。

6 移転価格課税に基因する国際二重課税の排除　503

> **新興国との相互協議において国際二重課税の救済が機能しない状況の顕在化**
>
> 　日本企業がその製造拠点を立地競争力に優れた中国、タイ、インドネシア、ブラジル、フィリピン、ベトナムなどのOECD非加盟の国に移管してきたことに伴い、日本の親会社とこれらの諸国に所在する子会社等との取引に対する日本の税務当局による移転価格課税処分が増大してきている（国税庁「平成21事務年度の『相互協議を伴う事前確認の状況』について」（平成22年11月）3頁）。日本とこれらの諸国の租税条約にはOECDモデル租税条約9条2項に定める対応的調整に相当する規定（1977年に導入）を欠く条約例が多く（例えば、ブラジル、中国、インドネシア、ロシアなど）、またOECDモデル租税条約25条2項（国内法上の期間制限にかかわらず相互協議の合意の実施を義務づけ）に相当する規定を欠く条約例（例えば、ブラジル、タイ、フィリピン、ロシアなど）もあり、近時、これらの国との租税条約に定める相互協議を通じての国際二重課税の救済が機能しない状況が生じていることが問題となってきているとされる[289]。

2．租税条約に基づく相互協議の成立に基づく還付

　日本の税務当局の移転価格課税に基因する相互協議において、当該移転価格課税を減額する内容が合意された場合は、職権による減額更正が行われる（通法71①二）。職権による減額更正に係る還付加算金は、当初の移転価格課税に係る納付法人税額等の納付が過納金に該当することになるので、移転価格課税に基づき国税を納付した日の翌日から付される（通法58

---

[289] 国税庁相互協議室長猪野茂「相互協議の現状について」租税研究738号（2011年4月）213～214頁参照。

①一イ)[290]。事業税、法人道府県民税及び法人市町村民税（都民税を含む）の取扱いも同様である（地法17の4①一、17の6①三、55①、72の39①、321の11①）。

　平成6年（1994年）度税制改正において、租税条約の相手国等の移転価格課税に関する相互協議の合意に基づく国税の還付が行われたことを要件とする事業税、法人道府県民税及び法人市町村民税（都民税を含む）の還付についての特例が定められている（地法53㉛、72の24の11、321の8㉗、実特法7①）。この特例は、地方団体は国に比較して財政規模が小さいために、対応的調整に係る還付すべき地方税額を即時に還付すると、地方団体の財政運営に多大な影響を与え、また、還付税額が多額となる場合には年度途中で還付のための補正予算を編成しなければならないなどの問題に対処するために、通常の還付とは異なり、更正の請求による更正の日の属する事業年度開始の日から1年以内に開始する各事業年度の税額から順次控除し、控除しきれない金額について実際に現金で還付するというものである。

　なお、日本が行った移転価格課税に関して相互協議により解決が得られた場合は、上述のとおり職権による国税の減額更正に基づく地方税の職権による減額更正が行われ、当該特例の適用はない[291]。

290　日本が移転価格課税をなした事案について相互協議が成立した場合には、職権による還付がなされるから（通法71①二）、更正の請求は不要である。職権による還付の場合は、特例基準割合の適用により現行（平成26年1月1日～平成26年12月31日）では年2.9％の割合により還付加算金が付される（通法58①一イ、措法93①②、95）。
　　最高裁第二小法廷平成20年10月24日判決（平成19年（行ヒ）第285号）は、相互協議の合意に基づく職権による法人税の減額更正に起因する地方税の過納金の還付に係る還付加算金の起算日は納付の日の翌日と判示する。

291　自治省税務局編『住民税逐条解説』（地方財務協会、1996年）482頁。

7 事前確認（APA）

1．事前確認（APA）の意義

　移転価格問題を解決する方法として、納税者が税務当局に申し出た独立企業間価格の算定方法等について、税務当局がその合理性を検証し確認を与えた場合には、納税者がその内容に基づき申告を行っている限り移転価格課税は行わないという事前確認(APA：Advance Pricing Arrangement)[292]のニーズは、一層高まってきている。

2．事前確認（APA）の種類

　事前確認（APA）には、取引に関係する複数の国の内の1カ国の税務当局と当該国のAPA制度に基づき確認を得る片務的なユニラテラルAPAと、取引に関係する2か国の税務当局と租税条約に定める相互協議（MAP（Mutual Agreement Procedures：相互協議手続））を通じて確認を得る双務的なバイラテラルAPA（BAPA：二国間事前確認）との2種類がある。

　ユニラテラルAPAは日本の税務当局が外国税務当局との相互協議を行わずに独立企業間価格の算定方法等について確認するものである。国外関連者が外国税務当局により課税されるリスクの回避までは保証されないが、相互協議を伴わないので、通常、早期に確認が得られるとされる。これに対しバイラテラルAPAは、関係する双方（又は多数の国）の税務当

---

[292] 日本の事前確認制度の意義と発展について、谷口勢津夫「事前確認制度」金子・中里・増井・谷口・太田＝北村・占部・赤松『移転価格税制の研究』（日税研論集64巻、2013年）103頁。

局から法的安定性を得ることができる。バイラテラルAPAは、租税条約に基づく相互協議を要するために相対的に長期の時間とコスト負担となるものの、二重課税リスクを未然に回避するニーズの高まりとともに、平成25年事務年度では、相互協議申立て件数197件のうち、バイラテラルAPAに係るものが152件と約80%を占めている[293]。

3．日本企業の国際水平分業ビジネスモデルとAPA

今日のボーダレス経済は、日本の親会社が開発し製造した製品をもっぱら米国の販売会社に輸出するというようなかつての単線の取引から、日本本社が研究開発した知的財産に基づき、立地条件に優れた国際競争力のある東アジアに所在する製造子会社で製品を製造し、日本の本社及び米国、EUに所在する各々の市場の販売子会社がマーケティング・販売を行う輻輳した国際水平分業ビジネスモデルへと展開してきた。さらに、今日では、消費者に近い市場の販売子会社又は製造子会社等における研究開発機能の重要性が増している。

日本企業の国際水平分業ビジネスモデルと日本の移転価格税制

1．日本企業の典型的なビジネスモデルとしての国際水平分業

　日本企業の知的財産の国境を越えた利用に係る典型的なビジネスモデルは、日本本社が研究開発した知的財産に基づき、立地条件に優れた国際競争力のある東アジアに所在する製造子会社で製品を製造し、日本の本社及び米国、EUに所在する各々の市場の販売子会社がマーケティング・販売を行うというものである。東アジアの製造子会社で製造された製品が米

---

[293] 国税庁「平成25事務年度の『相互協議を伴う事前確認の状況』について」（平成26年10月）参照。

国、EUの販売子会社へ直送される場合を例として取り上げれば、大きく分けて次の2つの取引類型がある。

① 外→内→外取引：日本の本社が、製造子会社から製品を輸入し販売子会社に輸出するdrop shipment（帳合）という取引類型
② 外→外取引：東アジアの製造子会社から直接又は軽課税国に所在する物流統括会社を通じて米国、EUの販売子会社に対する売上が記録される取引類型

なお、今日では、消費者に近い市場の販売子会社又は製造子会社等における研究開発機能の重要性が増している。

2．外→内→外取引類型と移転価格税制

日本の本社が、帳簿上、製造子会社から製品を輸入し販売子会社に輸出するdrop shipment（帳合）と呼ばれる取引類型（外→内→外取引）の場合、棚卸資産の取引価格、ロイヤリティー、グループ内役務提供取引（IGS）の対価に係る移転価格税制が問題となる。この取引類型の場合、日本の本社で研究開発した知的財産の使用の対価は、日本の本社における海外の製造子会社からの製品の輸入価格と海外の販売子会社に対する輸出価格（国内市場で販売する取引はその販売価格）との差額の利益の総和として取得される。したがって、日本の本社における税務問題は、第一に海外の製造子会社からの製品の輸入価格と海外の販売子会社に対する輸出価格が独立企業間価格であるかどうかという棚卸資産に係る移転価格問題である。

また、本社が製造子会社又は販売子会社からロイヤリティーを徴求する場合にはそのロイヤリティー料率、及び、本社管理部門が製造子会社又は販売子会社から徴求するグループ内役務提供取引の対価も移転価格問題である。

3．外→外取引類型と日本の移転価格税制

外→外取引類型の場合、日本の本社は収益源に成長した日本国外の取引

> に直接介在せず、海外に展開された子会社が製造から販売までの機能を展開し、利益は、販売子会社、製造子会社あるいは軽課税国の物流統括会社（第5章③4(4)参照）に集積する。販売子会社が独立の第三者に売り上げることでグループとしての利益が現実のものとなることに着目して、販売子会社の売上総利益を原資として知的資産に係るロイヤリティーを日本の親会社が徴求するアプローチがある。あるいは、製造段階の付加価値にこそ利益の源泉があるとして製造子会社から日本の親会社がロイヤリティーを徴求するアプローチがある。さらに、日本の親会社が、物流統括会社や外国子会社合算税制の適用除外要件を充足する知的財産を開発・保有する事業持株会社から、ロイヤリティーを徴求するビジネスモデルへの展開が考えられる。
>
> 　日本の本社の製造部門等が製造子会社から徴求する技術指導等の対価、あるいは、日本の本社の管理部門が製造子会社又は販売子会社から徴求するグループ内役務提供取引の対価も移転価格問題である。

　今日の日本企業は、タックス・ホリディなどの税務上のインセンティブを付与し企業誘致を行う政策を通じて自国経済の発展・拡大を図る東アジアの国々との取引が増大している。しかし、これらの諸国と日本とのバイラテラルAPAの成立の実行可能性に疑問があることも実状である。また、バイラテラルAPAは租税条約の相互協議条項に根拠を置く2カ国間の取決めであるから、1カ国でなく多くの国々に製造子会社を展開し、更に、地域の複数の国に所在する販売会社に製品を供給するという日本企業の現実の展開に即した制度とは言い難い。かかる現実に照らせば、日本企業が、世界の税務当局の中でも移転価格課税に積極的であるとされる日本の税務当局とユニラテラルAPAを締結する実際的意義は高いというべきである。

4．外国法人の日本支店とAPA

　外国法人の日本支店のバイラテラルAPAに関しては、外国法人の日本支店は、条約上の日本の居住者にあたらないから、日本の税務当局に対する相互協議の申立ての適格性がないとされている。そこで、当該外国法人の本店が所在する国の税務当局から日本の権限のある当局に対して事前確認に係る相互協議の申入れがあり、かつ、当該日本支店が事前確認の申出に準じた申出を行うことを条件として、外国法人の日本支店の国内において行う事業から生ずる所得（第2章③1-1参照）の7つの類型（法令176①）のうちの7号該当（1号から6号に定める事業から生ずる所得以外のその他の類型）についてのみ、適用対象としている（移転価格指針5-24）。実務上、金融機関のグローバル・トレーディングに関するバイラテラルAPAをもっぱら念頭に置いた規定であると説明されている。しかしながら、外国法人の恒久的施設に帰属する所得に関するOECDモデル租税条約7条2項が「この条約及び第［23A］［23B］条の適用上、各締約国において1に規定する恒久的施設に帰せられる利得は、特に当該恒久的施設を有する企業の他の構成部分との取引において、当該恒久的施設が、同一又は類似の条件で同一又は類似の活動を行う分離し、かつ、独立した企業であるとしたならば、当該企業が当該恒久的施設を通じて、及び当該企業の他の部門を通じて遂行した機能、使用した資産及び引き受けた危険を考慮して、当該恒久的施設が取得したとみられる利得とする」と定め、更に、3項が「一方の締約国が、2の規定に基づき、いずれか一方の締約国の企業の恒久的施設に帰せられる利得の調整を行い他方の締約国において租税を課された利得に対して租税を課する場合には、当該他方の締約国は、当該利得に係る二重課税の排除に必要な範囲で、当該利得に課された租税の額について適当な調整を行う。この調整に当たっては、両締約国の権限のある当局は、必要があるときは、相互に協議する」と定めていることから

して、外国法人の国内において行う事業から生ずる所得の全部（本支店間内部取引を含む）が当然にAPAの対象とされるべきである（第3章④7(1)参照）。

5．APAの特性と実務上の問題点

(1) 将来年度に係る確認とロールバック

　APAは、法人の過去の事業年度の財務データ等の実績値を基に独立企業間価格の算定方法の妥当性、適正な利益率等を検討し、税務当局が法人の将来事業年度の取引価格（利益水準）に関して事前に確認を与えるものである。したがって、過去の事業年度を対象とする移転価格調査とは異なる。

　バイラテラルAPAの場合に限り、APAの確認内容を過去の事業年度に遡及適用（ロールバック）することが認められている（移転価格指針5－23）。しかしながら、ロールバックは、必ずしも過去の事業年度の申告所得金額の減額調整に限定されず増額調整もあり得るから、バイラテラルAPAの場合に限りロールバックを容認する理由が不明である。ロールバックの適用を受けて増額調整となる場合には修正申告書を提出することになるが、バイラテラルAPAに限り過少申告書加算税が免除される要件（通法65⑤）を充足する取扱いとなっている（移転価格指針5－16）。

　移転価格調査が開始された後にAPAの申出があっても調査は中断されないが、他方で、APA制度の信頼性の確保のために、事前確認審査の過程で納税者が税務当局に提出した資料は、事実に関するもの（財務諸表、資本関係図、事業概況等）を除き、移転価格調査の担当官に提供されない（移転価格指針2－22）。

（２）納税者が入手可能な情報の使用と独立企業間価格（利益水準）幅（レンジ）の使用

　APAは、企業自身が独立企業間価格の算定方法として申し出た手法を確認する制度であるため、比較対象取引の選定にあたっては法人が入手可能な情報（公開データ、内部データ等）のみに基づいて行われる。法人にとって、公開情報などに基づく透明性が確保された審査が実施されるメリットは大きい。

　現在までの日本の移転価格税制の執行の方針として、移転価格調査の場合は独立企業間価格は特定の水準（ポイント）で算定するが、バイラテラルAPAは所得移転がないと判断できる幅（レンジ）で確認する場合が多いとされる[294]。

　租税条約に基づくバイラテラルAPAでは、比較対象取引が複数ある場合、四分位に分け、上限値からと下限値からの四分位を除いた幅（フルレンジの25％から75％のレンジ）である四分位数分析（インタークォータイル（Interquartile））レンジ[295]のほか、比較対象取引のすべてから構成されるフルレンジの使用が適当と認められる場合もある。なお、相互協議を伴わない日本のみによる事前確認（ユニラテルラルAPA）の場合、検証の対象とした法人が国外関連者又は確認申出法人であるかに応じ、それぞれに対応するレンジ（フルレンジの例が多いとされる）の上限又は下限のみを用いて確認することとなる（移転価格指針別冊「事例集（事例27）」）。

294　国税庁「事前確認の概要」（平成22年11月）4頁。
295　米国内国歳入法に基づく実務が世界標準となった例である。米国内国歳入法典482条は、比較対象取引の複数年度のデータを用いた独立企業間価格幅（レンジ）の使用を認め（Treas. Reg. §1.482-1(f)(2)(ⅲ)）、租税条約に基づく相互協議あるいは二国間事前確認（BAPA）の実務に大きな影響を与えている。

6．事前確認の手続

(1) 事前確認の申出・更新・改定

　事前確認（APA）は、国外関連取引の全部又は一部について申請することができる。事前確認の申出は、事前確認を受けようとする事業年度（確認対象事業年度）のうち最初の事業年度開始の日の前日までに、確認対象事業年度、国外関連者、事前確認の対象となる国外関連取引（確認対象取引）及び独立企業間価格の算定方法等を記載した「独立企業間価格の算定方法等の確認に関する申出書」（確認申出書）をその国外関連者の所在地国ごとに法人の納税地の所轄税務署長（調査課所管法人にあっては国税局長）に提出することにより行う（移転価格指針5-2）。なお、独立企業間価格の算定方法等について事前相談（代理人を通じた匿名の相談を含む）をすることができる（移転価格指針1-1(34)、5-10）。確認対象事業年度は原則として3事業年度から5事業年度である（移転価格指針5-7）。

　バイラテラルAPAは、事前確認（APA）について租税条約に基づく相互協議を求めるものであり、上記の確認申出書のほか、所定の手続に従い、国税庁長官に対して相互協議申立書を提出する（実特規12①④、相互協議指針6）。

　確認法人から事前確認の更新の申出がなされた場合には、新規の申請に準じて審査が実施される。なお、事前確認の更新の申出は、確認対象事業年度開始の日の前日までに、確認申出書を法人の納税地の所轄税務署長（調査課所管法人にあっては国税局長）に提出する（移転価格指針5-22）。

　また、事前確認を継続する上で前提となる重要な事業上又は経済上の諸条件等について事情の変更が生じた場合には、事前確認の改定の申出をその事業年度中に提出しなければならない（移転価格指針5-20）。提出しない場合には事前確認（APA）の取消事由[296]となる。

(2) 事前確認(APA)申請にあたり作成する資料等

申請にあたっては、次の資料の作成が必要とされる(移転価格指針5－3)。

① 確認対象取引及び当該確認対象取引を行う組織等の概要
② 事前確認を求めようとする独立企業間価格の算定方法及びその具体的内容等(独立企業間価格の算定方法等)並びにそれが最も合理的であることの説明
③ 事前確認を行い、かつ、事前確認を継続する上で前提となる重要な事業上又は経済上の諸条件
④ 確認対象取引における取引及び資金の流れ、確認対象取引に使用される通貨の種類等、確認対象取引の詳細
⑤ 確認対象取引に係る国外関連者(当該国外関連者)と確認申出法人との直接又は間接の資本関係、実質的支配関係
⑥ 確認対象取引において確認申出法人及び当該国外関連者が果たす機能
⑦ 確認申出法人及び当該国外関連者の過去3事業年度分の営業・経理の状況その他事業の内容に関する資料。なお、確認対象取引が新規事業又は新規製品に係るものであり、過去3事業年度分の資料を提出できない場合には、将来の事業計画、事業予測の資料等これに代替するもの
⑧ 当該国外関連者について、その所在地国で移転価格に係る調査、不服申立て、訴訟等が行われている場合には、その概要及び過去の課税状況
⑨ 申出に係る独立企業間価格の算定方法等を確認対象事業年度前3事業

---

296 移転価格指針5－21(1)は次のとおり取消事由を定める。
　① 事前確認を継続する上での重要な前提条件について、事情の変更があったにもかかわらず改定の申出を行わなかった場合
　② 確認法人が事前確認の内容に適合した申告を行わなかった場合
　③ 確認法人が年次報告書を提出しなかった場合又は年次報告書に重大な誤りがあった場合
　④ 申出の基礎となった事実に重大な誤り等があった場合

年度に適用した場合の結果等、確認申出法人が申し出た独立企業間価格の算定方法等を具体的に説明するために必要な資料
⑩　その他事前確認にあたり必要な資料

(3) 事前確認審査・修正・通知

事前確認審査は国税局の担当課が審査し、必要に応じ国税庁担当課が参加する(移転価格指針5-11)。事前確認審査の中心は次のとおりである。
①　確認法人及びその国外関連者の事業実態、国外関連取引の事実関係の把握
②　審査にあたっての基礎データとなる過去の事業年度における所得移転の蓋然性の有無の検討
③　独立企業間価格の算定方法の妥当性の検討
④　比較対象取引の比較可能性の検討

ユニラテラルAPAの場合は、国税局の担当課は、確認申出法人が申し出た独立企業間価格の算定方法等が最も合理的であると認められない場合には、確認申出法人に対し、申出の修正を求めることができる(移転価格指針5-11(4))。納税者が修正に応じない場合のほか、事前確認申請にあたり移転価格指針に定める添付資料(移転価格指針5-3)の提出を怠っている場合、審査担当官が事前確認審査のために必要と認められる資料(移転価格指針5-11(3))を合理的な期限を定めて提出を要請したにもかかわらず提出しない場合、又は、移転価格指針に定める事前確認を行うことが適当でない場合(移転価格指針5-14(1))にも不確認とされる(移転価格指針5-15(4))。申出内容がそのまま確認されるか修正された場合に確認となる(移転価格指針5-15(3))。

事前確認審査は法人税に関する調査には該当しないから(移転価格指針5-11(2))、当該算定方法等の修正により当初申告所得金額について修正申告書を提出することになったとしても、過少申告加算税は賦課されない

(通法65⑤、移転価格指針5-16)。

　バイラテラルAPAの場合は、局担当課の審査結果の報告を踏まえて、国税庁相互協議室が租税条約に定める相互協議条項に基づき条約相手国等の権限のある当局と相互協議を実施する。申立者への相互協議の進ちょく状況の説明（相互協議指針17）、合意に先立っての申立者の意向の確認（相互協議指針18）、相互協議の合意の通知（相互協議指針19、移転価格指針5-15⑴⑵）の手続が定められている。一定の要件に該当する場合には相互協議が成立することなく終了する（相互協議指針20）[297]。

(4) 事前確認（APA）の効果及び年次報告書の提出と審査

　確認法人が、確認事業年度において事前確認の内容に適合した申告を行っている場合には、確定申告書の提出期限又は所轄税務署長があらかじめ定める期限までに、次の事項を記載したAPA年次報告書を提出することを条件として（移転価格指針5-17）、確認取引は独立企業間価格で行われたものとして取り扱う（移転価格指針5-16）。

① 確認法人が事前確認の内容に適合した申告を行っていることの説明
② 確認取引に係る確認法人及び当該国外関連者の損益
③ 事前確認の前提となった重要な事業上又は経済上の諸条件の変動の有無に関する説明
④ 確認取引の結果が事前確認の内容に適合しなかった場合に、確認法人が行った価格の調整の説明
⑤ 確認事業年度に係る確認法人及び当該国外関連者の財務状況
⑥ その他確認法人が事前確認の内容に適合した申告を行っているかどうかを検討する上で参考となる事項

　確認法人が事前確認の内容に適合した申告を行うために確定決算におい

---

[297] 相互協議を伴う事前確認手続の流れについて国税庁「事前確認の概要」（平成22年11月）10頁参照。

て行う必要な調整（例えば、売上原価勘定の減額記帳）は、移転価格上適正な取引として取り扱う（移転価格指針5－19(1)）。

　局担当課は事前確認の内容に適合した申告が行われているかどうかについてAPA年次報告書に基づき検討する（移転価格指針5－18(2)）。APA年次報告書に基づく申告内容の検討により、確認内容に合致していないことにより所得金額が過少となっている場合には修正申告書の提出による所得の調整が必要となる。国税通則法の調査手続の改正に伴い、局担当課が行うAPA年次報告書に基づく申告内容の検討は、行政指導にあたるとされ、当該修正申告書の提出は「更正があるべきことを予知してされたもの」には該当せず、過少申告加算税は賦課されない（移転価格指針5－18(2)(注)）。

(5) 補償調整

　確認法人が、事前確認に関して行う価格調整（補償調整）は、次による（移転価格指針5－19(2)）。なお、ユニラテラルAPAの場合は、日本の移転価格税制が申告所得の増額調整だけを規定していて減額調整を規定していないことから、確認法人が最低達成すべき利益水準が合意内容となり、確定申告が事前確認の内容に適合していないことにより所得金額が過大となることがない。すなわちユニラテラルAPAの場合には、申告調整において補償調整による所得の減額という概念はない。課税実務では、APAに基づく確認法人と国外関連者との事前の取決め等に基づき、事前確認の目標利益水準が達成されるように価格調整（増額又は減額）を期末決算処理として行うことも認められている。

① 確認法人の所得水準が過少となっている場合
　イ　申告調整
　　確認事業年度に係る確定申告前に、確定決算が事前確認の内容に適合

していないことにより所得金額が過少となることが判明した場合には、申告調整により所得金額を加算調整する。
ロ　修正申告
　　確認事業年度に係る確定申告後に、確定申告が事前確認の内容に適合していないことにより所得金額が過少となっていたことが判明した場合には、速やかに修正申告書を提出する。

② 確認法人の所得水準が過大となっている場合
イ　申告調整
　　確認事業年度に係る確定申告前に、確定決算が事前確認の内容に適合していないことにより所得金額が過大となっていたことが判明した場合には、補償調整に係る相互協議の申立てに関する手続を行い（確定申告書の提出期限内に相互協議の合意を得ることができれば）、申告調整により所得金額を減額調整する。
ロ　更正の請求
　　確認事業年度に係る確定申告後に、確定申告が事前確認の内容に適合していないことにより所得金額が過大となっていたことが判明した場合には、補償調整に係る相互協議の申立てに関する手続を行い、相互協議の合意を得て更正の請求を行う（通法22③三、実特法7①）。

第7章

支払利子損金算入規制税制
（過少資本税制／過大支払利子税制／恒久的施設帰属資本に対応する負債の利子の損金不算入）

＜第7章　Key Word＞

過少資本税制、資金調達構成、equity、debt、無差別取扱い、国外支配株主等、資金供与者等、平均負債残高、実質支配関係、自己資本、平均負債残高の算定、類似法人の負債・資本比率、負債の利子等、手形の割引料、社債発行差金、その他経済的な性質が利子に準ずるもの、債務の保証料、債券の使用料、特定債券現先取引等、基準平均負債残高、債券現先取引、現金担保付債券貸借取引、過大支払利子税制、関連者純支払利子等の額、調整所得金額、恒久的施設帰属所得、恒久的施設帰属外部取引、内部取引、恒久的施設帰属資本、規制上の自己資本

1 支払利子損金算入規制税制

1．意　義

　資本構成（資金調達）を決定する要因としては、①事業の危険をどれだけ負担するか、②事業活動の収益にどれだけ参加するか、③事業の運営の支配をどうみるかという3つがあり、資金調達の方法には証券（資本）又は負債（借入）が選択される。事業活動を行うにあたって必要な資金を資本（equity）で調達するか、あるいは負債（debt）で調達するかは経営判断（私的自治）の問題である（水野忠恒『租税法』（有斐閣、5版、2011年）478頁）が、税法上、一般に、企業の調達資金コストである資本に対する配当は利益処分とされるのに対して、借入に対する支払利子は損金の額に算入される。そこで、グループ企業間の資金調達構成において負債形式を不当に利用し、支払利子を通じて資金の提供を受ける法人の法人税を減少させる一方で、国外に支払われる利子は所得税の源泉徴収をもって日本における課税関係が終了し、更に租税条約により源泉所得税の税率が減免されることにより、法人税の減少と適用される源泉所得税の差額分だけ日本での租税を回避することができる。日本の課税ベースの浸食を図る過大な支払利子への規制としては、一般に、①過大な利率に対する規制、②資本に比して過大な負債の利子への規制、③所得金額に比して過大な支払利子に対する規制、という3つの規制措置が考えられる。

2．支払利子損金算入規制税制の概要

　日本は、①過大な利率に対する規制については、昭和61年（1986年）度税制改正による移転価格税制（措法66の4）の導入、②資本に比して過大な負債の利子への規制については、平成4年（1992年）年度税制改正による過少資本税制（措法66の5）を導入することで対処してきた。しかしながら、①移転価格税制は支払利子の「利率」の水準が独立企業原則と異なる場合には対応できるが支払利子の「大きさ＝金額」については規制できず、②過少資本税制は借入れとともに増資し支払利子の「大きさ＝金額」を増やすことにより所得金額に比して過大な支払利子の損金算入が可能という問題点が指摘されていた。そこで、平成24年（2012年）度税制改正において、③所得金額に比して過大な支払利子に対する規制として、過大支払利子税制（措法66の5の2）が導入された。

　さらに、平成26年（2014年）度税制改正において、非居住者・外国法人に対する課税制度が総合主義から帰属主義に見直されたことに関連して（第1章③1-1参照）、恒久的施設（改正法法2十二の十八）に帰せられる所得（恒久的施設帰属所得）に係る所得の金額の計算にあたり、恒久的施設に計上した自己資本の額が恒久的施設に帰せられるべき資本（恒久的施設帰属資本）の額に満たない場合には、その満たない部分に対応する負債の利子の金額は損金の額に算入されないという恒久的施設に帰せられるべき資本に対応する負債の利子の損金不算入制度（改正法法142の4）が導入された（平成28年（2016年）4月1日から開始する事業年度から適用）。非居住者の恒久的施設に帰属する所得に係る所得の計算にあたっても、資本の額に対応するものとして純資産の額を用いて、同様の制度（改正所法165の3）が導入された（平成29年（2017年）分以後の所得税について適用）。

3. BEPS 行動計画項目と今後の動向

　OECD／G20における BEPS（税源浸食）の検討では、利子を受ける者の居住地国において利子として認識されず課税がないハイブリッド・ミスマッチという問題が明らかになっており、BEPS 行動計画項目 2「ハイブリッドミスマッチの効果の無効化」において、他国の租税の取扱いに自国の租税の取扱いをリンクさせるリンキング・ルール[298]の勧告が検討されている（序章図表序 - 2 参照）。今後、日本では、本章で検討する現行制度、すなわち、過少資本税制（措法66の 5 ）、過大支払利子税制（措法66の 5 の 2 ）、平成26年（2014年）度税制改正で導入された恒久的施設に帰せられるべき資本に対応する負債の利子の損金不算入制度（改正法法142の 4 、改正所法165の 3 ）を含む、支払利子の損金算入を規制する税制のあり方について多角的な視点からの検討がなされるであろう。

② 過少資本税制

1. 意　義

　過少資本税制は、法人税の課税所得の計算にあたり、配当は課税後の利益処分であり損金とならないが、借入れに係る支払利子は損金に算入となることを利用した、いわゆる過少資本による国際的な租税回避行為を防止する制度である。日本では、平成 4 年（1992年）度税制改正によりに導入された。

---

[298] ハイブリット金融商品に係るリンキング・ルールのタイ・ブレーク・ルールとして、支払の受領者側の国において益金不算入の場合は支払者側の国において損金算入を否認するという第一ルール、支払者側の国において第一ルールを適用しない場合は、防御ルールとして受領者側において益金算入をする第二ルールが検討されているという。

内国法人の海外関係会社からの借入金が、原則として、その海外関係会社が有する当該内国法人の自己資本持分の3倍相当額を超える場合（ただし、当該内国法人の借入金の総額が自己資本の額の3倍相当額以下である場合には適用除外）には、その超過額に対応する支払利子は当該内国法人の課税所得の計算にあたり損金として認められない。なお、当該内国法人が、類似内国法人の借入・自己資本比率に照らし妥当な比率を示した場合には、3倍に代えて、その倍率を用いることができる。

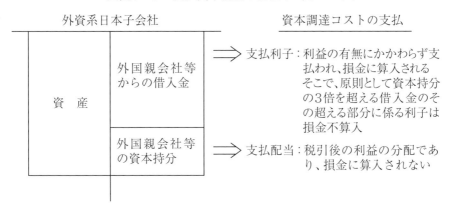

図表7-1　過少資本税制の仕組み（イメージ）

(注)　外資系日本子会社は、外国親会社等からの出資を過少にし、他方で、外国親会社等からの借入金を増加することにより、課税所得を圧縮することができることに対する規制措置。なお、匿名組合契約等の出資金に係る利益の分配は損金算入されることに留意（第2章③12参照）。配当、利子及び匿名組合契約等に係る利益の分配は、国内法上、いずれも20％の税率により所得税が源泉徴収される。

過少資本税制が国際グループ企業のクロス・ボーダーの支払利子等に限り対象取引とし、国内グループ企業間の支払利子等を対象取引としていないのは、次の理由からである。すなわち、国内グループ企業間の資金調達の場合は、①資本（equity）に係る支払配当は損金とされないが受取配当金も益金に算入されず、他方、②負債（debt）に係る支払利子等は損金に

算入されるものの受取利子等も益金に算入されるから、特定の租税回避行為（出資に比して貸付けが機動性を有することを奇貨として赤字会社が黒字会社に貸付けを行うことでグループ全体としての課税対象所得を圧縮）を除き、equity を debt と操作する誘因が乏しいからである。

内国法人のなかで外国法人を親会社とするいわゆる外資系法人についてのみ、その親会社に対する支払利子等の損金算入を制限する過少資本税制は、かつて租税条約に定める無差別取扱い条項（第3章④24参照）への抵触が論議されたが、現在では、過少資本税制が独立企業原則を採り入れていれば、無差別取扱いに抵触しないとされている[299]。日本は、後述するように類似法人の負債・資本比率を援用することを制度上認めている。

2．基本的な仕組み

内国法人の各事業年度の国外支配株主等及び資金供与者等に対する平均負債残高（国内の資金供与者等に対する平均負債残高を除く）が国外支配株主等の当該内国法人に対する資本持分の3倍を超える場合には、当該事業年度において国外支配株主等及び資金供与者等に対する負債の利子等の額のうち、当該超過額に対応する部分の金額は損金の額に算入されない（措法66の5①④、措令39の13①②）。ただし、各事業年度の負債の総額に係る平均負債残高が当該事業年度の自己資本の額に相当する額の3倍以内である場合は適用がない（措法66の5①ただし書）。なお、課税実務上、国内の資金供与者等には、支払いを受ける負債の利子等について日本での課税に

---

[299] 諸外国の動向及び無差別条項に関する論議を含む過少資本税制に関する文献として、水野忠恒「過少資本税制」『国際租税法の最近の動向』租税法研究21号（有斐閣、1993年）（水野忠恒『国際課税の制度と理論—国際租税法の基礎的考察—』［有斐閣、2000年］所収95〜108頁）。谷口勢津夫「過少資本税制との関係」『租税条約論』（清文社、2003年）150〜184頁。羽床正秀「過少資本税制の問題点」水野忠恒編著『国際課税の理論と課題』（税務経理協会、2訂版、2005年）所収157〜186頁。

服する外国法人の日本支店及び内国法人の外国支店を含む。

　国外支配株主等及び資金供与者等に対する負債及び負債の利子等のうちに、借入れと貸付けの対応関係が明らかな特定債券現先取引等に係るものがある場合には、これらを国外支配株主等及び資金供与者等に対する負債及び負債の利子等の額から控除することができるが、その場合には、上記の倍数は3倍以内に代えて2倍以内とされる（措法66の5②）。

　国外支配株主等や資金供与者等が複数ある場合、国外支配株主等及び資金供与者等に対する平均負債残高、国外支配株主等及び資金供与者等に対する負債の利子等の額は、各々それらの額を合算して過少資本税制を適用する（措令39の13④）。

　過少資本税制の適用がある納税義務者は、内国法人及び日本に恒久的施設（恒久的施設）を有する外国法人（措法66の5）及び連結法人（措法68の89）とされていたが、平成26年（2014年）度税制改正において、法人税法に、恒久的施設に帰せられるべき資本に対応する負債の利子の損金不算入制度（改正法法142の4）が導入されたことに伴い（本章4参照）、過少資本税制は外国法人に適用されないこととされた。基本的な仕組みは同じであるので、以下では、特に断りをしない限り、内国法人について検討する。

（1）納税義務者

　過少資本税制の納税義務者（適用対象者）は、国外支配株主等及び資金供与者に対して負債の利子等を支払う法人である。国外支配株主等が日本に支店等の恒久的施設を有し、当該負債の利子等を法人税の課税対象所得に含めている場合は、過少資本税制の対象となる負債の利子等から除かれる（措法66の5⑤三）。

（2）国外支配株主等

　国外支配株主等とは非居住者又は外国法人で、①内国法人の発行済株式

等（自己株式を除き、全部又は一部について払込み又は給付が行われていない株式及び名義株の実質保有者を含む）の50％以上を直接又は間接に保有する関係、又は、②取引依存、資金、人事等を通じて事業の方針の全部又は一部につき実質的に決定できる関係、にある非居住者又は外国法人をいう（措法66の5⑤一、措令39の13⑫、措通66の5-1～66の5-4）。

（3）資金供与者等

資金供与者等とは、国外支配株主等の保証等に基づき、内国法人に対して資金を供与する者及びその資金の供与に関係のある次の者をいう（措法66の5⑤二、措令39の13⑭）。

① 内国法人に係る国外支配株主等が第三者を通じて内国法人に対して資金を供与したと認められる場合におけるその第三者
② 内国法人に係る国外支配株主等が第三者に対して債務の保証をすることにより、その第三者が内国法人に対して資金を供与したと認められる場合におけるその第三者
③ 内国法人に係る国外支配株主等から内国法人に貸し付けられた債券（国外支配株主等が内国法人の債務の保証をすることにより、第三者から内国法人に貸し付けられた債券を含む）が、他の第三者に対する担保提供、債券現先取引での譲渡、又は現金担保付債券貸借取引での貸付けにより当該他の第三者が内国法人に対して資金を供与したと認められる場合におけるその第三者及び当該他の第三者

（4）適用要件

内国法人が各事業年度の国外支配株主及び資金供与者等に支払う国外支配株主等の負債の利子等がある場合に、次の①の比率又は②の比率のいずれもが3倍を超えるときは、①の「超える部分」に対応する部分の負債の利子等の金額は損金の額に算入されない（措法66の5①）。

① 国外支配株主等及び資金供与者等に係る負債・資本持分比率

　内国法人の当該事業年度の国外支配株主等及び資金供与者等に対する負債の平均負債残高が、当該事業年度の当該国外支配株主等の当該内国法人に対する資本持分の3倍を超える場合

② 総負債・自己資本比率

　内国法人の当該事業年度の総負債に係る平均負債残高が、当該事業年度の当該内国法人の自己資本の額の3倍を超える場合

(注1)　国外支配株主等の資本持分とは、各事業年度の内国法人の自己資本の額に当該国外支配株主等の当該内国法人に対する直接及び間接の持分割合を乗じて計算した金額をいう（措法66の5⑤六、措令39の13⑳）。

(注2)　自己資本の額は、当該内国法人の総資産の帳簿価額から総負債の帳簿価額を控除した純資産の額（当該金額が法人税法に規定する資本金等の額に満たない場合には、当該資本金等の額）をいう（措法66の5⑤七、措令39の13㉓）。純資産額は合理的な方法により算定するが、少なくとも各月末の平均残高以上の精度をもって計算することとされており、当該事業年度の期首・期末の総資産と総負債の帳簿価額の残高の平均は認められない（措通66の5-17(注)）。

(注3)　平均負債残高の算定は、当該事業年度の負債の帳簿価額の平均的な残高として合理的な方法により算定する（措法66の5⑤五、措令39の13⑲）が、自己資本額の算定と同様に、少なくとも各月末の平均負債残高以上の精度をもって計算することとされており、当該事業年度の期首・期末の負債の帳簿価額の残高の平均は認められない（措通66の5-13）。

(5) 孫会社等の自己資本の額の計算の特例

　適用要件における内国法人の自己資本の額に関して、当該内国法人が国外支配株主等の孫会社以下にあたる場合、例えば、外国の親会社から内国法人である子会社に対する貸付金を原資として当該子会社がその子会社（孫会社）に出資をすると、当該孫会社は見せかけの自己資本の額を増大

させることができるので、外国の親会社から過少資本税制の適用を受けずに多額の借入れをすることができるというループ・ホールが形成されることから、自己資本の額について特例計算が定められている（措令39の13㉕㉖）[300]。

（6）類似法人の負債・自己資本比率の採用

国外支配株主等に係る負債・資本持分比率及び総負債・自己資本比率に関する原則的倍数である3倍に代えて、同種の事業を営む法人で事業規模その他の状況が類似するもの（類似法人）の総負債の額の純資産の額（資本金等の額に満たない場合は、資本金等の額）に対する比率に照らし妥当と認められる倍数を用いることができる（措法66の5③）。当該倍率は、当該内国法人の当該事業年度終了の日以前3年内に終了した類似法人の各事業年度のうち、いずれかの事業年度の終了の日における総負債の額の同日における資本金、法定準備金及び剰余金の合計額に対する比率（小数点以下2位未満の端数切上げ）として算定される（措令39の13⑩）。類似法人の負債・自己資本比率の採用は確定申告要件である（措法66の5⑧）。

（7）負債の利子等

平成4年（1992年）度税制改正で導入された過少資本税制は、負債の利子に、手形の割引料、社債発行差金、その他経済的な性質が利子に準ずるものだけでなく、国外支配株主等が第三者に対して融資を行いその第三者が当該内国法人に融資をした場合のように実質的に国外支配株主等が当該内国法人に直接融資をしたと認められる負債を含めていた（措令39の13⑮、措通66の5-5～66の5-9参照）。しかしながら、例えば、親会社の保証による第三者からいわゆるback to back financeによる融資が当該内国

---

[300] 詳細な計算事例については、『平成4年度 改正税法のすべて』（大蔵財務協会、1992年）199頁参照。

法人になされている場合の当該内国法人が負担する保証料について、負債の利子等には含まれないと制限的に解されていた。そこで平成18年（2006年）度税制改正は、金融取引技術の発展による過少資本税制の対象となる負債の利子等に係るループ・ホールを規制している。

すなわち、負債の利子等を、内国法人が支払う負債の利子（政令で定めるこれに準ずるものを含む）及びその他政令で定める費用と定義し（措法66の5⑤三）、国外支配株主等に支払う負債の利子（措令39の13⑮）に加えて、第三者である資金供与者等からの資金調達に係る債務の保証料や債券の使用料を明示的に含めている（措令39の13⑯）。したがって、過少資本税制の損金不算入額の計算は、次の負債の利子等を対象とする。

① 内国法人が国外支配株主等又は資金供与者等に支払う負債の利子
② 内国法人が国外支配株主等又は資金供与者等に支払う債務の保証料
③ 内国法人が国外支配株主等又は資金供与者等に支払う債券の使用料

(8) 損金不算入額の計算

損金不算入額は、国外支配株主等及び資金供与者等に対する平均負債残高から国内の資金供与者等に対する平均負債残高を控除した金額（基準平均負債残高）の(1)基準平均負債残高が国外支配株主等の資本持分の3倍以下である場合又は(2)基準平均負債残高が国外支配株主等の資本持分の3倍を超える場合の区分に応じて算定される、国外支配株主等及び資金供与者等に対する負債の利子等のうち平均負債残高超過額に対応する金額である（措令39の13①）。

①基準平均負債残高が国外支配株主等の資本持分の3倍以下である場合

この場合は、図に示すとおり、国外支配株主等の資本持分の3倍に相当する金額を超える国外支配株主等及び資金供与者等に対する負債の利子等はすべて国内の資金供与者等に対する負債の利子等から構成されている。

国内の資金供与者等に対して支払った負債の利子等のうちの保証料等の部分についてのみが損金不算入となる（措令39の13①一）。国外支配株主等及び国外の資金供与者等に対する負債の利子等は、国外支配株主等の資本持分の3倍に満たないので、損金不算入部分はない。

国内の資金供与者等に対する負債に係る保証料等の額 × 平均負債残高超過額 / 国内の資金供与者等に対する負債に係る平均負債残高

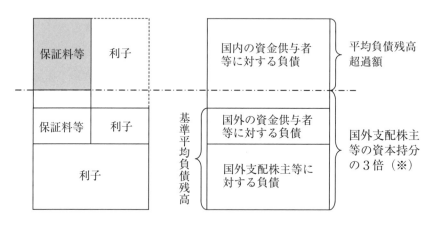

※ 類似法人基準を用いる場合には、類似法人の負債・資本倍率
出典：『平成18年度　改正税法のすべて』（大蔵財務協会、2006年）457頁。

② 基準平均負債残高が国外支配株主等の資本持分の3倍を超える場合

　この場合は、図に示すとおり、国外支配株主等の資本持分の3倍に相当する金額を超える国外支配株主等及び資金供与者等に対する負債の利子等は、(i)国外支配株主等及び国外の資金供与者等に対する負債の利子等、及び(ii)国内の資金供与者等に対する負債の利子等から構成されている（措令39の13①二）。まず、国外支配株主等及び国外の資金供与者等に対して支

払った負債の利子等のうちで国外支配株主等の資本持分の3倍を超える部分が損金不算入となり、次に、国内の資金供与者等に対して支払った負債の利子等のうちで、保証料等の部分についてのみが損金不算入となる。

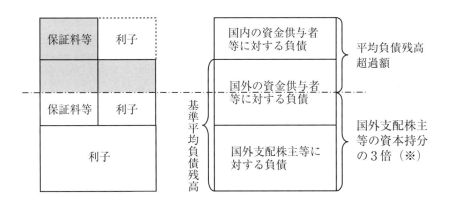

※　類似法人基準を用いる場合には、類似法人の負債・資本倍率
出典：『平成18年度　改正税法のすべて』（大蔵財務協会、2006年）458頁。

（9）特定債券現先取引等に係る損金不算入額の計算の特例

　国外支配株主等及び資金供与者等に対する負債及び負債の利子等のうちに、借入れと貸付けの対応関係が明らかな特定債券現先取引等（レポ取引）に係るものがある場合には、これらを国外支配株主等及び資金供与者等に対する負債及び負債の利子等の額から控除する特例を受けることがで

特定債券現先取引等とは、債券現先取引及び現金担保付債券貸借取引のうち、債券現先取引で購入した債券又は現金担保付債券貸借取引で借り入れた債券を、債券現先取引で譲渡する場合又は現金担保付債券貸借取引で貸し付ける場合におけるその債券現先取引又は現金担保付債券貸借取引をいう（措法66の5⑤八、措令39の13㉘）。

特例の適用を受ける場合、国外支配株主等に対する負債の国外支配株主等の資本持分に対する倍率は2倍超となる（措法66の5②）。2倍に代えて類似法人の負債・資本比率を採用することもできる（措令39の13⑪）。特例の適用は確定申告要件であるが、宥恕規定を有する（措法66の5⑥⑦）。

(10) 損金不算入額の取扱い

過少資本税制に基づく支払利子等の損金不算入額は、内国法人の課税所得の計算にあたっては社外流出項目（損金不算入の利子等の支払先である国外支配株主等又は資金供与者等からの返還を要しない）とされる。過少資本税制は、利子の算定に係る適用金利が独立企業原則に従っていても、支払利子の金額の総量規制を目的としており、所得税の源泉徴収にあたって利子として取り扱われることに変わりはなく、当該利子の支払いにつき租税条約の適用がある場合は、その限度税率の適用が受けられる。

③ 過大支払利子税制

1．意　義

平成24年（2012年）度税制改正において、関連者からの資金調達の形態を通じて、法人の所得金額に比して過大な利子等の支払いを行うことを規

制する過大支払利子税制が導入された（措法66の5の2①）。過大支払利子税制は、関連者純支払利子等の額（法人の関連者等に対する支払利子等の額から当該関連者等の所得税又は法人税の課税標準となるべき所得に含まれるものを除いた額から一定の受取利子等の額の合計額を控除した残額）が調整所得金額（法人の当該事業年度の所得金額に関連者純支払利子等、減価償却費及び受取配当等の益金不算入額等の加算調整などを行った金額）の50％を超える場合に、その超える部分の金額を当該事業年度の損金に算入しないと定める（措法66の5の2①）。

過大支払利子税制は、関連者間で過大な利子等を支払うことを通じて日本の課税ベースを侵食するという租税回避の防止を目的とするから、支払利子等を受ける個人又は法人に対して日本の課税権が確保されている場合（国内法又は租税条約で免除されている場合を含む）は過大支払利子税制の適用対象としない（措法66の5の2②、措令39の13の2④）。したがって、本税制の対象は、実質的に、日本に納税義務を有しない個人（非居住者）又は法人（外国法人）である関連者等からの負債に対する支払利子等である。

過大支払利子税制による損金不算入額は、翌期以後7年間繰り越して、一定の限度額（控除枠）の範囲内で損金算入することができる（措法66の5の3）。過大支払利子税制は、関連者への純支払利子等の額が少額（1,000万円以下）である場合、または、関連者への支払利子等の額が総支払利子等の額の50％以下の場合は、適用されない（措法66の5の2④）。

平成26年（2014年）度税制改正において、非居住者・外国法人に対する課税原則が、従来の「総合主義」から2010年に改訂されたOECDモデル租税条約の新7条に定めるAOA（Authorized OECD Approach）にそった「帰属主義」に改められたことに関連して（第1章③1-1参照）、外国法人の恒久的施設帰属所得に係る所得の金額の計算にあたり、関連者支払利子等の額、控除対象関連者純支払利子等合計額、関連者純支払利子等の額は恒久的施設帰属所得に係るものとされ、調整所得金額は恒久的施設帰属所

得に係る所得の金額に限られる（改正措法66の5の2⑨）。改正法は、平成28年（2016年）4月1日以後に開始する事業年度の法人税について適用される。

(注) 過大支払税制の適用がある納税義務者は、内国法人及び日本に恒久的施設（PE）を有する外国法人（措法66の5の2⑨、66の5の3⑩）、並びに、連結法人（措法68の89の2、68の89の3）である。基本的な仕組みは同じであるので、以下では、特に断りをしない限り、内国法人について検討する。

図表7-2　過大支払利子税制の仕組み（イメージ）

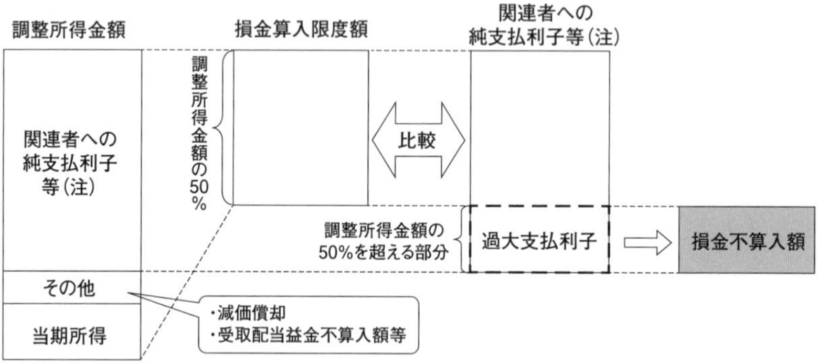

(注) 純支払利子等とは、関連者（直接・間接の持分割合50％以上の親会社・子会社等）への支払利子等の額（利子等の受領者側で日本の法人税の課税所得に算入されるもの等を除く）から、これに対応する受取利子等の額（控除対象受取利子等合計額）を控除した残額をいう。

出典：財務省ホームページ

2．基本的な仕組み

(1) 概　　要

　法人の各事業年度の関連者純支払利子等の額が調整所得金額の50％を超

える場合には、その超える部分の金額は損金額に算入されない（措法66の5の2①）。

関連者純支払利子等の額の計算において、関連者等に支払う支払利子等のうち支払利子等を受ける関連者の所得が日本の課税対象（支払を受ける者が法人の場合は法人税、支払を受ける者が個人の場合は所得税）となるもの（課税対象所得）は除かれる（措法66の5の2②、措令39の13の2④）。関連者への純支払利子等の額が少額（1,000万円以下）である場合、又は、関連者への支払利子等の額が総支払利子等の額の50％以下である場合は適用がない（措法66の5の2④）。

関連者純支払利子等の額とは、当該事業年度の関連者支払利子等の額の合計額から、その事業年度の控除対象受取利子等合計額を控除した残額をいう（措法66の5の2①）。

調整所得金額とは、当期の所得の金額（支出した寄附金の全額を控除し、繰越欠損金控除額を加算）に、関連者純支払利子等の額、減価償却費の額及び受取配当等の益金不算入額等の加算調整などを行った金額をいう（措法66の5の2①、措令39の13の2①）。

過大支払利子税制による損金不算入額は7年間繰り越して、調整所得金額の50％に相当する金額から関連者純支払利子等の額を控除した残額（控除枠）を有する事業年度において、その差額に相当する金額を限度として損金算入（超過利子額の損金算入）することができる（措法66の5の3）。

過大支払利子税制と過少資本税制の双方で損金不算入額が計算される場合は、過大支払利子税制が過少資本税制を補完する制度として導入された立法経緯により、損金不算入額が大きいいずれか一方の制度が適用される（措法66の5の2⑧）。過大支払利子税制が適用される場合は、その損金不算入額の全額を繰り越すことができる。

（2）納税義務者

　過大支払利子税制の納税義務者は、法人の関連者等に利子等を支払う法人（適用対象法人）である。内国法人だけでなく外国法人の日本における恒久的施設にも適用される。恒久的施設への適用にあたっては、平成26年（2014年）度税制改正における「帰属主義」への見直しに関連して、恒久的施設帰属所得を有する外国法人に限られる（改正措法66の5の2⑨）。

（3）関連者等

　関連者等とは、①直接又は間接の持株割合50％以上の関係[301]、②実質支配・被支配関係にある関連者、及び、③これらの関連者による債務保証を受けて資金を供与したと認められる一定の第三者等をいう（措法66の5の2②一、二、措令39の13の2⑩⑬）。なお、関連者等に該当するかどうかの判定は、その法人の各事業年度終了の時の現況による（措令39の13の2⑭）。

（4）関連者支払利子等の額

　関連者支払利子等の額とは、①関連者等に対して支払う負債の利子、②支払利子等に準ずるもの（リース取引に係る利息相当額を含む）、及び、③一定の費用又は損失の額（関連者保証による借入に伴う保証料等）で、その支払利子等を受ける関連者等の日本の所得税又は法人税の課税標準（申告納税の対象所得）に含まれないものいう（措法66の5の2②、措令39の13の2④、措通66の5の2-7、66の5の2-10）。なお、借入と貸付の対応関係が明らかな債券現先取引等（レポ取引）に係る支払利子等は、関連者支払利子等の額に含まれない（措法66の5の2②、措令39の13の2①〜⑤）。

301　判定にあたっては、移転価格税制の規定（措令39の12②③）を準用する（措令39の13の2⑨、措通66の5の2-3）。

平成26年（2014年）度税制改正は、外国法人の恒久的施設に対する過大支払利子税制の適用にあたり、恒久的施設から本店等に対する内部支払利子及び本店等から恒久的施設に費用配賦された利子で関連者支払利子等に相当するものは関連者支払利子等に含むと定める（改正措法66の5の2⑨一）。なお、過大支払利子税制と恒久的施設に帰せられるべき資本に対応する負債の利子の損金不算入（改正法法142の4）の双方の適用があり得る場合には、損金不算入額の大きいいずれか一方の制度が適用される（改正措法66の5の2⑩⑪）。なお、外国銀行等の規制上の自己資本に係る負債の利子として恒久的施設において損金算入される負債利子のうち関連者支払利子等の額に相当する部分は、過大支払利子税制の対象となる関連者支払利子等から除かれる（改正措法66の5の2⑨一ロ、改正措令39の13の2㉒）（本章④2(3)参照）。

（5）関連者純支払利子等の額

関連者純支払利子等の額の計算において、関連者支払利子等の合計額に対応するものとして控除される受取利子等の額（控除対象受取利子等合計額）を、支払利子等と受取利子等との紐付き関係で特定することは困難であることから、総受取利子（受取利子及び受取利子に準ずるもの（リース取引に係る利息相当額を含む））の額から借入と貸付の対応関係が明らかな債券現先取引等（レポ取引）に係る受取利子等を控除した残額のうち、総支払利子等の額（レポ取引に係る支払利子を除く）に占める関連者支払利子等の額の合計額（レポ取引に係る支払利子を除く）の割合に対応する金額と定める（措法66の5の2③，措令39の13の2⑯）。

なお、適用対象法人が、過大利子支払税制の適用とならない国内関連者等に貸付けを行って利子を受け取る取引を組成すると、①関連者純支払利子等の額を減少させるとともに、②その国内関連者等の課税所得を圧縮することが可能となる[302]。そこで、適用対象法人が国内関連者等から支払を

受ける受取利子等の額は、原則として、総受取利子等の額に含まれないこととされている。ただし、その国内関連者等が非国内関連者等から利子の支払いを受けている場合は、適用対象法人はその金額を限度として総受取利子の額に含め、控除対象受取利子等合計額を計算することができる（措令39の13の2⑯）。

（6）調整所得金額

　過大支払利子税制は、関連者純支払利子等の額が調整所得金額の50％超の場合に適用される。調整所得金額は、その事業年度の所得金額から支出した寄附金の全額を控除し、繰越欠損金控除額を加算した額に、関連者純支払利子等の額、欠損金の当期控除額、減価償却費の額及び受取配当益金不算入額等を加算するなどの調整を行って計算する。なお、その計算された金額がマイナスの金額となる場合には、調整所得金額はゼロとされる（措法66の5の2①、措令39の13の2①）。

　上述のとおり、過大支払利子税制は、関連者間で過大な利子等を支払うことを通じて日本の課税ベースを侵食するという租税回避の防止を目的とするから、支払利子等を受ける個人又は法人に対して日本の課税権が確保されている場合（国内法又は租税条約で免除されている場合を含む）は過大支払利子税制の適用対象としない（措法66の5の2②、措令39の13の2④）。したがって、過大支払利子税制の対象は、実質的に、日本に納税義務を有しない個人（非居住者）又は法人（外国法人）である関連者等からの負債に対する支払利子等である

　上記によって算出される調整所得金額の50％超という基準の意味は、概念的に、法人が、その事業年度における日本での事業活動から生み出したキャッシュフローの50％超の金額を関連者純支払利子等として損金に計上

302　財務省『平成24年度税制改正の解説』568頁。

し、日本の課税権から離脱することを防止することにあると理解される。

（7）適用除外

法人が次のいずれかに該当する場合には、確定申告書（中間申告書を含む）に適用除外に該当する旨を記載した書面及びその計算明細の添付があり、かつ、その計算に関する書類を保存）を充足する限りにおいて、適用除外とされており、宥恕規定が定められている（措法66の5の2④⑤⑥）。
① 法人の事業年度の関連者純支払利子等の額が1,000万円以下。
② 法人の事業年度の関連者支払利子等の額の合計額がその事業年度の支払利子等の額の合計額（総支払利子等の額）の50％以下。

（8）申告手続

法人の関連者純支払利子等の額が調整所得金額の50％以下であり損金不算入額が生じない場合は計算明細を確定申告書に添付する必要はない。超過利子額の損金算入の適用は翌事業年度以後7年間に限られ、一定の申告要件を充足する必要がある（措法66の5の3⑧⑨）。

3．外国子会社合算税制との調整

内国法人が、外国子会社合算税制の適用の対象となる特定外国子会社等に対する支払利子について、過大支払利子税制の適用を受けるときは、外国子会社合算税制と過大支払利子税制の双方の適用による二重課税の状態が生じ得る。そこで、外国子会社合算税制と過大支払利子税制の二重課税を防止する目的で、過大支払利子税制による損金不算入額を調整する方法（同一事業年度の外国子会社合算税制の適用と過大支払利子税制の調整）に関する規定（措法66の5の2⑧、措令39の13の2⑲）、及び、超過利子額の損金算入額を調整する方法（翌事業年度における外国子会社合算税制適用との

超過利子額の調整）に関する規定（措法66の5の3②、措令39の13の3③）が定められている。コーポレート・インバージョン対策合算税制（外国子会社合算税制の特例）についても同様の規定が定められている（措法66の5の2⑧、66の5の3②、措令39の13の2⑱〜㉑、39の13の3①〜③）。

4．恒久的施設帰属資本に対応する負債の利子の損金不算入との調整

　帰属主義への見直しを行った平成26年（2014年）度税制改正で、恒久的施設帰属所得に係る所得の金額の算定にあたり、恒久的施設に計上した自己資本の額が恒久的施設に帰せられるべき資本（恒久的施設帰属資本）の額に満たない場合には、その満たない部分に対応する負債の利子は、恒久的施設帰属所得に係る所得の金額の計算において損金の額に算入しないとされた（詳細については、本章4参照）。

　恒久的施設に係る「過大支払利子税制」と「恒久的施設帰属資本に対応する負債の利子の損金不算入」の双方の適用があり得る場合には、損金不算入額の大きいいずれか一方の制度が適用される（改正措法66の5の2⑩⑪）。

4 恒久的施設帰属資本に対応する負債の利子の損金不算入

1．制度の導入の背景と意義

　平成26年（2014年）度税制改正において、非居住者・外国法人に対する課税原則について、以下(1)〜(3)に要約する、いわゆる「総合主義」から

「帰属主義」への見直しが行われた（詳細については、第1章③1-1参照）。なお、非居住者の恒久的施設に帰属する所得に係る所得の計算にあたっても同様の改正が行われた。本章では、外国法人課税制度の改正について検討する。

（1）外国法人が納税義務を負う国内源泉所得に恒久的施設帰属所得を導入

外国法人が日本に有する恒久的施設（改正法法2十二の十八）が、その本店等から分離・独立した企業であると擬制した場合に当該恒久的施設に帰せられるべき所得（恒久的施設帰属所得）を、改正前の国内事業所得に代えて国内源泉所得の一つとして位置づけた（改正法法142②、改正法令184）。なお、恒久的施設の範囲（意義）については従前と同様である。

（2）恒久的施設帰属所得の算定

恒久的施設帰属所得の算定の前提として、恒久的施設帰属外部取引及び内部取引に関して文書化が規定された（改正法法146の2、改正法規62の2、62の3）。内部取引には本店配賦経費も含まれ、その文書化がされていない場合は損金算入を認めないとするが、宥恕規定を定める（改正法法142の7、改正法規60の10）。

内部取引については移転価格税制と同様の考え方に基づき恒久的施設帰属所得に係る所得を算定するが、適正な課税を担保するために、移転価格税制と同様に文書化と推定課税に関する規定が定められている（改正措法66の4の3）。

（3）恒久的施設帰属資本に対応する負債の利子の損金不算入制度

恒久的施設帰属所得に係る所得の算定にあたり、外国法人の恒久的施設

が本店等から分離・独立した企業であると擬制した場合に帰せられるべき資本（恒久的施設帰属資本）を恒久的施設に配賦して、外国法人の恒久的施設の自己資本相当額が恒久的施設帰属資本の額に満たない場合には、外国法人の恒久的施設における支払利子総額（外国法人の恒久的施設から本店等への内部支払利子及び本店等から外国法人の恒久的施設に費用配賦された利子を含む）のうち、その満たない部分に対応する金額について、恒久的施設帰属所得の計算にあたり損金の額に算入しない（改正法法142の4①、改正法令188⑫）。

非居住者の日本における恒久的施設帰属所得に係る各種所得を計算するにあたり、上記の外国法人課税と同様の趣旨で、恒久的施設に帰せられるべき純資産に対応する負債の利子の必要経費不算入（改正所法165の3）が定められている。

新制度は、平成28年（2016年）4月1日以後に開始する事業年度の法人税（所得税は平成29年（2017年）分以後）について適用される。

2．基本的な仕組み

(1) 概　　要

外国法人の恒久的施設に係る自己資本の額が、恒久的施設帰属資本相当額に満たない場合には、当該外国法人の恒久的施設を通じて行う事業に係る負債の利子の額のうちその満たない金額に対応する部分の金額は、恒久的施設帰属所得に係る所得の金額の計算上、損金の額に算入しない（改正法法142の4①）。

損金不算入額は、次の算式による（改正法令188⑫）[303]。

303　制度の詳細については、財務省『平成26年度税制改正の解説』699〜714頁参照。

4 恒久的施設帰属資本に対応する負債の利子の損金不算入

$$\text{損金不算入額} = \text{恒久的施設を通じて行う事業に係る負債利子額} \times \frac{\text{恒久的施設帰属資本相当額} - \text{恒久的施設に係る自己資本の額}}{\text{恒久的施設に帰せられる有利子負債の帳簿価額の平均残高}}$$

(注) 上記の算式の分子の額がマイナスとなる場合にはゼロとし、分子の額が分母の額を超える場合には分母の額を上限とする。

① 恒久的施設を通じて行う事業に係る負債の利子の額は、(i)〜(iii)の合計金額から(iv)の金額を控除した残額をいう（改正法令188⑩⑪）。
 (i) 恒久的施設を通じて行う事業に係る負債の利子の額（(ii)及び(iii)の金額を除く）
 (ii) 内部取引において外国法人の恒久的施設からその外国法人の本店等に対して支払う利子に該当する金額
 (iii) 本店配賦経費に含まれる負債の利子の額
 (iv) 外国銀行等の規制上の自己資本に対応する負債利子の損金算入（下記(4)参照）により外国法人の恒久的施設帰属所得の金額の計算にあたり損金の額に算入される金額

② 恒久的施設に係る自己資本の額は、(i)の金額から(ii)の金額を控除した残額をいう（改正法令188①）。
 (i) 外国法人の恒久的施設に係る資産の帳簿価額の平均的な残高として合理的な方法により計算した金額
 (ii) 外国法人の恒久的施設に係る負債の帳簿価額の平均的な残高として合理的な方法により計算した金額

③ 恒久的施設帰属資本相当額は、(i)資本配賦法（本店等の資本の額を一定の基準で恒久的施設に配賦）、又は、(ii)同業法人比準法（恒久的施設の所在地国である日本で同様の活動を行う独立企業が有するものと同等の資本を

その恒久的施設に帰属させる）のいずれかの方法による（改正法142の4、改正法令188②〜⑥）[304]。いずれの方法においても、いったん選択した方法は、特段の事情がない限り、継続適用する（改正法令188⑨）。

なお、外国銀行等[305]の規制上の自己資本の額で日本の税務上の負債に係る利子については、恒久的施設に帰せられるべき規制上の自己資本の額に応じて、損金算入する（改正法法142の5）。本章④2(4)参照。

（2）恒久的施設帰属資本相当額の計算方法

恒久的施設帰属資本の額は、資本配賦法又は同業法人比準法のいずれかの方法によって計算した金額とする（改正法令188②）。

イ　資本配賦法（本店等の資本の額を一定の基準で恒久的施設に配賦）

資本配賦法には、一般事業会社に適用の資本配賦原則法、外国銀行等に適用の規制資本配賦法、及び、外国保険会社を除く一般事業会社に適用することができる資本配賦簡便法がある。

資本配賦原則法は原則的配賦方法であり、外国法人の事業年度終了の時の自己資本の額に、その外国法人の総資産の額に対する恒久的施設帰属資産の額の割合を乗じて、恒久的施設帰属資本の額を計算する（改正法令

---

[304] 財務省主税局参事官「国際課税原則の総合主義（全所得主義）から帰属主義への見直し」（2013年10月）14頁は、恒久的施設の所在地国である日本の独立企業に対して金融機関の監督規制目的上要求される額の資本を恒久的施設に帰属させる方法（セーフハーバー・アプローチ）を採用しない理由として、①独立企業原則と整合的でない可能性が高いこと、及び、②金融機関の通常の実務として、規制目的上要求される最低資本を上回る資本を積んでいることから、企業が実際に積んでいる資本で算定するよりも多くの支払利子の損金算入を認める結果となること、の2点を挙げている。

[305] 外国銀行等とは、銀行法第47条第2項（外国銀行等の免許等）に規定する外国銀行支店に係る同法第10条第2項第8号（業務の範囲）に規定する外国銀行又は金融商品取引法第2条第9項（定義）に規定する金融商品取引業者（同法第28条第1項（通則）に規定する第一種金融商品取引業を行う外国法人に限る）である外国法人をいう（改正法法142の4①に係る改正法令188②一ロ及び改正法法142の5①に共通）。

188②一)。

$$\text{恒久的施設帰属資本相当額} = \text{外国法人の自己資本の額} \times \frac{\text{恒久的施設帰属資産の額に係る危険勘案資産額}}{\text{外国法人の総資産の額に係る危険勘案資産額}}$$

資本配賦原則法における総資産の額及び恒久的施設帰属資産の額は、契約不履行その他の信用リスク、市場リスク、業務リスク及びその他のリスク(発生し得る危険)を勘案した金額(危険勘案資産額)[306]であり、自己資本の額はその事業年度の簿価純資産の平均的な残高を用いる(改正法令188②一イ、改正法規60の6)。

外国銀行等の場合、自己資本の額について、外国の法令による規制上の自己資本の額(バーゼル銀行監督委員会が公表した基準等にそって、各国の法令において、利子を生じない資本だけでなく、一定の劣後債のような利子が生ずる負債も、規制上の自己資本に含められている)による、規制資本配賦法が適用される(改正法令188②一ロ)。

外国銀行等以外の一般事業会社(外国保険会社(保険業法2⑦)を除く)の場合、危険勘案資産額に代えて、事業年度終了の時の資産の簿価とする資本配賦簡便法も認める(改正法令188③一)。

危険勘案資産額は事業年度終了の時の金額であるが、確定申告書の提出期限までに計算することが困難な常況にあると認められる場合は、税務署長への届け出を要件として、事業年度終了の日前6カ月以内の一定の日とすることができる(改正法令188⑦⑧)。

外国法人の自己資本の額及び外国法人の資産の額は単体ベースの金額を原則とするが、外国銀行等あるいは外国法人の自己資本比率が著しく低い

---

[306] 財務省主税局参事官補佐　安河内誠・山田博志「平成26年度の国際課税(含む政省令事項)に関する改正について」(租税研究、778号)2014年8月号93頁。

場合（自己資本比率がマイナス又は同業種平均の50％未満）には連結ベースの自己資本の額及び資産の額を用いる（改正法令188④）。なお、連結ベースの自己資本がマイナスとなる場合には、連結ベースの資本配賦法を用いることができないため、資本配賦法を選択している場合であっても資本配賦法を用いることができず（改正法令188⑥、改正法規60の8①）、次に検討する同業法人比準法による（図表7-3参照）。

ロ　同業法人比準法（恒久的施設の所在地国である日本で同様の活動を行う独立企業が有するものと同等の資本をその恒久的施設に帰属させる）

　同業法人比準法には、一般事業会社に適用のリスク資産資本比率比準法、外国銀行等に適用のリスク資産規制資本比率比準法、及び、外国保険会社を除く一般事業会社に適用することができる簿価資産資本比率比準法がある。

　リスク資産資本比率比準法が原則的な方法であり、日本において同種の事業を行う法人で事業規模その他の状況が類似するもの（比較対象法人）の比較対象事業年度（外国法人の事業年度終了の日以前3年内に終了した比較対象法人の各事業年度のうちいずれかの事業年度）終了の時の資産の額に対する自己資本の額の割合を、その外国法人の事業年度終了の時の恒久的施設帰属資産の額に乗じて、恒久的施設帰属資本の額を計算する（改正法令188②二イ）。

$$\text{恒久的施設帰属資本相当額} = \text{恒久的施設帰属資産の額に係る危険勘案資産額} \times \frac{\text{比較対象法人の純資産の額}}{\text{比較対象法人の総資産の額に係る危険勘案資産額}}$$

　外国銀行等の場合、（上記算式の比較対象法人の純資産の額に代えて）比較対象法人の比較対象事業年度終了の時の規制上の自己資本の額に相当する金額を用いて計算される比率を、恒久的施設帰属資産に係る危険勘案資産

額に乗ずることにより恒久的施設帰属資本の額を計算するリスク資産規制資本比率比準法による（改正法令188②二ロ）。

外国銀行等以外の一般事業会社（外国保険会社を除く）については、比較対象法人の比較対象事業年度終了時の簿価による自己資本比率を用いて恒久的施設帰属資本を計算する簿価資産資本比率比準法も認める（改正法令188③二）。

比較対象法人の比較対象事業年度の自己資本比率が著しく低い（自己資本比率がゼロ以下又は同業種平均の50％未満）場合には、その事業年度の値を比較対象として用いることはできない（改正法令188④、改正法規60の7③）。

（3） 恒久的施設帰属資本相当額の計算方法の選定・変更

資本配賦法等及び同業法人比準法等は、ともに2010年改訂OECDモデル租税条約の新7条にそったものなので、いずれの方法を選択するかは任意であるが、いったん選択した方法は、特段の事情がない限り、継続適用する必要がある。

事業年度の前事業年度の恒久的施設帰属資本相当額を資本配賦法等により計算した外国法人がその事業年度の恒久的施設帰属資本相当額を計算する場合には、その外国法人の自己資本及びその外国法人を含む企業集団の連結自己資本のいずれもがマイナスとなること等により資本配賦法を適用することができない場合やその外国法人の恒久的施設を通じて行う事業の種類の変更その他これに類する事情がある場合に限り同業法人比準法等により計算することができることとされ、また、その事業年度の前事業年度の恒久的施設帰属資本相当額を同業法人比準法等により計算した外国法人がその事業年度の恒久的施設帰属資本相当額を計算する場合には、その外国法人の恒久的施設を通じて行う事業の種類の変更その他これに類する事情がある場合に限り資本配賦法等により計算することができる（改正法令

188⑨)[307]。

(注) 恒久的施設帰属資本相当額は恒久的施設が本店等から分離独立した企業であると擬制した場合に必要とれる程度の資本として恒久的施設に配賦されるものであるため、外国銀行等に係る恒久的施設帰属資本相当額を資本配賦法により計算する場合には、単体ベースの規制上の自己資本の額を基礎とする規制資本配賦法により計算するのが原則である。ただし、銀行法又は金融商品取引法に相当する外国の法令の規定により外国銀行等の属する企業集団に係る規制上の連結自己資本の額の算定が義務付けられている場合（これらの外国の法令の規定により、その外国銀行等の属する企業集団の規制上の連結自己資本の額に加えて、その外国銀行等の規制上の自己資本の額の算定が義務付けられている場合を除く）には、単体ベースの規制上の自己資本の額を新たに算出する事務負担に配慮して、規制資本配賦法に代えて連結ベースの規制上の自己資本の額を基礎とする連結規制資本配賦法により恒久的施設帰属資本相当額を計算する（改正法令188④）。また、外国銀行等の純資産の額の総資産の額に対する割合がその外国銀行等の恒久的施設を通じて行う主たる事業と同種の事業を行う法人の当該割合に比して低い場合（50％未満）には、適切な恒久的施設帰属資本相当額を計算することが困難であることから、同様に連結ベースの規制上の自己資本の額を基礎とする連結資本配賦法により恒久的施設帰属資本相当額を計算することとされている（法令188④）[308]。

---

307 財務省『平成26年度税制改正の解説』712頁。
308 財務省『平成26年度税制改正の解説』705〜706頁。

4 恒久的施設帰属資本に対応する負債の利子の損金不算入　549

図表7-3　外国法人の恒久的施設帰属資本の計算フローチャート

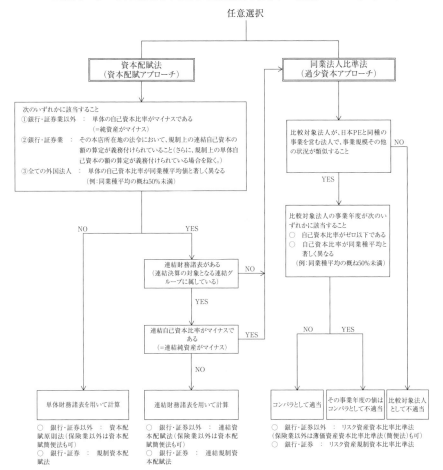

（出典）財務省主税局参事官補佐　安河内誠・山田博志「平成26年度の国際課税（含む政省令事項）に関する改正について」（租税研究、778号）2014年8月号96頁に掲載の資料16「外国法人の日本PEに帰せられるべき資本の計算フローチャート（外国法人課税）」。

(4) 外国銀行等の規制上の自己資本に係る負債の利子の損金算入

　外国銀行等に係る規制上の資本の額は、バーゼル銀行監督委員会が公表した基準等にそって、日本の銀行法や金融商品取引法に相当する各国の法令において、利子を生じない資本だけでなく、一定の劣後債のように利子が生ずる負債も規制上の資本に含められている。規制上の資本に含められる負債（負債性資本）は外国銀行等である外国法人の全体の便益のための負債であり、その利子費用については外国銀行等である外国法人の各構成部分に適切に配分される必要があることから、外国銀行等が負債性資本につき支払う利子がある場合には、上記（2）の恒久的施設帰属資本の額と同一の基準によって計算された恒久的施設帰属資本相当額に対応する部分の金額を損金の額に算入する[309]（改正法法142の5、改正法令189②）。

$$損金算入額 = 規制上の自己資本の額に係る負債につき支払う利子の額 \times \frac{規制資本配賦法又はリスク資産規制資本比率比準法により計算した恒久的施設帰属資本相当額}{規制上の自己資本の額}$$

3．過少資本税制及び過大支払利子税制との適用関係

　過少資本税制（措法66の5）と恒久的施設に帰せられるべき資本に対応する負債の利子の損金不算入（改正法法142の4）は、いずれも資本負債比率に基づき支払利子が過大か否かを判定するものであり、両制度は目的及び手段のいずれにおいても重複する制度であるので[310]、外国法人の恒久的

---

[309] 制度の詳細については、財務省『平成26年度税制改正の解説』713～714頁参照。
[310] 財務省主税局参事官「国際課税原則の総合主義（全所得主義）から帰属主義への見直し」（2013年10月）27～28頁。

施設に対しては、過少資本税制を適用しないこととされ、外国銀行等の規制上の自己資本に係る負債の利子の損金算入される金額のうち関連者支払利子等の額に相当する部分は、過大支払利子税制の対象となる関連者支払利子等から除かれる（改正措法66の5の2⑨一ロ、改正措令39の13の2㉒）（本章3 2(4)参照）。

また、過大支払利子税制（措法66の5の2）は、過少資本税制の適用が無い場合であっても、所得水準に比して過大な支払利子の損金算入を制限する制度であるから、外国法人の恒久的施設帰属所得に係る所得の算定にあたり、過大支払利子税制と恒久的施設に帰せられるべき資本に対応する負債の利子の損金不算入制度の双方の適用があり得る場合には、損金不算入額の大きいいずれか一方の制度が適用される（改正措法66の5の2⑩⑪）。

＜基本参考文献＞

【全体にかかわるもの】
金子宏『租税法』（弘文堂、19版、2014年）
村井正編著『入門国際租税法』（清文社、2013年）
仲谷栄一郎＝井上康一＝梅辻雅春＝藍原滋『外国企業との取引と税務』（商事法務、5版、2013年）
水野忠恒『租税法』（有斐閣、5版、2011年）
増井良啓・宮崎裕子『国際租税法』（東京大学出版会、2版、2011年）
村井正編著『教材　国際租税法』（慈学社、新版、2006年）
川田剛『国際課税の基礎知識』（税務経理協会、8訂版、2010年）
本庄資『国際租税法』（大蔵財務協会、4訂版、2005年）
水野忠恒編著『国際課税の理論と課題』（税務経理協会、2訂版、2005年）
藤本哲也『国際租税法』（中央経済社、2005年）
木村弘之亮『国際税法』（成文堂、2000年）
小松芳明『国際租税法講義』（税務経理協会、増補版、1998年）
宮武敏夫『国際租税法』（有斐閣、1993年）

【序章】
日本租税研究協会『税源浸食と利益移転（BEPS）行動計画』（日本租税研究会、2013年）
経済産業省委託調査報告書平成26年7月24日『平成25年度アジア拠点化立地推進調査等事業（BEPSへの対応と我が国企業への影響に関する調査）』第2章第2節
経済産業省委託調査報告書平成25年7月12日『平成24年度アジア拠点化立地推進調査等事業（国際租税問題に関する調査（タックスヘイブン対策税制及び無形資産の取扱いについて））』第2章第2節

【第1章】
金子宏『租税法』（弘文堂、19版、2014年）
財務省主税局参事官「国際課税原則の総合主義（全所得主義）から帰属主義への見直し」（2013年10月）
水野忠恒『租税法』（有斐閣、5版、2011年）
増井良啓・宮崎裕子『国際租税法』（東京大学出版会、2版、2011年）
村井正編著『教材　国際租税法』（慈学社、新版、2006年）
水野忠恒編著『国際課税の理論と課題』（税務経理協会、2訂版、2005年）
藤本哲也『国際租税法』（中央経済社、2005年）
水野忠恒『国際課税の制度と理論―国際租税法の基本的考察―』（有斐閣、2000年）
小松芳明『国際租税法講義』（税務経理協会、増補版、1998年）

宮武敏夫『国際租税法』（有斐閣、1993年）

【第2章】

財務省主税局参事官「国際課税原則の総合主義（全所得主義）から帰属主義への見直し」（2013年10月）

田中琢二「最近の租税条約の動向」『国際租税法の新たな潮流』租税法研究36号（有斐閣、2008年）

増井良啓・宮崎裕子『国際租税法』（東京大学出版会、2版、2011年）

井上康一・仲谷栄一郎『租税条約と国内税法の交錯』（商事法務、2版、2011年）

小松芳明『国際租税法講義』（税務経理協会、増補版、1998年）

中里実「外国法人・非居住者に対する所得課税」日税研論集33号（1995年）

水野忠恒「国際租税法の基礎的考察」菅野喜八郎・藤田宙靖『憲法と行政法［小嶋和司博士東北大学退職記念］』（良書普及会、1987年）（水野忠恒『国際課税の制度と理論―国際租税法の基礎的考察―』［有斐閣、2000年］所収）

小松芳明「国際租税法の発展と動向」『国際租税法の諸問題』租税法研究10号（有斐閣、1982年）

小松芳明「法人税法における国際課税の側面について―問題点の究明と若干の提言―」西野嘉一郎・宇田川璋仁編『現代企業課税論―その機能と課題』（東洋経済新報社、1977年）

【第3章】

井上康一・仲谷栄一郎『租税条約と国内税法の交錯』（商事法務、2版、2011年）

Model Tax Convention on Income and on Capital, 22 JULY 2010, OECD, Paris

川端康之監訳『OECDモデル租税条約2010年版（所得と財産に対するモデル租税条約）』（日本租税研究協会、2011年）

増井良啓「日本の租税条約」金子宏編『租税法の基本問題』（有斐閣、2007年）

浅川雅嗣編著『コンメンタール改訂日米租税条約』（大蔵財務協会、2005年）

浅川雅嗣「我が国の新しい租税条約ポリシー――日米新租税条約を中心に―」水野忠恒編著『国際租税の理論と課題』（税務経理協会、2訂版、2005年）

赤松晃『国際租税原則と日本の国際租税法―国際的事業活動と独立企業原則を中心に―』（税務研究会出版局、2001年）

谷口勢津夫『租税条約論―租税条約の解釈及び適用と国内法―』（清文社、1999年）

水野忠恒「国際租税法の基礎的考察」菅野喜八郎・藤田宙靖『憲法と行政法［小嶋和司博士東北大学退職記念］』（良書普及会、1987年）（水野忠恒『国際課税の制度と理論―国際租税法の基礎的考察―』［有斐閣、2000年］所収）

小松芳明『租税条約の研究』（有斐閣、新版、1982年）

木村弘富「国際的調整―国際的二重課税とその防止」金子宏ほか編『租税法講座I』（帝国地方行政会、1974年）

【第4章】

財務省主税局参事官「国際課税原則の総合主義（全所得主義）から帰属主義への見直し」（2013年10月）

渡辺淑夫『最新外国税額控除』（同文舘、三訂版、2008年）

赤松晃「外国税額控除制度における控除限度額管理の再検討―日米新租税条約と我が国の方向―」租税研究671号（2005年）

赤松晃「新日米租税条約と日本の国際租税法―外国税額控除制度の再検討」租税研究657号（2004年）

水野忠恒「外国税額控除」日税研論集33巻（日本税務研究センター、1995年）

占部裕典「外国税額控除制度―なぜ外国税額控除方式なのか」『国際租税法の最近の動向』租税法研究21号（有斐閣、1993年）

黒田東彦編『国際課税Ⅰ―外国税額控除制度』（税務経理協会、1989年）

水野忠恒「国際租税法の基礎的考察」菅野喜八郎・藤田宙靖編『憲法と行政法［小嶋和司博士東北大学退職記念］』（良書普及会、1987年）（水野忠恒『国際課税の制度と理論―国際租税法の基礎的考察―』［有斐閣、2000年］所収）

金子宏「外国税額控除制度」『国際租税法の諸問題』租税法研究10号（有斐閣、1982年）

【第5章】

藤井保憲「タックス・ヘイブン対策税制の問題点」水野忠恒編著『国際課税の理論と課題』（税務経理協会、2訂版、2005年）

占部裕典「海外子会社所得とタックス・ヘイブン税制」『国際的企業課税法の研究』（信山社、1998年）

高橋元監修『タックス・ヘイブン対策税制の解説』（清文社、1979年）

【第6章】

平成25年6月28日付け一部改正の平成13年6月1日査調7－1ほか3課共同「移転価格事務運営要領の制定について（事務運営指針）」別冊「移転価格税制の適用に当たっての参考事例集」

増井良啓「移転価格税制の長期的展望」水野忠恒編著『国際課税の理論と課題』（税務経理協会、2訂版、2005年）

赤松晃『国際租税原則と日本の国際租税法―国際的事業活動と独立企業原則を中心に―』（税務研究会出版局、2001年）

水野忠恒「仲裁制度の検討」金子宏編『国際課税の理論と実務』（有斐閣、1997年）

増井良啓「移転価格税制―経済的二重課税の排除を中心として―」日税研論集33巻（1995年）

中里実『国際取引と課税―課税権の配分と国際的租税回避』（有斐閣、1994年）

金子宏「移転価格税制の法理論的検討―わが国の制度を素材として―」芦部信喜先生

古希祝賀『現代立憲主義の展開（下）』（有斐閣、1993年）（金子宏『所得課税の法と政策』［有斐閣、1996年］所収363頁）

金子宏「相互協議（権限のある当局間の協議および合意）と国内的調整措置―移転価格税制に即しつつ」国際税務 Vol. 11（1991年）No. 12（『所得課税の法と政策』［有斐閣、1996年］所収390頁）。

金子宏「アメリカ合衆国の所得課税における独立当事者間取引（arm's length transaction）の法理―内国歳入法典482条について―」ジュリスト724号（1980年）、734号（1980年）、736号（1981年）（金子宏『所得課税の法と政策』（有斐閣、1996年）所収254頁）

【第7章】

財務省主税局参事官「国際課税原則の総合主義（全所得主義）から帰属主義への見直し」(2013年10月)

羽床正秀「過少資本税制の問題点」水野忠恒編著『国際課税の理論と課題』（税務経理協会、2訂版、2005年）

谷口勢津夫「過少資本税制との関係」『租税条約論』（清文社、2003年）

水野忠恒「過少資本税制」『国際租税法の最近の動向』租税法研究21号（有斐閣、1993年）（水野忠恒『国際課税の制度と理論―国際租税法の基礎的考察―』［有斐閣、2000年］所収）

判決例（裁決例）索引

- 東京地裁　昭和36年11月9日判決（昭和34年（行）第139号）……………………29
  〈日本の租税法の適用領域としての本法施行地の意義：竹島領土事件〉
- 国税不服審判所　昭和50年12月17日裁決　事例集11巻43頁　………………… 123
  〈外国銀行の日本支店の本店に対する内部利子の損金算入の認容〉
- 東京地裁　昭和57年6月11日判決（昭和52年（行ウ）第71号）……………………218
  〈国内源泉所得としての国際運輸業から生ずる所得の範囲〉
- 東京高裁　昭和59年3月14日判決（昭和57年（行コ）第43号）……………29、202
  〈日本の租税法の適用領域：オデコ大陸棚事件〉
- 東京地裁　昭和60年5月13日判決（昭和57年（ワ）第3128号）……………………153
  〈国内源泉所得としての特許権の使用料の意義：ミッチェル事件〉
- 最高裁第二小法廷　昭和63年7月15日判決（昭和61年（行ツ）第176号）…………27
  〈租税法上の住所とは民法22条に定める住所の借用概念〉
- 東京地裁　平成2年9月19日判決（昭和61年（行ウ）第151号）……………………374
  〈外国子会社合算税制における管理支配基準の意義〉
- 国税不服審判所　平成4年2月12日裁決　事例集43巻528頁　………………… 393
  〈外国子会社合算税制に係る外国税額控除の範囲〉
- 大阪高裁　平成5年7月22日判決（平成3年（う）第510号）……………………383
  〈外国子会社合算税制における複数の特定外国子会社間の欠損の通算の否認〉
- 静岡地裁　平成7年11月9日判決（平成5年（行ウ）第6号）…………362、368
  〈外国子会社合算税制における特定外国子会社等の判定の時期〉
- 東京高裁　平成8年3月28日判決（平成7年（行コ）第39号）……………………502
  〈移転価格税制に係る対応的調整に基づく地方税還付事件〉
- 東京高裁　平成9年9月25日判決（平成6年（行コ）第69号）………… 153、229
  〈国内源泉所得としての使用料の意義：全米女子オープン事件〉
- 東京高裁　平成10年11月16日判決（平成10年（行コ）第84号）……………………141
  〈国内源泉所得としての人的役務提供事業の対価の意義：芸能法人等〉
- 東京地裁　平成12年2月3日判決（平成7年（行ウ）第262号）………… 447、490
  〈移転価格税制に係る役務提供対価と寄附金課税：経営指導料事件〉
- 熊本地裁　平成12年7月27日判決（平成9年（行ウ）第3号）……………………375
  〈外国子会社合算課税における管理支配基準の意義〉
- 国税不服審判所　平成14年5月24日裁決　事例集63巻454頁　………… 451、479
  〈移転価格税制における保証料の比較対象取引〉
- 新潟地裁　平成14年6月7日判決（平成11年（行ウ）第12号）……………………141
  〈国内源泉所得としての人的役務提供事業の対価の意義：芸能法人等〉

- 東京高裁　平成14年9月18日判決（平成14年（行コ）第142号）･････････････ 35
  〈海外電信送金による贈与における取得財産の所在地〉
- 東京地裁　平成16年2月12日判決（平成13年（行ウ）第313号、
  318号ないし322号）･･31
  〈大使館に対する課税免除〉
- 松山地裁　平成16年4月14日判決（平成11年（行ウ）第7号）･･････ 439、451、490
  〈移転価格税制の独立価格比準法に係る内部比較対象取引：今治造船事件〉
- 最高裁第一小法廷　平成16年6月24日判決（平成11年（行ヒ）第44号）･･････ 154
  〈国内源泉所得としての使用料の意義：シルバー精工事件〉
- 東京高裁　平成17年7月26日判決（平成17年（行コ）第48号）･･････････････ 329
  〈事業税の課税標準から除外される国外所得の範囲〉
- 最高裁第二小法廷　平成17年12月19日判決（平成15年（行ヒ）第215号）
  民集59巻10号2964頁 ･･ 300
  〈外国税額の控除余裕額と仕組取引〉
- 最高裁第一小法廷　平成18年1月19日判決（平成16年（行ヒ）第275号）
  民集60巻1号65頁 ･･ 230
  〈第二次納税義務者が納税義務者（外国法人）に対する課税処分につき国税通則法
  75条に基づき不服申立てをすることの可否〉
- 高松高裁　平成18年10月13日判決（平成16年（行コ）第17号）･･･････ 438、451、490
  〈移転価格税制の独立価格比準法に係る内部比較対象取引：今治造船事件〉
- 東京地裁　平成18年10月26日判決（平成15年（行ウ）第559号）･･･････ 480、490
  〈移転価格税制に係るグループ内金融取引におけるスワップレートの適用〉
- 東京地裁　平成19年4月17日判決（平成17年（行ウ）第126号）････････････ 151
  〈国内源泉所得としての国債のレポ取引差額に係る所得の性質決定：住友信託事件〉
- 東京高裁　平成19年6月28日判決（平成17年（行コ）第278号）････ 105、171、178
  〈日蘭租税条約の「その他所得」条項と匿名組合契約の利益の分配
  　：ガイダント事件〉
- 東京地裁　平成19年9月14日判決（平成18年（行ウ）第205号）･･････････････27
  〈所得税法における非居住者の意義：ユニマット事件〉
- 最高裁第二小法廷　平成19年9月28日判決（平成17年（行ヒ）第89号）･････････ 383
  〈外国子会社合算税制における特定外国子会社等の欠損の合算の否認：双輝汽船事件〉
- 東京高裁　平成19年10月10日判決（平成19年（行コ）第212号）･･････････････ 44
  〈事業体課税の意義：米国LLCの「外国法人」該当性〉
- 東京高裁　平成19年10月25日判決（平成18年（行コ）第252号）･･････････ 293、367
  〈外国法人税該当性に関するガーンジー島事件〉
- 東京高裁　平成19年11月1日判決（平成19年（行コ）第148号）････････････ 334
  〈外国子会社合算税制と租税条約の適用関係〉

＜判決例（裁決例）索引＞

- 東京地裁　平成19年12月7日判決（平成17年（行ウ）第213号）……………490
  〈基本三法と同等の方法に関するアドビシステムズ事件第一審判決〉
- 東京高裁　平成20年1月23日判決（平成19年（行コ）第215号）………………27
  〈租税法上の住所とは民法22条に定める住所の借用概念〉
- 東京地裁　平成20年1月17日判決（平成18年（行ウ）第654号）……………352
  〈個人に係る外国子会社合算税制の適用事例〉
- 東京高裁　平成20年2月28日判決（平成19年（行コ）第342号）………………27
  〈非居住者の意義：所得税に係るユニマット事件〉
- 国税不服審判所　平成20年7月2日裁決（東裁（法）平20第4号）
  事例集未登載 …………………………………………………………………482
  〈移転価格税制に係るグローバル・トレーディングに対する残余利益
  分割法の適用〉
- 大阪地裁　平成20年7月11日判決（平成16年（行ウ）第152号～155号）………490
  〈移転価格税制の原価基準法に係る内部比較対象取引：電子部品事件〉
- 大阪地裁　平成20年7月24日判決（平成18年（行ウ）第195号）………………151
  〈国内源泉所得としての貸付金の利子の意義〉
- 東京地裁　平成20年8月28日判決（平成18年（行ウ）第747号）………………368
  〈外国子会社合算税制における「主たる事業」の判定〉
- 最高裁第二小法廷　平成20年10月24日判決（平成19年（行ヒ）第285号）
  民集62巻9号2424頁 …………………………………………………………504
  〈相互協議の合意に基づく職権による法人税の減額更正に起因する地方税の過納金の
  還付に係る還付加算金の起算日〉
- 東京高裁　平成20年10月30日判決（平成20年（行コ）第20号）……… 435、455、490
  〈移転価格税制に定める独立企業間価格の算定方法の適用要件
  ：アドビ・システムズ事件〉
- 大阪高裁　平成21年4月24日判決（平成20年（行コ）第127号）………………151
  〈6号所得（貸付金の利子）の解釈基準〉
- 東京地裁　平成21年5月28日判決（平成18年（行ウ）第322号）………………380
  〈外国子会社合算税制の適用除外要件のうちの所在地国基準の意義：香港来料加工事件〉
- 東京地裁　平成21年7月29日判決（平成20年（行ウ）第116号）………………490
  〈国外関連者に対する寄附金課税〉
- 最高裁第一小法廷　平成21年10月29日判決（平成20年（行ヒ）第91号）
  民集63巻8号1881頁 ……………………………………………………… 181、356
  〈特定外国子会社合算税制と租税条約の適用関係：グラクソ事件〉
- 最高裁第一小法廷　平成21年12月3日判決（平成20年（行ヒ）第43号）
  民集63巻10号2283頁 ……………………………………………………… 293、367
  〈外国法人税の意義：ガーンジー島事件〉

- 最高裁第二小法廷　平成21年12月4日判決（平成21年（行ヒ）第199号）………356
  〈居住者に係る特定外国子会社合算税制と租税条約の適用関係〉
- 大阪高裁　平成22年1月27日判決（平成20年（行コ）第126号）………490
  〈内部比較対象取引をグループ化して計算した数値の比較対象性が認められた事例
  ：電子部品事件〉
- 東京地裁　平成22年2月12日判決（平成18年（行ウ）第651号）………158
  〈日本船舶に乗船する外国人漁船員の人的役務の提供対価の国内源泉所得該当性〉
- 東京地裁　平成22年12月3日判決（平成21年（行ウ）第44号）………277
  〈租税条約の適用開始時期〉
- 東京高裁　平成22年12月16日判決（平成22年（行コ）第266号）………35
  〈相続税法の制限納税義務者の債務控除の範囲〉
- 最高裁第二小法廷　平成23年2月18日判決（平成20年（行ヒ）第139号）………28
  〈贈与税の課税要件としての「住所」の意義：武富士事件〉
- 名古屋地裁　平成23年3月24日判決（平成20年（行ウ）第114号）………36
  〈外国信託に係る相続税の適用に関する判決例〉
- 大阪地裁　平成23年6月24日判決（平成18年（行ウ）第191号、
  平成20年（行ウ）第216号）………379
  〈特定外国子会社の所在地国基準が争われた香港来料加工事件〉
- 東京地裁　平成23年12月1日判決（平成19年（行ウ）第149号）………487、490
  〈関連者間取引を比較対象取引として行われた移転価格税制に定める推定課税の
  適用が適法とされた事例〉
- 東京地裁　平成24年4月27日判決（平成21年（行ウ）第581号）………490
  〈独立企業間価格の算定方法としての寄与度利益分割法が適用された事例〉
- 東京地裁　平成24年7月18日判決（平成21年（行ウ）第580号）………145
  〈買取特約付きの裸用船契約の用船料が所得税の源泉徴収の対象となるとされた事例〉
- 東京地裁　平成24年7月20日判決（平成22年（行ウ）745号・746号・749号）…380
  〈外国子会社合算税制における「所在地国」の判定は実質によるとされた事例〉
- 大阪高裁　平成24年7月20日判決（平成23年（行コ）第107号）………379
  〈外国子会社合算税制における「所在地国」の判定は実質によるとされた事例〉
- 大阪高裁　平成24年7月20日判決（平成23年（行コ）第107号）………291
  〈外国税額控除の対象となる「法人の所得」は日本の法人税に相当する税
  の課税標準に限定されるとされた事例〉
- 名古屋高裁　平成25年1月24日判決（平成24年（行コ）第8号、第37号）………44
  〈米国デラウェア州のリミッテッド・パートナーシップ（LPS）の法人該当性を否認〉
- 東京高裁　平成25年3月13日判決（平成23年（行コ）第302号）………44
  〈米国デラウェア州のリミッテッド・パートナーシップ（LPS）の法人該当性を容認〉

・名古屋高裁　平成25年4月3日判決（平成23年（行コ）第36号）·················· 36
　〈外国信託に係る相続税法4条1項の適用事例〉
・大阪高裁　平成25年4月25日判決（平成23年（行コ）第19号）···················· 44
　〈米国デラウェア州のリミッテッド・パートナーシップ（LPS）の法人該当性を容認〉
・東京高裁　平成25年5月29日判決（平成24年（行コ）第421号）············ 352、375
　〈特定外国子会社の実体基準・管理支配基準の充足性の判断事例〉
・東京地裁　平成25年5月30日判決（東京地裁平成21年（行ウ）310号・316号、平成22年（行ウ）60号）··· 29
　〈内国法人の代表取締役が非永住者に該当すると認定された事例〉

用 語 索 引

【数字】

1号PE … 63、74、112、125、126、212
1号利子 …………… 127、128、147、225
2号PE …………… 63、75、112、125
3号PE …………… 63、76、112、125
4号利子 ………… 146、147、152、225
6号利子 …………… 127、147、150、
　　　　　　　　　　151、152、225

【A】

a fixed place of business
　…………… 63、192、193、196
a place of effective management …… 188
Agency PE …………………… 192、194
Alimony ……………………………… 238
AOA（Authorized OECD Approach）
　………… 52、60、62、119、208、
　　　　　284、299、339、347
APA（Advance Pricing Arrangement）
　…… 115、221、258、467、493、505
APA 年次報告書 ……………………… 515
Arm's Length Price ………… 414、426
at disposal ……………………… 68、193
Attributable income principle ……… 118

【B】

back to back finance ………… 227、528
BEPS（Base Erosion and Profit
　Shifting）……… 2、3、6、7、10、
　　　　　　　　14、18、522
Beneficial Owner

　……………… 213、222、224、225、227
BAPA（Bilateral Advanced Pricing
　Agreement）………………… 505、511
Berry Ratio ………………………… 432
Branch Level-Interest Tax ………… 213
Branch Profit Tax ………………… 213

【C】

Capital Export Neutrality …………… 283
Capital Gain ……………… 82、229、232
Capital Import Neutrality …………… 281
Comparable Uncontrolled Price …… 450
CCA（Cost Contribution Agreement）
　……………………………………… 4
Cost Plus Method ………………… 453
CP …………………… 127、128、225
CUP ………………………………… 450

【D・E】

debt ……………………………… 520、523
E-commerce ………………………… 199
effectively connected with …… 118、208
Entire income principle …………… 118
entity approach ……………… 333、357
equity ……………………………… 520、523
Exchange of Note …………………… 185
Exit Tax ………… 80、95、232、292

【F】

FATCA ……………………………… 262
Fills Order-PE ……………………… 63
Force of attraction ………………… 118

【G】

Generation Skip ……………………… 35
GPS ……………………………………… 43

【I・J】

IGS ……………………………… 464、474
Interquartile ………………………… 511
Intra Group Services ………… 464、474
JITSIC ……………………………… 269
JV …………………………………… 422

【L】

Limitation On Benefit … 188、191、242
LLC …………………………………… 43
LOB ……………………… 188、191、242
LPS …………………………………… 43

【M・N】

MAP ………………………………… 505
may clause ………………………… 214
Mutual Agreement Procedures …… 505
National Neutrality ………………… 281

【O】

OECD 移転価格ガイドライン
  … 11、113、215、221、416、419、432
  440、441、459、461、462、490、495
OECD 承認アプローチ ……… 119、208
OECD モデル租税条約
  ………… 4、52、60、63、119、174、
    181、183、208、263、313

OECD モデル租税条約コメンタリー
  ……………………… 67、179、215

【P】

passive income …………………… 357
PE ………… 4、11、19、52、74、148、
    192、196、246、264、498
Permanent Establishment
  ………… 4、11、19、52、74、192
preservation clause ……………… 175
Profit Split Method ……………… 459
Protocol …………………………… 185
PSM ………………………………… 459

【Q・R】

qualified resident ……………… 188、191
REIT ………………………………… 222
Resale Price Method …………… 452
RPM ………………………………… 452

【S】

saving clause ……………………… 175
SCM（Supply Chain Management）
  …………………………………… 5
Secure Order-PE ………………… 63
shall clause ………………… 214、502
source rule ………………………… 51

【T】

tax amnesty ……………………… 40
tax deferral ……………………… 355
tax jurisdiction …………………… 51
The Mansfield Rule ……………… 272

用語索引　565

TK ·················· 167、172、241
TMK ································ 172
TNMM ·········· 219、333、424、443、
　　　　　　　455、467、482
Transactional Net Margin Method ·· 455
treaty shopping ············ 104、167、241

【V】

voluntary disclosure ···················· 40

【あ・い】

足の速い所得 ···························· 357
遺産取得税方式 ·························· 36
遺贈 ·· 34
一括控除限度額方式 ····· 294、296、305
移転価格課税 ···························· 258
移転価格算定方法 ················· 333、433
移転価格指針 ············ 415、436、438、
　　　　　　　　　445、447
移転価格税制 ···· 11、12、14、15、219、
　　　　　　　355、396、414、445、
　　　　　　　541
移転価格調査 ······ 221、265、432、483、485
移転価格文書 ······················ 491、494
インタークォータイル ················· 511
インピュテーション制度 ··············· 222

【う】

ウィーン外交関係条約 ···· 30、175、275
ウィーン領事関係条約 ········· 30、275
売上総利益率 ············ 432、452、487

【え】

営業利益率 ························ 432、487
役務提供地国 ···················· 234、236
円換算
　···· 87、93、319、338、340、383、442
延滞税 ···························· 247、500

【お】

追い掛け課税 ···························· 222
親子会社間配当 ·················· 149、222

【か】

買集め ···················· 125、129、231
海外税務調査 ···························· 265
外貨建取引の換算 ························ 87
外交官 ·································· 30、275
外国親法人株式 ············ 79、397、402
外国関係会社 ··············· 350、358、362
外国源泉税等 ···················· 325、326
外国子会社 ································ 324
外国子会社合算税制
　·············· 16、47、289、290、333、350
外国子会社合算税制に係る
　外国税額控除 ························· 390
外国子会社配当益金不算入制度
　········· 14、251、282、290、295、298、
　　　　307、320、328、388、493
外国所得税 ································ 339
外国税額控除 ······ 36、84、102、248、249、
　　　　　　　283、284、290、326、
　　　　　　　339、390
外国税額控除限度額 ······ 102、249、305
外国税額の還付 ························· 317

外国税額の損金算入 ……………… 280
外国政府職員 ………………… 30、157
外国租税債権 ………………… 274、275
外国租税判決 ……………………… 272
外国普通法人となった旨の届出 …… 91
外国法人 ……………… 26、41、51、74、
　　　　　　　　　　　　82、105
外国法人税 ……… 289、290、291、304、
　　　　　　　　305、316、365、390、
　　　　　　　　394
外国法人税の減額 ………………… 317
外国法人税の増額 ………………… 316
外部比較対象取引 …… 450、452、453
価格調整金 ………………………… 448
学生 …………………………… 161、239
確定決算 …………… 443、515、516
確定申告期限の延長 ……………… 91
確定申告書 …………………………… 30
確定申告要件 ………… 317、359、380、
　　　　　　　　　　　　528、532
確定損失申告書 …………………… 30
貸付金の利子 ………………… 128、150
過少資本税制 ………………… 521、522
課税管轄権 ……… 51、61、98、117、280
課税所得金額 …………………… 365
課税対象金額
　……………… 327、351、383、391、404
課税ベース侵食基準 ……………… 244
課税を受けるべきものとされる者 … 187
過大支払利子税制 ………………… 532
過納金 …………………… 503、504
株式保有関係 ……………………… 422
株主活動 …………………………… 475
間接外国税額控除 ……… 295、320、329
間接特定課税対象金額 … 359、390、406
間接配当等 …………………… 390、412
還付加算金 …………………… 503、504

還付申告書 ……………………………… 30
管理支配基準 ………………… 359、374
関連者純支払利子等の額
　……………………… 533、535、537

【き】

企業情報データベース
　…………… 433、434、442、484、494
基準所得金額 ……………………… 380
基準平均負債残高 ………………… 529
規制上の自己資本 ……… 56、286、310、
　　　　　　　　　　537、543、545、
　　　　　　　　　　546、550、551
帰属主義 …… 53、54、56、99、75、76、
　　　　　　　117、206、212、347、521、
　　　　　　　540
議定書 ………………………… 185、215
既判力 …………………………… 270
寄附金課税 …………………… 444、445
基本三法に準ずる方法 ……… 454、455
旧7条型 ……… 57、60、61、104、125、
　　　　　　　　286、299
給与所得 ……………………… 156、233
教授免税 ……………………… 162、240
共通費用の配分 ……… 287、310、314、
　　　　　　　　　　　347、432
共通利益 ………………………… 425
協同組合等 …………………… 42、78
共同事業性 ………………… 134、171
業務管理的行為 …………………… 31
居住形態に関する確認書 ………… 30
居住者 ………………… 26、27、350
居住地管轄権 ……………………… 103
居住地国 ………………………… 61
居住無制限納税義務者 …………… 34
居所 ………………………………… 27

寄与度利益分割法 ……………… 460、482
切り出し損益 ………………… 432、484
勤務等に対する報酬等 ……………… 155

【く】

具体的納期限 ………………………… 500
国別控除限度額方式 ………………… 296
国別報告書 ………………… 15、16、21
組合員単位 ………………… 138、140
組合契約事業利益の配分 …………… 133
組合単位 …………… 136、138、140
グループ内役務提供取引
　　……………………… 464、474、476
グループ内金融取引 ………… 464、479
グローバル・トレーディング
　　……………… 461、481、482、509

【け】

芸能人等 ……… 141、142、143、144、
　　　　　　163、236、237
芸能法人等 ……… 141、142、143、237
原価加算利益率 ……… 432、453、487
原価基準法 ……… 426、427、435、453
権限のある当局 …… 61、186、220、254
権限のある当局による認定 ………… 246
建設作業等 ………… 62、75、112、125
源泉管轄 ……………………… 98、103
源泉地国 ………………………………… 61
源泉徴収免除証明書 ………… 74、75、76
源泉分離課税 …… 75、76、77、83、98、
　　　　　　134、149、150、156、
　　　　　　164、165、166、343
限度税率 …… 110、117、291、308、313
現物出資 …………………………………… 77

【こ】

公益団体 ……………………………… 189
公益認定等委員会 …………………… 42
公益法人等 …………………………… 41
交換公文 ………………… 185、215
恒久的施設
　　…… 4、11、19、52、55、62、70、
　　　　74、89、99、115、116、117、
　　　　124、134、137、142、148、
　　　　167、179、192、193、196、
　　　　202、205、212、217、230、
　　　　234、246、264、287、398、
　　　　421、444、498、521、534、
　　　　536、540
恒久的施設帰属外部取引 ……… 93、95、
　　　　　　　　　　124、541
恒久的施設帰属所得
　　…… 54、55、65、88、99、100、101、
　　　　108、109、116、126、137、147、
　　　　215、216、221、286、313、421、
　　　　444、521、536、541、542、543
恒久的施設帰属所得に係る所得
　　…… 56、57、58、85、86、95、124、
　　　　287、313、340、444、540
恒久的施設帰属投資資産 ……………… 56
恒久的施設帰属資本 … 521、540、541、
　　　　　　　　　　549
恒久的施設なければ課税せず
　　……………… 119、142、206、210、
　　　　　　　233、237、264
恒久的施設を有しない
　非居住者又は外国法人 ‥ 76、134、138
工業所有権等の譲渡益 ……………… 154
公共法人 ……………………………… 41
控除限度額 ……………… 289、305、393

控除限度額管理 ‥‥ 283、294、296、305
控除限度超過額 ‥‥‥‥‥‥‥ 294、315
控除対象外国法人税
　　‥‥‥ 289、293、306、314、391、393
控除対象配当等 ‥‥‥‥‥‥‥‥‥‥ 381
控除余裕額 ‥‥‥‥‥‥‥‥‥ 294、315
更正・決定の期間制限 ‥‥‥‥‥‥‥ 221
構成員課税 ‥‥‥‥‥‥‥ 44、189、190
更正の請求 ‥‥‥‥ 258、397、502、517
公的年金等 ‥‥‥‥‥‥‥‥‥‥‥‥ 158
後法優先の原則 ‥‥‥‥‥‥‥‥‥‥ 276
コーポレート・インバージョン
　　‥‥‥‥‥‥‥‥‥‥‥‥‥ 82、397
コーポレート・インバージョン
　　対策合算税制 ‥‥ 289、308、328、352、
　　　　　　　　　399、403
子会社配当等 ‥‥‥‥‥‥‥‥‥‥‥ 380
国外関連者 ‥‥‥‥‥‥ 414、421、422、
　　　　　　　　　444、483、484
国外関連取引 ‥‥‥‥‥‥‥‥‥‥‥ 421
国外源泉所得 ‥‥‥‥‥ 31、102、309
国外財産調書 ‥‥‥‥‥‥‥‥‥‥‥‥ 38
国外事業所等 ‥‥‥ 124、250、285、308、
　　　　　　　　　310、339、415
国外事業所等帰属外部取引
　　‥‥‥‥‥‥‥‥ 287、310、340、347
国外事業所等帰属資本 ‥‥‥‥ 286、310
国外事業所等帰属所得
　　‥‥‥‥‥‥‥ 285、286、287、307、
　　　　　　　　　310、311、339
国外事業所等帰属所得に係る所得
　　‥‥‥‥ 116、250、285、287、339
国外事業所等帰属投資資産 ‥‥ 286、310
国外支配株主等 ‥‥ 524、525、526、529
国外所得 ‥‥‥‥‥‥ 338、394、412
国外所得移転金額の返還に
　　関する届出書 ‥‥‥‥‥‥‥‥‥ 444

国外所得総額 ‥‥‥‥‥‥‥‥‥‥‥ 341
国外所得免除 ‥‥‥‥‥‥ 4、248、281
国外送金等調書 ‥‥‥‥‥‥‥‥‥‥‥ 38
国外投資ファンド ‥‥‥‥‥‥‥‥‥‥ 66
国外投融資所得 ‥‥‥‥‥ 116、288、313
国際運輸業 ‥‥ 145、185、216、230、234
国際的三角合併等 ‥‥‥‥ 79、80、81、398
国際二重課税 ‥‥‥‥ 4、36、102、103、
　　　　　　　　　116、117、174、220、
　　　　　　　　　234、280、284、290、
　　　　　　　　　296、320、359、391、
　　　　　　　　　418、444、445、495、
　　　　　　　　　497、501、503
国際二重非課税 ‥‥‥‥‥‥ 2、9、103、
　　　　　　　　　104、174
国際連盟財政委員会 ‥‥‥‥‥‥‥‥ 174
国籍 ‥‥‥‥‥‥‥‥‥ 29、33、36、84
国内 ‥‥‥‥‥‥‥‥‥‥‥‥‥‥‥‥ 29
国内救済手続 ‥‥‥‥‥‥‥‥‥‥‥ 418
国内源泉所得 ‥‥‥‥‥ 26、41、51、74、
　　　　　　　　　80、98、99、179、
　　　　　　　　　190
国内源泉所得以外の所得 ‥‥‥ 102、309
国内源泉所得に係る所得 ‥‥‥‥‥‥ 84
国内事業管理親法人株式
　　‥‥‥‥‥‥‥‥‥ 80、94、398、402
国内にある資産の運用又は
　　保有により生ずる所得 ‥‥‥‥‥ 126
国内にある資産の譲渡により
　　生ずる所得 ‥‥‥‥‥‥‥‥‥‥ 128
国内において行う事業 ‥‥‥‥ 112、116
国連モデル租税条約 ‥‥‥‥‥‥‥‥ 175
国家中立性 ‥‥‥‥‥‥‥‥‥‥‥‥ 281
固定施設 ‥‥‥‥‥‥ 351、359、368、403
固定的施設 ‥‥‥‥ 163、193、196、198
個別的情報交換 ‥‥‥‥‥‥‥‥‥‥ 265
コマーシャル・ペーパー ‥‥‥ 127、225

コロケーションサービス ……………… 63
コンテナー ……………… 218、232

【さ】

サービス PE ……………… 62、192、233
債券現先取引 ……………………… 151
在庫保有代理人 ……… 63、64、83、194
財産の所在地 ………………………… 35
差異調整 ……………………… 438、491
再販売価格基準法 ‥ 426、427、435、452
債務者主義 ……………………… 152、225
三角合併 ……………………… 397、400
三角株式交換 ………………… 397、401
三角分割 ……………………… 397、401
産業別情報交換 …………………… 265
サンセット・クローズ ……………… 295
残余利益分割法 …… 435、459、469、482

【し】

シークレット・コンパラブル
 ……………………… 417、468、484、494
事業基準 ……………………… 359、368
事業再生ファンド ………………… 139
事業修習者 ……………………… 161、239
事業譲渡類似の株式等
 ……… 69、125、129、138、140、231
事業体 ……………………………… 189
事業の管理の場所 ………………… 202
事業持株会社 ……… 333、351、369、508
事業利得 …………… 205、228、236、241
事業を行う一定の場所
 …… 62、74、112、125、196、199、212
資金供与者等 ……………… 524、526、529
資金調達 ……………………………… 520
仕組取引 ……………… 297、300、307

自己資本 ……………………… 524、527
資産性所得合算課税制度
 ……………… 333、351、353、355、
  359、384、405
事前確認
 …… 115、221、258、467、493、505、512、515
事前確認の改定 …………………… 512
事前確認の更新 …………………… 512
事前相談 …………………………… 512
実質再審の禁止 …………………… 271
実質支配関係 ……………… 422、425
実質所得者課税 …………………… 354
実質的管理の場所 ………………… 188
実質的な関連を有する
 ……… 118、208、222、225、226、228
実体基準 ……………………… 359、371
質問検査権 ……………………… 483、492
支店等 ……………………………… 62
支店利益税 ……………… 213、224、253
支店利子税 ……………… 213、226、253
自動的情報交換 …………………… 265
支配基準 …………………………… 244
自発的情報交換 …………………… 265
支払先・債務者無差別 …………… 253
資本輸出の中立性 ………………… 283
資本輸入の中立性 ………………… 281
市民権課税 ……………… 189、251、340
社会保険料 ………………………… 156
社会保障協定 ……………………… 156
社外流出 ……………………… 443、532
借用概念 …………………………… 27
社債的受益権 ……………… 130、152
住所 ………………………………… 27
自由職業者 ………………………… 163
修正申告 …………………………… 517
従属代理人 …… 68、194、196、198、203
集団投資信託 ……………………… 46

自由になる場所 ………… 68、193、197
受益者 ………… 213、222、224、225、
　　　　　　　　227、264、309
受益者等課税信託 ………………… 45
主権免税 ……………………………… 31
主たる事業 ………………………… 368
出国 …………………………………… 30
出国税 ………………… 80、95、292
受動所得 …………………………… 357
守秘義務 …………………………… 261
準確定申告書 ……………… 30、156
準ずる方法 ………………………… 426
準備的・補助的活動 ……………… 193
ジョイント・ベンチャー ………… 422
償還差益 ………………… 127、225
賞金 ………………………………… 163
常習代理人 ………………………… 64
使用地主義 ……… 150、152、153、225
譲渡収益 ………… 81、170、204、218、
　　　　　　　　228、229、232
譲渡性預金証書 …………………… 129
使用人兼務役員 …………………… 236
消費税 ……………………………… 144
情報交換 …… 39、178、184、261、263
情報交換指針 ……………………… 266
条約漁り …… 20、56、104、167、241
条約上の居住者 …………………… 187
条約において定義されていない
　　用語 ………………………… 186
条約の規定に適合しない課税
　　 ……………………… 254、256、446
条約の特典 ………………………… 191
剰余金の配当等 …………………… 355
使用料 ………………… 153、227
所在地国基準 ………… 359、376、377
職権による減額更正 ……………… 503
所得税の源泉徴収

………… 60、74、76、83、98、105
人格のない社団等 ……………… 41、89
申告対象の国内源泉所得
　　 ……………………… 74、83、126、139
申告調整 ……………… 443、516、517
信託 ……………………………… 35、45
人的役務の提供事業の対価 …… 141、155
人的役務の提供に対する報酬 ……… 158
新7条型 ……………… 57、104、181

【す】

推計課税 …………………………… 216
推定課税 ……………… 216、487、489
ストック・オプション ………… 40、235
ストック・オプション調書
　　 ………………………… 38、40、235

【せ】

生活の本拠 ………………………… 27
請求権勘案保有株式等
　　 ………………… 350、358、383、404
制限的徴収共助 ………… 270、271、273
制限納税義務 …… 32、34、51、82、105
制限免除主義 ……………………… 31
政府職員 ………………… 161、238
生命保険契約に基づく年金等 ……… 164
セービング・クローズ ……… 175、184
世代飛ばし ………………………… 36
絶対免除主義 ……………………… 31
ゼネラル・パートナーシップ ……… 43
税務行政執行共助条約
　　 ……… 177、178、230、262、274、275
全世界所得
　　 ……………… 4、30、31、249、283、
　　　　　　　　296、305、341

【そ】

総合主義 ············ 52、75、117、212、
　　　　　　　　347、521、540
相互協議 ······ 12、61、184、220、254、
　　　　　　416、418、439、444、496、
　　　　　　497、500、501、505、511
相互協議の合意 ·························· 186
相互協議の申立て ················ 418、497
相互主義 ············· 30、61、157、217
相互免除 ··· 216
相続時精算課税制度 ····················· 35
相続税 ································· 33、48
送達共助 ············ 178、261、274、275
相続等保険年金 ·············· 128、164
双方居住者 ··············· 29、187、189
贈与税 ································· 33、48
ソース・ルール
　········· 51、70、98、102、108、178、
　　　　　231、250、258、287、309
遡及適用 ······································· 510
組織再編成税制 ··························· 77
租税回避 ········· 104、171、174、261、
　　　　　　274、353、522
租税債権 ·························· 270、274
租税条約 ······ 7 、11、60、103、109、
　　　　　　176、177、284、285、
　　　　　　313、335、444、497
租税条約に関する届出書 ········ 109、247
租税負担割合 ···························· 365
外→内→外取引 ·························· 507
外→外取引 ································· 507
その他所得 ······ 83、148、165、167、
　　　　　　168、191、240
その他の方法 ······························ 426
損金算入配当 ········· 14、47、90、323

【た】

対応的調整 ······· 220、258、307、415、
　　　　　　501、502、504
第三国居住者 ································· 188
第三国の事業体 ··························· 190
第三者介在取引 ··························· 422
退職所得の選択課税 ····················· 159
退職手当等 ······················ 158、160
退職年金 ············· 161、238、239
退職年金業務等 ······················ 41、90
退職年金等信託 ··························· 49
第二次調整 ······················ 307、443
タイミング・ディファレンス ······· 315
代理人 PE ·········· 64、66、68、192、194
代理人等 ············· 62、76、112、125
多国間租税条約 ··························· 261
タックス・スペアリング・クレジット
　······························· 289、295、335、393
タックス・ヘイブン ····················· 354
タックス・ヘイブン対策税制
　······························· 10、289、355
タックス・レシート ·········· 318、328
短期滞在者免税 ············ 160、234、236
団体課税 ························ 189、190
単純購入非課税の取扱い
　······························· 57、61、114、286

【ち】

地方税の外国税額控除の
　控除限度額 ································· 315
仲裁 ··· 255
仲裁判断 ······································· 255
注文取得代理人 ········· 63、64、83、194
超過利益 ······································· 424

徴収共助 ………… 39、178、183、184、
　　　　　　　261、270、272
調整国外所得金額 …………… 290、311
調整出資等金額 …………………… 45
重複活動 ………………………… 475
直接外国税額控除 …… 289、303、337、392
直接納付外国法人税 …………… 304

【つ・て】

通常の利潤の額 …………… 452、453
定期積金の給付補てん金等 ………… 165
定期用船 ………………… 145、218
適格居住者
　……… 104、149、154、188、191、242
適格現物出資 ……………… 78、401
適格者基準 ………………… 243、246
適格組織再編成 ………………… 326
適用除外要件
　………… 351、353、359、368、403
適用対象金額 ………… 382、383、404
適用地域の拡張 ………………… 276
電子経済 ……………… 2、8、10、18

【と】

統括会社 ………………… 351、369
統括業務 ………………… 351、370
導管会社 ………………………… 247
導管取引 ………… 104、154、224、227、
　　　　　　　229、241、273
同業法人比準法 ………… 543、546、547
投資事業有限責任組合（投資組合）
　…………………… 134、135、139
同時調査 ………………………… 265
投資法人 ……… 47、90、172、298、352、381
同族株主グループ ………………… 361

特殊関係株主等 ………………… 403
特殊関係内国法人 ……………… 403
特殊関係非居住者 …… 350、358、362
特殊関連企業 …………… 218、419
特定外国親法人等 ……………… 401
特定外国子会社等
　……………… 308、350、362、365
特定外国子法人 ………………… 401
特定外国投資信託 ………… 47、352
特定外国法人 …………… 403、404
特定課税対象金額 ……… 327、388
特定関係 ………………………… 403
特定軽課税外国法人 … 400、401、402
特定公益信託等 ………………… 49
特定債券現先取引等 …… 525、531
特定事業 ………………………… 359
特定所得 ………………… 353、385
特定投資信託 … 47、90、172、298、381
特定目的会社
　………… 47、90、172、298、352、381
特定目的信託 … 47、90、172、298、381
特典制限条項
　………… 188、191、242、246、273
匿名組合契約等 …… 134、166、241、523
独立意見方式 …………… 259、260
独立価格比準法 …… 426、427、435、450
独立企業間価格 … 86、218、225、229、
　　　　　　　241、396、414、415、
　　　　　　　428、439、444、450、
　　　　　　　455、477、497
独立企業間価格の算定方法
　…………………… 466、479、505
独立企業間価格幅 …… 417、440、441、442
　　　　　　　443、484、485、
　　　　　　　496
独立企業原則 …… 8、112、119、213、214、
　　　　　　　216、442、494、521、

524、532
独立代理人 ……………… 64、66、194
土地等の譲渡対価 ……………… 140
トリガー税率 ………… 351、365、405
トリティ・オーバライド ………… 276
取引単位 …… 431、432、433、484、492
取引単位営業利益法 … 424、426、427、
431、435、455
取引単位営業利益法に準ずる方法 … 458
努力義務 ………………… 254、498

【な】

内国法人 ………………… 26、41、350
内国民待遇 ……………………… 252
内部再保険 ……… 56、104、124、215、
286、310
内部債務保証取引 …… 56、104、124、
215、286、310
内部使用料 ………………… 122、124
内部取引 …… 56、104、115、122、124、
215、286、299、316、347、
414、444、541
内部比較対象取引 ……… 450、452、453
内部利子 ……………… 104、122、124

【に・ね】

二国間事前確認 …………… 505、511
入手努力義務 …………………… 483
任意組合等 ……… 44、133、171、202
ネガティブ・テスト ……………… 66
年金基金 …………… 189、223、226

【の】

納税管理人 ……………………… 31

納税地 …………………………… 90
納税の猶予及び延滞税免除の特例 … 500
能動的事業活動基準 ………… 245、246

【は】

バイアウト ……………………… 479
バイイン ………………………… 479
配当所得 ………………… 149、221
ハイブリッド金融商品 …… 5、10、522
バイラテラルAPA …… 439、505、508、
509、510、511、
512、515
ハゲタカ・ファンド ……………… 167
パス・スルー ……………… 46、222
裸用船 …………………… 145、218
発行差金 ………………………… 127

【ひ】

非永住者 ………………………… 29
比較対象事業年度 ………… 546、547
比較対象取引 …… 431、432、435、437、
456、457、484、486、
487、494、511、546
比較対象法人 ………… 484、485、546
比較法 …………………………… 221
比較利益分割法 …………… 435、460
非課税国外所得 ………………… 311
非課税所得 ……………………… 365
非関連者基準 …………… 359、376
非居住者 ……… 26、30、32、51、62、
74、82、84、105、108
非居住者等株主 …………… 79、398
非居住無制限納税義務者 ………… 34
非事業用貸付金 ………………… 127
批准 …………………………… 185

彼此流用の問題 …………………… 297
必要犯則情報 …………………… 266
被統括会社 ……………………… 370
費用分担契約 …………………… 478

【ふ】

ファンド・オブ・ファンズ …… 136、138
ファンドマネージャー ………… 66、68
普通法人 …………………… 42、78、89
物流統括会社 …………………… 377、507
不動産関連法人の株式等
　　………… 125、130、204、230、232
不動産所得 ……………………… 204
不動産投資信託 ………………… 222
不動産の賃貸料等 ……………… 144
不納付加算税 …………………… 247
部分課税対象金額
　　……… 327、333、353、355、359、383
部分適用対象金額 ………… 353、383
プライベート・エクイティファンド
　　…………………………… 68、139
ブラックリスト方式 …………… 350
振替国債 ………………………… 147
プリザーベーション・クローズ
　　…………………………… 175、184
不良債権投資ファンド ……… 68、139
文化的使用料 …………………… 155
文書化 …… 12、21、58、93、95、211、
　　　287、299、310、314、347、
　　　442、445、497、541

【へ】

ペイ・スルー ……… 47、172、223、297
平均値 …………………………… 492
平均負債残高 ………… 524、525、527

ベースボール方式 ……………… 259
ベリー比 ………… 432、456、457、458

【ほ】

包括的徴収共助 ………… 270、271、273
法人課税信託
　　………… 26、41、46、89、94、226
ポートフォリオ配当 …………… 222
保険年金 ………… 158、161、164、238
補償調整 ………………………… 516
補助的機能 ……………………… 122
保全措置 ………………………… 270
本支店間内部取引 …… 122、213、510
本店等 …… 56、57、92、95、103、115、
　　　124、215、216、250、291、
　　　414、444、537、541、542
本店所在地国 …………… 93、350、365
本店配賦経費 ………… 58、59、92、93、
　　　124、541、543

【ま】

マスターファイル ………… 15、16、21

【み】

みなし外国税額控除
　　……………… 289、295、335、393
みなし事業年度 ………………… 90
みなし配当 ………………… 290、307
みなし費用 ……………………… 328
民間国外債 ……………………… 147

【む】

無形資産 …… 8、20、268、424、461、

465、468、470、472、493
無限責任組合員 ……………… 137
無差別取扱い
……184、214、224、227、252、524
無制限納税義務
……29、32、33、34、51、184、187、
189、288、354

【め・も】

明示なき所得 ………… 83、164、240
メキシコ・モデル租税条約 ………… 175
免税芸能法人等 ……………… 143
最も適切な方法
…………417、424、426、427、428、
455、460、463、464、465、
466、491、496

【や・ゆ】

役員報酬 ……………… 157、160、235
有限責任事業組合 ……………… 45、134
宥恕規定 ………… 59、93、212、310、
328、380、532
ユニラテラルAPA ……505、508、511、
514、516

【よ・ら】

要請に基づく情報交換 ……… 268、269
予測便益割合 ……………… 478
来料加工 ……………… 377

【り】

リース料 ……………… 155
利益分割法 ……… 333、424、426、
455、459、468、
482、487
離婚慰謝料 ……………… 238
利子所得 ……………… 146、225
立証責任 ……………… 487
リミテッド・パートナーシップ …… 43
リミテッド・ライアビリティ・
カンパニー ……………… 43
留保 ……………… 181

【る・れ】

レポ取引 ……………… 151、531、537
レンジ ……417、439、440、441、442、
484、485、492、496、511

【ろ】

ローカルファイル ………… 15、16、21
ロールバック ……………… 510
ロンドン・モデル租税条約 …… 174、296

【わ】

割引債の償還差益 ……………… 148
ワンマン・カンパニー ……… 142、236

用語索引　575

【著者紹介】

赤松　晃（あかまつ　あきら）

駒澤大学法学部教授・税理士
一橋大学博士（法学）

著書

『国際租税原則と日本の国際租税法―国際的事業活動と独立企業原則を中心に』
（税務研究会出版局、2001年）［第25回日税研究賞特別賞受賞］

Transfer Pricing Rules and Practice in Japan, Tax Management Inc., 1995（2nd ed. 2005）（共著）

主要論文

「移転価格税制における推定課税規定」『最新租税基本判例70』（日本税務研究センター、2014年）

「BEPSをめぐる国際的な動き」『税研』29巻5号（日本税務研究センター、2014年）

「移転価格課税に係る紛争の処理―租税条約に基づく相互協議における仲裁手続を中心に―」

『移転価格税制の研究』日税研論集Vol.64（2013年）

「日本企業の国際展開のダイナミズム（2002年～2012年）と国際課税制度」租税研究761号（2013年）

「OECD移転価格ガイドライン第9章「事業再編に係る移転価格の側面」を読み解く―IFA第65回年次総会における事例検討を手がかりに―」村井正先生喜寿記念論文集『租税の複合法的構成』（清文社）（2012年）

「租税条約の動向」租税判例百選（第5版）（2011年）

「相続税・贈与税の国際的側面―日本の相続税条約締結ポリシーへの新たな視点」『相続税・贈与税の諸問題』日税研論集61号（2011年）

「国際課税分野での立法―日本の経済発展の軌跡を背景として」金子宏編『租税法の発展』（有斐閣、2010年）

「OECDモデル租税条約25条5項に導入された仲裁規定の意義―OECDの事例検討を手がかりに」租税研究727号（2010年）

「米国モデル相続税条約の示唆―遺産取得税方式の純化と国際課税の側面」租税研究第711号（2009年）

「国際課税の基本的な仕組み」金子宏編『租税法の基本問題』（有斐閣、2007年）

「恒久的施設（PE）の認定と帰属する所得―国内法とOECDモデル租税条約」租税研究688号（2007年）

「徴収法の国際的側面—徴収共助に係るOECDモデル租税条約の進展とわが国の方向—」『租税徴収法の現代的課題』租税法研究33号（有斐閣、2005年）

「外国税額控除制度における控除限度額管理の再検討—日米新租税条約と我が国の方向」租税研究671号（2005年）

「米国LLCの『外国法人』該当性」『租税判例百選〈4版〉』別冊ジュリスト178号（2005年）

「恒久的施設（Permanent Establishment）の認定課税とOECDモデル租税条約コメンタリーの進展」ジュリスト1274号（2004年）

「我が国の移転価格税制における『支配』の意義について—Arm's Length Transactionの法理による再検討」ジュリスト1137号、1139号（1998年）

本書の内容に関するご質問は、なるべくファクシミリ等、文書で編集部宛にお願いいたします。（fax 03-3233-0502）
なお、個別のご相談は受け付けておりません。

本書刊行後に追加・修正事項がある場合は、随時、当社のホームページ（http://www.zeiken.co.jp）「書籍」をクリック）にてお知らせいたします。
→ 税務研究会　書籍訂正　と検索してください。

国際課税の実務と理論 —グローバル・エコノミーと租税法—

平成19年8月10日　初　版第1刷発行　　　　　　　　（著者承認検印省略）
平成21年12月15日　第2版第1刷発行
平成23年12月20日　第3版第1刷発行
平成27年2月2日　第4版第1刷発行

Ⓒ著　者　赤　松　　　晃
発行所　税務研究会出版局
代表者　藤　原　紘　一

郵便番号101-0065
東京都千代田区西神田1-1-3
（税研ビル）
振替00160-3-76223
電話〔書　籍　編　集〕03(3294)4831
　　〔書　店　専　用〕03(3294)4803
　　〔書　籍　注　文〕
　　（お客さまサービスセンター）03(3294)4741

● 各事業所　電話番号一覧 ●

北海道　011(221)8348　関東信越　048(647)5544　中　国　082(243)3720
東　北　022(222)3858　中　部　052(261)0381　九　州　092(721)0644
神奈川　045(263)2822　関　西　06(6943)2251　研修センター　03(5298)5491

＜税研ホームページ＞　http://www.zeiken.co.jp

乱丁・落丁の場合は、お取替え致します。　　　印刷・製本　藤原印刷㈱
ISBN 978-4-7931-2115-9